世界法学名著译丛
何勤华 主编

战争与和平法

Hugo Grotius

The Rights of War and Peace

〔荷〕胡果·格劳秀斯 著 〔美〕A.C.坎贝尔 英译
何勤华 等译

上海人民出版社

世界法学名著译丛总序

法学，作为近代社会科学的一个重要组成部分，是西方文明的产物。在法学发展的历史长河中，融入了从古代希腊、罗马至现代西方无数法学家的灵气和睿智。历史上的各个法学流派和法学家提出的各种学说，都包含有科学的、真理的内容，都是人类文明的组成部分。将西方法学中的优秀成果翻译并引入国内，为建设现代中国的法学提供借鉴，是我们从事法学研究的一项重要工作。

早在160多年前，先进的中国人如林则徐（1785—1850）等就已经开始将西方的一些法学名著如瑞士法学家瓦特尔（Emer de Vattel，1714—1767）的《国际法》节译为中文，介绍给国人。1864年，北京崇实馆又正式出版了由美国传教士丁韪良（William Martin，1827—1916）翻译的美国法学家惠顿（H. Wheaton，1785—1848）的《万国公法》一书，此后，中国近代维新思想家严复（1854—1921）又翻译出版了一系列西方政治法律名著，使其在国内广泛传播。

进入20世纪以后，我国学术界进一步加快了引进外国法学著作的步伐，先后翻译了施塔姆勒（R. Stammler，1856—1938）、狄骥（Leon Duguit，1859—1928）、耶利内克（G. Jellinek，1851—1911）、奥利弗（M. Hauriou，1856—1929）、拉德勃鲁赫（G. Radbrueh，1878—1949）、霍姆斯（O. W. Holmes，1841—1935）、庞德（R. Pound，1870—1964）、穗积陈重（1855—1926）、美浓部达吉（1873—1948）等人的作品，为当时中国近代法学的形成作出了巨大的贡献。

1949年中华人民共和国成立，尤其是80年代改革开放以后，我国翻译介绍外国法学名著的速度进一步加快，其质量也有明显提高。当代许多外国著名法学家的著作陆续被译成中文，使我们可以与他们为友，与他们对话，与他们交流，从而使我们能够充分吸收他们的智慧，更自觉地建设我们自己的法学。

但是，与哲学、经济学等学科相比，法学界翻译的外国作品还是比较少的，尚有许多优秀的法学经典未能及时译成中文。在这种情况下，上海人民出版社高瞻远瞩，与华东政法大学达成协议，出版一套《世界法学名著译丛》，以为学术界吸收借鉴这些法学优秀成果尽一点绵薄之力。陆续推出的书目有柏拉图的《法律篇》、格劳秀斯的《战争与和平法》、威格摩尔的《世界法系概览》、德沃金的《自由的法》、维拉曼特的《法律导引》、布莱克斯通的《英国法释义》、梅特兰等著的《欧陆法律史概览：事件、渊源、人物及运动》、麦克唐奈和曼森合编的《世界上伟大的法学家》等。

我们清楚地认识到，国外法学名著，每一本都是学术精品，如果翻译得不准确、不畅达，就是对这些精品的糟蹋。所以，在翻译过程中我们尽可能地小心、谨慎、认真，宁肯速度慢一点，也不敢有丝毫的马虎。但由于这些作品都包含了深邃的思想和广博的知识，并夹杂了许多希腊文、拉丁文和阿拉伯文等，翻译起来并非易事。因此，译文中的错误和疏漏仍在所难免。此点，务必请读者诸君原谅，并多加指正，使其在再版时能够加以订正。

在本译丛的翻译出版过程中，我们得到了上海人民出版社领导的大力支持，在此，均表示我们诚挚的谢意。

何勤华

于上海　华东政法大学

中译本第二版序

《战争与和平法》中译本，自 2005 年出版以来，受到学界同仁与广大读者的认可与好评，网上的评论和推荐也一直不断，有些高校如华东政法大学等还将此书作为博士生的教学用书，这让译者倍感欣慰。

当然，由于本书是多人合译的成果，加上原著的知识含量十分丰富，语种繁多，除了英语外，还有荷兰语、法语、意大利语、古希腊语、拉丁语等，因此，本书中译本的第一版存在着一些缺陷。此点，学界同仁给予了友善的批评和指正，尤其是宋飞先生，连续撰写了“评格劳秀斯中译本——兼与何勤华先生商榷”、“格劳秀斯《战争与和平法》译本评注”等文，对第一版中所存在的一些问题，一一进行辨明，对有些注解，作了内容补充。对此，我们十分感激，也十分感动。此次再版时，我们基本上全部吸纳了宋飞等先生的意见，对相关内容进行了修改和补充。

本次再版，除了对书中的一些错误做了订正、对各个注解进行完善之外，在书的设计与排版等方面也做了一些改动，如在第一版中，英译者注和中译者注都是放在章末的，而在第二版中，英译者注仍然放在章末，而中译者注，则都移到了当页下（即脚注），以方便读者参考、理解。

此次修改再版，考虑到其他四位译者李春林、张美成、薛磊和徐震宇都已经毕业离开华东政法大学，有的已经工作，有的也在其他大学攻读博士和博士后，任务很重，时间也很紧张。因此，校勘、修订和补充的工作我没有惊扰他们，而由笔者一人承担，当然对可能出现的问题也全部由笔者自己负责。虽然笔者尽了全力，但限于外语水平和专业功力，仍然可能存在各种不足，此点，恳望学界同仁和广大读者批评指正。

本次再版，得到了上海人民出版社领导王兴康社长和王为松总编，以及责任编辑屠玮涓的支持和帮助，我的博士生陈阳、卢玮、张宪丽、戴秀河、冀明德和江小夏，硕士生王思杰、何元龙、黄赛楠和薛谦，也为本书的再版做了许多工作。在此，一并表示笔者的一片谢意！

何勤华
于华东政法大学
外国法与比较法研究院

中译者序

格劳秀斯的《战争与和平法》一书，是近代西方著名的启蒙思想作品之一，是与贝卡利亚的《论犯罪与刑罚》、洛克的《政府论》、孟德斯鸠的《论法的精神》、卢梭的《社会契约论》等齐名的杰作，对近代资产阶级法学观的形成、资产阶级法律体系的建立，以及资产阶级国家秩序的奠定，都有着重要的理论指导意义。

《战争与和平法》于 1625 年出版之后，迅速风行欧洲大陆，除最初的拉丁语版之外，法语、荷兰语的版本也随即出现。至 20 世纪初，它已经有了几乎所有西方语言的译本。但是，非常遗憾的是，直至 21 世纪初的今天，还没有一部中文的译本。

早在 2000 年，我们就开始着手本书的翻译，但其间因人员的变动、译作的艰涩，希腊语和拉丁语等的困扰，翻译工作进展得很慢。2003 年 4 月起，我们调整了翻译人员，同时设法解决了希腊语和拉丁语等难点问题，加快了翻译的进程，至 2004 年初终于完成了初稿。然后经过几个月的互校以及精雕细琢，自己感到比较满意之后，才交付出版社。

本书翻译所选用的底本，是由美国学者 A. C. 坎贝尔（A. C. Campbell）所翻译的英译本（*The Rights of War and Peace*, M. Walter Dunne, Publisher, New York and London, 1901）。前面附有原美国助理国务卿（Assistant Secretary of State）戴维 · J. 希尔（David J. Hill）所撰写的导论。与拉丁语和荷兰语等版本相比，本书虽然被英译者少量删节，但全书的主体内容和精华部分都保留了下来，且该英文版的行文非常流畅，层次非常清晰，读来引人入胜。需要说明的是，原著的有些自然段落比较长，为了适应现代读者的阅读习惯，也为了使中译文更为简洁明快，我们在翻译时对一些较长的段落作了新的分段。

在翻译本书时，我们一如既往，抱定一个宗旨：宁肯慢，也要小心谨慎，准确畅达。为此，许多章节反复校阅五六遍是常事，有时为了解决某个用语的译法，翻看众多的历史、地理、哲学、伦理以及宗教书籍。令我们感到欣慰的是，书中最难的希腊语和拉丁语部分，在复旦大学历史系世界古代史专业黄洋教授的帮助下，最终取得了比较满意的翻译结果。当然，尽管我们努力了，但受我们的外语水平和背景知识所限，本书翻译中的错误与缺点仍然可能不少，此点恳请读者朋友批评指正。

关于本书作者格劳秀斯的生平事迹，以及《战争与和平法》一书的学术价值和贡献，戴维·J.希尔在其所写的导论中已经作了详细的阐述，我这里就不再展开。有关中文的格劳秀斯及其《战争与和平法》的相关研究和资料，读者可以参见格劳秀斯著、岑德彰译《国际法典》(商务印书馆 1930 年版)；[日]寺田四郎著、韩逋仙译《国际法学界之七大家》[商务印书馆 1936 年版，中国政法大学出版社 2003 年重印版(吴旭阳勘校)]；何勤华主编《西方法学名著精萃》和《西方法学家列传》(均为中国政法大学出版社 2002 年版)；《西方法律思想史资料选编》(北京大学出版社 1982 年版)等，以及分散在各刊物上的一些介绍与评论文章。

翻译名著是一件吃力不讨好的事情，但为什么还是有那么多人乐此不疲呢？我理解这是因为每一本名著都蕴涵着丰富深刻的人生经验和智慧，在艰苦的翻译过程中的与原作者的对话和沟通，比起一般阅读中的与原作者的对话和沟通要来得深入和开阔得多——翻译要查阅众多与原作者其人其书相关的背景资料和文献，这是一个极好的研习机会。因此，翻译一部名著，就好像上了一个学期甚至一年内容精彩、品位高雅的课，是我们提高学识和汲取智慧，从而与大师逐步靠近的最佳的途径。

每当我一个人独处并静下心来时，常常会思考一个问题：世界上最强大的力量是什么？我想，它既不是机枪、大炮，不是原子弹、氢弹，也不是火山、地震、台风、海啸，而是时间。时间可以使如花似玉的美貌少女变成白发驼背的老妪，可以使雄才大略、气吞山河的豪杰成为一堆沙土，也可以使高山变成沧海，戈壁变成良田。然而，世界上仍有一样东西可以战胜时间，这就是爱。不管是恋人之间的爱，还是父母、子女、亲人之间的爱，还是对事业、对人民、对祖国乃至对整个人类的爱，都是永恒的。它可以超越时间，可以脱出时间的羁绊，永垂不朽。

而格劳秀斯的《战争与和平法》的核心思想，凝聚到一点，就是对人类和平的执著追求，就是对人类的爱。在翻译和校阅本书时，这种感悟不时地撞击和震撼着我的心灵。本书博大精深的体系，丰富生动的事例，缜密畅达的论述，以及对战争规则的周密设计，最终都是围绕这一核心思想展开的。这是《战争与和平法》之所以能在问世近三百九十年后仍然保持旺盛的生命力而不朽的原因所在。

其实，不仅格劳秀斯的著作是这样，贝卡利亚、洛克、孟德斯鸠和卢梭等启蒙思想大师的作品也都是这样。不管是对封建专横司法制度的强烈抨击，对法的精神的探究，对良好的民治政府、权力制约机制的冷静设计，还是对人民主权的不遗余力的倡导和鼓吹，归结到一点，都是对人类的和平、民主、平等和自由的追求，对人类命运的终极关怀。

爱是永恒的。

何勤华
于上海·华东政法学院
法律史研究中心

译者分工与鸣谢

本书翻译的分工如下：何勤华：导论；李春林：第一编，第二编第一至第十一章；张美成：第二编第十二至第十九章；薛磊：第二编第二十至第二十五章，第三编第一至第四章；徐震宇：第三编第五至第二十五章。译书初稿完成以后，在译者之间进行了互校，最后由何勤华统稿、定稿。

在本书的翻译过程中，我们得到了华东政法大学国际法学院朱榄叶教授、林燕萍教授，经济法学院施觉怀教授，复旦大学法学院张乃根教授，历史系黄洋教授，华东政法大学何萍博士和马贺博士、赵玉等人的热情帮助。在美国西雅图华盛顿州立大学（University of Washington）的房芳，为我们复印了 1901 年版的英译本《战争与和平法》。而本书的责任编辑屠玮涓则为本书的出版付出了诸多心血。对此，我们一并表示诚挚的谢意。

目 录

第 一 编

第　二　编

① 此处的翻译是从原书第二编的第四章直接跳到第九章的。——英译者注

① 第十四章为英译者所略。

法——惩罚的优点，有三个方面——自然法允许任何人针对犯罪者进行惩罚，但有所区分——在实施惩罚时，万国法对于受害方利益给予的考虑——惩罚的总体效用——在这方面，《福音书》的规定是怎样的——回答基于《福音书》中展示的上帝的仁慈而提出的反对意见——对于死刑的反对，因为其消除了罪犯的忏悔的可能——基督教徒个人实施惩罚是危险的，即使这种行为被万国法所允许——对于某些罪行以公众而非个人的名义进行控诉——内心的思想不能被人类惩罚——公开的行为如果是出于人类难以克服的缺陷，则不应受到惩罚——对于社会既没有直接，也没有间接造成损害的行为不能受人类法律的惩罚——豁免的理由——反驳关于永远不能给予宽恕的观点——在制定刑法之前，有证据表明宽恕是被允许的——但不是在所有情况下——确立刑罚后宽恕仍旧得到允许——内在的和外在的原因——没有任何正当的理由可以消除法律的义务，除非这一行为隐含着法律的授权，对这一观点的检验和反驳——通过抛弃罪犯而预想的惩罚——对于不同动机的比较——限制人们犯罪的动机——根据《十诫》所规定的罪行的程度——罪犯的行为能力——出于人道动机将会减轻惩罚，除非具有相反的更强烈的动机——便利犯罪或熟悉犯罪加重其罪行性质——仁慈的适当行使——犹太人和罗马人关于实施惩罚的观点——战争被视为一种惩罚——为了预谋的侵犯而开始战争是否正当——在自身或其臣民未受到直接影响的情况下，国王和国家针对违反自然法的罪行进行战争是否正当——对于管辖权是自然法要求的赋予惩罚权利的要件这一观点的反驳——自然法、国内习惯和神的意志法的区别——有关是否可以进行战争惩罚渎神行为的问题——对这一问题的思考——上帝的存在，从何处得知——拒绝信仰基督教不是发动战争的充分理由——残酷对待基督教徒是开始战争的正当理由——公开亵渎宗教应受惩罚

从犯如何承受惩罚——当拥有主权的君主或国家知道其臣民的不法行为，但没有采取措施加以阻止时，应对这一不法行为负责——主权者有义务对其犯罪的臣民不加庇护，而且将其交出或实施惩罚——请求庇护的权利属于不幸者而不属于有罪的人——尽管对避难者的调查仍在进行，

第 三 编

① 复境权最初是罗马法的特殊制度,指战俘回归后即恢复原先的一切权利,后来此项制度被引入国际法。

② 第十章主要包括散见于本书其他各处的论述,略。——英译者注

① 译文从原文第十三章跳到第十五章。——英译者注

第十九章[①] 论敌对双方间的诚信 327

各敌对方之间的诚信——甚至是在与海盗及类似的其他人之间，在与其订立的协议中——不处在恐吓之下而作出的承诺具有约束力——誓言必须遵守——万国法不允许将受到恐吓作为例外而对上述规则进行抗辩——甚至对背信的敌方也要保持善意——一方违背诺言时，义务解除——或者拒绝一种公正的赔偿时——甚至是在义务由另一不同的契约发生时——由引起的损失发生——或由处罚发生——这些原则对于战争的适用

第二十章 论结束战争的公开约定，包括缔结和约、仲裁、人质以及保证 332

在君主国，缔结和约的权力属于皇家特权——在贵族和民主政体下，此项权利属于一个较大数量的群体——以何种方式，公共权力或其任何一部可以被让渡——由君主缔结的和约在何种程度上对国家或后继者有约束力——在缔结和约时为国家利益而放弃的个人财产——对于这些个人的补偿——在战争中承受的损失——通过万国法与通过市民法获得的物没有区别——君主同外国由公共效用的目的而达成的交易视为有效——解释和约条款的一般规则——在存疑情况下根据和约推定物的先前状态得以延续——物返还于战前所在国——自愿参加交战一方的独立国家不得要求另一方的赔偿——一般特赦——战前存在的私人债务不包括在内——捕获物的返还——关于此类返还的规则——对疑问作不利于制定条款方的解释——新的战争根据与撕毁和约的区别——由任何违背一般和平条款之行为而引起的决裂——盟友或国民达成的协议所造成的损害——对于特别协议的违反——条约的标题——附加处罚——条约履行中不可避免的妨碍——由受害方选择继续维持和约——友好关系——如何接收国民和流亡者可以被认为是一种违约——胜利——由仲裁结束战争——仲裁者受到严格正义规则的约束——绝对的和有条件的投降——只有存在明确的出质理由才可以扣留人质——由于作为出质理由的人的死亡而获释——保证的责任——补偿损失的权利

① 译文从原文第十七章跳到第十九章。——英译者注

① 原文第二十三章论私人间的约定，此处略。——英译者注

英文版导论：格劳秀斯的著作与影响

戴维·J.希尔[1]

格劳秀斯的伟大著作《战争与和平法》(De Jure Belli ac Pacis)，并非凭借着经典作品通常所体现出的写作风格而被列入通用经典学术丛书系列。该书修辞欠佳，推理繁琐，表达晦涩，因此，人们难以将其视为一部雅作。

然而，尽管该书有上述外部的缺陷，它仍然是几百年来人类劳动成果中少数几部著名的天才作品之一。它代表着人类前进的步伐，是人类的宝贵遗产。如果不是从文学作品的专业意义上去苛刻要求，那么，格劳秀斯的这部杰作是相当高级和宏伟的——它是一个超越了无理的冲动、野蛮的习性的极富智慧的巨大成功。它的出版标志着主权国家历史上的一个新纪元，从此人类摆脱了难以驾驭的混乱状态和丧失理智的冲突。它创造了一个明确的原理体系，这个体系照亮了国家及其国民争取和平、达成谅解一致的道路。

一、战争主宰的世界

国与国之间应和平相处的观念(现在已经被公认为整个人类的观念，尽管离它的真正实现还有非常遥远的距离)，如果是可能实现的话，那也要经历一个艰难和漫长的过程。所有以往的经验都显示出实现这一观念是多么的困难，因为战争是历史上我们所最常见的社会现象。

在古代希腊城邦国家时代，当时的国与国之间，也曾试图建立少数临时的联盟和联邦，但是这种努力是如此微弱和不起作用，因而和平的局面是非常短暂的。城邦之间那种一触即发的激情和愤怒，不时就导向了战争。即使在那些具有高度文明的希腊民族之间，由种族、语言和宗教所形成的共同体，也未能促成一个统一的希腊国家的建立。最后，亚历山大大帝(Alexander the Great)以其军事天才，用占优势的武力，通过不可抗拒的征服，逐步摧毁了松散的希腊帝国。

罗马帝国几乎完成了整个欧洲的政治联合，并将欧、亚、非三个大陆的大部分领土

① 本文作者系美国助理国务卿。英文标题为 The Work and Influence of Hugo Grotius。——译者注

置于自己的统治之下，但军事力量的腐败逐步导致了帝国的分崩离析。西罗马帝国灭亡后，日耳曼各蛮族王国之间烽烟再起，而法兰克王国在这些战争中逐步取得了胜利，查理曼大帝(Carolus Magnus)以其军事实力在欧洲恢复了罗马式的和平(Pax Romana)。

但是，分裂的势力再次占据了上风。神圣罗马帝国在恢复古代罗马帝国的霸权方面从来就没有成功过。这样，一个能够统辖各个邦国国王和公爵，调和他们之间的争吵，保护其和平秩序的中央集权的统一国家的梦想，最终彻底破灭了。在每一个大的君主国(它们业已摧毁或正在摧毁着神圣罗马帝国的统一的支配权)，特别是在法国、英国、荷兰和德意志诸邦国，就宗教问题而爆发的持续不断的内部争斗，使对外战争变得愈加激烈和充满破坏力。这种状态一直持续到 1648 年因《威斯特伐里亚和约》的签署而欧洲得以重新组合为止。

正是在这些战争之中，格劳秀斯来到了人间。他亲身经历了自己的国家所经历的血与火的洗劫，亲眼目睹了整个欧洲因三十年战争①的可怕搏斗而被撕裂。在这场战争中，格劳秀斯创作完成了他的伟大著作，其结论对处理战争问题有着重要的指导和启迪意义。

此时，原来的神圣罗马帝国早已解体，几乎成了一个没有任何支配力量的空壳子。教会也已经分裂和衰落。在任何地方都已经看不到一个国际性的权威组织。在现有制度受到总体毁坏的状态下，格劳秀斯试图寻找一种能够指导并处理战争问题的伟大原则。

环顾周围世界，因战争而遭受了巨大的浩劫，各国之间彼此敌对，长时间建立起来的依赖关系已完全破碎，人们的愤怒和怨恨正在破坏着养育他们的国家自身。但是，格劳秀斯也看到了欧洲曾经拥有过的一种共同的约束，一个往昔联合的遗迹——这是一种人类的理智(human mind)。因此，他深切地意识到，他必须创建一个调整各国之间关系的法律体系。

二、格劳秀斯的前贤

从历史角度正确地说，直到格劳秀斯将其思想表述出来为止，欧洲尚无系统的

---

① 三十年战争(1618—1648) 欧洲两大强国集团——奥地利哈布斯堡王朝与反哈布斯堡王朝势力之间展开的战争。以 1618 年波希米亚反抗哈布斯堡王朝的起义为起因，最终以该王朝失败、两大阵营签署《威斯特伐里亚和约》而结束。和约使瑞典、法国及其盟友得到大片领土，承认了荷兰和瑞士的独立，削弱了神圣罗马帝国皇帝和选帝侯的权力，并规定天主教徒、路德宗信徒和加尔文宗信徒享有平等的权利。——译者注

国际法。当然,其他学者曾先于他接触到了各个国家之间的权利和义务关系的某个领域,但尚无一人能像格劳秀斯那样对国际法作出完整的论述。

最早试图系统表述国际习惯法的是一批早期海事法典。它们是从 11 世纪末至 16 世纪末随着商业交往的不断扩大而得以产生的。如由法国、英国和西班牙的商人们编纂的《奥列隆法典》(Jugemens d'Oleron),该法典因荷兰和波罗的海国家的支持而得以用其他名称再版。14 世纪中叶前后,一部更为精致的法典《康梭拉多海事法典》(The Consolato del Mare)在巴塞罗那面世,并迅速获得了各主要海洋国家的商人们的认可。因此,国际法这个新生儿是在商业的摇篮中来到人世,并开始其生命的第一声啼哭的。

与此同时,教会常常会接受战争中的世俗国家的委托,出任使节执行媾和的任务。这种使节,也就顺理成章地成了国际关系法的最早阐述者。事实上,正是在教会神学家那里,我们发现了这一领域里的最初的研究者。早在 1564 年,一个西班牙神学家瓦斯奎兹(Vasquez)就设想在一批自由国家中通过"自然法和万民法"(jus naturale et gentium)来规范彼此的相互权利,而不是由帝国的或教会的某个世界性权威来作出规定。1612 年,萨乌雷兹(Saurez)指出,各个国家的惯例(usages)已经上升为某种习惯法,并明确地描述了一种由通用的法律原则所规范的互相依赖的国家所组成的社会。

15 世纪末、16 世纪初,国与国之间进一步出现了一系列必须处理的新情况,它使法学研究突破了传统的范围,从而很自然地产生了一个职业的国际法学家阶层。

在该时期的国际法学家之中,阿亚拉(Balthazar Ayala)这位于 1584 年去世的西班牙国际法学家,以历史法学的精神,在他的《战争冲突法》(De Jure et Officiis Belli)一书中,专门就战争问题作了论述。德国法学家布鲁努斯(Conrad Brunus)在他于 1548 年出版的《外交官论》(De Legationibus)一书中,专门就外交使节的权利义务作了阐述。

而在这些法学家之中,最为卓越者就是牛津大学讲师、意大利法理学教授阿尔柏利克斯·贞提利斯(Albericus Gentilis, 1552—1608)①。他学术功底深厚,富有创新能力,于 1583 年和 1589 年分别出版了《外交官论》(De Legationibus)和《战争

① 关于贞提利斯的详细事迹,请参阅[日]寺田四郎著、韩逋仙译《国际法学界之七大家》,商务印书馆 1936 年版,中国政法大学出版社 2003 年重版(吴旭阳勘校)。——译者注

法论》(De Jure Belli)两本巨著。

三、格劳秀斯的生活与人品

格劳秀斯名字的拉丁文拼写 Hugo Grotius 是最为人们所知晓的。而在荷兰,他则被称为 Hugo de Groot。作为博学者与司法官世家的后裔,格劳秀斯于 1583 年 4 月出生于德尔夫特(Delft)。关于他的家庭的历史已经由德布里尼(De Burigny)在其《格劳秀斯传》(Vie de Grotius,该书于 1754 年用法语在阿姆斯特丹出版)一书,以及沃斯特曼·奥叶恩(Vorsterman Oyen)在其《格劳秀斯与他的子孙们》(Hugode Groot en Zijn Geslacht,该书作为送给格劳秀斯后裔的一份重礼,于 1883 年在阿姆斯特丹用荷兰语出版)一书中作了详细介绍。

格劳秀斯的祖先,是一位法国绅士,名字叫让·高耐(Jean Cornets),他于 1402 年移居荷兰。他的后裔考耐留斯·高耐(Cornelius Cornets),娶了德尔夫特市长的女儿为妻子。为了使市长家族所获得的荣誉永久存在,这一婚姻所生子女都被授予了其母系家族的名字。考耐留斯·高耐的荷兰岳父名叫狄尔克·冯·克拉叶恩伯格·德·格劳特(Dirk van Kraayenburg de Groot),因此,这些子女的母系名字就是德·格劳特(de Groot),意思是“伟大的”。这个名字被认为是在距当时四百年前的其母系祖先对自己的祖国荷兰所作贡献因而被授予的荣誉称号。

考耐留斯·高耐与其荷兰妻子所生的胡果·德·格劳特(Hugo de Groot),因在希腊文、拉丁文和希伯来文方面的造诣以及五次出任其所在市的市长而引人注目。他的大儿子考耐留斯(Cornelius),是一位卓越的语言学家和数学家。在法国学习法律后,他回到祖国担任了高级公务员,后来成为一名法学教授,并数次出任莱顿(Leyden)大学校长。

另一个儿子约翰·德·格劳特(John de Groot),即格劳秀斯的父亲,跟着著名学者利普秀斯(Lipsius)学习。每当提及这个得意门生时,利普秀斯总是对其赞赏有加。约翰·德·格劳特也曾四次出任德尔夫特市长,并担任莱顿大学的理事长。这些履历给他带来了很高的荣誉和社会地位。

早在少年时代,格劳秀斯就显示出了多方面的非凡的才能。8 岁时,他就用拉丁文创作了诗歌,表现出了诗人的天赋。12 岁时,他考入了大学,有幸成为著名学者约瑟夫·斯卡利泽(Joseph Scaliger)的得意弟子,在学习和研究上得到了最好的指导。15 岁时,格劳秀斯用拉丁文撰写的哲学和法理学论文在答辩时赢得了一片喝彩声。他作为博学多才的神童，名声远播四方。许多著名学者都惊叹他们从未见到过如此有才气的年轻人。

1600 年，在格劳秀斯只有 17 岁时，他就被允准执行律师业务。此时，他的名字已经为国外学术界所知晓。于是，这个富有朝气的神童作为荷兰特使，陪同荷兰省议会议长奥尔登巴内费尔特(Grand Pensionary, John of Oldenbarneveld)[①]访问法国。在那里，他受到了亨利四世(Henri Ⅳ)[②]的召见。亨利对他大加赞赏，并将镶有自己肖像的金头饰赠送给他，亲切地称他为"荷兰的奇迹"。在法国期间，格劳秀斯获得了奥尔良大学的法学博士学位。

1609 年，格劳秀斯与玛丽·冯·雷格斯伯格(Marie van Reigersberg, 1589—1653)喜结连理，两人互敬互爱，忠贞不渝。此时，格劳秀斯已享有很高的社会声望。他被任命为荷兰政府的国史编纂官，以及荷兰和西兰(Zeeland)两个地区的总检察长(Advocate-General)。

与此同时，格劳秀斯开始了《海洋自由论》(Mare Librum)一书的写作。在该书中，他倡导海洋的自由以及自己国家的海事权利，以反对葡萄牙人禁止其他国家在东部海域进行商业贸易的狂妄自大的要求。这本论著因塞尔登于 1635 年所写的《海洋闭锁论》(Mare Clausum)一书的回应而成为在国际法历史上影响深远的作品。随后，格劳秀斯的写作兴趣转到了荷兰的历史上，他将大量时间花在了《独立战争的编年史》(Annals of the War of Independence)一书上。

1613 年，通过进入政界，格劳秀斯进一步提升了其作为诗人、法学家和历史学家的社会知名度，他被任命为鹿特丹市市长(Pensionary[③] of Rotterdam)。在接受这一职务时，格劳秀斯提出了一个条件，即不得违反他本人的意愿而予以免职。在此期间，他作为荷兰外交使团的一员访问了英国，并会见了法国著名学者卡索邦(Isaac Casaubon)。[④] 后者在一封给海因修斯(Daniël Heinsius)[⑤]的信中激动地说："我无法形容当我与伟大的格劳秀斯会面时是多么的幸福！真是一位了不起的人

---

① 奥尔登巴内费尔特(1547—1619)，荷兰政治家。曾在卢万大学、布尔日大学和海德堡大学等学习法律。回到荷兰以后，曾出任荷兰省议会议长，参与创建荷兰东印度公司，与莫理斯、莫理斯的堂弟威廉·路易组成三人执政，并主持内政与外交事务。后在与莫理斯争夺最高统治权时失败被杀。——译者注

② 亨利四世(1553—1610)，法国波旁王朝国王，1589 年继位，1598 年宣布天主教为法国国教，同时承认胡格诺教徒享有信教自由等权利，在欧洲开创了宗教宽容之先例。后为狂热的天主教徒所暗杀。——译者注

③ Pensionary 也可以译为"城市法律顾问"、"议会的城市代表"、"省议会议长"等。——译者注

④ 卡索邦(1559—1614)，法国新教神学家、古典学者。——译者注

⑤ 海因修斯(1580—1655)，荷兰诗人，当时的著名古典学者。——译者注

物！我对此人已早有耳闻！但只有那些能够见其面、闻其声之人，才能真正充分品味到他的罕见的卓越和非凡的天才！他最吸引人的魅力就是两个字：'笃实'！"

正当格劳秀斯春风得意之时，不幸也开始降临到这位正直的学者身上。由于在工作和个人私交方面与奥尔登巴内费尔特议长均有着极为密切的关系，格劳秀斯注定要与这个不幸的爱国主义者共同承受厄运——统治荷兰的奥伦治家族的莫理斯(Maurice)，[①]以这两个盟友曾为宗教自由主义辩护而对其予以残酷镇压：他们俩被剥夺公权并被移交司法机关处罚。如同鼓吹和平的第一个使者必定会遭受到的厄运一样，他们俩不久就被宣告判处死刑。受到奥伦治家族极端憎恨的奥尔登巴内费尔特首先于1619年5月12日被执行了死刑，而格劳秀斯因为年轻且性格比较宽厚，加上他对莫理斯的冒犯要稍微轻一些，所以在6天之后被判决为终身监禁。1619年6月6日，他被关入劳埃弗斯汀(Loevestein)监狱。

开始，格劳秀斯受到的管制非常严格。但不久，他的温和与顺从的态度就赢得了监狱看守的尊敬和好感。就格劳秀斯而言，他利用此机会抓紧时间整理素材，撰写著作。最后，在他妻子提出她愿意入狱与丈夫生活在一起的要求时，他被允许和妻子见面。面对这个勤奋的囚犯和与其相濡以沫的爱侣，监狱看守已不再怀疑他们会产生逃跑的念头。

装满着书的笨重的箱子在监狱进进出出，既给这位勤奋的学者传递着创作的资料，也给他带来了定期的心理上的安慰。在狱中，格劳秀斯撰写了一篇论述基督教信仰的真理的论文，一本为他的小孩所编写的简明基督教知识手册，一本关于荷兰法的摘要，以及其他一些试图转移或减轻因长时间坐牢而产生的痛苦与疲惫的作品，借以打发日子。最后，直到有一天，他的妻子玛丽找准了一个非常好的时机，秘密地将格劳秀斯装入一个运送书籍的大箱子中，由两名可靠的仆人运出了监狱。

在沿着监狱的石阶缓缓而下的过程中，那两名仆人一边紧张地关注着因装着一个阿米尼乌斯(Jacob Arminius)[②]教徒而显得极为沉重的箱子，一边踩着重重的步子。但格劳秀斯夫人却轻松地戏称：如果有人真的产生怀疑，就说里面装的是阿米尼乌斯教的书籍。于是，他们平安地出了监狱。接着，这位伟大的法学家就被装

---

① (拿骚的)莫理斯(Maurice of Nassaw，1567—1625)，荷兰三人执政之一，荷兰共和国军队的缔造者、联省军队的总司令。曾击败西班牙人，但也使国家长久陷入分裂。1618年成为奥伦治亲王。——译者注

② 阿米尼乌斯(1560—1609)，莱顿大学校长，荷兰宗教改革派的领袖。因为格劳秀斯同情、信奉此教派，故此处作者称其为"阿米尼乌斯教徒"。——译者注

在箱子中安全地运到了小城格尔科姆(Gorcum),由一个可靠的朋友予以照料。在那里,格劳秀斯化装成一个泥瓦匠,迅速前往比利时的安特卫普(Antwerp)。从安特卫普,他又潜往法国。1621年4月,格劳秀斯进入法国国境,并在该年的10月,与其忠贞的妻子在巴黎会合。

监禁的痛苦生活,现在因离乡背井的凄惨而变得更加雪上加霜。格劳秀斯不仅被荷兰政府所驱逐,而且在经济上也陷入了赤贫之中。他在给朋友的信中,披露了他在这一段时间精神上的痛苦。

但不久,巴黎的生活有了改善。一位慷慨的法国人昂里·德·梅姆(Henri de Même)将其在巴拉尼(Balagni)乡下的一幢房子,按照格劳秀斯的喜好作了装饰布置后让其居住。同时,格劳秀斯在这里也获得了由路易十三(Louis XIII)提供给他的一笔生活年金。尽管这笔年金的支付常常是不稳定的、拖欠的,但格劳秀斯藉此于1623年的夏天开始了他的伟大著作《战争与和平法》的创作。

人们已经进行了大量的工作来探明格劳秀斯创作这部杰作的动机。但最新研究成果表明,以往的所有看法都是肤浅的;其中也包括一种观点在内,即他是受到了使馆参赞佩尔斯克(Peyresc)的启发而为。实际上,格劳秀斯那爱好和平的天赋秉性超越了所有其他一切。这也正是世人所认同的他的真正的创作动机。写作的冲动发自他自幼以来逐步形成的理念,就是要将人们从战争的恐怖中解放出来,寻找一条通向和平的道路。在二十多年的时间内,他从未满足过,直到他充分地表述了自己的成熟的思想为止。

早在1604年冬天,在格劳秀斯的法律实践中,他就产生了撰写题为"拿捕法论"(De Jure Praedae)一书的想法,并将其付诸行动。但这部已经完成的作品,在作者生前从未正式出版过。所有格劳秀斯的传记作家都不知道这部被保存下来的原稿,直到1868年,在弗卢因(Fruin)教授的资助下,它得以在海牙公开出版后才为人们所知。这一令人关注的文献表明,在当时,不仅《战争与和平法》的总的构思,而且它的完整的撰写计划,甚至其内容的排列等,都已经在这个才21岁的青年人的头脑中成熟了。当然,最初构思的作品与最后完成的著作之间还是有一些区别的,即不可避免地增加了格劳秀斯在二十多年中所阅读的文献、亲身经历的体验、长时期的思索以及更加成熟的写作才能。

经过一年多持续不断的极度紧张的劳动之后,格劳秀斯终于完成了这部作品。在此期间,他几乎每天都在信件中记下了其创作过程中的点滴进步。1625年3

月,《战争与和平法》的第一版在经历了四个多月的印制之后正式出版。其印刷本被送到在法兰克福召开的商品图书博览会上展出。至于格劳秀斯的稿酬,仅仅是两百部赠书而已。他将其中的大部分分送给了他的朋友。剩余下来的每本卖1克朗,①出售后所得收入仍然未能补偿所支出的费用。

在接下来的8月份,他给父亲和哥哥写信,说如果他的作品能够得到他们以及其他朋友的认同的话,他将不会有任何抱怨,而会感到异常幸福。路易十三——作者声称这部著作是献给他的——接受了作者的敬意和一部装帧精美的印刷本,但却没有给予作者以与其作为君主的身份相适应的奖励。

在罗马,这部专著于1627年被宣布为禁书。在荷兰,作品的境遇要更差一些。陷于一贫如洗的以及因长期劳累而遍体病痛的格劳秀斯,显然注定要被祖国所忽略和忘却。这从他在流亡中写给其哥哥的信中可以得知:"请求我做任何事情都已没有必要。如果我的祖国不能接受我,我也将离开她。世界是足够大的……"

黎世留(Richelieu)②曾邀请格劳秀斯到法国政府部门工作,但他没有接受这个红衣主教企图强加给他的那些前提条件——这一点至少可以从他的信中作出推断。他没有领到抚恤金,他的境况十分糟糕,以至于他的一个小孩只有一件衣服可穿。在生活所迫之下,他们将家用限制到了最低限度。最后没有办法,在他能干的妻子的怂恿下,格劳秀斯决定返回荷兰。

他们从鹿特丹被驱赶到阿姆斯特丹。在那里,格劳秀斯希望能作为一个律师定居下来。但荷兰国会再一次对他发出了逮捕令,并出重金悬赏,要求将其引渡给当局。荷兰新的最高统治者亨利(Frederick Henry)继其兄长莫理斯之后执掌了荷兰新的最高统治权——这个在格劳秀斯从荷兰狱中逃脱之后曾经友善地写信给他表示同情的贵族,现在却批准将格劳秀斯永远驱逐。被政府当局抛弃如同被祖国同胞抛弃一样,格劳秀斯被迫再一次流落他乡,去了德国的汉堡。

四、格劳秀斯的作品

在了解格劳秀斯的生平事迹这一点上,简洁地描述一下《战争与和平法》这部伟大作品的特点,可能是非常有意义的。这部著作出版不久就使他赢得了新的声

---

① 克朗,北欧等国货币单位的英文名。在英国,1克朗就是25便士的硬币。——译者注

② 黎世留(1585—1642),原为法国红衣主教,后升为法国宰相。——译者注

誉，并使他的人生道路发生了巨大的变化。

《战争与和平法》的创作灵感来自格劳秀斯对和平的热爱。然而，他绝不是一个一味地谴责使用武力并视所有战争为非正义和不必要的空想家。相反，他要追求的是试图发现在什么时候、如何做、通过什么人来使战争能够合法地进行。

格劳秀斯论述这个问题的具体思路为：

在第一编中，他认为任何战争是否正义，关键是看它是否区分公共的战争与私人的战争，并进而依次论述了主权的本质和具体表现。

在第二编中，他依次讨论了战争发生的原因，财产权和人身权的本质以及其所依据的理由，所有权的义务，王室继承权的规则，受契约保护的权利，条约的效力和解释，以及国际法上的主体等。

在第三编中，作者提出了如下问题：什么是合法的战争？作者认为，可以考虑通过军事条约以及其他各种方法来确保和平的实现。

神圣罗马帝国和教会都已不再是一个国际性的权威机构，因此，格劳秀斯向人性呼吁真正的国际法。从这一努力出发，在由自然状态确立的人们之间的亲密关系中，他看到了由契约缔结的权利的共同体。而由各个国家组成的社会，包括整个人类在内，与地方共同体一样，需要对权利的认同。国家是一种更大的个人的集合体，各自以自己的团体相附。地区分界的状况，并不能消除人们对正义的要求，因为这种要求源自作为道德生物的人类的本性。不管怎样，作为人类社会的一个基本契约，如果正确地理解的话，自然法就是一种对权利之理由的阐述和要求。这样，从人类的本性之中，格劳秀斯提升出了一种理性的智慧，并在这种智慧之上找到了他的普遍法的体系。

人类本性的这一法律（自然法），是普遍约束各地区人民的生活的，它不会因时间和地区的变化而失去效力。它派生出了战争的法则，也同时孕育出了和平的法则。当这一法律运用于武装冲突时则表现为：只有在维护自身权利的情况下，才可以发动战争；而战争一旦打响，双方就必须在法律许可的范围之内交战。实际上，民法（civil laws）只是适用于和平时期的法律，而在战争状态中，民法却无法发挥其效力。而那些源于人类本性而非出自特定的民事关系的法律，即使在战争中仍应发挥效力。战争法就来源于这些永恒的法律。如果否认这些法律，或违反这些法律，就意味着拒绝接受人的自身的本性和上帝的权威，而它们早已赋予人们以权利和义务。否认这些永恒法的强制性特征，就是回归到了人类的原始野蛮的状态。

区分自然法(它的正义原则来自人的理性之本性)和习惯法(Conventional Law,它源自人们之间的合意和契约)之间的差异是必须的。自然法永远不变,而习惯法却是在变化着的。尽管对抽象正义的研究(除了所有那些源自人的意志或允诺的事物之外)将使我们能够创设一个完整的法理学体系,但是另外一个法源,即习惯法也不能被忽视。这些行为规范是人类通过隆重的会议而确立起来的,因此,它们是神圣的。

万国法(The Law of Nations)不仅仅由从正义的一般原则抽象出来的某些纯粹的结论所构成,它还包括一个以同意(consent)为基础的理论体系,而正是这个自愿认可性的义务体系将国际法学与伦理思想和道德理论区别开来。国家的习惯和被普遍接受的自然法是并存的。正是在实践中获得公认的程序规则的成长过程中,我们对调整部族之间关系的法律制度(jus inter gentes)的演化加以追溯,并将其视为一个实在的法律体系(positive jurisprudence)。

很清楚,格劳秀斯一直在争取以这个实在的法律体系为基础建立一门法律科学,这门科学也因他的努力而具有了与众不同的特点。不同时代的伟大作家的观点被大量地引用。然而,这些个人观点的汇集只是一些表面功夫,它们并不能很好地支持格劳秀斯的主张。而格劳秀斯的这种做法也不是为了显示自己渊博的知识,他真正的目的(正如他的评论家们有时所指出的那样)是为了赋予其学说以历史普遍性,即他所努力创立的法律体系能被不同时代的所有人所接受。为了这个目的,他也大量使用了最有权威的法学家的罗马法文献。这些权威法学家的学说和准则对他希望说服的那些人的思想,肯定具有相当的说服力。

也许我们没有必要指出,格劳秀斯的著作不是、也不可能是一部永久权威的国际法概要。但他对这一实在的和历史的因素(权威来源于习惯)的敏锐的鉴别力,却将其从绝对的目的论的虚伪造作中解脱了出来。《战争与和平法》仅仅是他给予我们的一篇《创世记》(The Book of Genesis),但在伟大的国际关系领域内,是格劳秀斯将这种摆脱混沌混乱的法律秩序的创立过程记录了下来,其巨大贡献是无法被抹杀的。因此,后世给予他极高的荣誉,将其称为"国际法之父",与他作出的贡献完全是相当的。

光阴荏苒,三个多世纪之后,格劳秀斯学说中的不足之处并不难被发现。如果他证明奴隶制是正当的,那么,这并不能被认为是在胡说,因为他的辩解是有逻辑性的:如果一个人可以出卖他自己的劳动,那么,为什么不能出卖他的自由?如果征服者可以将他的意志强加于被征服者的财产，那么，又为什么不可以强加于他的身体之上？

如果格劳秀斯只将最高统治权视为主权的惟一内涵而忽略了其道德基础的话，那么他的这种观点至少在他那个时代也称得上是处于领先地位的。因为当时的人们还没有将国家的概念理解为一个道德组织。如果他并不太了解中立的概念，以至于认为国家有义务根据自身的判断派兵支援交战中正确的一方，而不是否认与其自身利益毫无关系的一切责任，那么，他的这种观点至少还是被大众所支持的，而在今天也同样如此。即使对于法学家而言，这一现代的中立概念从其产生至今也还不到一个世纪。

对于将自然法作为公权利和私权利之基础的学说而言，如果新的法理学派对此加以轻视，那么，格劳秀斯的理论在表述的清晰程度上是毫不逊色于其他替代理论的。但是，最后，对所有这些批评的可能的回答是，如果不将其放在与他的前贤和同时代的人的关系之上考虑，那么，就没有一个伟大的思想家能被恰当地评价。由此表明，就思想的独创性和理论的说服力而言，格劳秀斯在他那个世纪的法学家中间，是独一无二的。

五、格劳秀斯的作品的影响

1633 年，在格劳秀斯逗留汉堡期间，即他的《战争与和平法》公开出版八年之后，在他仍然忍受着痛苦的经济拮据的生活时，欧洲突然意识到了他的重要性。几乎在同一时间内，波兰、丹麦、西班牙、英国以及瑞典，都友好地向他发出邀请，希望他进入他们国家的政府机关工作。他作为一名法学家的知名度已经成为国际性的了——虽然他仍然遭到自己的祖国荷兰的无理抵制——他已经成为欧洲法学界的中心。在三十年战争期间，阿多夫(Gustavus Adolphus)[①]在指挥作战时，就将格劳秀斯的这本著作与《圣经》一起，放在他的枕头下面。

用当时欧洲学术界的通用语言拉丁文所写的《战争与和平法》的第一版，迅速销售一空，并得到广泛的传播。不久，另外的一个版本也拟在巴黎出版，但由于出版商伯恩(Buon)的去世，该出版计划遂致搁浅。该书的第二版于 1626 年在法兰克福面世，第三版于 1631 年在阿姆斯特丹出版。附有作者亲自所作注释的另一个版

① 阿多夫，也有译“阿道夫”，瑞典国王(1611—1632 年在位)。——译者注

本也于1632年在阿姆斯特丹出版。

《战争与和平法》不仅启迪了学术界，也唤醒了君主们的思想，其影响遍及欧洲各地，在欧洲的上流社会中，格劳秀斯的名字已经家喻户晓。他的著作也曾激起了截然不同的情绪和评价，但在律师和政治家中间，这部著作一开始就受到了普遍的赞誉和热烈的欢迎。

尽管曾遭遇流放、贫困以及各种不幸，此时业已名扬欧洲的格劳秀斯也将要迎来一个收获的季节。他为战争创造了一部法典，为和平确立了一个纲领。从此以后，再也没有政治家能够忽视他。

1633年，瑞典国王阿多夫在吕岑(Lützen)①战场上去世。之前，他曾将格劳秀斯推荐给了他的总理大臣乌克森谢纳(Oxenstiern)。②当瑞典似乎注定要在同神圣罗马帝国的争夺中痛苦地撤退时，乌克森谢纳在此关键时刻出任瑞典的摄政。而当时惟一能扭转颓势的方法便是寻求法国的支持和帮助。乌克森谢纳回想起了前任国王的嘱托，决定任命格劳秀斯为瑞典的大使，担负新一轮的法国和瑞典之间签署盟约的协商事务。

1634年，格劳秀斯接受了这项任命，于1635年3月2日带着外交任务到达巴黎。由于以前没有能够成功收买格劳秀斯，法国宰相黎世留对他这次能带着荣耀以瑞典派驻法国大使的身份来访颇感忿恨。在这种情形之下，格劳秀斯在和法国人的谈判中也就没有能够获得什么进展。与提醒法国应受现行《海尔布隆条约》(Heilbronn)③之约束的事实，或巩固法—瑞新联盟的使命相比，格劳秀斯出于对文学的痴迷，将更多的精力花在了宗教悲剧《飞往埃及》(The Flight into Egypt)④上。

在格劳秀斯这位理论家的外交努力失败之时，乌克森谢纳这位实务政治家则通过在短暂的访问巴黎期间的略施小小机敏的外交手腕而轻易地获得了成功。这

---

① 吕岑，德国城市。1632年11月，瑞典军队与哈布斯堡王朝的军队在此处发生激战。瑞典军队取得了胜利，但国王阿多夫却在这次战役中阵亡。——译者注

② 乌克森谢纳(1583—1654)，瑞典总理大臣，国王阿多夫的密友和顾问，曾多次受命进行重要的外交谈判。后成为未成年的女王克里斯蒂娜(Christina)的摄政，成为瑞典的实际统治者。——译者注

③ 《海尔布隆条约》 1633年4月23日在德国海尔布隆，由瑞典执政乌克森谢纳、法国宰相黎世留、神圣罗马帝国中新教诸邦国的代表，以及英国和荷兰的大使等所签署。它建立起了海尔布隆同盟(the League of Heilbronn)，以与奥地利哈布斯堡王朝相抗衡。条约规定：瑞典拥有同盟之军事指挥权。同盟的建立标志着信仰新教的瑞典和具有天主教传统的法国建立起了政治上的联姻。但这一联姻时间不长，随着1634年9月瑞典军队在战场上的失利，大部分德意志诸侯邦国即脱离瑞典—法国阵营，海尔布隆同盟即告解体。——译者注

④ 宗教悲剧《飞往埃及》(The Flight into Egypt)于1565年由Triptolemos所创作。——译者注

样，这位大使的使命就被简化为仅仅作为一名外交观察员和报告人的角色。

格劳秀斯的爱好、性格和所接受的教育都表明，他是一个法学家，而不是一个外交家。他自己不久也认识到了这两种职业如果不是相互截然对立，那么至少是有着巨大的差异而彼此相互独立的。其外交函件显示出，他既是一个敏锐的观察员，也是一个依照良心办事的道德家，却不是一个娴熟的外交谈判家。在格劳秀斯以公文急件方式写就的观察记录中，有一份可以作为他的洞察力和幽默的最好实例而加以引用。

在谈及法国的王太子(即后来的路易十四)时，格劳秀斯说："他那可怕的、超前的利欲心对其周围的民族而言，是一个坏的兆头：因为他现在正在折磨和残杀第九个奶妈，而前八个的下场都如出一辙。"

在格劳秀斯的公文中，曾记录着他拘泥于诸如外交官出场之排名的先后、级别的高低等琐碎之事；也记录着他曾为了满足其礼仪上的虚荣心而在正式的场合疏远他的同事。看到这位伟大的国际法学之父的上述举动，人们不禁为其感到难过。格劳秀斯也不会再去拜访马扎然(Mazarin)，[①]因为这个红衣主教坚持称他为"主教大人"(Eminence)，而不称"大使阁下"(Excellence)。格劳秀斯认为这种做法是对其大使身份的一种蔑视。

这种愚蠢的争执和极端的仇恨，使得格劳秀斯在1636年12月，即他来巴黎还不到两年的时候，就建议瑞典政府向法国派一名专职的外交代办，来取代原来比较空虚的大使，以便着手恢复外交关系。

格劳秀斯关于外交代表的地位、级别等的争吵，使他成为在法国议会中被人们所嘲笑的对象。而这并非其所遭遇的惟一不幸。由于没有被足额发放薪水，他不得不为此等上两年。而当其经济状况恶化到连衣食都无法保证时，格劳秀斯被迫向法国王室国库借用原本用于支付瑞典军队津贴的一部分，以解燃眉之急。

针对格劳秀斯的这种使人感到心烦的要求，法国政府一再请求瑞典政府将其召回。带着对自己使命的深深的厌恶，格劳秀斯最后终于放弃了他的外交官生活。而接替他的是一个名叫克里沙特(Cerisarte)的颇具魅力的冒险家(此人原本是被派来帮助格劳秀斯的)。而格劳秀斯则全身心地投入到了阅读和写作之中，直至

---

① 马扎然(1602—1661)　枢机主教，法国首相(1643—1661)。原籍意大利，受宠于摄政王安娜，镇压投石党运动，巩固了专制王权，加强了法国在欧洲的势力。——译者注

1645年他自己再次提出请求回到瑞典时为止。

瑞典女王，这个知识分子的保护者，想要帮助格劳秀斯并将其留在自己的国家任职，因而提出了许多建议，并作出了许多承诺。但是，这些承诺的履行则是非常拖延的。格劳秀斯对自己的处境非常焦虑，他拒绝了出任瑞典国家的法律顾问职务的邀请，决意离开这个国家。

格劳秀斯准备秘密离开斯德哥尔摩的计划，被女王的一个信使阻止了。这个信使一直跟着他到达了港口，格劳秀斯原计划在那里上船。信使劝诱他重新回去参加读者朋友们为他举办的一个欢送会。当然，最后，格劳秀斯还是带着一笔数量可观的馈赠款以及许多银制餐具等，登上了一艘根据他的意愿布置的豪华轮船，开始了海上旅程，奔赴吕贝克（Lübeck）①。船离开海岸之后时间不长，在靠近但特基克（Dantzic）的地方，遇上了强烈的海上风暴。1645年8月17日，轮船被迫停泊岸边，格劳秀斯最终被苦难的经历所拖垮，他在罗斯托克（Rostock）②患上了重病。在那里，他与疾病搏斗了几天，终于不幸去世。

格劳秀斯生命中的最后几年，主要是奉献给了在基督教世界确立和平的计划，但人们在这方面无休止的争论，给他带来了巨大的苦恼。

在长时期内一直不肯给予格劳秀斯公民权的他的祖国荷兰，最后也终于作出了让步，同意将他的坟墓安置在他的家乡。他的遗体被送往德尔夫特，他所出生的那个小镇。在那里，他的名字至今仍然得到极大的尊崇。

在格劳秀斯离开斯德哥尔摩时，各国的最后一批特命全权代表已经到达了明斯特（Münster）③和奥斯纳布吕克（Osnabrück）④，出席这个伟大的欧洲会议，以停止三十年战争的敌对行动。人们传说（可惜无法得到令人满意的证实）这位《战争与和平法》的作者离开瑞典奔赴德国的目的，就是为了参加这一欧洲会议。

不管这个传说具有多大程度的可信性，但有一点是可以确信的，即在奥斯纳布吕克的丹麦国王以及在明斯特的教皇特使的调停活动，虽然不很成功，但确实是遵照格劳秀斯在《战争与和平法》一书中表达的如下理念来进行的："这将是有益的，而且实际上几乎也是必要的，即举行基督教国家之间的定期的会议，在此种会议

---

① 吕贝克　德国东北部港口城市。——译者注

② 罗斯托克　德国东北部港口城市。——译者注

③ 明斯特　德国西北部城市。——译者注

④ 奥斯纳布吕克　德国西北部城市。——译者注

上，将一些各国之间所爆发的争论，提交其他对此没有利害关系的国家来进行裁决。”

然而，立即建立一个国际法庭的做法（在上述格劳秀斯的建议中已有明确的体现）与当时所处的时代的动向是不协调的。当然，有一点是不容置疑的：结束三十年战争的《威斯特伐里亚和约》——该和约中的各项协议对欧洲而言已经具备了国际公法法典的形式——是一个伟大的进步的国际法原则的体现。这一国际法原则，是格劳秀斯第一次予以阐明的。

《战争与和平法》一书在格劳秀斯去世之前已经成为一部经典著作，随后不久，一个职业化的国际法学家阶层就在各所大学中形成，并对国际法的各项原则作出了进一步的阐述。在这里，列举出众多的有关版本、译本、注释本的篇目，将是冗长乏味的，因为这些作品在欧洲的文献中占有一个非常突出的位置。

但这个任务已经由罗格博士（Dr. Rogge）在其 1883 年于海牙出版的《格劳秀斯传》（Bibliotheca Grotiana）中部分地完成了，而出版这本书的目的是想制作一个格劳秀斯全部作品的完整目录，目录中作品的数量已多达 462 种，还不包括那些被这位著名的大师启蒙激励出来的历代法学家的或者批评家的，以及已经对格劳秀斯的生平和作品作出了评论的传记作家的著作。

姗姗来迟的是，带着对她最伟大和最崇高的儿子之一所犯下的痛苦和错误之巨大悔恨的感情，荷兰——格劳秀斯的祖国，现在也开始参与纪念格劳秀斯的活动。她以各种隆重和庄严的活动来纪念这位学者。在德尔夫特的新柯克（Nieuwe Kerk），一座象征着他的学识、天赋和声望的墓碑（于 1781 年修建完成）矗立在其长眠之地。1886 年 9 月 17 日，格劳秀斯这位伟大的法学家的一座宏伟尊贵的塑像也在他出生的小镇教堂（里面有他的坟墓）前面的公共广场上揭幕。这样，在格劳秀斯去世一个多世纪之后，以及此后的一个世纪里，荷兰终于为她的这位杰出的公民献上了最为崇高的荣誉。

许多年以后，人们仍然给了格劳秀斯以很高的新的荣誉。最近在海牙召开的一次和平会议上，成立了一个重要的国际礼让组织，而它的基础，则是早在 1625 年就由格劳秀斯奠定了的。如下评价是比较恰当的：为了和平的目的而召开一个国际会议，进行制定条约的谈判和协商，并通过设立常设的国际法庭来和平解决国家之间的争端，改进规范战争的法律。通过这些活动，来纪念这位伟大卓越的法学家——他的伟大思想至少产生出了上述如此宝贵的成果。

按照美国国务卿的指示，在海牙出席和平会议的美国代表专门邀请了与会的其他国家的同行和荷兰各所大学的校长，以及海牙的高层人士，在7月4日这一美国国庆日，一起举行了纪念格劳秀斯这位伟大的法学家的活动。

在一所旧教堂东面的一个半圆形房间中，靠近格劳秀斯的纪念碑和威廉一世(the William Silent)①陵墓的地方，来自26个国家的代表聚集在一起，通过举行庄严的仪式来纪念这位伟大的法学家，而在他的坟墓上，则放着一个他们敬献的美丽的银质纪念饰环。其献词如下：

献给

胡果·格劳秀斯的礼物

表达

对您的尊敬和感激

来自美利坚合众国的代表

在国际和平协商盛会上

1899年7月4日

于海牙

美国驻德国大使，尊敬的怀特(Andrew D. White)先生，发表了富有魅力的演讲(其他代表也作了类似的发言)。他们强调指出，人类有义务记住《战争与和平法》一书的作者的巨大贡献。

这样，19世纪的各个国家的全权代表，向16世纪的这位流亡者表示了敬意，而这位流亡者曾教育世界：即使在战争的剧烈震荡和风暴的时候，人类也必须遵循和服从它所拥有的自然法规范；甚至各个享有独立主权的国家，也有义务遵守由一种高于君主权力和国家意志的力量所确立的规则，否则，这些国家也同样要接受人性法庭的审判。

① 威廉一世(1533—1584)　也称“沉默者威廉”，为奥伦治亲王(1544—1584)，领导荷兰反抗西班牙的统治，缔结北方七省乌得勒支同盟，成为尼德兰联省共和国第一任执政(1581—1584)。后被西班牙刺客暗杀。——译者注

第　一　编

第一章　论战争与法 17

关于战争——战争的定义——统治者与被统治者间的正义(right)、地位平等者间的正义——作为一种品性(quality)的权利分为特权(faculty)与普通权利(fitness)两类——特权包括权力、财产权和债权——可分为私人的(private)与公共的(superior)两类——作为规则的法包括自然法与意定法两类——自然法的特性(law of Nature divided)——自然法的证明——法可分为人法与神法两类——为人所发现(human explained)——为神所晓谕(divine stated)——《摩西律法》对基督教徒不具有约束力

1. 那些不是依靠解决其间冲突的共同民法(civil laws)的约束而生活在一起的人中间,如还没有形成国家共同体的,或者形成了许多相互间没有联系的区域性共同体的古代的族长们,总会发生一些争端,不管他们是在个人、在国王,还是在被赋予主权权力的多个人的统治之下,后者如贵族制政体下的统治精英及在共和制政府中的全体人民。在这些人之间发生的任何争端,不管性质如何,都会影响战争与和平的情势。

由于战争是为和平而发动的,没有争端就不会引起战争,所以,应当把通常发生在国家间的所有这些纷争看作是战争法的调整对象(an article),这样,战争本身就会把我们引向和平。这才是战争的真正目的。

2. 在探讨战争法时,我们首先不得不解决的问题是:作为我们探究对象的战争 18
是什么;我们试图加以确立的有关战争的法则又是什么。西塞罗(Cicero)①把战争称作通过武力进行的争斗(contention)。但是实践突出地表明,战争并不是一个瞬间性行为,而是一种事态。正因为如此,战争被看作是存在于争斗双方间的一种持续状态。

就其广义上讲,这样的定义涵盖了构成本书探讨对象的一切种类的战争。任

① 见西塞罗著:《论义务》(Offices)。——译者注。以下凡是页下注(脚注),均是中译者注,不再另行注明。英译者注均置于每一章之后。

何一种一对一的决斗(single combats)都逃不出该定义的范围。尽管一对一的决斗在事实上比公战古老得多,但毫无疑问,仍与公战具有同样的性质,因而完全可以恰当地把它们划归在同一个名称之下。这正好与该词的真正起源完全吻合。

在拉丁语中,代表"战争"一词的 *Bellum*①来源于一个古老的单词 *Duellum*②,即"决斗"(*Duel*)之意。正如 *Bonus*③来源于 *Duonus*④,*Bis*⑤来源于 *Duis*⑥一样,*Duellum* 来自 *Duo*⑦,其所表达的意思是指两人间的争论(difference)。在同样意义上,我们用来表示和平的 Unity⑧一词,相反则来自 Unitas⑨。所以在希腊语中,通常被用来指战争的 πολεμο⑩一词,其原意是指多数人的意见(an idea of multitude)。古希腊人也把战争称作 λυη⑪,其意思是指众人意见"不和"(Disunion)。这正好与 δυη⑫一词所表达的意思相同,两者都是指组成一个整体的各个部分"分裂与解体"(Dissolution)。

在这种意义上使用"战争"一词,与在更广泛的意义上来理解战争的内涵的实践是不相抵触的。尽管它有时候仅仅被用来指国家间的纷争,然而显而易见的是,谁都不会反对一个通用性的名称常常被用于某种特定的对象,而这种对象是有必要加以特别强调的。正义(因素)不被包括在战争的定义中,因为我们正需要解决的问题是,是否所有战争都是正义的,什么样的战争才称得上是正义战争。因而我们必须把战争本身与战争的正义性区分开来。

3. 由于本书的书名就是"战争法",这使得本书显得与众不同,因而,首先必须探究的就是,正如前面已经指出的:是否所有的战争都是正义的;紧接着的是:什么造就了(constitutes)正义战争的正义性。

---

① 拉丁文,译为"战争"。
② 拉丁文,译为"决斗"。
③ 拉丁文,译为"好",形容词。
④ 拉丁文,译为"好",是 Bonus 的旧有形式。
⑤ 拉丁文,译为"两次"。
⑥ 拉丁文,译为"两次",源出于"Duo",即"二"。
⑦ 拉丁语,相当于英语中的"two"。
⑧ Unite,意为团结、一致、和睦等。
⑨ 拉丁文,译为"一","统一体","统一"。
⑩ 古希腊文,译为"战争"。
⑪ 古希腊文,译为"解体",引申为"不一致"。
⑫ 古希腊文,译为"痛苦"。

就本文而言，正义(right)只不过指本身是正当的东西。或许正义在否定的意义上使用比在肯定的意义上使用所表达的涵义更明确。所以正义一定不是指不正当。任何事物只要是不正当的，就会与在理性动物间建立起来的社会性质相冲突。比如，某人仅仅为了一己之私利而剥夺属于他人所有的东西，就会与自然法相违背。

正如西塞罗在其《论义务》一书的第三卷第五章中所讲到的，如果有证据表明 19
这种做法是有普遍性的，那么人与人之间所有的社会联系(society)和交往都必须被推翻。法学家弗罗伦丁(Florentinus)[①]认为，如果一个人设计加害其他人，他就是不虔诚的，因为自然已经在我们中间建立起了某种亲缘关系。在这一点上，塞涅卡认为，既然人类社会中的每一个成员都持有一种共同的看法，即每个个体的保全都有助于促成整个社会的福利，那么人类间就不应当相互进行伤害。因为人类天生就倾向于过一种社会性的生活，而社会是不可能自发存在并延续的，除非其所有成员都为相互克制和友善所保护。

虽然一种社会联系是建立在平等的基础上的，如兄弟间、公民间、朋友间和同盟国间的联系，但另一种社会联系，正如亚里士多德(Aristotle)所描述的，则是建立在身份差异(pre-eminence[②])的基础上的，如在父母与子女间、主人与仆人间、统治者与被统治者间以及上帝与人类间的联系。所以，正义既可以在平等者间发生，也可在统治者与被统治者间发生，而不管他们在身份等级上有何差异。如果我没有理解错的话，前者可以称作“平等者间的正义”(the right of equality)，而后者则是“不平等者间的正义”(the right of superiority)。

4. RIGHT一词还有另外一个意义，该意义与前一个意义不同，但又从它而生。它是直接与个人有关的。在此意义上，RIGHT一词是指个人所具有的一种道德品性(moral quality)，由于具有这种道德品性，正好使他可以拥有某些特殊的权利，或者有权作出某种特定的行为。这种权利一般是附于人身的，尽管有时也随物而生，如被称作“物权”(real rights)的土地方面的权益正好与完全是属人性的权利相对应。之所以作出这样的区分，不是因为这些权利不附于人身，而是因为它们仅

---

① 弗罗伦丁，塞维鲁皇帝(A. Severus，222—235年在位)时期的法学家。

② 该词也可被译为“一方对另一方享有某种优越性”。

仅为拥有某种特定物的人所有。

这种道德品性，如果是没有缺陷的话，就被称作“特权”(faculty)；如果是有缺陷的话，则被称作“能力”(aptitude)。当我们谈到自然物时，前者正好与“行为”相对应，后者正好与“权力”相对应。

5. 人们常常把RIGHT(权利)称作“特权”，而我们每个人都有属于自己的特权。但今后当我们把它称作“权利”(right)时，我们是会从严格和确切的意义上理解它的。该权利包括那种我们对我们自己所拥有的权力，它被称作“自由”；权利还包括我们对他人所拥有的权力，如父亲对孩子的权力，主人对奴隶的权力。它同样也包括财产权，它要么是充分的，要么是不充分的。后者[即不充分的财产权——
20 译者]是指使用或者占有某物的权力，但不享有财产权，或是“转让”它的权力，或是债权人在债务被偿付之前所保有的抵押权。这就是它的第三个意义，意指债权人有权要求清偿到期债务的权力。相应的是，债务方就负有偿还其债务的义务。

6. 权利(right)在严格意义上说来又可以分为两类，一类是私人的，它是为个人的利益而确立起来的；另一类是公共的，它涉及国家基于公共利益的理由而对个人及其财产提出的权利性主张。因而王权是高于父亲与主人的权力的。只要是影响到社会公共利益，君主对其臣民的财产所享有的权利便优先于该财产的主人本人所享有的权利。当国家出现紧急状态而需要个人提供补给时，每个人更有义务向国家捐献其财产，而不是用它来清偿其个人所欠之债务。

7. 亚里士多德在“美德”(worth or merit)的名义下对能力(aptitude or capacity)作了区分，以弗所的米迦勒(Micael of Ephesus)①用“适当”(suitable)或者“恰当”(becoming)一词来称呼根据该评价规则所确立起来的平等。

8. [1]Right一词还有另外一个意义，该意义同“法”的意义完全相同。从最广泛的意义上讲，它是指责成(obliging)我们作出恰当行为的道德行为规范。我们说是“责成”我们，因为即使是最好的忠告或者格言，如果并未给我们设定遵守它们的法

---

① 以弗所的米迦勒　12世纪的希腊哲学家，曾为亚里士多德的著作作评注。

律义务，都是不能冠之以“法律”或“法”的称呼的。

至于说到允许性行为[2]，它并不为法律所规定，而法律只是对其表示默认。不过法律却同时禁止任何人妨碍其他人作出为法律所允许的行为。但是正如我们已经指出的：法律迫使我们作出恰当的行为，而不仅仅是正义的行为，因为在此概念下，正如我们已经解释的，法不仅构成正义，还构成所有其他美德的实质内容。

既然用权利一词来称呼那些是“恰当”的东西，那么一个对“正义”一词更广义 21
的理解由此得以产生出来。在该一般性的意义上，对“法”一词最恰当的分类是由亚里士多德作出的。他在把其中一类限定为自然的，另一类限定为意志之后的，在“法律”一词最严格的意义上把它称作“合法的法”（LAWFUL RIGHT），有时又称之为“制定法”（instituted right）。

同样的区分也出现在希伯来人中，通过作出区分，在谈到自然法时，他们称之为“格言”，在谈到意志法时，他们称之为“成文法”。前者被作为《圣经·旧约》希腊文译者的七十位犹太学者称作“法令”（δlkaẃuata）[①]，后者被称为“命令”（ευγολὰs）[②]。

9. 自然法是正当理性的命令，它指示任何与合乎本性的理性相一致的行为就是道义上公正的行为，反之，就是道义上罪恶的行为[3]。由此可知，这种行为如果不是被作为造物主的上帝所命令的，就必然是被它所禁止的。根据所发布的这种命令作出的行为本身，要么就是有合法拘束力的，要么就是不合法的，因而必须被看作要么是为上帝所命令的，要么是为上帝所禁止的。

该区分性标准不仅使自然法与人法相区别，也使其与法区别开来。后者是上帝自己一直愿意晓谕的，被一些人称作“神意法”，它并不命令或者禁止本身就是有约束力的或者非法的事物，而是通过它的禁止使它们变得不合法，通过它的命令使它们变得有合法拘束力。

但是，为了理解自然法，我们必须注意到某些事物被一些人不妥当地说成是受该法支配的。不过学者们已经指出，这种说法是不恰当的。正如我们所指出的，那些被称作“正义的”事物是与自然法不相违背的，在那里不存在非正义。有时候，通过错误地使用该词，理性显示是恰当的、甚至比其对立物更妥当的那些事物，尽管

---

① 古希腊文，可译为“法令”。

② 古希腊文，可译为“命令”。

不具有合法拘束力，也被看作是受自然法所支配的。

我们必须进一步指出，自然法不仅与独立于人类意志之外的那些事物有关，而且也与必然产生于人类意志的运用的许多事物有关，因而，现在经常被称作“财产”的东西最先就是人类意志的产物。但是，一旦财产被创造出来之后，一人若违背他
22 人意志而强占其财产，即为自然法所禁止。因此，法学家保罗（Paulus）①说，盗窃显然是为自然法所禁止的。乌尔比安（Ulpian）②把盗窃谴责为彻头彻尾的卑劣行为。

为了增强论述的权威性，还可以补充欧里庇得斯（Euripides）③在《海伦娜》一诗（The Verses of Helena）中的描写：“因为上帝非常憎恨暴力，它不会让我们通过掠夺致富，只会让我们通过合法收益致富。如果富裕是通过不正当途径取得的，它只会是一种令人憎恨的东西。空气是人所共有的，土地也是。不过，每个人在充分享用其所有物时，一定不能对另一个人的所有物使用暴力或者作出损害。”

自然法是如此不可改变，甚至连上帝自己也不能对它加以任何改变。尽管上帝的权力是无限广泛的，然而有些事物也是其权力延伸不到的。因为这些事物所表达的意思是如此的明白，以至于不可能有任何其他的理解，否则就会发生矛盾。因而，二加二，必然等于四，而不能有任何其他之可能。另外，凡是内在地为恶的，一定不能不是恶的。亚里士多德说，有些事物你可以很快地叫出它的名来，但如果我们要发现其邪恶的本质，却要花上一段时间。这句话所表达的就是这种意思。

因为事物在其性质和存在形态上的内容只取决于它自己，所以某些特性是与其存在和本质密不可分的。其中的一类就是某些行为的邪恶性，这正好与理性存在物的本性相对立，因而上帝自己也得让其行为受该规则所裁判，正如我们在《创世记》第十八章第二十五节、《以赛亚书》第三卷、《以西结书》第十八章第二十五节、《耶利米书》第二章第九节、《弥迦书》第六章第二节、《罗马书》第二章第六节以及第三章第六节中所见到的那样。

然而，在自然法所支配的那些情形中时常会发生的是，有关表象的变化导致我们无法认清其实质（undiscerning）。不可改变的自然法事实上是不会发生任何变化的，变化只可能发生在它所支配的那些事物上，只是这些事物才容易发生改变。举例来说，如果一个债主免除了我欠他的债务，我就不再有义务清偿该债务，这不是因

① 保罗，古代罗马五大法学家之一，约公元 222 年去世。

② 乌尔比安，古代罗马五大法学家之一，约公元 170—228 年。

③ 欧里庇得斯，古希腊悲剧作家，著有《哀告者》（the Suppliants）、《海西普莱》（Hypsipyle）。

为自然法已经不再命令清偿正当的债务，而是由于被免除，我的债务不再存在了。

在这一点上，阿里安[①]在《艾比克泰德传》[②](Arrian in Epictetus)一书中正确地指出，借钱并不是产生债务的惟一要件，而是必须还有一个附加条件，即借款未被偿还。因而，如果上帝下令夺去某人的生命或财产，该行为就不能用“谋杀”或“抢劫”一词来形容，因为这些词语总是与犯罪联系在一起的。按照上帝的特别命令所 23
作出的行为是不能称作“谋杀”或“抢劫”的，因为上帝是我们生命和所有万物的主宰。某些事物是为自然法所允许的，但并不是绝对的，而是受某种情势所制约的。因而，根据自然法，在财产权被引入之前，每个人都有权使用他所发现还没有被占有的任何东西；在法律被制定之前，每个人都有权通过武力报复其所受到的人身伤害。

10. 在有关罗马法的一些著作中，可以见到学者们作了这样一种区分：把一个不可改变的法则指定给与人类共同生活在一起的动物，这在更加狭窄的意义上也被他们称作“自然法”。同时把另一个法分派给人类，他们常常把它称作“万国法”。这种区分很少有任何真正的用处。因为任何生物都不能过上有法律的生活，除非它们能够发明(form)一般性的格言。赫西奥德(Hesiod)[③]已经清楚地表达了这样的观点，说道：“上帝已经为人类制定了法律，但是让野兽生四足、鱼类和鸟类为争夺食物而彼此相互残杀。”因为它们没有任何类似于被赋予人类的最高天赋，即正义观念。

西塞罗(Cicero)在他的《论义务》一书的第一卷中说，我们不能说有什么马或者狮子的正义。与其看法相一致的是，普鲁塔克(Plutarch)[④]在《老加图传》中也认为，我们一生下来就知道，法律与正义只是在人类社会中才会派上用场。除了前面的论述之外，也可以援引拉克坦西(Lactantius)[⑤]在其书的第五卷中所作的论述，说在所有动物身上都缺乏被我们看作是自爱的天然倾向的理性，它们残害同类以便使自己受益，因为它们认识不到作出有意伤害行为的罪恶性。

---

① 阿里安，艾比克泰德的学生，将其著作收集整理成书。

② 艾比克泰德，公元1世纪时希腊斯多葛派哲学家。

③ 赫西奥德，古希腊历史学家。

④ 普鲁塔克，古希腊传记作家、哲学家，著有《名人传》(Parallel Lives)、《论文集》(Symposiacs)。

⑤ 拉克坦西(260—330)，基督教教父，作品众多，被誉为“基督教的西塞罗”。

但是对人类来说，情况就完全不一样了。他们拥有善与恶的观念，不会作出伤害他人的行为，即使因此会给自己带来不便和损失。波里比阿(Polybius)[①]在描述了人类最初进入社会状态的方式后得出结论：对父母或者恩人的伤害必然会激起整个人类的义愤。对此他又找到了一个理由，即正因为理解和谴责(reflection)构成了人类与其他动物间的巨大差异，显然，如果激发不出对他们的行为的普遍憎恨，人类就会和其他动物一样不能越过该差异的界限。

当然，如果仅从动物具有某种理性的些许迹象就认定动物具有某种正义观念，这将是不妥当的。无论被自然法所规定的行为是人类和动物所共有的，如照顾自己的后代等，还是仅仅为人类所独有的，如礼拜上帝的行为，对于正义的性质来讲都是无关紧要的。

24 11. 自然法的存在可以通过两种证明法来加以证实，即先验的证明方法(*a priori*)和经验的证明方法(*a posteriori*)。前者是相对抽象的证明方法，后者是更为通俗的证明方法。当我们显示某事物符合或者不符合理性和社会性时，我们可以说是在进行先验推理。但是对于经验的证明方法来说，由于不是建立在绝对可靠的证据之上的，而是建立在或然性的基础之上的，任何事物都被推断为与自然法相一致，因为自然法是被所有国家，或者至少是被相对文明的国家所接受的。“普遍的结果”只能是来自“普遍的原因”。眼下除了被称作为“人类共同意识”的理由外，几乎不能为如此具有一般性的结论找到任何其他理由。

赫西奥德曾经说过一句非常受推崇的话：凡是在许多国家中普遍流行的任何看法都必定有某种共同的基础。由于把共同理性确立为真理的最高标准，赫拉克利特认为普遍认为是正确的(certain)那些事物就一定会是正确的。在其他的权威学者中，我们还可以援引亚里士多德的话。他说，当所有人似乎都同意我们的主张时，那就是支持我们观点的强有力的证据。

西塞罗认为，所有国家的同意无论如何都应当被认为是与自然法相一致的。塞涅卡[②]也持同样的观点，认为任何事物只要是在所有人看来都是完全一样的，那就是该事物真实性的一个证据。昆提利安(Quintilian)[③]说，我们认为那些事物是

---

① 波里比阿，古希腊历史学家。

② 塞涅卡，古代罗马哲学家、剧作家、政治家，尼禄的家庭教师，著有《论利益》(On Benefits)。

③ 昆提利安，古代罗马修辞学家、雄辩家。

真实可靠的，只要所有人都这样认为的话。我们把它们称作“更加开化的国家”，不是没有道理的。因为，波斐里[①]正确地指出，一些国家是如此的不开化，以至于在它们那里从来就不可能作出符合人性的公平判决，因为这样的判决在它们看来会是荒谬的。

罗得岛的安德罗尼柯(Andronicus the Rhodian)[②]说，对于具有健全理智的人来说，自然正义是无法改变的。事实也是无法改变的，尽管神志不清或满脑子是邪恶想法的人会持相反的看法。仅仅因为蜂蜜在身体不适、从而毫无胃口的人看来不是甜的，就否认蜂蜜是甜的，是不正确的。普鲁塔克也完全同意前面所作的论述，这可以从他在《庞培传》中的一段话中找到根据。他断言，人类在其本性上讲，过去不是、现在也不是野性十足的、不合群的动物，而是由于其本性的败坏使它这样；然而通过逐渐养成新的习惯，改变其生活的境况和方式，它就可以重新恢复其原始的本性。

亚里士多德根据人类的基本特性对人类作了一番描写，把人描绘成是一种具 25
有温和性情的动物。在他著作的另一部分中，他认为，在考察人的本性时，我们应当从其最初的纯洁状态而不是从其已经腐化的状态中去寻找我们之间的相似性。

12. 我们已经指出过，还有另外一种法，即意志法。它是由意志而生的，要么是人类的意志，要么是神的意志。

13. 我们现在开始分析通常说来更为人所熟知的人类法。它要么是指国内法(civil right)，要么是指在适用范围上比国内法相对更为广泛的法律。国内法是来自国内权力(civil power)的。国内权力就是指国家的主权权力。国家是一群自由的人为享受权利和谋求他们共同的利益而结合起来的一个完美的联合体。在适用范围上相对狭窄的法律，尽管不是起源于国家权力本身，但仍受它的制约。这种法律是多种多样的，包括父母对孩子的教诲，主人对仆人的吩咐之类等。但是万国法是一种在适用范围上更加广泛的法，其权威来自所有国家，或者至少是许多国家的同意。

---

① 波斐里，叙利亚—希腊哲学家，新柏拉图主义者。

② 罗得岛的安德罗尼柯，约公元前1世纪古希腊哲学家，曾编订亚里士多德的著作。

我们在“国家”前面添加“许多”这一修饰词是恰当的，因为除自然法外，很少能够找到任何其他法律是对所有国家共同适用的，所以自然法本身常常被称作“万国法”。不仅如此，经常发生的是，在世界的某一个区域被认为是万国法的东西，在世界的另一个区域并不被看作是万国法。既然万国法是以与不成文的国内法相同的方式来加以证明的，那么它就是靠“法律哲人们”持续不断地体验和验证来发现的。狄奥·克里索斯登(Dio Chrysostom)①正确地指出，这种法律是靠经验的积累和时间的推移来发现的。就这一点而言，我们从杰出的历史学家们的著作中受益匪浅。

14. “神意法”(divine voluntary right)一词的真正涵义表明的是该法来自于神灵的意志，这使它与自然法区别开来。不过，在前面已经指出，自然法也被称作“神意法”。正如普鲁塔克在《亚历山大传》中所说的，尽管这种说法并不足够准确，神意法承认(admits of)阿那克萨克斯(Anaxarchus)②所说的，上帝不会因为一件事是正义的就决意要实现它，而是因为上帝决意要实现它，所以它是正义的，或者是有拘束力的。

既然法律是晓谕给所有人类的，或者启示给特定民族的，我们就把上帝晓谕给
26 人类以法律的历史分为三个阶段，第一个阶段是在上帝造人后立即发生的，第二个阶段是从大洪水之后的人类复兴开始的，第三个阶段是从由耶稣基督实现的更壮观的复兴开始的。这三个阶段的法律毫无疑问地约束所有的人类，特别是在人类对这些法律有足够的知晓后。

15. 在所有民族中，只有一个民族是上帝特别地赐予它以法律的，那就是以色列人。因而，摩西在《申命记》③第四章第七节中对以色列人说：“哪一大国的人有神与他们相近，像耶和华我们的神、在我们告求他的时候与我们相近呢？又有哪一大国有这样公义的律例、典章，像我今日在你们面前所陈明的这一切律法呢？”在《诗篇》第一四七章中大卫④说：“他将他的道指示雅各，将他的律例、典章指示以色列，别国他都没有这样待过；至于他的典章，他们向来没有知道。”

---

① 狄奥·克里索斯登，古代希腊博物学家、雄辩家。

② 阿那克萨克斯，古代希腊哲学家，曾在亚历山大大帝军中服务。

③ 《旧约》中的一卷。

④ 大卫，传说中的《旧约·诗篇》的作者。

事实上我们不用怀疑，那些被我们认为在特里丰(Tryphon)[①]与查士丁(Justin)[②]的争论中支持特里丰的犹太人的看法是错误的，因为他们认为，即使是外族人，如果他希望被拯救的话，也必须受《摩西律法》的约束。因为法律是不约束那些人的，如果法律没有被晓谕给他们的话。那么一旦法律直接地提到这些人，他们就会立即为它所约束。"以色列啊！你要听！……"我们在上帝与以色列人签订的圣约中随处都可以看到这样的话。通过签订该圣约，他们成了上帝的特选子民。迈摩尼狄斯(Maimonides)[③]在《申命记》的第三十三章第四节中承认并证实了其真实性。

但是希伯来人自己总是和一些外族人生活在一起的，其中一些外族人是虔诚的、敬畏上帝的，如叙利亚腓尼基人中的妇女。这在圣马太的《福音书》(15:22)、考尼留(Cornelius Asina)[④]的《百夫长》(the Centurion[⑤])(第十幕)和《虔诚的希腊人》(the Devout Greeks)(第十八幕第六节)中都提到过。侨民和外族人在《利未记》的第二十五章第四十七节中也被提到过。正如希伯来拉比亲自告诉我们的，这些人也应遵守晓谕给亚当和诺亚的法律，不能崇拜上帝以外的神，不能杀戮和做其他为该法律所禁止的事情。但他们不必以相同的方式遵守专门适用于以色列人的法律。

因而，尽管犹太人不被允许吃动物的肉，如果该动物是自然死亡的话。然而生活在他们中间的外族人是被允许吃这种肉的(《申命记》14:21)。除了在一些特别的法律中有明确的规定之外，外族人和本地人在遵守法律方面负有同样的义务。 27
来自其他国家的外族人，虽然不受犹太人的法律所支配，但仍可以在耶路撒冷的寺庙里礼拜上帝。不过在进行礼拜时不得与以色列人站在同一个地方，并且也不得以与以色列人相同的方式进行礼拜(《列王纪上》8:41，《马可福音》3:35，《约翰福音》12:20，《使徒行传》8:27)。埃里萨(Elisha)没有向叙利亚人(Syrian)纳曼(Naaman)指示，约拿(Jonas)没有向尼尼微人(Ninevites)指示，但以理(Daniel)[⑥]没有向尼布甲尼撒(Nebuchadnezzar)[⑦]指示，其他的先知也没有对古提尔(Tyre)[⑧]人、莫

---

① 特里丰，基督教圣徒、哲学家，曾与查士丁有"对话录"。

② 查士丁，约100—约165年，基督教圣徒、哲学家，曾与特里丰有"对话录"。

③ 迈摩尼狄斯(1135—1204)，西班牙出生的犹太哲学家、医生，中世纪最伟大的犹太学者。

④ 考尼留，罗马的迦太基领事，在布匿战争中向罗马提供战舰。

⑤ 译为"古罗马军团的百人队队长"。

⑥ 但以理，被掳至巴比伦的希伯来先知。

⑦ 尼布甲尼撒，巴比伦的国王(约公元前604—前561)，耶路撒冷的征服者。

⑧ 提尔，古代腓尼基的一个海港。

阿布人(Moabites)和古埃及人说,他们有必要接受《摩西律法》。

据说整个《摩西律法》都要求实行割礼,后者是法律的一种入门仪式。然而正是由于这一特点,以色列人才受《摩西律法》的约束,而亚伯拉罕的所有子孙后代也跟着受割礼法的约束。因而,犹太及希腊历史学家告诉我们,以土买人(Idumaeans)或以东人(Edomites)被犹太人迫使行割礼。

由此有理由相信,除了以色列人外行割礼的,并且被希罗多德(Herodotus)①、斯特拉波(Strabo)②、斐洛(Philo)③、查士丁、奥利金(Origen)④、克雷芒(Clemens)⑤、亚历山德里努·伊皮凡尼乌(Epiphanius)⑥、哲罗姆(Jerom)⑦提到过的许多其他民族,是以实玛利(Ishmael)⑧、以扫(Esau)⑨的后裔,或者是科塔拉(Keturah)的子孙。但是,圣保罗(St. Paul)⑩在《罗马书》第二章第十四节中所说的对所有其他民族都是适用的,即没有律法的外邦人若顺着本性(nature)行律法上的事,则他们虽然没有律法,自己就是自己的律法。

因而,“本性”一词可以被看作是道德义务的原始起源;或者,在《使徒书》(the Epistle)前面部分提到它的时候,它便指的是知识。该知识是非犹太教徒在没有被教导的情况下自己学习获得的。它正好与犹太人从法律中获得的知识相对照。该知识是从其诞生地、同时也几乎是从其一出生就开始被灌输给他们的。“所以非犹太教徒显示了律法的功用刻在他们心里,他们是非之心同作见证,并且他们的思念互相较量,或以为是,或以为非。”而且在第二十六节中:“所以那些未受割礼的,若遵守律法的条例,他虽然未受割礼,岂不算是有割礼吗?”

因而,正如我们在约西法斯的《历史》中发现的,犹太人阿洛利斯非常虔诚地倡导 Tzates。又如,塔西佗把它称作 Ezates。阿蒂别利安人(Adiabenian)即使不行割礼,上帝也可以被人们正当地崇拜和虔诚地信仰。

---

① 希罗多德,古希腊历史学家。
② 斯特拉波,古希腊地理学家、历史学家。
③ 斐洛,亚历山大里亚的犹太哲学家。
④ 奥利金,基督教早期教父。
⑤ 克雷芒,约 150—约 215 年,基督教早期教父。
⑥ 亚历山德里努·伊皮凡尼乌,基督教早期教父。
⑦ 哲罗姆,基督教早期教父。
⑧ 以实玛利,亚伯拉罕和夏甲所生之子。他和夏甲被撒拉摒弃于亚伯拉罕家族之外。见《创世记》16:11、16:12。
⑨ 以扫,以撒和利百加的儿子,雅各的兄长。他把长子权让给了弟弟雅各。见《创世记》25:21—25:25。
⑩ 圣保罗,使徒,早期基督教的主要活动家。

在犹太人中的许多外族人都行了割礼，通过行割礼使他们自己承担遵守犹太
人的法律的义务，正如圣保罗在《加拉太书》第五章第三节中所阐明的。他们行割
礼的目的，一方面是为了从该国获得自由，因为这些改宗者(proselytes)被希伯来 28
人称作“正直的皈依犹太教者”，是和以色列人享有同等特权的(《民数记》15)；另一
方面是为了在那些不属于全人类所共有的、仅仅为上帝单独给予犹太人的允诺
(promise)中分一杯羹。

不可否认，在随后的岁月里盛行一种错误的看法，即在犹太人控制的地域范围内不可能获得拯救。因而我们可以断定，严格和确切地说，我们是不受《利未记》的任何部分中的规定所约束的。因为任何义务，除了由自然法而生的义务之外，都必须出自立法者的明确意志。并且没有任何证据显示，上帝还打算使除以色列人以外的任何其他民族也受该法的约束。因而就我们自己而言，我们不可能证明对该法的废除，因为对于那些从不受它约束的人来说，它是不可能被废除的。但是《福音书》法一经公布，以色列人就被免除履行其仪式性部分的规定，清楚地表明它是为其中一个使徒①制定的(《使徒行传》10:15)。当犹太人不再是一个民族，因为他们的城市已经被彻底破坏和毁灭，并且没有任何恢复的希望的时候，《摩西律法》的其他部分也丧失了其独特的性质。

实际上，对于不是以色列联合体成员(the Commonwealth of Israel)的外族人来说，它们不是从《摩西律法》中获得解脱的，而是从基督教的诞生中获得解脱的。但在那时之前，由于我们对于上帝的仁慈的指望是模糊的和不确定的，我们便获得了一个内容明确的圣约(an express covenant)的保证，即我们应当和以色列人的子孙、以色列的祖先的后代统一在同一个教堂之下，他们的法律，由于已经成为把他们和我们隔离起来的高墙，应当被捣毁(《以弗所书》2:14)。

16. 正如前面所指出的，既然由摩西制定的法律并不给我们施加直接的义务，我们就得考察它在探求战争的正义性及其他的类似问题上是否有任何其他的用处。首先，《摩西律法》显示它所责令的东西是不与自然法相矛盾的。既然自然法是永恒的和不可改变的，那么任何与其相矛盾的东西都不可能是上帝所命令的，因为上帝永远不可能是非正义的。《摩西律法》除了在《诗篇》的第十九章中被称作

① 据说耶稣基督总共挑选了十二个使徒。

"纯洁和正义的法"之外,圣保罗在《罗马书》第二章第十二节中把它描述为"神圣的、正义的和公正的"。

29 在此仅仅提及它的戒律(precepts),因为它的允许性规范相对来说需要单独地加以讨论。对于意味着消除障碍或禁止的消极性允许而言,与当前所讨论的主题是无关的。一个积极的、法定的允许要么是充分的,赋予我们作出特定行为的权力而没有丝毫的限制;要么是不太充分的,仅仅使人们不会因作出某些行为而受到处罚,即有权作出这些行为,但同时负有不干扰他人的义务。

鉴于前一类允许也同样来自绝对的戒律,我们可以得出:凡是法律所允许的,都是与自然法不相违背的[4]。但是对于后一类允许,由于并不明确授权作出某些行为,只是在作出它们时可以免受处罚,我们就不能轻易地得出这些行为是与自然法一致的[5]。因为表示"允许"之意的几个词语在其意义上是难以分辨开来的,我们最好根据已经转化为国内法的自然法来解释它是什么类型的允许,而不是根据我们对其得当性的设想(conception of its expediency)就随便得出它是与自然法相一致的结论。

由该第一个结论可以推出另外一个结论,它表明基督教国家的君主获得了制定与摩西制定的法律在效力上完全可以相提并论(the same import)的法律的权力,除非那些法律是完全有关所有犹太人所期望的弥赛亚及后来没有公之于众(unrevealed)的《福音书》时代的,或者基督徒自己已经以一般的或者特别的方式确立了任何相反的规定。除了在这三种情况下,是找不出任何理由主张由《摩西律法》所确立的任何东西在现在就应当是不合法的。

再次,我们还可以得出一个结论,无论《摩西律法》在有关救世主对其门徒所要
30 求的美德上作出什么样的命令,现在都应当由基督徒更加彻底地加以履行,出于他们更深刻的理解和更高级的动机。因而,在《摩西教规》中,谦恭、宽容和慈爱的美德以比对犹太教徒更严格的方式要求基督教徒具有。因为在《福音书》中,进入天堂的希望更加清晰地呈现在我们的面前。因而,和《福音书》比较起来,旧的法律既不是完美的,又不是无缺陷的,救世主的诞生被说成是该法律的终结,作为我们的导师的法律指引我们向救世主不断靠近(and the law our schoolmaster to bring us to Christ)。所以旧法重视安息日,而《福音书》则重视什一税,表明基督教徒有义务奉献出不少于七分之一的时间用于祭祀活动,奉献出不少于十分之一的收入用来维持受雇于宗教设施的人员的生活,或者作其他的宗教性用途。

[英译者注]

1. 第8节被省略掉了，其大部分内容是对亚里士多德的几何和算术正义概念的逐字逐句的批评。尽管它对于每一本说教性的书来说是必要的，但它影响了论述的简洁性与明确性。

2. 法律，通过默示，允许人们作出它所不禁止的某些行为。因而对许多行为来说，如果它们本身并不邪恶，那么，直到法律使它们变得非法之前，也决不是违法行为。这样的行为有很多种，如输出黄金，或者进口某些贸易商品；采取某些行动，或者从事某种职业而没有必要的资格，都可能成为成文法规定的应受惩处的违法行为。这些行为，在法律设定禁止之前，都可以归在格劳秀斯称之为“允许性行为”的范畴。

3. “道德必然性”一词仅仅意味着自然法总是约束着我们。

4. 为了在这里解释清楚格劳秀斯的意思，必须求助于第一原则。赋予最充分的自卫权的自然法和为同样目的授权发动战争的万国法都是不能够违背的。

5. 英格兰法规定出于自卫而杀人是可以免受处罚的，这一点在此有助于我们理解格劳秀斯的观点。“法律规定，出于自卫而杀害另一个人的人，在对攻击者发动反击之前，应当先退让，只要能方便和安全地逃脱攻击。之所以退让，不是作出一种虚假的表示，或者为了等待机会，而是不忍心伤害他的同胞。尽管在两个国家敌对时逃避敌人的攻击是一种懦夫行为，但是，如果两个同胞之间发生暴力冲突，法律是不支持去争取荣誉的，因为国王及其法院是讨回公道的地方(the *vindices injuriarum*)，会拿出令受到不当侵害的一方感到满意的解决办法。这不仅是国内法中的理论，而且也是普遍正义理论。”——布莱克斯通《英国法释义》第4卷第14章(Blackstone's Com. vol. 4, chap. 14.)

31 # 第二章　战争的合法性之考察

证明战争的合法性的理由——来自《圣经》中的证据——来自一般性同意的证据——自然法并不禁止战争——战争并不被在《福音书》之前出现的神意法所谴责——对异议意见的反驳——战争是否违背《福音书》法问题的重新思考——来自《圣经》中的、支持否定性主张的论据——反驳来自《圣经》中的论据以支持肯定性主张——原始的基督教徒在该主题上的看法之审视

1. 在探讨了“正义”一词的起源以后，紧接着出现的最优先、同时也是最具一般性的问题是：是否任何战争都是正义的，或者说，发动战争是否永远都是合法的。但是，该问题与许多其他问题一样，首先必须参照自然的法则来作出分析。

西塞罗在其《论善与恶的界限》(Bounds of Good and Evil)一书的第三编及其他章节中，大量地引用了斯多葛学派(the Stoics)的著作中的论述，证明存在着某些被希腊人称作“原初自然观念”(the first natural impressions)的最高自然原则，在最高自然原则之后是甚至高于原初观念本身的其他义务性原则。他把每一个动物从其出生之日起就存在的自我照料、对其生存和健康的保护、对毁灭和引起死亡威胁的任何事物的憎恨称作“自然原则”。因而，他说，如果让每个人自己选择，都宁愿有一个健全和挺拔的而不是残疾和变形的身躯。所以，在自然状态下保全自己，要坚持做与自然和谐一致的任何事情，同时决不要做任何与自然相违背的事情，是首要的义务。

意念(notion)除了产生于对这些原则的知晓外，还产生于其与理性的一致性，而作为一个人的组成部分的理性是支配整个躯体的行动的。那种与作为公正之基础的理性的一致性，应当比欲望性冲动有更大的说服力，因为自然原则派生出的一条规则是：正当理性应当比纯粹的本能具有更高的价值。由于该规则的真理性自然会为具有正常理智的所有人所赞同，因而无需再加以论证。

32 由此可以得出：在探讨自然法时，第一个需要思考的问题就是：什么规则是与这些自然原则相一致的。然后我们再分析这些规则，尽管它们是完全来自于自然原则的，但它们比自然原则具有更高的严肃性，不仅是在明确提到它们时才被加以

采用，而且人们竭尽全力地对它们进行探索。

最后一项原则被称作“正当性原则”。鉴于其正当性是以各种具体情形为转移的，它有时具有非常严格的内涵，对它的最轻微的背离都会偏向罪恶一边，有时又具有较为宽泛的意义，因此，某些行为，甚至本身是值得赞扬的，也可以被忽略或者改变而不会导致犯罪。在这种情况下，正确的与错误的之间并没有一条明确的分界线，其间的细微差别是逐渐显露的，因而差别的消失是感觉不到的。与明显而直接的对立不一样，该对立能立即被发现，所以第一步是要打破正确与错误之间的固定界限。

神法和人法的基本宗旨(object)，是对于那些本身值得赞许的行为作出义务性的授权。正如前面所指出的，对自然法的考察意味着一种探究，是否可以作出任何特定的行为而不会导致非正义。既然一种非正义的行为被理解为其中必定有某种与理性的和社会存在物的本性相违背的东西，所以，自然法原则中的任何内容都决不反对战争，相反，它们中的任何部分事实上都支持发动战争。

如果发动战争的目的是为了保全我们的生命和身体完整，以及获得或者拥有那些对生活来说是必要的和有用的东西的话，那么都是完全与那些自然法原则相一致的。在这些场合，如果有必要使用武力，也绝不会与自然法的原则相冲突，因为所有的动物天生就被赋予力量，以便足以保全和保护它们自己。

色诺芬(Xenophon)说过，尽管除自然以外没有任何其他的指导者，但每一种动物都知道一定的打斗技巧。在奥维德(Ovid)①留下的一个片断中，提到了一种叫作“捕鱼术”(Art of Fishery)的东西。它表明所有的动物都清楚地知道它们的敌人是谁、用何种自卫手段及它们自己的武器的威力有多大。贺拉斯(Horace)②曾经说过：“狼用它们的牙齿进行攻击，公牛用它们的角进行攻击，这种知识除了来自本能之外难道还能是学来的吗?”

在这一点上，卢克莱修(Lucretius)③作了更详尽的阐述，说：“每一种动物都知
道它自己的力量之所在。小牛犊在它的牛角长出之前用额头顶撞，并且是用最狂 33
怒的方式进行攻击。”盖兰(Galen)④也以下面的手法表达了自己的有关理解：“每

① 奥维德，古代罗马诗人，著有《爱的艺术》和《变形记》。

② 贺拉斯，古代罗马诗人。

③ 卢克莱修，古代罗马哲学家、诗人，著有《物性论》。

④ 盖兰(129—199)，亦译“加伦”，古希腊解剖学家、医生、作家。

个动物都倾向于用其身体的某个部分来进行自卫，就该部分而言，其他动物是无法超越的。小牛犊在它的角长出之前用头攻击，小公马在它的蹄变硬之前用蹄后部攻击，正如小狗在它的牙齿变得足够坚固之前试图用牙齿咬一样。”盖兰还描述了身体各部分的不同用处，说：“人类天生就是为和平与战争而生的。他的盔甲不是他躯体的直接组成部分，但是他的双手善于制造和使用武器。我们看到婴儿本能地使用双手，尽管没有被教这样做。”

亚里士多德在其《动物史》(The History of Animals)一书的第四卷第十章中指出：“手对人来说是矛、是剑、是任何武器，因为人能够完全支配与利用它们。”虽然通常并不具有决定性意义的，但实际上在本节的探讨中占有更重要地位的正当理性和社会的本质，并不禁止一切形态的暴力行为，而只是禁止与社会相违背的暴力行为，即剥夺他人权利的暴力行为。因为社会的目的就是形成共同的力量和统一的支持来保护每个人的生命与财物。

在现在被称作“财产权”的东西引入之前，这是很容易被理解为一个已经获得普遍接受的共识。由于自由地使用生命和四肢也可以说得上是一个人的权利，因而它是不能受到不正当的侵犯和攻击的。既然使用自然界的公有物品是第一个占有者的权利，任何人对他进行抢劫便都显然是非正义的。那么，现在可能更容易理解，因为法律和习惯都已经按目前的式样确立起了财产权。

西塞罗在他的《论义务》一书的第三卷中以下列话语表达了上述观点：“如果我们身体的每个器官都各自为政，并且想象能够从吸收身体相邻部分的力量来增强自己的活力的话，那么整个身体就会衰弱并面临崩溃。同样，如果我们中的每个人为了自己的利益都可以抢劫他想抢劫的他人的话，那么人类社会和交往就会被完全颠覆。尽管自然允许每个人在保全生命及享受生活必需品上享有相对于他人的优先权，但是它并不允许我们通过抢劫来增加我们自己的权势、财富和影响。”

因而，考虑并谋求自己的利益是与社会的本质不相矛盾的，如果他人的权利并
34 不因此而受到损害的话。同样，使用暴力并非一定是非正义的，如果绝对不侵犯他人权利的话。西塞罗在他的《书信集》(Epistle)中也表达了类似的看法，即他认为有两种斗争的方式，一种是通过讲道理，另一种是通过使用暴力。前者为人类所独有，后者为人类和动物所共同具有。当不可能使用前者来达到目的时，我们必须求助于后者。并且，除了使用暴力外，还有什么能够抵抗暴力的呢？乌尔比安注意到

了卡西乌斯(Cassius)①的观点,认为以暴力抵抗暴力是合法的。自然显然规定了用武力抵御武力的权利。奥维德也同意这种看法,认为法律允许我们拿起武器抵抗武装进攻者。

2. 并非一切形态的战争都是与自然法相违背的观点,可以从《圣经》的记载(sacred history)中找到更加充分的证据。当亚伯拉罕及其仆从和盟友通过使用武力赢得了对抢劫索多姆的四个国王的胜利时,上帝借其使者麦基洗德(Melchisedech)②之口认可了这种行为:“至高的神把敌人交在你手里,是应当称颂的”(《创世记》14:20)。正如《圣经》所记载的,亚伯拉罕在没有得到上帝的任何特别指示的情况下,就采取了武力行动。

但是,此人的胆识与智慧都很杰出,认为自己是被自然法授权采取行动的,正如来自外族人的波洛修斯(Berosus)③和俄耳甫斯(Orpheus)④提供的证据所证实的一样,这是不可能从七个国家的历史中获得一些证据的,上帝把它们交给了以色列人统治,它们后来被毁灭了。上帝判决这些国家犯了罪大恶极的罪行,所以那是执行上帝判决的特别命令。因此这些战争在《圣经》中被直接称作“主的战斗”(Battles of the Lord),它不是按人类意志进行的,而是在上帝的命令下开展的。

《出埃及记》第七章除了记载其目的外还有一段记载,讲述的是以色列人推翻亚玛力人的统治,这是在摩西及约书亚的领导下进行的。这种行为,开始并未得到上帝明确的授权,只是在事后才得到了认可。但是根据《申命记》第十九章第十节及第十五节的记载,上帝已经为他的子民就交战方式制定了一般性的和永久性的法则。在这种情形下,表明战争即使是在没有上帝的明确指示下发动的,也可能是正义的。因为在《出埃及记》第七章的同一段中,对有关该七个国家的情形和其他国家的情形作了明确的区别对待。

由于没有专门的法令规定可以发动战争的正当理由,结果,发动战争的正当理 35
由是靠自然理性来发现的。耶弗他(Jephthah)⑤为保卫其边界而对阿莫尼特人

① 卡西乌斯,古代罗马历史学家、行政官。

② 麦基洗德,撒冷王,大祭司,见《创世记》14:18—14:20。

③ 波洛修斯(? —约公元前250),也译“贝若苏”,古巴比伦历史学家、天文学家。

④ 俄耳甫斯,古希腊神话中的音乐家。

⑤ 耶弗他,以色列的士师。

(Ammonites)发动的战争(《士师记》11),以及大卫因阿莫尼特人侵犯其大使的权利而对其发动的战争,就属于这一类(《撒母耳记下》10)。

前面的论述还可以作一些补充。《希伯来书》的神启作者提到了基甸(Gideon)①、巴拉②、参孙③、耶弗他(Jephthah)、大卫(David)、撒母耳(Samuel)及其他的先知,他们满怀信心地对敌国发动战争,并在战争中取得了优势,最后是击溃了全部敌人(《希伯来书》11:33、11:34)。这部分的整个大意表明,"信心"(faith)一词暗含着一种信念(persuasion),即他们所做的被认为是与上帝的意志相一致的。同样的是,大卫被一个具有杰出智慧的妇女(《撒母耳记上》25:28)说成是参加了"主的战斗",那便使战争具有了合法性和正义性。

3. 前面所提到的所谓"证据",也可以从所有国家,特别是最开化国家的同意中找到根据。在西塞罗"迈洛演说"(speech for Milo)中有一段著名的论述,其中为了证明为保护生命而诉诸暴力的正当性,他提供了有关这种自然情感(the feelings of nature)的充分证据。而自然情感向我们启示了这种法律,它不是成文的,而是固有的;我们不是通过被教授、见闻和阅读而获得的,它的基本原理已经通过她自己的手铭刻在了我们的心中和意识中;该法律不是习惯与学习的产物,而是构成了我们自身原始性情的天然组成部分。

所以,如果我们的生命受到出自暴徒或者敌人之手的暗杀或公开的暴力的威胁,那么任何自卫手段都是被允许采用的。西塞罗继续说,理性已经把使用一切可以使用的手段来抵御针对他们身体、四肢和生命的暴力直接教给了智者,通过必然性法则(necessity)把它教给了野蛮人,通过习惯把它教给了文明的民族,通过本性自己把它教给了野兽。

法学家盖尤斯(Caius)也认为,自然理性允许我们针对一切危险进行自卫。另一位法律权威弗罗伦丁(Florentinus)认为,一个人在保护其人身安全的过程中无论作出什么样的行为,都应当被看作是正当的。约西法斯(Josephus)④主张,热爱生命是深深地植根于所有动物身上的自然法,所以我们把那些可能会公然使用暴

① 基甸,《旧约》中的犹太士师。
② Barack,原文误,应为 barak。巴拉,亚比挪庵的儿子,是一个被耶和华神重用的人。
③ sampson,原文误,应为 samson。参孙,以色列人中著名的士师。
④ 约西法斯,犹太将领、历史学家,反对罗马统治,著有《犹太战争史》。

力剥夺我们生命的人看作是敌人。

由于该原则是建立在公平的理念基础上的，所以很显然，甚至在没有权利观念的猛兽当中，我们也能够作出攻击与自卫之类的区分。乌尔比安在讲到不明事理 36
（那是理性的应用）的动物不可能不做欠妥之事后马上补充道：当两个动物在一起打架的时候，如果一个动物杀死了另一个动物，昆提乌斯·马蒂斯（Quintius Mutius）的区分也应当得到承认，即如果主动进攻者被杀死，则不能要求任何赔偿；但如果是另一个动物即受到攻击者被杀死，（其主人）就可以提起诉讼以获得赔偿。普林尼（Pliny）①说过一段话，可以看作是对上面这句话的解释。他说，即使是最凶猛的狮子，也不会相互残杀；同样，毒蛇也不会咬毒蛇。但哪怕是对它们中最温顺的（动物）同类使用最轻微的暴力，这类动物全都会被惊醒。一旦受到任何伤害，它们就会毫不犹豫地进行英勇自卫。

4. 鉴于自然法也可以被称作“万国法”，所以，并不是所有类型的战争都应当受到谴责。同样的是，每一个民族的整个历史和风俗习惯（the laws of manners）明白地告诉我们，战争并不为万国法所废弃。事实上，赫莫吉尼亚（Hermogenianus）②已经说过，战争是被万国法引入的，对这句话是不能作宽泛理解的。它的意思是，制约战争发生的某些程序规则是被万国法所引入的，该程式对于确保享有来自万国法的特殊权利来说是必要的。

由此可以区分为：遵循万国法的一般程式进行的，通常被称作“正义的”或者“正当的”战争；不遵循万国法的一般程式进行的，因而不再是正当的或者与正义相一致的非正义战争。这种区分在以后还会被提到。对于某些战争来说，由于是基于正当理由发动的，尽管并不完全与万国法相一致，所以仍旧是与万国法不相冲突的，对此将在以后作更加详尽的论述。李维（Livy）③认为，万国法规定可以使用暴力抵抗暴力。弗罗伦丁声称，万国法允许我们为了保护我们的人身安全而抵制暴力与伤害。

5. 在分析神意法时会发生更大的困难。自然法是不可改变的，甚至上帝本身

---

① 老普林尼，博物学家；小普林尼，执政官、作家。

② 赫莫吉尼亚，君士坦丁大帝（306—324 年在位）时的法学家。

③ 李维，古罗马历史学家，著有《罗马史》。

也不能命令做与其相违背的任何事情，如果在这一点上有什么异议的话，该异议是不会有任何说服力的。因为这仅仅适用于为自然法所明确命令或者禁止的行为，而不适用于为自然法所默示地允许的那些行为。此类行为，严格说来并不属于自
37 然法的一般性原则的范畴，而仅仅是自然法的例外，要么是被命令的，要么是被禁止的。

对战争的合法性经常提出的第一个异议，来自上帝晓谕给诺亚及其子孙的法律（《创世记》9：5—9：6）。在那里上帝训令道："流你们血、害你们的，无论是兽是人，我必讨他的罪，就是向各人的兄弟也是如此。凡流人血的，他的血也必为人所流，因为神造人，是照自己的形象造的。"在这里，一些人在最一般的意义上理解"讨罪"一词，而对于血仅仅是缓慢流出的理解，仅仅看作是一种威胁而不是一种认可。这些理解没有一个是可以接受的。因为对"放血"的禁止是不会超越法律自身之外的，因为法律宣布："你不应当杀戮"。但法律并未对死刑或者公共当局所发动的战争表示谴责。

不论是《摩西律法》，还是晓谕给诺亚的法律，都没有确立任何新的东西，它们仅仅是对自然法的重申，因为此前自然法已经为变得堕落的习惯所湮没。所以以犯罪性的和毫无节制的方式放血是为这些戒律所惟一禁止的行为。所以并不是每一个杀人的行为都是谋杀，而仅仅是在邪恶意图驱使下作出的、蓄意毁灭一个无辜的人的生命的行为才是谋杀。

至于谈到血债血还，它看起来似乎不只是一种人身的报复行为，而是可以被解释为有意行使一种充分的权利的行为。因为根据自然法的原则，任何人都应当遭受与其所作出的恶行的程度相称的惩罚，这不是不正当的，而是与拉德曼萨斯（Rhadamanthus）[1]的司法格言相吻合的。该格言认为，任何人都应当亲自承担其所作出的行为的后果，这是完全符合正义与正当的。前人塞涅卡也表达过同样的观点："如果一个人意欲加害于他人，但结果是自己承受了这种伤害，那正好是一种报复。"正是出于这样一种自然正义的意识，该隐（Cain）认识到自己对其兄弟的死亡负有责任，说："无论谁找到我都可以把我杀死。"

但是在人类发展的早期，由于人烟稀少，攻击行为很少发生，所以上帝就不大
38 有可能通过一套明确的戒律来限制看起来是合法的本性冲动。它不许任何人杀害

① 拉德曼萨斯，宙斯之子，冥界法官。

谋杀者，但同时禁止与他发生一切交往，甚至是与他发生接触。[1]

柏拉图在他的《法律篇》中就已经确立了这条规则，并且同样的规则在当时的希腊很盛行。正如下面来自欧里庇得斯(Euripides)的作品中的一段话中所叙述的："我们的祖辈在阻止其他人与杀害另一个人的人交往和碰面上做得相当的好：通过放逐而不是处死来修复受到损害的人际关系。"我们发现修昔底德(Thucydides)持有同样的看法："在很早以前，即使对最严重的犯罪也只施加较轻的处罚。但是随着时间的推移，由于这些惩罚形式逐渐为犯罪分子所藐视，立法者被迫在某些案件上诉诸死刑的适用。"对于前面提到的例子，我们还可以补充拉克坦西的评论，他认为，即使对最邪恶的人处以死刑似乎也是一种罪孽。

从该隐的著名例子中我们可以推断出上帝的意志，即不允许任何人杀害该隐已经变成了一条法则，所以作出了类似行为的拉麦[①]指望自己可以依据该先例而免受惩罚(《创世记》第四章第二十四节)。

但是在大洪水暴发之前的巨人时代，频繁而肆无忌惮的谋杀行为就已经盛行了起来。在大洪水之后，人类刚刚复兴之时，同样邪恶的风俗还没有普遍流行起来，上帝就认为有必要使用更加严厉的手段来阻止这种风俗的延续。先前时代的慈悲被扔到了一边，上帝授权确认了自然正义的格言，即无论谁杀死了一个杀人犯都不应当受到追究。在法庭被建立起来之后，正是出于前面所充分论述的原因，剥夺生命的权力仅仅被赋予了法官。在《摩西律法》被引入之后，古代风俗的一些痕迹还残留在赋予被杀死者最亲近的人的权利上。

这样一种解释可以通过援引亚伯拉罕的例子来证明为正当的。基于对晓谕给诺亚的法律有充分的了解，他拿起武器抗击四个国王，并充分强调他没有做任何违背该法律的事情。同样，摩西命令人们拿起武器抵抗来犯的亚玛力人。在该事件中遵循的完全是自然的命令，因为他似乎没有从上帝那里获得任何特别的启示
(《出埃及记》17:9)。此外，我们还发现死刑除了施加于杀人犯之外，还施加于其他 39
类型的罪犯；并且，死刑不仅在不开化的民族中存在，而且在一直具有最虔诚规则和最好判断力的那些民族，甚至在早期犹太人自己那里，也存在(《创世记》38:24)。

事实上，一旦把上帝的意志与自然之光(the light of nature)加以对比，就可以推论出，其他极为严重的罪行应当与谋杀罪一样受到同样的处罚，是与正义相一致

① Lanech，原文误，当为 Lamech。

的。因为某些权利（义务），如名誉权、贞操权、夫妻间相互忠诚的义务、臣民臣服于其君王的义务，所有这些都被认为具有与生命本身同等的价值，而生活的安宁和舒适是依赖于对这些权利的保护的。对其中任何一项权利的侵犯几乎都与谋杀本身并无二致。

这里可以提到存在于犹太人中的古老传统，那是神晓谕给诺亚的子孙的许多法律，以便足以实现上帝的目的，它们并不“全部”为摩西所提到。它们在后来应当被看作是希伯来人的特有法律。因而从《利未记》的第十八章来看，当时是存在针对乱伦婚姻的古老法则的，尽管摩西并没有给予它以适当的重视。据说在神为诺亚的子孙所制定的戒律中，死亡被明确宣布为不仅是对谋杀，而且也是对通奸、乱伦和抢劫的惩罚方式，这被《圣经・约伯记》第三十一章第二节中的内容所证实。《摩西律法》为了使死刑获得支持，也提出了一些理由，即除犹太人之外，死刑也存在于其他民族中（《利未记》18:5—18:30，《诗篇》101:5，《箴言》20:8）。

特别是就谋杀来说，除非用凶手的鲜血来清洗，否则是无法清洗净被谋杀所玷污的土地的（《民数记》25:31—25:33）。然而，如果认为犹太人沉湎于维持公共安全的特权，沉湎于通过设定死刑来保障个人的特权，沉湎于通过战争来维护他们的权利，而其他的君王和民族则不被允许享有同样的权利，那就错了。我们也没有发现那些君王或民族被先知们（the prophets）事先告诫，诉诸死刑的做法和所有战争都是为神所谴责的，正如他们谴责其他罪孽一样。

在另一方面，任何人都会纳闷，既然《摩西律法》是与有关刑事正义的神的意志
40 极为相像的，为什么其他的民族在全面效法它上并没有做得足够好呢？当然，古希腊人，特别是雅典人，是做得不错的。正因为如此，犹太人的法律与古雅典法和古罗马的《十二表法》极为相似。前面的论述足以表明，晓谕给诺亚的法律并不支持那些人所作的解释，因为他们认为可以从该法律中找到支持他们认为一切形态的战争都是不合法的主张的证据。

6. 从《福音书》中找到的否定战争合法性的证据似乎是更不可靠的。经过认真阅读，我们就不会像许多人那样认为，《福音书》除了有关信仰和圣礼（Sacraments）的规则外只不过是自然法的翻版而已。这种推定，如果丝毫不加以限制的话，决不会是真实的。也许完全可以说，任何与自然正义相冲突的东西都不会是《福音书》中所命令的。但也决不能这样认为：除了自然法所施加的义务外，耶

稣基督的法律没有给我们施加其他任何义务。要不然,那些持这种看法的人就会牵强地论证为《福音书》所禁止的行为,如非法同居、离婚和一夫多妻也是被自然法规定为犯罪的行为。自然之光照亮了不作出这类行为的人的“高雅”(HONOUR),但如果没有神的意志的启示,它们的“罪恶性”就不可能被发现。比如,谁会说基督教的格言——我们也当为弟兄舍命——是一种自然法的义务呢(《约翰一书》3:16)?

殉教士查士丁认为,在生活中仅仅遵循自然法不是一个忠实信徒的应有品性。我们也不能附和那些人,通过采取另外一种不是没有一定意义的理解方式,把救世主在山上的说教中所阐述的格言说成只不过是对《摩西律法》的解释。“你已经听说曾经向你们的先辈说教,但现在是在对你们说教”,这类的话经常可以听到,它可能具有某种别的涵义。我们的先辈正好与摩西是同时代的人:因为在那里一再被说成是向我们的先辈说教的那些东西不是法律学家(the teachers of law)的话,而是摩西的话,不管是从“字面上”还是从“它们的意义上”来说。它们是被我们的救世主按上帝的原话而不是作为对原话的解释而加以引用的:“不可杀人”(《出埃及记》20:13);无论谁杀人都应当受追究(《利未记》21:21,《民数记》35:16、17、30),
“不可奸淫”(《出埃及记》20:14),“无论谁休他的妻子,都应当把休书交到她手中” 41
(《申命记》24:1);“人若向耶和华许愿或起誓,要约束自己,就不可食言,必要按口中所出的一切话行”(《出埃及记》20:7,《民数记》30:2);“以眼还眼,以牙还牙”可能是为实现正义所需要的(《利未记》34:20,《申命记》19:21);“你应当爱你的邻居”,即以色列人(《利未记》19:18);“你应当憎恨你的敌人”,即被神禁止向它们表示友善和同情的七个民族之一(《出埃及记》34:11,《申命记》7:1);还要加上亚玛力人,以色列人被命令继续与其进行不可调和的战争(《出埃及记》27:19,《申命记》25:19)。

但是为了理解救世主的训令,我们必须注意到《摩西律法》可以在两种意义上来加以理解,要么被理解为含有与人法相同的一些原则,如通过惩戒性惩罚所引起的恐惧来制止人类犯罪(《希伯来书》2:2),正是以这种方式维持了在犹太人中业已形成的国内社会,正因为如此,它在《希伯来书》第七章第十六节中被称作“戒色的法律”(the law of a carnal commandment),在《罗马书》第三章第十七节中被称作“善行的法律”(the law of works);要么在另一种意义上它被理解为对神法的特别认可,要求心智的纯洁性以及作出某些行为,尽管对它们的忽略是不会遭受尘世间的处罚的。在这种意义上,它被称作“精神法”,赋予灵魂以生命。

如果把前面的两种理解看作是《摩西律法》的两个组成部分的话，那么作为法律教师的法利赛人(Pharisees)认为只要第一部分就足够了，从而忽略用第二部分、同时也是更加重要的部分来引导人民，并认为后者是肤浅的。这一点的真实性不仅可以从我们自己的文献中，而且也可从约西法斯和犹太人拉比的作品中得到证实。

就第二部分来说，我们认为，要求基督教徒具有的美德是被建议或者命令希伯来人具有的，只不过与基督教徒相比，被命令的方式和程度不同罢了。现在，在这两种意义上，救世主都把他自己的格言与古代法律对立起来。因而很显然，他的训令决不仅仅是对《摩西律法》的解释。这样的评论不仅是针对正在谈论的问题的，而且也是针对其他的问题而发表的。我们现在依靠的与其说是《摩西律法》的权威性，还不如说是它的正义性。

7. 因而，除去不大有说服力的内容外，所有证据所表明的中心意思是，战争的正义性并不被《福音书》法所剥夺，这里可以提到圣保罗在《提摩太前书》中的一段
42 话。在那里，使徒保罗说道："我劝你第一要为万人恳求、祷告、代求、祝谢，为君王和一切在位的，也该如此，使我们可以敬虔、端正、平安无事地度日。这是好的，在上帝我们救主面前可蒙悦纳"(《提摩太前书》2：1—2：3[①])。我们可以从这一段话中得出下列结论：

首先，国王身上的基督教虔诚在上帝看来是可以接受的，他们对基督教的信仰并不缩减他们的主权权利。殉教士查士丁曾经说过："我们应当为国王祈祷，我们祈求他们能够把他们的王权与智慧的精神统一起来。"在《克莱芒教令集》(the Constitutions of Clement)[②]中，教会为信仰基督教的统治者祈祷，信仰基督教的君主可以通过确保其他基督教徒过上平静的生活而向上帝履行恰当的义务。

主权者保证该重要目的得以实现的方式在同一个"使徒"(即保罗)所说的另一段话中作了解释(《罗马书》13：4)："因为他是上帝的仆人，是于你有益的。你若作恶，却当惧怕，因为他不是空空地佩剑；因为他是神的仆人，是申冤的，刑罚那作恶的。"但是，在这种为法学家所认可的意义上，使用武力的权利被看作不仅是本族人

---

① 原书误，不是 I EPH. ii. I，1，2，3，而是 I THE. ii. I，1，2，3。

② 《克莱芒教令集》，教皇克莱芒五世的教令汇编，由教皇约翰二十二世在 1317 年颁布，是《教会法大全》的一部分。

民中的犯罪分子，而且也是对邻近民族所施加的一切制约，因为后者侵犯了前者自己及其人民的权利。

为了澄清这一点，我们应提到《诗篇》第二章，尽管照字面意义仅适用于大卫，但在更加完整和准确的意义上讲，它也是与救世主有关的，这一点可以通过参照《圣经》的其他部分来加以证实，比如，《使徒行传》第四章第二十五节和第十三章第三十三节。在那一点上，《诗篇》奉劝所有的国王都要敬仰上帝的子民，作为国王，他们自己应当表现出是上帝的仆人的样子。

这可以用圣奥古斯丁的话来加以解释，他说："在这一点上，国王如果能够在他们的王国中促进善的行为，禁止恶的行为，不仅是有关人类社会的，而且是有关宗教的，那么他们就是以君王的身份并按照神的戒律在为上帝服务。"作者在另外一个地方又说道："国王怎样才能毕恭毕敬地服务于上帝呢？除非他们能够以适当严重的手段来禁止和惩罚违反上帝的法律的犯罪行为，此外，还能做些什么呢？他们是作为个人还是作为国王来服务于上帝，是很不一样的。如果是作为国王来服务 43
于上帝，除非有王权，否则他们是不能使用某些手段来促进他的服务的。"

"使徒"的著作中的同一部分还为我们提供了第二个论据：高高在上的权力，即国王的权力，据说都是从上帝那里获得的，因而被称作"上帝的命令"(ordinance of God)。由此显然可以推断出，我们都应当发自内心地尊敬和服从国王，任何反抗国王的人都是在反抗上帝。如果"命令"一词仅仅意味着勉强允许，使徒如此极力鼓吹的服从则会仅仅具有一种不是十分严格的义务的效力。但是"命令"一词在其原始意义上意味着特别的法令和指令，并且，由于上帝所昭示出来的意志的所有组成部分彼此间都是相互一致的，因而可以认为，臣民对君主的服从是一种最为神圣的义务。

该论据的说服力丝毫不会为这样一种看法所削弱，即圣保罗在说这样的话的时候，当时的君主还不是基督教徒。这种看法并非完全是真实的，正如塞尔乌·保罗(Sergius Paulus)[①]，塞浦路斯的代理总督，在任总督前很长一段时间内一直信仰基督教(《使徒行传》13:1、13:2)。没有必要提到有关埃得萨(Edessa)的国王阿巴伽拉斯(Abgarus)向救世主写信的传统，该传统尽管在某种程度上是建立在可靠的事实基础上的，但其中有很大的虚假成分。因为问题不在于君王的品性，即是虔诚

① 塞尔乌·保罗，《新约》中罗马的塞浦路斯总督，与圣保罗交好。

的或者不虔诚的，而在于他们对王权的获得是否与上帝的法律相违背。

圣保罗并不这样认为，他认为王权在任何情况下都是上帝赋予的，因而它应当受到发自内心的尊重，并且在一定意义上讲，它只受上帝的控制。所以尼禄(Nero)[①]和国王阿格里巴(Agrippa)[②]，这两个保罗极力鼓动他们成为基督教徒的人，可能已经接受基督教，但仍旧保留的，一方面是他的王权，另一方面是帝国的权威，除非诉诸武力，否则这些权力都是无法行使的。由于法定的供奉在先前是可以由邪恶的祭司来完成的，因此王权也同样能够保持其永恒的神圣不可侵犯性，尽管它是掌握在一个不虔诚的人的手里的。

第三个论据来自圣徒约翰的谈话。约翰生活的时代曾经有成千上万的犹太人在罗马军队中服役，这可以从约西法斯或其他人那里得到证实。战士们严肃地问
44 了约翰一个问题：为了避免引起神的愤怒，他们应当怎么做？约翰并没有指示他们放弃他们的军事使命，那是一个战士本来应当做的，即使它与上帝的法律和意志并不完全一致，而是告诫他们不要使用暴力、不要勒索钱财和不要虚假指控他人，并且要安于现状。

作为对圣徒这些论调(它们显然是在宣扬军事使命的正当性)的回击，许多人认为圣徒约翰的训诫与救世主的格言是很不一样的，即约翰似乎在倡导一种教义，而我们的上帝却在倡导另外一种教义。基于下面的理由，这种看法是绝对无法接受的。我们的救世主和圣徒都对其学说的内容表示忏悔，因为天国就在眼前(at hand)。天国指的是新的法律，正如希伯来人过去常常用"王国"来称呼他们的法律一样。救世主自己说自圣徒约翰的时代起天国就开始遭受暴力的攻击(《马太福音》11:12)。

据说约翰一直在宣扬为赦免其罪孽而接受悔改的洗礼(《马太福音》1:4)。使徒据说是以救世主的名义做了同样的事情(《使徒行传》11:38)。约翰要求用果子来表示其诚心忏悔，并威胁说要毁掉那些树，如果它们不能结出好果子的话(《马太福音》3:8)。他也要求人们具有超越法律的慈善德行(《路加福音》3:2)。

据说法律到约翰时代仍在继续发展，也就是说，一种被看成是更加完美的法律在他的指示之下已经开始出现。他被认为是比先知还要伟大，并被宣布为是被上

---

① 尼禄，古罗马皇帝(54—68年在位)，以残暴闻名。
② 阿格里巴(公元前63—前12)，屋大维的部将、密友，盖尤斯的岳父。

帝派来通过宣扬《福音书》向人们传授获得拯救的知识的人。他没有基于教义上的不同而把自己与耶稣对立起来,他仅仅赋予作为弥赛亚,即天国之主的耶稣以优越性,后者会赋予那些信仰他的人以神圣精神的力量。用一句话来说,那些从前辈那里传下来的、启蒙性的入门知识,是由作为世界之光的救世主本人更加清晰地加以阐述和澄清的。

还有第四个论据,它完全是建立在一种推定的基础上的,即如果施加死刑的权力被废除的话,国王就被剥夺了使用剑的权力(the power of the sword)来保护他的臣民免遭谋杀犯和强盗的暴力伤害,邪恶势力就会四处横行,犯罪就会充斥整个世界,而这些犯罪,即使在治理得最好(best established)的政府之下,也是很难加以预防和阻止的。

该论据似乎是没有什么说服力的。如果说创建这样一种先前我们从未听说过 45
的万物间的秩序(an order of things)一直是救世主的意图,那么毫无疑问,他就会使用最明确和独特的语言来谴责所有死刑和战争,但迄今为止我们从未看到他这样做过。因为提出来支持这样一种观点的那些论据,在很大程度上是非常不确定和模糊的。正义和常识都要求此类笼统性的表述应当被我们有限制地加以接受,并允许我们在解释模棱两可的词语时背离其字面意义,如果我们严格地遵守该字面意义会导致明显的不便和损害的话。

还有第五个论据,即找不出证据证明:《摩西律法》有关设定死刑惩罚的司法审判部分到耶路撒冷城和犹太人的国家机构完全被毁灭,并且,即使恢复也不再有效了。因为除了暗指犹太国家被推翻之外,在摩西的教规中没有为该法律的持续存在的时间设定具体的期限,救世主及其使徒也都没有提到过它的废止。

事实上正好相反,圣保罗说,高级教士被命令根据《摩西律法》进行裁判(《使徒行传》24:3),并且救世主本人在其格言的导论中,宣布他来不是要废掉该法律,而是要成全它(《马太福音》5:17)。很显然,救世主也是针对宗教仪式法(ritual law)说这番话的,尽管它仅仅是一部完美的法律的概要和缩影,而《福音书》构成其主体内容。如果按照某些人的看法,救世主在其诞生时就废除了那些法律,那么有关审判法又为何能持久存在下来呢?如果只要犹太国家继续存在,有关法律才会仍然有效,那么就可以得出,如果是为了响应地方官的命令,皈依基督教的犹太人就不能基于反对(declining)判处死刑的理由而拒绝接受它;并且,只要《摩西律法》已经作出了规定,他们就不能作出与之相冲突的判决。

一旦通盘考虑整个问题，就找不到丝毫根据来推断出：任何虔诚的人，如果自己已经从我们的救世主那里听到了那些表述，就会以与在此给出的意义不同的意义来理解它们。不过必须承认的是，在《福音书》教规产生之前，某些行为和倾向是
46 被给予允许或者免受惩罚的。如果现在要对这些行为和倾向进行考察，是既无必要，也不恰当的，因为救世主不允许其追随者仿效它们。其中一类是允许因妻子的犯罪而抛弃她，不管她犯的是何罪，或者允许通过法律来对任何伤害进行救济。尽管在救世主的肯定性格言与那些允许性规定之间是存在差异的，但其间并不是矛盾的。不管是对于那些最终并未抛弃自己妻子的人来说，还是对于那些最终放弃了自己的救济权利的人来说，他们都没有作出任何与法律“相违背”的行为，而是作出了与法律的“精神”相一致的行为。

但对于法官来说就很不一样了，他不仅仅是被允许，而且是被法律命令对一个谋杀犯施加死刑。如果他不这样做的话，在上帝看来他就是犯了罪。如果救世主已经禁止他把谋杀犯处死，那么他的禁止就会产生一种矛盾，并且该禁止就会废止该法律（《摩西律法》）。

百夫长考尼留（Cornelius the Centurion）的例子提供了支持这种观点的第六个论据。在从救世主那里接受神圣精神后，他获得了证明其正当性不容置疑的证据。他是被彼得洗礼成基督教徒的，然而我们仍旧不能断定他是否已经主动放弃了其军事使命，还是被使徒建议放弃其军事使命。对此，一些人作了这样的回答：在被彼得按照基督教的性质进行指示的时候，他就必定已经被命令作出放弃其军事使命的决定。如果能够表明在救世主的格言中可以找到对战争的绝对禁止的规定，他们的回答还是会有一定的说服力的。由于这样的禁止不可能在任何其他的地方被发现，它只可能是被插入在基督教格言中某个适当的地方，而基督教格言在很多世纪以来一直是不可能被忽略的义务性规则。正如在《使徒行传》第十九章第十九节中所见到的，它和圣卢克一样地非同寻常，在那些情形中，宗教皈依者的个人品性与境况要求生命与性情发生突变，以便在这样的情形中得以升华而不被注意。

第七个论据与上一个论据有些相似，是来自前面已经提到过的塞尔乌・保罗的例子。在他改变其宗教信仰的过程中，没有作出任何暗示他是主动辞去或者是被要求辞去行政长官的职务的。因而，如果某情势自然有必要被明确提及的话，却对其保持沉默，该沉默完全可以被看作是此情势从未存在过的一个证据。

圣保罗的行为给我们提供了有关该主题的第八种论据。当他获悉犹太人正在 47
耐心地等待机会抓住并杀死他的时候,他立即把犹太人的企图告知给了罗马卫戍部队的指挥官,该指挥官随即派遣军队沿途保护他的安全。他根本没有向指挥官或者士兵提出任何告诫或者暗示:以暴力制止暴力是会令上帝不高兴的。然而,又是使徒保罗,正如在他的所有著作中所表明的(《提摩太后书》4:2),自己没有忽略,同时也不让其他人忽略提醒人们记住其义务的任何机会。

除了前面所作出的一切论述之外,可以认为,如果某事物的特殊目的是合法的和有拘束力的,那么该事物本身也必须是合法的和有拘束力的。纳税就是合法的,并且根据圣保罗的解释,它是约束良心的行为(《罗马书》13:3、4、6)。因为税收的目的是提供给国家以保护善、抑制恶的手段。用塔西佗(Tacitus)的书中的一段话来论述目前所探讨的问题是再恰当不过的了。那是在他的《历史》第四卷中提到了柏提留·塞里利斯(Petilius Cerealis)①,后者说:圣奥古斯丁对此也有同感,说:"我们纳税的真正目的就是为战士提供生活必需品。"

第十个论据来自《使徒行传》中第二十五章中的部分内容(即第十一节)。在那里,保罗说道:"若我行了不义的事,犯了什么该死的罪,就是死,我也不辞。"从那里我们可以推断出圣保罗的看法,甚至在《福音书》被公布之后,仍旧有某些犯罪,正义不仅允许而且要求有关犯罪分子应当被处死。圣彼得也持同样的看法。

但是,如果死刑应当废除一直是上帝的意愿,保罗本可以作出一些自我澄清,而本不应在人们的头脑中留下这样一种印象:在那时对罪犯施加死刑是与先前一样合法的。既然已经证明,救世主的诞生并未废除施加死刑的权利,同时也就证明了,可以对一群武装侵犯者开战,并且只有通过在战场上击败他们,才能将他们绳
之以法。侵略者的人数的多少、实力的强弱和进攻的猛烈程度,尽管会对我们考虑 48
采取怎样的行动有一定的影响,但它至少不能缩减我们的权利。

第十一个论据的内容不仅建立在我们救世主已经废除了《摩西律法》中的某些部分的基础之上——它们构成了把犹太民族与其他民族隔离起来的城墙——而且也建立在他允许符合道德的部分继续存在的基础之上。它是为自然法所认可,并且为每一个文明民族所同意的持久性规则。它对一切高洁和公正的行为都作了规定。

---

① 柏提留·塞里利斯,古罗马的不列颠总督。

惩罚犯罪分子，拿起武器报复或者抵御他人的伤害，在自然法看来都是值得赞扬的，并被称作是正义和仁慈的美德的行为。现在应该是对那些人的错误稍微作一些批评的时候了，因为他们完全从神赐予以色列人以迦南并授权他们驱逐当地的土著人就推断出以色列人拥有战争权。这只能说是其中的一个正当理由，而不是全部理由。

因为在此之前，圣人是在自然之光的指引下发动战争的。在此之后，以色列人自己动不动就发动战争。特别是大卫，为报复对大使权利的侵犯行为，就发动了战争。但是，那些任何人都可以从自然法中获得的权利，如果上帝已经赋予了他们的话，则只不过是他自己的权利，而不是被《福音书》法所废止的那些权利。

8. 接下来让我们来仔细分析支持相反主张的那些论据，虔诚的读者就会更容易作出判断，正义的天平究竟会偏向那一方。

首先，人们通常都会引用以赛亚(Isaiah)的预言，他说和平(the time)一定会来临，“当他们要将刀打成犁头，把枪打成镰刀；这国不举刀攻击那国，他们也不再学习战事”(《以赛亚书》2:4)。但是该预言与其他的预言一样，只是在一定条件下才是可以接受的。它暗示，如果所有国家都屈从于救世主的法律，使它成为生活的规则，为此在上帝看来其他一切(包括战争)就不再有存在的必要时，全世界的和平盛世就会出现。

可以肯定地说，如果所有的人都是基督教徒，并且像基督教徒一样生活，就不会有战争。因而阿诺比乌(Arnobius)①明确地指出：“如果所有的人都明白，使他
49 们得以成为人的不仅仅是肉身，而且还包括理解力，那么他们就会认真地聆听对他们进行的富有启发性的(salutary)和爱好和平的教诲；如果他们都相信忠告而不是相信日益膨胀的骄傲和情感的冲动，那么铁器就会被用作相对无害或有益的劳动工具，世界就会享有最柔和的安宁并且在神圣不可侵犯的条约的约束下统一起来。”

在这一点上，拉克坦西指责异教徒神化他们的征服者，说：“如果所有的人都和谐地联合起来，结果会是什么样的呢？如果抛弃毁灭性的和不虔诚的狂暴，让他们都生活在正义和清白之下，给我们带来的又会是什么呢(which might certainly be

① 阿诺比乌，基督教护教士，拉克坦西的老师。

brought to pass)?”或许预言家的这段话必须从字面上加以理解。如果在那种意义上加以理解,会显示它仍旧未被实现。它的实现必须在犹太民族全面改变宗教信仰的背景下来加以看待(be looked for)。但是,只要还有暴徒来打乱爱好和平者的安宁的话[2],不论你从哪个角度去理解它,都不可能得出反对战争的正义性的结论。

9. 在考察书面证据的意义时,一般性的习惯和因其智慧而闻名的那些人的看法通常具有更大的证明力。这是一个在解释神圣的《圣经》中应当遵循的惯例。因为已经被使徒们建立起来的“教堂”(the churches)是不可能一下子突然或者普遍地背离这些看法的,对此使徒们已经在其作品中附带地提到过,随后他们自己亲口更加详尽和清楚地向“教堂”作了解释,最后变成了一般性的惯例。现在,原始基督教徒的某些表述还经常为那些敌视一切战争的人所坚持,这可以用下列三点来对他们的看法加以剖析和驳斥。

首先,从这些表述中能够得知的只是某些个人的私下主张而不是教堂的公开主张。除此之外,这些表述中的绝大部分仅仅见之于奥利金、德尔图良(Tertullian)①和其他个别人的著作。他们希望通过显示其思想的辉煌来使自己出类拔萃,而没有考虑到其主张之间的一致性。因此奥利金说,蜜蜂是被上帝创造出来的(were given by God),目的是给人类在进行正义的、定期的和必要的战争时提供一种可以遵循的模式。 50

同样,在某种程度上看起来不赞成死刑的德尔图良曾经说过:“没有一个人不认为,违法犯罪应当受到惩罚是符合正义的。”在他的《论盲目崇拜》(book on idolatry)的书中,他对军事职业表示了怀疑,说,是否所有信徒都可以拿起武器,或者任何从事军事职业的人都可以被基督教堂接纳为教徒,是一个值得探讨的问题。但在他的那本名为《战士的荣誉》(Solder's Crown)的书中,在对军事职业的正当性表示了某些异议后,他把那些在接受洗礼前从事战争的人与那些在作过洗礼宣誓后从事战争的人作出了区分。他说道:“对于那些在他们转而信仰基督教之前就是战士的那些人来说,整个情形就完全不一样了。约翰承认他们可以接受洗礼,一方面救世主对此是表示赞同的。在另一方面,彼得向忠实的百夫长吩咐道:尽管有这种

① 德尔图良,基督教早期教父。

规定，他们仍旧必须像许多其他人那样：要么放弃他们的使命，要么当心不要做任何令上帝不高兴的事情。”在接受洗礼之后，尽管他们仍旧继续其军事职业，但他们会变得有理。如果他们已经明白所有战争都是为基督教所禁止的话，他们是决不会从事军事职业的。他们会以预言者(the Soothsayers)、三贤人(the Magi)和其他从事被禁止的职业的教授为先例，他们在成为基督教徒后，就不再从事军事职业。在前面所引用的那本书中，作者在向一个战士、同时也是基督教徒表示致敬时说道：“在上帝的眼里，战士是伟大的!”

第二个论点适用于那些委婉拒绝甚至明确拒绝拿起武器的人的情形。由于受时代背景的限制，他们被要求作出许多与其基督教使命不一致的行为。在见之于约西法斯的著作中的《多拉贝拉(Dolabella's)给以弗所人(Ephesians)的信》里，我们见到了犹太人要求免除军事远征的义务。由于与其他外来民族混居在一起，犹太人在遵守他们自己的法律习俗上本来就已经不方便了，更不用说在安息日被迫拿起武器作长途跋涉了。

约西法斯告诉我们，正是由于这种原因，犹太人被L.兰图鲁斯(L. Lentulus)[①]免除这种义务。在另外一部分中他讲道，当犹太人被命令离开罗马城的时候，其中一些人还在军队里服役，而另外一些人出于尊重他们自己国家的法律而拒绝拿起武器(其中的原因在前面已经提到)，这些人由此受到了罗马人的惩处。除此之外
51 还可以找出第三个理由，那就是他们可能不得不对他们自己的同胞发动进攻，而对这些人使用武力是不合法的，特别是在他们因为遵守《摩西律法》而会招致危险和仇恨的时候。但是，不管在什么时候，犹太人只要能够履行军事义务，并且不会导致这些不方便的话，他们就会为外国君主服役，而进行服役的前提条件就是，正如约西法斯告诉我们的，根据他们自己国家的法律和规则而自由地生活。

由于存在类似于那些阻止犹太人采取军事行动的危险和不方便，德尔图良对他自己时代的军事使命持保留态度。他在《论盲目崇拜》一书中指出：“调和在救世主的旗帜下忠诚地服务的誓言与在恶魔的旗帜下忠诚地服务的誓言，是不可能的。”因为战士是被木星、金星和其他天神所命令发誓的。他在《战士的荣誉》一书中质问道：“如果战士应当在寺院前站岗，那么他发誓放弃的又是什么呢？如果战士应当在寺院吃晚饭，那么使徒禁止他们呆的地方又在哪里呢？如果战士应当在

① L.兰图鲁斯，古罗马执政官。

夜里防卫神，那么他们在白天一直回避的又是什么呢?”他继续问道:“如果那里没有许多其他军事义务，又有什么应当被看作是罪恶的呢?”

用来分析本主题的第三个论点是与原始基督教徒的行为有关的。他们在宗教狂热的影响下，把上帝的忠告当作义务性的格言，意欲取得最辉煌的成就。阿特那哥拉(Athenagoras)①说道，基督教徒从不与抢劫他们的人讲法律。

萨尔维安说道，救世主建议我们放弃发生争执的东西，而不是去提起法律诉讼。但是该建议是作为一种劝告被如此广泛地接受的，而不是意欲成为一种肯定性的格言，目的是过上一种更加崇高的生活方式。因而早期的神父中许多人毫无例外地谴责所有的誓言。不过，在极为重要的问题上，圣保罗仍旧利用这些对上帝的庄严恳求。在《塔提安②传》中的一个基督教徒(A Christian in Tatian)说:“我拒绝接受地方行政官的职务”。用德尔图良的话来说就是:“一个基督教徒不应当有担任营造司一职的野心。”

同样，拉克坦西认为，作为一个正直的人(那是他对基督教徒寄予的希望)，不应当从事战争;而且，由于他所需要的一切都能够在国内得到供给，甚至不应当去国外掠夺(go to sea)。早期的神父中有多少人劝说基督教徒不要再婚呢? 所有这些建议人们作出了不起的成就的忠告都是善良的，在上帝看来也是完全可以接受的，然而它们仍旧不是通过任何绝对的法律向我们提出要求的。已经作出的这些 52
论述足以回击来自原始基督教时代的那些异议了。

现在为了证实我们的看法，我们可以认为这些看法得到了一些学者的支持。甚至是远古时代的学者，他们认为死刑是可以被施加的;并且还认为，基于同样的授权，战争也是可以由基督教徒合法地加以发动的。克雷芒·亚历山德里努说道:“像摩西那样的基督教徒，被召唤行使主权权力，扬善惩恶，对他的臣民来说他就是一部活的法律。”他在另外一处描述基督教徒的习惯时说道:“一个人应当赤足行走，除非他是一个战士。”

在《克莱芒教令集》中我们发现:“并不是所有的杀戮都被认为是不合法的，仅仅对无辜者的杀戮才是不合法的。不过对司法惩罚的管理权只能保留给最高权力当局本身行使。”但在无法依靠单个权力当局的情况下，我们可以求助于应当具有

① 阿特那哥拉，也译“雅典纳哥拉”，早期基督教护教士。

② 塔提安(Tatian，也译“达提安)，早期基督教护教士，前述查士丁的学生。

最大影响面的教堂的公共权力。

因而很显然，任何人都不能仅仅因为持有武器而被拒绝给予洗礼或者被逐出教会。如果军事职业一直是与新的誓约中的条款相冲突的话，他们才应当被拒绝给予洗礼或者被逐出教会。在刚刚被援引的上述《教令集》中，作者在提到了早期被准予或者被拒绝给予洗礼的那些人时说："如果一个战士希望被给予洗礼，就应当教诲他不要使用暴力，不要虚假指控，要安于现状。如果他承诺遵守的话，就应当给予他以洗礼。"

德尔图良在他的《致歉书》(Apology)中谈到基督教徒的品性时说道："我们始终和你一同前进，我们在进行同一场战争"，并且稍在此之前已经说过这样一句话："我们虽然是外族人，但我们仍旧会布满你们的所有城市、岛屿、城堡、小镇、市议会，甚至你们的军营。"在同一本书中他还讲道，由于基督教徒战士的祈祷，降雨为皇帝马可・奥勒留(Marcus Aurelius)①所获得[3]。他在《战士的荣誉》一书中建议
53 已经抛弃花环的战士应当拥有比他持有武器的同胞更大的勇气，并且告诉我们，他的许多基督教徒当上了战士。

除了这些证据之外，还可以加上教堂给予一些战士以"殉教"的荣誉。这些战士一直在遭受残酷的迫害，有的甚至为救世主而光荣献身。其中有记录的包括圣保罗的三个同伴，塞利亚里斯(Cerialis)②在狄西阿(Decius)③统治期间殉教，马里努斯(Marinus)④在瓦雷利安殉教，五十人在厄雷利安殉教，维克托(Victor)、马里努斯和瓦伦丁(Valentinus)在马克西米安(Maximian)⑤领导下的一个代理将军面前殉教。

大约与此同时，百夫长马塞拉斯(Marcellus)⑥，在李锡尼(Licinius)⑦领导下的塞维里安(Severian)⑧也殉教了。塞普里安(Cyprian)⑨在提到两个非洲人劳伦提努斯和依纳爵时说道："他们在世俗的君王的军队中服役，然而他们的确是上帝的

---

① 马可・奥勒留，古罗马皇帝，161—180年在位，著有《沉思录》。

② 塞利亚里斯，基督教殉道者。

③ 狄西阿，古罗马皇帝，249—251年在位。

④ 马里努斯，基督教圣徒，在凯撒里亚殉道。

⑤ 马克西米安，戴克里先的副手，四帝共治时期的另一个奥古斯都。

⑥ 马塞拉斯，古罗马执政官、将军。

⑦ 李锡尼，君士坦丁时期的另一个皇帝，罗马执政官。

⑧ 塞维里安，基督教圣徒。

⑨ 塞普里安，基督教圣徒、殉道者。

精神战士，他们通过坚定地信仰救世主而战胜了恶魔的诱惑，通过受苦来赢得上帝的奖赏和赞誉。”因而，甚至在皇帝成为基督教徒之前，什么是原始基督教徒关于战争的一般性看法也是再明显不过的了。

一点也不要感到奇怪，如果那时的基督教徒不愿出席对其生命的审判，那么是因为被审判的绝大多数人是基督教徒。除了不愿为他们同胞所遭受的悲惨遭遇作证外，其他方面的原因还包括罗马法可能比基督教的慈悲所能容忍的要严厉得多，正如我们在元老院的《塞拉尼安政令》(the Silanian)一例中所见到的那样。[4]

事实上，即使在君士坦丁(Constantine)已经接受并且开始鼓励信仰基督教之后，死刑也没有被废除。除了其他的法律外，他本人还制定了一个与古罗马的法律相似的法律来惩罚弑父母者，即把他和某种凶恶的动物共同装在一个大袋子里，然后扔到海里或者最近的河里。此法可以在他的那部名为《对谋杀父母或者儿童者的起诉权利》(Title of The Murders of Parents or Children)的法典中找到。然而在其他方面，他在惩罚犯罪分子上是相当温和的，以致被一些历史学家指责为过分仁慈。

历史学家告诉我们，君士坦丁曾经让许多基督教徒在其军队中服役，并且以救 54
世主的名义来设定其行为标准的格言。从那时起，军事宣誓也被改换成了另外一种形式，这可以见之于维吉提乌(Vegetius)①的论述。战士宣誓说：“与上帝相比，救世主、神圣精神和皇帝的尊严是位列上帝之后的，人类应当向上帝献上敬仰与敬畏。”由于在那时有很多主教，并且他们中的许多人因为宗教信仰而遭受最为残酷的迫害，因此我们无法一一提及。他们借助于施加死刑或者从事战争会引起神的发怒的恐吓来劝阻君士坦丁，或者基于同样的理由来阻止基督教徒在君士坦丁军队中服役。尽管那些主教中绝大多数人是教规的严格遵守者，但他们也决不会在有关对皇帝或者其他人的义务的问题上视而不见(dissemble)。

在狄奥多西大帝(Theodosius)②时代，这一类人中我们可以首先提到安布罗斯(Ambrose)③。他在其第七篇演说中说道：“携带武器没有什么不对；但出于抢劫的目的持有武器的确是一种罪孽。”在他《论义务》一书的第一卷中，他也表达了同样的看法，说：“捍卫国家免遭外敌的入侵与保卫家园、抗击强盗的英雄之举绝对是正

① 维吉提乌，古罗马军事家、战略家，著有《罗马军制论》，是西方最古老的兵书。

② 狄奥多西，古罗马皇帝，378—395年在位。

③ 安布罗斯，基督教教父，作家，米兰主教。

义的。”这些论据决定性地表明了早期基督教徒支持正义的和必要的战争的主张。这一点无需提供进一步的证据或作进一步的阐述。

该论据的说服力也不会因众所周知的事实而变得无效，即主教或者其他基督教徒经常为了罪犯的利益而出面说情，目的是减轻死刑惩罚的残忍程度。一些人常常在教堂收容避难者，并且拒绝交出，除非是向其许诺不危及避难者的生命。同样，在复活节释放罪犯逐渐变成了一个惯例。但是，所有这些例子，如果仔细分析，结果发现都是仁慈的基督教徒的自愿行为，即抓住每一个机会做善事，不要拖谴责死刑的公共舆论的后腿。因而这些善意行为并不是普遍性的，而是受特定的时间和空间制约，甚至干预本身也还受一定的例外所制约。[5]

［英译者注］

1. 作者在这里暗示古人所认为的玷污与不洁净会通过接触一个已经杀害另一个人的人而被沾染，即使这种杀人的行为是无过失的与合法的。——巴贝拉克(Barbeyrac)

2. 这节的其他部分被省略掉了，因为格劳秀斯自己申明这些部分仅仅是对他前面提到的论据的重复与扩充。

3. 格劳秀斯没有断定其观点的真理性，而是仅仅援引这一段来显示在马可·奥勒留的军队里有基督教徒。

4. 根据塞拉尼安政令，如果主人碰巧是在自己的屋里被谋杀，那么同一房屋里的所有奴隶都应当被处死，即使没有证据表明他们与该谋杀有关联。在塔西佗的书里还有一个例子(Annal. v. xiv. ch. xlii)，皇帝阿德里安通过如下命令缓解了该政令的严酷性：只有离主人足够近，以至于能听到响声的那些人才应受到拷问。——Spartian，Life of Adrian，ch. xviii。

5. 尽管格劳秀斯并没有充分论述其主张，但是也没有必要重新考察其对进一步提出的论据的回击。

第三章 论公战与私战及主权的性质 55

战争分为公战与私战两类——举例证明自法律产生以来，并不是所有的私战都违背自然法——公战的分类：正式的与非正式的——地方官员对暴乱进行的镇压是否可以称为公战——国家权力及其内容——主权权力剖析——一些人认为：主权权力永远掌握在人民的手中，对这种观点及其论据的反驳与回击——对互相臣服说的反驳——在理解主权权力的性质时必须注意几点——真正的差异总是存在于相似的名称之下——主权权力与其行使模式之间的区别

1. 对战争的首要分类是将其分为私战、公战及公私混合性战争三类。公战是由拥有主权的人所进行的战争。私战是由没有从国家那里获得授权的私人所进行的战争。混合性战争则是公共权力当局与私人之间进行的战争。由于私战更具有古老性，所以它是我们首先研究的对象。

前文提出的证据已经证明，反抗暴力并不违背自然法，这就为论证私战的正当性提供了充分的理由，至少从自然法的角度看来是如此。不过，也许可以这样认为，既然公共法庭已经被建立起来，那么，对不当行为的私力救济就是不被准许的。这一异议是很有道理的。尽管公共审判及法庭这种制度不是源于自然，而是来自人类的创设，但是将争议事项交由一个没有利害关系的人来裁决，比交由受损害方的偏私和成见来裁决，显然更有利于社会的安宁。

自然正义和理性表明了每一个人服从公共裁判员的公平裁决的必要性和优越
性。法学家保罗主张："由国家授权的地方官员做出的事情，永远不应交给私人来 56
办理。因为私力救济将导致对权利的更大侵犯。"国王提奥多里克指出："法律得以创设的原因就在于阻止任何一人使用其个人暴力。如果人与人之间的争端都用暴力来加以解决的话，那么和平与引起极端混乱的战争之间的区别又何在呢？"任何人在不通过寻求法律救济的情况下获得他认为是应当得到的东西的行为，均被法律称之为"暴力"。

2. 毫无疑问，一度曾经在人类历史上存在的进行私力救济的自由，自从法庭

建立以来，已经受到了很大的限制。然而在某些情形之下，必须允许私力救济的存在，比如说，在通向法律正义之路被堵死的情况下。法律禁止一个人对其受到的损害进行私力救济，这种禁止，只能理解为仅仅适用于存在法律救济情况时的情形。

在寻求法律救济时，可能存在两种障碍，一种是暂时性的，另一种是绝对的。暂时性的障碍是指，对于受损害方来说，如果要等待法律救济的到来，不面临紧迫的危险甚至毁灭是不可能的。比如说，一个人在深夜或者在一个不易被人发现的、因而不可能获得救助的地方受到袭击。至于绝对的障碍，则或者是一种权利性的，或者是一种事实性的。在很多情形下，权利必须停止存在，因为它不可能得到法律的支持，比如在人迹罕至的地方，或者在海上，或者在荒野，或者在荒岛，或者在任何不存在国内政府的地方。所有的法律救济也可能因为事实方面的原因而停止存在。其中包括，人们拒绝把争议交给法官裁判并接受其判决，或者人们公开地拒绝承认引起争议的问题。

自法庭建立以来，并不是所有的私战都违反自然法这一论断，可以从上帝赋予犹太人的律法中加以理解。在那里，上帝借摩西之口(《出埃及记》22:2)说道："人若遇见贼挖窟窿，把贼打了，以至于死，就不能为他有流血的罪。若太阳已经出来，就认为他有流血的罪。"由于非常精确地区分了各种情况的是非曲直，此律法似乎不仅暗示在自卫的情形下杀人免受处罚，而且也揭示了一种自然权利，此种自然权利并不是建立在一个特别神谕的基础之上的，而是建立在共同的正义原则的基础之上的。

由此可以看出，其他民族显然遵循了同一原则。《十二表法》中有一段话非常
57 有名，毫无疑问是源自古代雅典法的。其原话是："若一小偷在深夜犯抢劫罪，某人将其杀死，此人的杀人行为并不违法。"根据众所周知的文明国家的法律，一个人杀死发动暴力袭击或威胁自身生命的人，都将被判定为无罪。这种为各国普遍遵循的统一做法，证明了如果在有正当理由的情况下杀人，则不违反自然法。

4. [1]公战，根据万国法，或是"庄严的"，即"正式的"；或是"有欠庄严的"，即"非正式的"。合法战争通常是用来指称此处提到的正式战争。这两类战争之间的区别就好像正式遗嘱与遗嘱修正、合法婚姻与奴隶间同居之间的区别一样。这种区别并不意味着禁止任何人出于自愿对遗嘱进行补充、修正，或者奴隶们结成婚姻共

同生活。它只意味着，根据国内法，“正式的遗嘱”与“神圣的婚姻”是附带特殊的权利和效力的。

鉴于下列事实，作出前述的短评就更显得有些必要了，即很多人出于对“正义”及“合法”二字的误解，认为无法适用这两个字眼的所有战争都是不合法的及非正义的。为了使战争具备万国法所要求的形式，必须具备两个要件：第一，它必须是双方基于国家主权权力进行的，第二，它必须附带一定的形式。这两点要求都极其重要，缺一不可。

一个“有欠庄严的”公战，可以不具备上述形式，甚至可以是任何地方官员对私人进行的。考虑到这种情形在国内法中是没有相关的规定的，因此在发生反抗性叛乱的情况下，所有地方官员似乎都有权拿起武器，通过执行公务来维护自身的权威，并保护处于他保护之下的人民。但是当整个国家都受到战争的威胁时，几乎在所有的国家中都存在的一条既定的法则是，只有国家主权当局才有权决定是否发动战争。

在柏拉图的《法律篇》一书中的最后一卷里也有类似的法则。根据罗马法，没有君主的授权而征兵或发动战争都属于犯了罪大恶极的叛国罪。由路奇乌斯·科尔涅利乌斯·苏拉（Lucius Cornelius Sylla）[1]颁布的科尔涅利安法（Cornelian law）
规定，未获人民的授权而作出上述行为，同样属于犯了叛国罪。在《查士丁尼法典》 58
中有一条由瓦伦丁尼及瓦伦斯共同制定的法律规范，规定在他们没有获得告知（without their knowledge）并且未得到他们授权的情况下，任何人都不得携带武器。与此规范相一致的是，圣奥古斯丁（St. Augustin）认为，由于和平最适合于人类的自然状态，因此，由君主一人独揽准备及发动战争的全部权利是恰当的。不过，与其他所有的规则一样，该一般性的规则在适用的时候必须受到公平与自由裁量权的制约。

在一些特定的情形下，这一权力可以让与他人行使。毫无疑问的是，下级官员可以经由上级官员的授权，使目无法纪或聚众闹事的人受到镇压。当然，这么做的前提条件是使用暴力的规模不是很大，从而不会危及整个国家。再者，如果面临的危险十分急迫，没有时间向君主请求行使其行政权力，这样的一种紧急情势也被承认为一般性规则的例外。

① 路奇乌斯·科尔涅利乌斯·苏拉，古罗马将军、独裁者。

恩纳(Enna)①的总督皮纳留(Pinarius, Lucius)②,统领西西里岛的守备部队,相信自己拥有这种权利,在已获得有关当地居民密谋反叛迦太基人的可靠情报后,就将当地居民全部杀死,并由此得以保全该地。弗朗西斯·维多利亚甚至允许某一城镇的居民在没有这种紧急情势的情况下武装自己,以便对自己受到的损害进行(私力)救济,前提是君主忽视了向造成这种损害的人进行报复。但这样的主张被其他人完全抛弃了。

5. 下级地方官员被授权使用军事暴力的情形是否可称作所谓"公战",是一个在法学家中有很大争议的话题。一些人认为可以,而另外一些人则认为不可以。如果我们不讨论其他形式的公战,而只是讨论由地方权力当局发动的公战,那么毫无疑问,对暴乱的镇压也是一种公战,在这种情形下反抗地方官执行其职务的任何人,都被认定为构成对其上级的反叛罪。但是,如果从"正式"战争的严格意义上来理解公战(毫无疑问,通常来说,"公战"指的都是正式战争),这些情形又不会构成公战。

因为,要享有公战的全部权利的前提是行使主权权力的宣示及满足其他必要
59 的条件,而这些条件是它们所不具备的。违法者遭受的财产损失及军事处决根本不会对问题本身产生任何影响。[2]因为财产损失和人员伤亡并不只是在正式战争中才会发生的,从而使它与其他类型的任何战争沾不上边。比如在一个幅员辽阔的帝国中可能发生的是,低级权力当局的领导人,当其被袭击或受到袭击的威胁时,有可能被授权采取军事行动。在这种情形下,战争应当被看作是由主权权力当局所发动的。就好比当一个人凭借自身权力授权他人作一定行为时,此授权人应被认定为该行为的行为者一样。

相对来说不大确定的情形是,当不存在这种授权时,仅仅是对主权权力当局的意志的推定是否就足够了呢?这似乎是不能作出肯定回答的。即使主权者被征求意见,也不足以认为我们所作的推断就是他的意志。如果将通过一个法律,而存在很多时间加以考虑的话,但没有正式地向他征求意见,我们也不能确定他的真实意志是什么。

---

① 恩纳,在西西里岛中心。

② 皮纳留,西西里总督。

“尽管在特殊的情形下，放弃询问主权者的意见是必须的，但这决不能成为普遍惯例。如果下属擅自盗用发动战争的权利，那一定是国家的安全受到了威胁。”曼里乌斯(Manlius, Cneus)①的副手曾经指责曼里乌斯没有经过罗马人民的授权就擅自发动对加拉太人(Galatians)②的战争，这不是没有道理的。尽管加拉太人向安提阿(大王)(Antiochus)③提供了部队，然而由于它一直与罗马人保持着和平关系，就应当由罗马人民而不是由曼里乌斯就加拉太人支持罗马人的敌人一事决定向其施加何种处罚。加图(Cato)④曾经建议应当将恺撒交给日耳曼人处理，理由是恺撒曾经违背诺言而攻击日耳曼人。然而，这一建议与其说是出于任何正义原则，不如说更多地是出于一种除掉劲敌的愿望。

事情是这样的，日耳曼人曾经帮助罗马人的敌人——高卢人(Gauls)，如果对高卢人的战争是正义的，日耳曼人就没有理由抱怨其受到的伤害，因为他们已经使自己卷入其中。但是恺撒在将日耳曼人赶出高卢(划给他管辖的省份)后就应当知足，而不必进军到日耳曼人的本土，特别是在不用再担心日耳曼人会给他带来威胁
的时候，除非他事先征求罗马人民的意见。因此，很明显，日耳曼人无权要求恺撒 60
本人辞职，尽管罗马人民有权就恺撒超出授权的范围而对其进行处罚。

在一个相类似的情形中，迦太基人(Carthage)答复罗马人道：“问题之所在并不是汉尼拔(Hannibal)是否围攻了萨干坦(Saguntum)⑤，不管是以其私人权力还是公共权力，而是这种行为是正义的还是非正义的。就我们自己需要解决的问题而言，调查他以何种权力采取行动是我们自己的事情。需要与贵国商讨的问题乃是他是否违反了我们之间的有关条约。”

西塞罗(Cicero)曾经为屋大维(Octavius)及德西慕斯·布鲁图斯(Brutus, Decimus Junius)⑥的行为辩护，此二人曾经武装反抗安东尼(Antonnius Pius)。不过，就算安东尼显然应当被看作是敌人，他们也不能擅自行动，而是应该等待罗马元老院及罗马人民作出决定：为了公众的利益，是将安东尼的行为公之于众还是对

---

① 曼里乌斯，古罗马执政官。

② 加拉太人，加拉西亚地方的人。加拉西亚位于今土耳其首都安卡拉附近。

③ 安提阿，也作安条克三世(公元前242—前187)，别名安条克大帝(Antiochus the Great)。叙利亚塞琉古王朝的国王。

④ 加图，古罗马政治家(有老加图和小加图)。

⑤ 萨干坦，在西班牙。

⑥ 德西慕斯·布鲁图斯，恺撒的部下，第二继承人。

他施加惩罚，是与他达成和议还是诉诸武力？怎样才会是更恰当的？因为没有任何人被赋予惩罚敌人的权利，特别是当这样做可能带来很大危险的时候。

即使宣布安东尼为敌人是一个明智之举，但发动战争的决定权仍然应当交给元老院及罗马人民来行使。因此，当卡西乌斯（Cassius）①根据条约要求罗得岛人（Rhodian）提供援助时，罗得岛人回复道，只有在元老院认为是妥当的情况下，他们才能进行支援。这一事例连同其他许多例子加在一起，足以驳倒西塞罗的观点。这同时告诫我们，不能被最著名的学者，特别是最擅长言辞的演说家弄得神魂颠倒，从而盲目跟从，因为他们所说的话只适用于当时的具体情形。政治调查研究需要冷静的、稳健的判断，而不能为各种各样的实例所左右，因为这些实例与其说是客观公正的（vindicated），倒不如说是带有很大的主观性的（excused）。

既然已经确立了一条规则，即只有一国主权权力才能合法地发动战争，那么在讨论与战争有关的所有问题时，就有必要确定主权为何物及归何人所享有。

6. 修昔底德将管理一个国家的道德上的权力称为“国家权力”。他认为这一
61 权力包括三个部分，是所有国家实体的必备要素。它们是：制定法律的权力，以自己的方式执行这些法律的权力和任命国家地方官员的权力。亚里士多德在其《政治学》第四卷中认为，一个国家的主权权力由审议、执行及司法权力组成。他把决定战争与和平的权力、缔结与废除条约的权力、制定与通过新法的权力划归审议权之下。此外还有处以死刑、驱逐、罚款以及对侵吞公款加以处罚的权力。

就司法权力的行使而言，亚里士多德不仅将对重罪和轻罪的处罚包括在内，也把民事损害的赔偿包括到里面去了。[3]哈利卡纳苏的狄奥尼修（Dionysius of Halicarnassus）②指出了主权权力的三大区分性标志：任命官员的权力、制定与废除法律的权力及决定战争与和平的权力。此外，他还增加了另一个组成部分，即把司法管理、各类宗教事务的最高权威及召集议会的权力划入其中。

一个准确的界定应当包括由拥有及行使主权所产生权力的每一个可能的分支。各个国家的统治者要么是亲自行使这种权力，要么是通过他人行使这种权力。他自己的个人行为或是一般性的，或是专门性的。在就世俗事务或宗教事务通过

---

① 卡西乌斯，古罗马望族，最出名的是与布鲁图斯一同刺杀恺撒的那个。

② 海立卡纳苏的狄奥尼修，古希腊历史学家。

和废除法律时，只要后者与该国的福祉相关，他就可以作“一般性的”行为。亚里士多德在其《政治学》的名著中提到了有关这些原理的知识。

主权者的专门行为或是直接具有公共的性质，或是具有私人的性质。但即使是具有私人性质的行为，也是与他的公共资格有关的。直接具有公共性质的执行性主权权力行为，包括决定战争与和平、缔结条约、征收赋税及对其臣民及其财产行使权力的其他类似行为，这些权力构成了国家的主权。亚里士多德将这方面的知识称为“实践性的政治与审议科学”(deliberative science)。

主权者的私人行为是指那些通过他的授权而使私人间的争端得以解决的行为。只要它有助于社会的和平，这些争端就应当被解决。这被亚里士多德称作“司法权力”。因此，主权者的行为可以通过他的官员包括大使以他的名义作出。主权权利就是由所有这些权利的行使构成的。

7. 凡行为不从属于其他人的法律控制，从而不致因其他人意志的行使而使之无效的权力，称为“主权”。加上“任何其他人的意志”一词使主权者自己免受这种限制，他可以废除他自己的行为。他的继承者，由于享有同样的权利，也可以废除他的行为，拥有同样的权力，这种权力是任何其他人都不可能拥有的。我们接下去要考察的是主权权力的载体是什么。既然载体在一方面是共同的，在另一方面是载体本身(proper)。比如视力，就广义而言，属于身体；就狭义而言，属于眼睛。所以主权权力的共同载体是国家，国家已经被说成是由个人组成的完美社会。由于一些民族处于臣属于另一个权力当局的状况，就好像是罗马的行省一样，因而它们是被排除在该定义之外的。

鉴于对“主权国家”一词的这种理解，这些民族本身不是主权国家。但它们是一个大国的下属单位，正如奴隶是一个家庭的成员一样。

此外可能发生的是，许多国家，本身各自是一个独立的实体，但却有一个共同的首领。政治性的实体不是一个自然实体，相同的首领仅仅属于其中的自然实体之一。然而就前者而言，一个人可以对许多不同的实体行使首领的职责。正如某些证据所表明的，当作为政治首领的王室成员全部死亡的时候，主权权力就会回归到各个国家的手里。由此可能发生的是，许多国家可能通过最紧密的邦联结合在一起。斯特拉波在不止一个地方把它称作“一种国家体制”，然而，它们中的每一个仍旧保持一种独立的、单个的国家状态，这一点已经为亚里士多德及其他学者在他们的著作中多次加以论述。因而,从已经阐述的意义来理解,主权权力的共同载体仍然是国家。载体本身是一个或者多个人,这由每一个国家的法律或者习惯来决定。盖兰在《希波克拉底和柏拉图的学说精义(De placitis hippocrat et platonis)》一书的第六卷中将主权权力称作"国家的首要权力"。

63 8. 现在有必要驳斥一些人的观点。他们认为,在任何地方,主权权力都是掌握在人民的手中的,没有任何例外,因此人民有权因君主滥用权力而对他们施以限制和惩罚。然而,任何有理智的人都会发现,这种观点已经引发并仍将引发无法估量的灾难。我们可以基于下列理由对其进行驳斥。

不仅罗马法,而且犹太人的法律,都似乎规定任何人都可以使自己从事其乐意的私人劳役(private servitude)。如果个人可以如此行为,那么全体人民为何不可以为更良好的政府和更可靠的保护起见而完全将他们的主权权力转让于一个或多个人,而自己不保留任何部分呢?不能说这种事情是不可能设想的,因为问题不在于在一个难以预料的情形下所作推测的内容,而在于可以合法地作出的行为的内容。当然,人民如此让渡他们的权利可能会并且确实会导致一些不自由,但如果以此为由来反对让渡就不正确了。因为设计出一个没有任何缺陷和危险的政府形式非人力所能及之事。正如一个剧作家所写的:"你要么是把那些瑕疵同优点一道接受,要么是把那些瑕疵同优点一道放弃。"

人们的生活方式各不相同,一些生活方式更糟,另外一些则更好,全在于每个人的选择。因此一个国家,"在某些情况下,例如,王位无人继承,或因为其他原因而空位",完全可以选择其所中意的政府形式。这种权利不应以这种或那种政府形式的优劣程度来加以评价,因为在这一点上人们的看法各不一致,而是应以人民的意志来加以衡量。

事实上,人民为何会完全放弃他们的权利而将其让渡于他人,是有多方面原因的。譬如,毁灭性的危险迫在眉睫之时,或者在饥荒的压力之下,他们可能别无他法保全自己,让渡权利便是惟一可以获得支撑的办法。当坎帕尼亚人(Campanians)①面临前一种威胁的时候,在被迫臣服于罗马人时说道:"罗马的元老们,我

① 坎帕尼亚人,古意大利民族。

们将坎帕尼亚人民、加普亚城(Capua)[1]、我们的岛屿、我们的庙宇以及所有神明的 64
和世俗的物品都交给你们,由你们进行统治。”正如阿庇安(Appian)[2]所叙述的,另外一个民族在提出臣服于罗马人的请求时遭到了拒绝。

何以阻止所有民族都以同样的方式归依于一个强大的主权呢?同样的事情可能发生,一家之主,拥有大量的领地,是不会容忍任何人在任何其他条件下居住于其上的;或者一个拥有众多奴隶的主人可能会给予后者以自由,条件是他们提供某些服务并支付一定租金,这是可以提供例证的。于是塔西佗在提到日耳曼的奴隶时说道:“每个人都有自己单独的住所,由其统领家人。主人将其看作是佃户,后者有义务以谷物、牲畜或者饰品来缴纳一定的地租。这就是其受奴役的最大限度。”

亚里士多德在描述使人们甘心被奴役的必备条件时说:“那些力量主要来自于身体、主要的过人之处在于提供体力服务的人们,是天生的奴隶,因为当奴隶正好是他们的特长。”一些民族也具有同样的性情,他们本身更适宜于当服从者而不是统治者。这似乎曾是卡帕多西亚人(Cappadocians)对自己持有的看法。在罗马人向他们提议建立一种平民政府的时候,他们拒绝接受,因为他们声称,没有一个皇帝的国家是不可能稳定地存在的。于是斐罗斯特拉图(Philostratus)[3]在《安波罗尼传(Apollonius)》[4]中说道,给予色雷斯人(Thracians)、米西亚人(Mysian)和达契亚人(Gatea)[5]以自由是愚蠢的,因为他们不够资格享有这种自由。

一些民族多年来一直在君主的统治下愉快生活的例证,使得很多人对此种统治形式存有偏好。李维说,攸美尼斯(Eumenes)[6]统治下的城邦无论如何都不愿改变它们的状况而成为自由国家。有时,一个国家就处于这种状况,以至于如果不交给一个人的绝对统治之下,它就似乎无法维持自己的安宁和存在。正如众多杰出人士所认为的,奥古斯都·恺撒时代的罗马共和国就处于这样一种状况。出于这些以及与此类似的原因,正如西塞罗在其《论义务》一书第二卷中所论述的,人们不仅可能,而且经常会愿意归附于别人的最高权威之下。

正如财产可以通过所谓正义战争来获得一样,主权权力也可通过同样的方式 65

① 加普亚城,在那不勒斯附近。

② 阿庇安,罗马历史学家,著有《罗马史》。

③ 斐罗斯特拉图,古希腊传记作家,在公元2世纪续写了《名人传》。

④ 安波罗尼,也译为“阿波罗尼”,约公元前262—前190年,古希腊哲学家,著有《圆锥曲线》一书。

⑤ 希腊人称Gatea,罗马人称Daci。

⑥ 攸美尼斯,也译为“尤美尼斯”,公元前362—前316年,亚历山大的部将,亚历山大死后参与对其帝国的瓜分争夺。

获得。“主权”一词在此并不仅仅适用于君主政体，也适用于由贵族所组成的政府，在这些政府形式中人民被完全排斥在外。从来没有一个如此绝对平民化的政府，以至于不要求在公民大会中将穷人、异族人、妇女和未成年人排除在外。一些国家还让其他国家屈从于其意志，完全像臣民屈从于其君主的意志一样。

由此产生了一个问题，克拉坦人(Collatine)自己掌握了自己的命运吗？而且，那些坎帕尼亚人，当他们臣服于罗马人时，据说被转让给另一个外国的统治之下。同样，阿卡纳尼亚(Acarnania)①和安斐洛奇亚(Amphilochia)②被说成是受埃托利亚人(Aetolians)③所支配，佩雷伊(Peraea)和卡努斯(Caunus)④被置于罗得岛人的统治之下，还有皮德纳(Pydna)⑤被马其顿的菲利普(Philip of Macedon)割让给奥林斯人(Olynthians)。斯巴达人统治的那些市镇，当它们摆脱斯巴达人的统治后，获得了“自由拉哥尼亚人”的美名。色诺芬说科太拉城一直是属于西诺普的人民的。在斯特拉波看来，意大利的尼斯属于马赛人民。

此外，皮色库塞岛归属了那不勒斯人。我们在弗伦提努斯的著作中发现，卡来提城和考迪姆城，连同它们的领地，其中之一被判给加普亚作殖民地，另一个则被划给本尼凡顿作殖民地。如塔西佗所述，奥托将摩尔人的城市让与了比提亚省。如果主权权利处于臣民的控制和指挥之下是一个普遍认可的规则，则在上述例子以及其他被征服国家被迫割让事例中，是没有一个能被承认的。

很显然，不管是在《圣经》还是在世俗性的著作中，都经常会有一些君主，在他们以集体机关行事的时候不服从人民的控制。上帝示意以色列人，谓：你应当说：“我希望上帝指派一个国王来统治我”，而对撒母耳说：“向他们展示君主风范吧，你将统治他们。”于是，君主就被认为是受上帝派遣来统治人民，统治君主的子民，统治以色列人的。所罗门被称作“全体以色列人的君主”。于是大卫感谢上帝使人民臣服于他。救世主言道：“国家的君主自己统治自己。”贺拉斯的诗篇中有一段著名
66 的话：“强大的君主们统治着自己的臣民，而统治君主的至高无上的人是君主自己。”

① 阿卡纳尼亚，希腊城邦。

② 安斐洛奇亚，希腊城邦。

③ 埃托利亚人，在希腊中部，常做罗马辅助军。

④ 佩雷伊和卡努斯，均为小亚细亚城市。

⑤ 皮德纳，希腊城邦。

由此塞涅卡描述出三种政府形式："最高权力有时掌握在人民的手中，有时掌握在由国家最杰出的人士所组成的元老院手中，有时，人民的权力以及统治人民自己的权力都赋予了一个人。"其中最后一种情形就是普卢塔克所说的，并非根据法律而是超越法律行使权威的君主。希罗多德记载，奥坦斯将君主描述为一个其行为不受任何控制的人。狄翁·布鲁萨恩西斯(Dion Prusaeensis)①和波赛尼亚斯也以同样的用语描述了君主制。 66

亚里士多德说，有一些国王拥有的权利与每个国家对人民和财产拥有权利完全相同。于是当罗马的君王们开始行使王权时，人民就被认为已经将他们自己个人的主权全部转让给了君王们。由此导致贤哲马可·奥勒留(Marcus Antoninus)②说了一句著名的话：除了上帝一人，无人能够评判君主。狄翁·勒里(Dion. L. liii.)在其第53篇讲演稿中提到君主时这样说："他完全是自己行动的主人，可做任何自己所喜欢的事，而不必被迫做出违背自己意愿的事。"在古代，在希腊阿戈斯(Argos)的伊纳奇迪家族(Inachidae)③就确立了这样的权力。因为在希腊悲剧《哀求者》(Suppliants)中，埃斯库罗斯在向人民介绍国王时这样说道："你就是国家，你就是人民，你就是具有终审权的法庭，你主持祭坛，还以你至高无上的意志管理一切事务。"

欧里庇得斯笔下的提修斯自己说出了与雅典共和国很不和谐的话语："这个城市并非由一人统治，而是通过一个平民政府的形式，由只任职一年就改选的保民官进行统治。"根据普卢塔克的解释，提修斯是战争中的统领，是法律的监护者，但在其他方面，他不过是一个公民。因此，那些受到公众控制所限制的人被不恰当地称作了"君王"。

于是，在来库古(Lycurgus)④时代后，尤其是五人检察院制度(the Ephori)建立后，根据波里比阿、普卢塔克以及尼帕斯所言，斯巴达人的君主们更多地是名义上的而不是实际上的君主。这种情况在希腊随后的年代中得到了延续。波赛尼亚斯在提到阿戈斯人(Argives)时对柯林斯人说："出于其对平等的热爱，阿戈斯人大

① 可能是希腊名 Dio Chrysostom 的英译。Dio Chrysostom(狄奥·克里索斯登，约 40—112)，古希腊修辞学家、哲学家。其作品和演说在罗马和全帝国享有盛名。现存一部"讲演稿"80 篇及其他残片的文集，其中 4 篇是对特洛伊人的演说——《论王权》。

② 罗马皇帝(161—180 年在位)，同时也是一位哲学家。

③ 阿戈斯的贵族世家。

④ 来库古，也译为莱喀古士，约公元前 396—前 325 年，斯巴达的立法者。

大缩减了其王权的范围，以致留给希苏斯(Cisus)[①]的后代的只不过是国王的名号
67 而已。”亚里士多德认为这本身并不是一种政体的形式(forms of government)，因为它们仅仅是贵族制或者民主制的一个组成部分。

还可以从那些没有经历持久的君主统治，而只是在一段时间内处于不受民众控制的政府统治的国家中找到例证。如科尼底人(Cnidians)中的阿米莫利安(Amimonians)[②]以及罗马史早期的独裁者所拥有的权力，是不受人民制约的。由此李维说，执政官的意志像法律一样被遵守。事实上，他们发现这样的臣服是面对迫在眉睫的危险的惟一救济办法。依西塞罗的话来说，独裁者拥有王权的全部权力。

驳斥支持相反观点的论据并不困难。因为首先，所谓人民始终保有对因其自愿交出而形成的主权权力的控制的观点，仅仅适用于权力的存在和延续有赖于人民的意志和偏好的那些情形，而不适用于其他情形，即，尽管权力最初来自人民，但已经成为既定法律的一个必不可少的基本组成部分。当妇女将自己托付给丈夫时，她所服从的权力也具有这种性质。当那些将瓦伦丁尼大帝推向宝座的士兵们提出的要求未获瓦伦丁尼同意时，瓦伦丁尼答复道：“士兵们，选举我作为你们的皇帝是你们自愿的选择。但从你们推举我当皇帝时起，是否应允你们的要求就取决于我的意愿。你们要像臣民一样服从我的统治，而由我决定做哪些事情是恰当的。”

所有的君主都由人民任命的假定是不真实的，这显然可以从前面提到的君主允许异族人在接受其控制的条件下以及国家通过行使征服权而臣服的前提下居住于自己土地上的例子中得到证实。还有一种观点源自先哲的谚语：所有权力之授予乃是为了被统治者而非统治者之利益。因此，基于其在目的上的崇高性，应当可以得出国民在权力上应当优越于君主的观点。然而，所有权力的赋予都是为了被统治
68 者利益的观点并非普遍适用，因为有些权力的赋予是为了统治者的利益的，正如主人对奴隶所享有的权利，其只是在不确定的和偶然的情形下才会顾及后者的利益。

同样的道理是，医生的收益是对其劳动的酬劳，而非仅仅为了促进其行业之善。还有为双方的利益而设立的权力，如丈夫对妻子的权力。某些由征服权的行使而产生的政府，可能也是为君主的利益而设的，然而其并不带有专制意味。该词

① 希苏斯，阿戈斯王。

② 科尼底 Cnidus，希腊城邦。

在本义上并无独裁权力或非正义的意思，而仅指一个君王的政府或权力。

此外，有一些政府可能是为国民和君主双方的利益而设立的，譬如当一个民族无力自卫时，将自己置于任何一个势力强大的国王的保护和统治之下。然而不可否认的是，在绝大部分的政府中，国民的福祉是主要的关注目标。在赫西奥德之后的希罗多德，在希罗多德之后的西塞罗所说的话都是正确的，即设立君主的目的是为了人们能够得到充分的正义。

不过，这决不能得出这样的结论：君王应当服从于人民。因为，尽管监护人的职责是为被监护人的利益而设的，监护人仍对被监护人享有权力。尽管可以因为监护人的监护不当而取消对他的委托，但不能得出君主可以因同样的原因而被罢黜。情况是很不一样的，监护人有在他之上的机关对他作出评判。但在政府中，必须有最终的诉求手段，它必须或者赋予个人，或者赋予某些公共机构。由于没有比他们称作"法庭"的东西更优越的机构，上帝宣布由他自己来作出裁判。如他认为必要，就会对君主的罪过进行惩戒，或者允许他们接受其人民的惩罚。

塔西佗曾对此作了深刻的论述，他说："你们必须容忍统治者的贪婪和奢靡，正如你们忍受干旱、过量的雨水或其他自然灾害一样。因为只要有人存在，就会有过错和缺陷。但这些并不会不间断地延续下去，它们将由更好的时代之到来加以弥补。"马可·奥勒留在谈到下属官员时说道，他们受君主的监控，而君主服从于上 68
帝。图尔的格里高利(Gregory of Tours)①在他的著作中说过一段著名的话。书中主教对法国国王说："阁下，如果我们之中的任何一人逾越了公正的界限，他就可能受到您的惩罚。但如果是您逾越了公正的界限，谁能要求您作出解释呢？在我们对您进言时，如果您高兴的话，您可以听取我们的意见；但如果您不愿意，除了他，即宣布自己为正义化身的人，还有谁能对您进行评判呢？"

在艾赛尼派(Essenes)②的箴言中，波斐里引用了其中一段话："没有天意的特别任命，谁都无权进行统治。"伊里奈乌对此作了进一步的论述："君主是由上帝任命的，人类是按上帝的指示创造出来的，对他们的任命是适合于那些交由他们统治的人的状况的。"《克莱芒教令集》中也蕴涵着同样的思想："你们必须敬畏你们的国王，因为他是上帝所任命的。"

---

① 图尔的格里高利，法兰克教士，图尔主教，历史学家，著有《法兰克人史》。

② 艾赛尼派，古犹太教派别。

有一些民族因其君主的罪行而受到惩罚，并不足以用来反对前面所作的论述。因为这并不是因为它们容忍而不限制君主而发生的，而是因为它们似乎至少对君主的罪恶予以默许而发生的。如果不考虑到这一点的话，上帝可能行使他对每个人的生死所拥有的主权权力，目的是通过剥夺其臣民的生命而对君主施加惩罚。

9. 有人设想了一种相互服从的模式，即人民必须服从于君主，只要其统治良好，但君主领导的政府又得接受人民的审查和控制。如果人民宣布他作为君主的义务是不可迫使任何人作任何显然是不正当的以及违背上帝律令的行为，那么他们只是说出了正确而被普遍接受的东西。然而这并不意味着拥有对君主合法统治行为进行控制的权利。但是，如果任何民族都有机会与君主分享主权权力，那么一方的权利是什么，另一方的权利又是什么？对此，应当有清楚的界限来加以划定。而根据地点、人物或场合等的不同，这种界限是很容易确定的。

对任何行为，尤其是在含有各种观点和诸多争论的政治事务方面的行为推定
70 的善与恶，并不足以成为确定这些界限的标志。如果以扬善抑恶作为借口，人民实际上是会为获得君主的权力而发动武装斗争的，由此必然导致极大的混乱：一种充斥着暴力的混乱状态，这是任何冷静而有头脑的人所不愿看到的。

10. 在驳斥了错误观点之后，还需注意以下几点，它们指明了在每个国家如何正确地发现主权权力即权利的拥有者的方法。首先必须留心的是，避免被模糊用语以及与真相本身相悖的表象所欺骗。譬如，在拉丁语中，“公国”(Principality)与“王国”(Kingdom)两个词一般说来在涵义上是彼此对立的。如恺撒说，维新杰托雷科斯(Vercingetorix)之父拥有高卢公国，因觊觎主权权力而应被处死。在塔西佗的著作中，皮索(Piso)①将日耳曼尼库斯称作“罗马君主”，而不是一个帕提亚(Parthian)国王的儿子。又如苏东尼(Suetonius)②说，卡利古拉即将把君主的权力转变为一个国王的权力。再如维雷乌斯(Velleius)③断言，不满足于君主仅对自愿的追随者和附庸者享有权力的马罗波都(Maroboduus)④一心想获得王权。虽然如

① 皮索，古罗马望族。

② 苏东尼，也译为斯维都尼亚，70—160年，古罗马历史学家，著有《罗马十二帝王传》。

③ 维雷乌斯，又译为维利尤斯·帕特丘拉斯(Velleius Paterculus)，古罗马时期的古希腊历史学家，著有《简明的罗马史》。

④ 马罗波都，也译为马罗博杜斯，日耳曼人首领。

此，我们仍旧发现这些实际上有很大区别的字眼经常被弄混淆。

古斯巴达人的首领们，赫拉克勒斯（Hercules）的后人，尽管受制于五人检察院制的控制，却从未被称作“国王”。而塔西佗说，在古日耳曼人中是有国王的，但他们更多地是通过施加劝说而非权力来行使统治的。李维也提到了国王伊万德，把他描述为一个更多地是通过个人权威而非王权进行统治的人。还有，亚里士多德、波里比阿和狄奥多拉斯（Diodorus Siculus）①将国王的称号赋予迦太基人的大法官或最高审判者。同样，索利努斯称呼汉诺为“迦太基人的国王”。斯特拉波提到了特洛阿斯（Troas）②的斯切普西斯（Scepsis）③在将米利都人并入了本国后，它自己变成了一个民主国家，留给古老国王们的后嗣的只是国王头衔及些许尊荣。

另一方面，罗马的皇帝，即使是在公开地、毫无遮拦地行使最为绝对的王权之后，仍然被称为“君主”。在一些平民化的国家中，最高的长官们因王室的徽章而备感荣耀。

一般意义上的国家，乃代表民众之人的集合。根据巩特尔（Gunther）所言，他们分为若干阶层，由三个不同级别的人，即高级教士（Prelates）、贵族（Nobles）和大市镇的代表人（Deputies）所组成。在一些地方，他们是服务于国王的大型议事机构，向其传达人民的抱怨。否则的话，抱怨就不可能为国王所知晓。同时，也让他享有充分的自由以便在所传达的问题上行使自己的自由裁量权。但在其他地方成立了有权质询君主的行为和制定法律的机关。

很多人认为，为了知道一个君主是否拥有至高的权力，应当考察他是通过选举还是通过世袭取得君王的称号的。因为他们主张，世袭的君主本身就是至高无上的。但是，这不可被看作是一个普遍性的准则。因为主权并不仅仅存在于君王的称号中，后者仅意味着继承者有权享有其先人所拥有的全部特权和权力，但决不能影响其权力的性质和范围。因为选举的权利转让了所有的权力，后者是首次选举或任命所赋予的。

在古斯巴达人中，王位是世袭的，甚至在长官制建立起来之后也是如此。亚里士多德描述这样的国家的最高权力时说：“在这些王国中，一些是世袭的，其他的则是选举的。”在英雄时代，希腊的大部分王国就呈现出这样的情形，正如修昔底德所

---

① 狄奥多拉斯，公元前1世纪，古希腊历史学家，著有世界史四十卷，存世十五卷。

② 特洛阿斯，特洛伊城附近地区。

③ 斯切普西斯，在小亚细亚。

告诉我们的那样。在罗马帝国则相反,甚至在元老院和人民的权力被废除后,还是要通过选举加以授权或者确认的。

11. 另外还有必须注意的地方。探讨权利的问题与考察对权利的拥有的性质,并不是同一回事。差异不仅发生在物质层面上,而且也发生在非物质层面上。(穿越某一土地的)通行权和运输权不外乎是使一个人有权占有该土地本身。一些人把这些特权看作是完全意义上的财产权,一些人则看作是用益性权利,其他人把它们看作是临时性的权利。因而,在临时性权利的意义上,罗马独裁者拥有主权权力。因而国王,不管是由于获得选票最多而登上王位的,还是按照合法秩序登上王位的,都享有一种用益性的权利或者不可让与的权利。但是,一些君主是通过绝对的所有权而拥有他们的权力的,比如他们的拥有是通过行使合法的征服权而形成
72 的;或者,当一个民族面临更大的邪恶的时候,把他们自己和他们的权利无条件地交到君主的手里。

一些人认为独裁者的权力不是主权性的,因为它不是永久性的。这些人的观点是我们绝对无法赞同的。因为在道德领域,事物的性质是从其实际运作中来加以认识的。有同样效果的权力是应当有资格享有同样的名称的。既然独裁者暂时以与最绝对的主权相同的权力完成了所有行为,那么其他任何权力当局都无法废除其行为。因而,不确定性的持久存在并不能改变权利的性质,尽管它毫无疑问会影响其庄严并缩减其光辉。[4]

[英译者注]

1. 由于第 3 节所探讨的主题已经在第二章作了非常充分的论述,所以在翻译过程中它被省略掉了,翻译直接从原书的第 2 节跳到第 4 节。

2. 在发生叛乱的情况下,被武力拘捕的臣民无权享有战俘的待遇,反而应当像罪犯一样受到惩处。

3. "损害行为可以分为两种类型,即私人损害行为与公共损害行为。前者是指对属于个人的私人或者民事权利的侵犯或者剥夺,因而常常被称为民事损害;后者是对影响被看作是一个共同体的整个社会公共权利与义务的违反与侵犯,严格说来又可以区分为重罪与轻罪两类。"——Blackst. Com. b. iii. c. i.

4. 本译稿从此处直接进入到原书第二编,这在逻辑链条上看起来没有任何重大的中断,中间略去的章节是有关罗马共和国的,并不直接适用于现代政府的实践。

第　二　编

第一章　人身和财产的保护 73

发动战争的理由——保护人身和财产——什么被称为战争的正当理由——战争的正当理由是保护财产、追偿债务或者惩罚侵犯行为——为保护生命而战是正当且合法的——这类战争仅仅针对侵略者才是合法的——这种危险必须是现实存在的、真实的而非主观想象的——杀死任何意欲残害某人生命或毁坏某人声誉的人都是合法的——可以合法地放弃(waved)①这种权利的场合——这种被放弃(waved)的权利尤其与君主有关，因为君主是神圣不可侵犯的——为保护财产而杀人是被自然法所允许的——《摩西律法》在多大程度上允许杀人——公战中的自卫——仅仅以一国国力的不断强大为由对其发动攻击是非法的——侵略者的敌对行动不会因其借口自卫而合法化

1. 现在要探讨的是战争借以发动的各种正当理由。在某些情形下，追求利益与追求正义在动机上显然是背道而驰的。波里比阿准确地指出了这两种动机之间的区别，以及这两种动机与战争的起因或导致最初的敌对行动的事件之间的区别。伊斯坎尼乌斯(Ascanius)②打伤了牡鹿(stag)，从而引发了图那斯(Turnus)③与伊尼亚斯(Aeneas)④之间的战争，就是一个典型的例证。

不过，虽然战争的正当理由、借口和起因之间确实存在着区别，但是用于表述它们的词语却经常被混淆在一起。我们称作“正当理由”的东西，被李维在借罗得岛人之口所作的演讲中称作“战争的起因”。罗得岛人的代表说：“你们罗马人宣称，坚信你们的战争是会取得胜利的，因为它们是正义的。与其说你们在大肆吹嘘战争胜利问题本身，不如说是在吹嘘你们借以发动战争的正义原则。”在这种意义上，伊利安(Aelian)⑤称之为“战争的起源”(αρχsπολεμωυ)。狄奥多拉斯在记载斯

① “wave”的过去分词。在这里，“wave”是“waive”的古体字。
② 伊斯坎尼乌斯，维吉尔诗中特洛伊战争英雄伊尼亚斯之子，罗马人的直系祖先。
③ 图那斯，罗马传说中卢都利人的国王，反对特洛伊人，为伊尼亚斯所杀。
④ 伊尼亚斯，传说中特洛伊战争的英雄。
⑤ 伊利安(175—235)，古罗马时期的希腊修辞学家，雄辩家。

巴达人和伊利亚人之间的战争时，称它们为“借口”(προφασεις)和“起源”(αρχας)。

74 我们论述的中心集中在发动战争的正当理由上。为此，根据海立卡纳苏的狄奥尼修(Dionysius of Halicarnassus)的记载，科利奥拉努斯(Coriolanus)①的观点需要特别加以提及。他说：“首先，我恳请你们考虑一下如何找到发动战争的虔诚和正当的借口。”德摩斯提尼(Demosthenes)②在他的第二部《奥林斯》(Olynthiac)讲演稿中也表达了类似的看法。他说：“我认为，正如在船、房屋或其他任何建造物中最下面的部分应该是最坚固的部分一样，在所有的政治手段中，动机和借口应当深深地植根于真理与正义的原则。”卡西乌斯下面所说的一段话也同样是针对该问题的：“正义必须成为我们采取行动的基本依据。因为，有了正义的支持，我们的军队才最有希望获得军事上的胜利。但若是没有这种支持，暂时获得的任何优势都是没有牢固的基础加以支撑的。”

对此，还有必要补充西塞罗的论述。他主张，缺乏足够理由而发动的战争是非正义的战争。此外，他还斥责克拉苏(Crassus，Marcus)③在缺乏发动战争的恰当理由的情况下而企图渡过幼发拉底河。这种看法不仅适用于私战，也适用于公战。由此，塞涅卡抱怨道：“我们为什么一方面制止针对个人的伤害及谋杀行为，而另一方面却对于毁灭整个国家的杀戮罪行感到无上光荣呢？贪婪和残忍是无止境的。而这些残酷的行为正是根据元老院和人民的法令授权作出的，但是，根据国家命令所采取的措施却不准个人来施行。”实际上，由公共权力当局所进行的战争会带来某种权利性效应，并且会得到对它们有利的舆论的认可。不过，如果战争是在缺乏正当理由的情况下发动的，那么它们同样是犯罪性的。

正如我们在昆图斯·柯提斯·弗鲁斯④的著作中所见到的，正是因为这个原因，亚历山大被斯基台人(Scythian)⑤的大使称作“强盗”并非毫无道理。塞涅卡和卢坎(Lucan)⑥也授予了同样的称谓，印度的哲人称他“疯子”，海盗一度认为他与自己在身份上并无两样。查士丁用与此相同的语言表达了其对菲利普的看法，他说，菲利普在调解两个敌对的国王间的纷争时，完全背信弃义，并极尽强盗般暴力

① 科利奥拉努斯，“神”，罗马传说中的英雄。

② 德摩斯提尼，古希腊雄辩家，有演说词 the *Philippics* 和 the *Olynthiacs*。

③ 克拉苏，古罗马政治家、将军。

④ 昆图斯·柯提斯·弗鲁斯，古罗马历史学家，著有《亚历山大史略》。

⑤ 斯基台人，也译为斯基泰人、西徐亚人或赛西亚人。

⑥ 卢坎，古罗马诗人。

之能事，夺取了他们二者的领土。

奥古斯丁发表过与这一话题相关的评论。他说，通过不正当手段获得的领土，除了是抢劫得来的赃物外还能是什么呢？拉克坦西以同样的口吻说道：“人们，由于被虚假的荣耀的表象所俘虏，把他们的罪行称作美德。”受伤害，或避免受伤害， 75
构成了发动战争的惟一正当的理由。奥古斯丁接着前面的话题继续说道：“由战争引起的一切后果都应当由侵略者来承担。”故而，罗马的使者在宣战书中庄严地声讨了侵略者，因为他们违反了万国法，并且拒绝对罗马作出合理的赔偿。

2. 发动战争的理由与提起法律诉讼的理由一样是多种多样的。哪里没有法律的权威，哪里就会发生战争。在法律上，除了对确已发生的故意伤害提起诉讼外，尚有多种手段来阻止故意伤害的发生。法律规定了预防或救济“民事伤害”(civil injuries)的种种办法。法律也同样规定了许多防范措施以防止犯罪和轻微违法行为的发生。在民事案件中，受侵害方可以因其所遭受的损害而获得损害赔偿金。但就刑事犯罪来说，由于是对社会公众的侵犯，侵犯者必须受到实实在在的惩罚。柏拉图在他的《法律篇》第九卷中十分恰当地作出了同样的区分，正好与在他之前的荷马(Homer)所作的区分完全一样。

既然补偿金或赔偿金与现在或者过去属于我们的东西有关，这便引起了对物诉讼和对人诉讼(real and personal actions)。这些诉讼确保了我们获得赔偿金的权利。不管是从协议的角度来看，还是从遭受的损害的角度来看，这种赔偿金都是我们应当获得的。这种权利在法律上被称为“由合同产生的权利”或“由侵权产生的权利”。犯罪是对整个社会的侵犯，应当受到控诉，即以主权者的名义提出指控。

通常提出可以发动战争的正当理由有三：防卫(自保)、赔偿和惩罚。所有这些都包含在卡米卢(Camillus)①向高卢人发布的宣战书(declaration)中。该宣战书列举了全部权利，即自保的权利、获得赔偿的权利以及惩罚他国侵犯的权利。

除非从最广泛的意义上来理解“获得赔偿”(recover)一词的含义，否则这一列举中会有一个漏洞。因为，通过战争来重新获得我们已经失去的，既包括对过去的补偿，也包括对我们所主张的债权的追讨。柏拉图没有忽略这一区别，因为他已经指出：“发动战争的目的不仅在于惩罚压迫和掠夺，也在于惩罚欺诈和行骗。”塞涅

① 卡米卢(Marcus Furius Camillus，？—公元前365)，古罗马政治家，公元前396年起五度出任执政官。

卡完全赞同柏拉图的看法。

就强行要求偿还所负债务而言，塞涅卡称之为“一个公正的判决，被赋予了万
76 国法(the law of nations)的权威”。事实上，罗马使者被规定在宣战书中采用的格式，正好具有与此完全相同的意义。因为在那里，侵略者被指责没有偿还、偿付或支付其应当清偿的债务。萨拉斯特(Sallust)①在当上保民官后，对公众发表了长篇讲演，其中的一段提到：“作为对所有争论的最终解决方式，我要求根据万国法进行赔偿。”

圣奥古斯丁在把为报复所遭受的损害而发动的战争界定为正义的战争的时候，是从“报复”(avenge)一词的一般意义，即消除、防止和惩罚侵犯行为上来理解该词的。从下面的论述中似乎可以看出他想要表达的意思。他没有列举构成损害的具体行为，而是用例证的方式补充道：“国家或民族，若是不对自己国民(对他国)的侵犯行为进行惩罚，或者不对由该侵犯行为所造成的损失进行赔偿，那么它本身就会成为敌对行动和攻击行为的对象。”

正如我们从狄奥多拉斯那里所得知的那样，正是由于受到了这种对正确和错误的朴素理解的触动，印度国王指责塞米勒米斯(Semiramis)②在没有遭受任何损失的情况下就对其发动了战争。罗马人规劝塞诺尼人(Senones)③，希望他们不要对没有向其进行挑衅的民族进行攻击。亚里士多德在其《逻辑学》(Analytics)一书第二卷的第二章中谈道，战争一般是向首先实施损害行为的一方所发动的。昆图斯·柯提斯将沿海斯基台人(Abian Scythians)描述为在所有野蛮民族中最了解正义原则的一个民族，因为除非为侵略所激奋，他们是拒绝诉诸武力的。由此，发动战争的正当理由是侵害，尽管这种侵害可能没有实际发生，但它却对我们的人身或财产的安全构成了威胁。

3. 正如前面所证实的，当我们的生命为迫在眉睫的危险所威胁时，杀死侵犯者是合法的，假如只有这样做才能避开危险的话。前述例子正好表明了私战的正义性之所在。我们必须注意到，这种自保源自自然赋予每个有生命的生物以自我保全的法则，而非源自侵犯者的行为的非正义性和不当性。因而，比如正在执行任

---

① 萨拉斯特，古罗马政治家、历史学家，著有《喀提林阴谋》。

② 塞米勒米斯，传说中的亚述女王，巴比伦城的建造者。

③ 塞诺尼人，凯尔特人的一支。

务的士兵，尽管他并没有什么过失，却将我本人(my person)误认为他人，或处于疯癫状态的疯子，或正在梦游的梦游者，不管是哪一种情形，都不能剥夺我们对这些人实施自卫的权利。因为我没有义务使自己承受人为的危险和损害，同样也没有 77
义务使自己暴露在野兽的袭击之下。

4. 现在还不大确定的是，如果防卫或逃跑是我们进行自保所必须的，那些并非故意阻止我们防卫或逃跑的人是否可以被合法地伤害或杀死。一些人，甚至一些神学家都认为可以。当然，如果我们只着眼于自然法，那么根据其法则，与整个社会的福祉比较起来，我们的自我保全对于我们来说是更为重要的。但是，由于博爱的法则，尤其是《福音书》的教义，把他人置于与我们完全同等的地位，故不允许这样做。

如果在恰当的意义上来理解，托马斯·阿奎那已经正确地指出，在实际自卫过程中，任何人都不应被故意杀死。的确，有时会出现这种情况：一个人除了故意地实施必然会导致侵犯者死亡的行为外，否则就别无他法保全自己的性命。但是，在这里，他人的死亡并非是有意实现的首要目的，而是被用作在当时情形下所能提供的保护安全的惟一手段。不过，如果被攻击的一方在整个过程中一直能充分保障自身安全，那么他最好是将侵犯者赶跑或使其丧失侵犯能力，而不是将其杀死。

5. 危险必须是迫在眉睫的，这一点是必不可少的。虽然必须承认，当攻击者持有武器并且明显有杀死我的意图时，我有权事先采取行动来阻止危险的发生。尽管无论是就事物的道德规律而言还是自然规律(natural system)而言，并非都是毫无例外的，但是它们本身往往在很大程度上被误解，并由此误导他人认为：为了阻止他“主观假定”他人具有的企图的得逞，无论何种程度的内心恐惧都应构成杀死他人的理由。

西塞罗在他《论义务》一书的第一卷中非常中肯地指出，许多对他人带来伤害的行为来自于内心恐惧，就像一个企图伤害他人的人，除非采取先发制人的方式伤害他人，否则他会一直担心给自己带来某些危险。根据色诺芬的记载，克来阿克斯(Clearchus)[①]说，我知道一些人，他们部分出于误解，部分出于怀疑，彼此间相互畏

① 克来阿克斯，斯巴达的军事领袖、拜占庭的长官，活跃于公元前5世纪末，后被波斯总督提萨佛涅斯杀害。

惧，为了阻止他们主观假定他们的对手所具有的企图的得逞，他们对既不打算、也不希望伤害他们的人实施了令人发指的残酷行为。

加图在向罗得岛人演讲时说：“如果我们认为他人意欲对我们施加伤害，我们是
78 否应该首先伤害他人来阻止他们伤害我们呢?”在这个问题上，格留斯(Gellius)①有一段精彩的论述：“当角斗士(Gladiator)准备报名参加角斗时，他的命运就必然是要么杀死对手，要么自己被杀。不过，在一个人被迫伤害别人以防止自己受到别人伤害的情况下，其生命的保全是不受压倒一切的紧迫性之类的硬性条件所制约的。”

昆提利安援引了西塞罗曾经说过的一段话。这位雄辩家问道：“究竟谁或者针对谁作出了这样的决定，即在不存在十分紧迫的危险的情况下，你有权杀死某个人，这个人据你所说你担心以后他将杀死你?”欧里庇得斯曾经说过的一段话在此也有必要提及：“正如你所认为的，你的丈夫企图杀死你，你应当一直等待，直到他采取实际行动实施其企图时。”

与此一致的是，修昔底德在他的《历史学》一书的第一卷中用下列话语表达了他自己的观点：“战争的结局是很不确定的，我们不应当完全受我们的恐惧所驱使，以至于立即和公然地采取敌对行动。”这位作家还在对已经发生在希腊城邦之间的危险内讧(factions)的富有启发性的描述中，谴责了对个人下列行为的赞赏，即杀死或伤害他担心会杀死或伤害他自己的人。

李维说：“人们为了提防自己所恐惧的对象，却使自己成为令人恐怖的对象。虽然使他们自己避开了危险，但同时却使他人不得不要么自己施加，要么自己承受他们自己所恐惧的这种邪恶行为。”维比乌斯(Vibius)②质问一个全副武装出现在广场上的人说：“谁允许你以这种方式显示你的恐惧?”该质问并非不与我们现在谈论的话题有关，且受到了昆提利安的高度称赞。根据狄昂(Dion)的记载，李维娅(Livia)③说，应当使那些人声名狼藉——他们担心谁可能会犯罪就对其进行先发制人的打击。

如果一个人无意立即实施暴力行为，却被发现密谋要用暗杀、投毒、诬告、作伪证或收买证人作伪证的方式杀死我，那么我也无权杀死他，因为我对该危险的知晓

① 格留斯，古罗马作家、法律家，著有《阿提卡夜话》。

② 维比乌斯，古罗马皇帝，251—253年在位。

③ 李维娅，奥古斯都的妻子。

可以阻止危险的发生；或者，即便是很显然地表明，除非杀死他，否则我将无法避免该危险，这也不能证明我有权杀死他，因为完全有理由假定，由于我知晓危险的存在，故而会促使我求助于预防性的法律救济措施。

6. 和 7. 接下来探讨的是如何看待使肢体致残的行为。肢体的丧失，尤其是主 79
要肢体的丧失，构成对人身的极为严重的伤害，几乎与失去生命没有什么两样。因为此类严重的伤害导致发生死亡的可能性大大增加。杀死企图杀死他人的人，如果除此之外别无他法阻止该危险发生的话，人们对这样的行为的合法性则很少表示怀疑。

同样，对允许个人在捍卫其名誉时享有同样的权利，人们也是没有什么异议的。对名誉的捍卫，无论是就人们的普遍看法而言，还是就神法的规定而言，都被看作与捍卫生命本身具有同等的价值。我们在《西塞罗传》、《昆提利安传》、《普卢塔克传》中都发现了这样一个例子，即马利亚斯(Marius)①的一个保民官被一名士兵所杀。在由女性所提起的诉讼中，其中一些是为保护自己的贞操而提起的。赫里奥多拉斯(Heliodorus)②记载了发生在赫拉克里亚(Heraclea)③的这种诉讼，他称之为对妇女受到毁坏的名誉的正当防卫。

8. 如前所述，一些人虽然承认杀死试图公然使用暴力杀害他人的人的行为的合法性，但他们也认为，饶恕一个人的性命的行为是更值得称道的，哪怕这样做会危及自己的性命。然而，对于那些其所捍卫的对象是公共利益的人来说，他们可以不受这一容忍原则的制约。事实上，鉴于容忍原则与所有法律的全部原则都完全背离，若将它强加于“任何”一个其生命对他人具有重要意义的人来说，似乎都是很危险的。

因此，这种豁免必须给予所有被授予公共职权的人，以便使他们能对其他人的安全负责。这些人包括指挥军队的将军、国家元首和其他许多处于相似情形的人。可以把卢坎的诗用到他们的身上：“当如此多民族的生存和安全系于你的生存和安全之上的时候，当世界如此广阔的一部分选择你作为其领袖的时候，你有意使自己

---

① 马利亚斯，也译为马略，约公元前157—前86年，古罗马将军、政治家。

② 赫里奥多拉斯，古希腊作家，著有《埃修匹加》。

③ 赫拉克里亚，希腊城邦，在南意大利。

暴露在死亡的威胁之下是一种非常残酷的行为。”

9. 在另一方面，可能会出现这样一种情况，即攻击者可能被所有的神法、人法和自然法都视为其人身是神圣不可侵犯的。就君主的人身而言，情形就会是这样的。因为自然法不仅重视“严格正义”原则，也包含了其他美德(virtues)，比如节制、坚韧、谨慎。这使得在一些情况下对这些美德的遵守(observance)不仅是荣誉
80 性的行为，而且是一种义务性的行为。博爱的法则(the law of charity)也要求遵守这些美德。

这种观点的真实性丝毫未被瓦斯奎兹(Vasquez)①提出的学说所削弱。他认为，主权者如果试图夺取某个人的性命，那么这在事实上就失去了主权者的特性。这种学说不仅是非常荒谬的，而且也是非常危险的。因为主权并不像财产所有权那样可以因某些不法行为而被剥夺，除非一国的基本法律事先明确地作了这样的规定。这样一条处罚性的规范，由于会导致普遍的无政府状态和混乱局面，因而在过去从未、并且在将来也不会在任何文明的民族中为立法所确立。

“所有政府都是为臣民的利益而非统治者的利益而组建起来的”，这一格言是瓦斯奎兹和许多其他学者确立的一条基本的法则，虽然这在理论上一般说来是正确的，但却与我们所探讨的问题无关。因为，一个事物即使失去了部分效用，也并不意味着其全部消失。每一个人都是出于自身利益的考虑而希望整个社会平安无事，因此每一个人都会把自身安全置于整个国家的安全之上，这种观点是缺乏足够的前后一致性的。而事实上，我们是希望实现普遍的安康，并非仅仅是为了我们自己的利益着想，同时也是为了其他人的利益着想。

认为友谊仅仅是为情势所迫而生的观点，已被睿智的哲学家们所驳倒并加以抛弃。因为，我们会感到自己天生就有一种与他人进行友好交往的自发的和自然的倾向。事实上，慈爱总是在教导我们，在一些情形下甚至是命令我们优先考虑大多数人的利益而不是我们自己的个人利益。塞涅卡的下面这段话正好支持了我们的观点：“毫不奇怪的是，君主、国王以及不管以何种名号称之的公共利益保护人，都应该被衷心和深情地爱戴，其爱戴的程度远非私人间的友谊所能比拟。所有具有清醒判断力和广博知识的人，都会认为公共利益比他们自己的利益更加重要。

① 瓦斯奎兹，可能是指 Francisco Vasquez de Coronado(1510—1554)，古西班牙到美洲的最早探险家之一。

因而，他们对那些身系整个国家的幸福和繁荣的人的爱戴也是最为热诚的。”

正因为如此，圣安布罗斯在他《论义务》一书的第三卷中说：“每个人在制止公共危险时都能获得比在制止私人危险时更大的快乐。”先前多次被援引的学者塞涅卡举出两个例子，其一是雅典的卡里斯特拉图(Callistratus)①，另一个是罗马的鲁提利乌斯(Rutilius)②，他们拒绝了结束流放、重返祖国的诱惑。因为他们认为，与 81
其让全体民众遭遇不幸，不如只让他们两个人饱尝艰辛。

11. [1]接下来要讨论的是与影响我们的财产的损害有关的话题。从严格的正义上讲，不可否认的是，如果杀死强盗对于保护我们的财产来说是绝对必要的话，那么我们是有权杀死强盗的。因为，由强盗所引起的恐惧，以及所有人具有的支持受害者和无辜者的倾向，掩盖了(overbalanced)生命和财产在价值上存在的差异。由此可以看出，如果仅仅重视这种权利，强盗在携带财产逃跑的过程中就可以被打伤或杀死，如果除此之外无法重新夺回财产的话。

德摩斯提尼(Demosthenes)在他反驳贵族的演讲中大声呼吁：“应该庄严声明的是，阻止人们行使通过暴力抗击正在抢劫他的财产的强盗和敌人的权利的行为，难道不是对法律——不仅指成文法，而且也包括人类所有的不成文法——严重且公然的违反吗?”除了神法和人法的所有规定外，慈爱的格言也不禁止对强盗使用暴力，除非财产几乎毫无价值，以至于可以忽略不计。这是一些学者十分恰当地增加的一个例外情形。

12. 现在来考察犹太法在这个问题上的规定。德摩斯提尼在他反驳提摩克拉底(Timocrates)③的演讲中求助的古老的梭伦法，与犹太法在此问题上的规定是完全一致的。因而，《十二表法》与柏拉图的《法律篇》一书第九卷中的格言的实质性内容都是出自于此的。它们都对在白天行窃的贼与在夜晚作案的抢劫犯作了区别，虽然他们在区分的“依据”上各不相同。一些人认为，作出这种区分的原因是：在夜间，很难辨别侵犯者的意图究竟是杀人还是盗窃，因而他应当被视为刺客。其他人认为，之所以作出这样的区分，是因为在夜间难以认清窃贼的面貌，更不用说

① 卡里斯特拉图，活跃于4世纪，古希腊雄辩家、政治家。

② 鲁提利乌斯，古罗马作家，法学家。

③ 提摩克拉底，古希腊政治家。

有找回被盗财产的可能了。

82 在上述两种情况下，法律的制定者都似乎没有正确地理解这一问题。他们的直接意图是阻止仅仅出于保护我们财产的考虑而杀害任何人的行为。比如，通常发生的是，通过杀死正在逃跑的窃贼以便夺回我们的财物。但是，如果我们自己的生命遭遇了危险，我们就可以阻止该危险的发生，即使这样做会危及他人的生命。我们也不会陷入遭到任何反对的危险中，如果这样做的目的是保护或者夺回我们的财物，或者抓住窃贼的话。在上述任何情形中，也不能给我们施加任何罪名。相反，我们作出的是一种合法的行为，也不能说我们在行使自己权利的时候给他人带来了损害。

因此，把窃贼区分为白天的窃贼和晚上的窃贼的原因在于就盗窃这一事实获取足够证据的难易程度不同。所以，如果发现窃贼被杀，而杀死他的人会说，他发现那个窃贼持有致命性的武器，杀死他完全是出于自卫，这会很容易使他人相信。犹太法在处理正在撬门(piercing)的盗贼时，或者，一些人将其理解为持有锋利的作案工具的窃贼，就作了这样的规定。

这种解释与《十二表法》的规定是一致的。《十二表法》禁止任何人在白天杀死窃贼，除非窃贼持有武器并进行反抗。因此，对于夜间的窃贼就事先假定他会用此种方式进行反抗。因为"武器"一词不仅包括铁制器具，而且正如盖尤斯在解释此法时所指出的，也包括棍棒和石头。相反，乌尔比安从另一侧面谈到了夜晚被捉的窃贼。他说，杀死窃贼的人无罪，如果为保护其财产，并且为了不使自己的生命受到威胁的话，他就不得不剥夺窃贼的生命。正如前面所论述的，这是一种有利于杀死夜间被捉的窃贼的人的假定。但是，如果有证据证明，杀死窃贼的人的生命未受威胁，那么有利于此人的假定就不成立了，而且其行为就会相当于谋杀。

《十二表法》确实规定，无论在白天还是夜晚抓住窃贼的人都应大声呼喊，如有可能，负责当地治安的官员(the magistrates)以及邻居就会聚集过来帮忙并为他作证。但是这种聚集在白天比在晚上更容易，正如乌尔比安在对前面援引的德摩斯提尼那段话发表的评论中所指出的，一个人宣称他在夜晚遭遇了危险的叙述是更易被相信的。

83 对此还得作出进一步的评论，即使在同等的情形下，发生在夜间的危险是不易发现和探明的，因而是更为可怕的。所以，犹太法，同样也包括罗马法，依据相同的慈爱原则，禁止我们杀害夺取我们财产的任何人，除非是为了保全我们自己的生命。

16. [2]前面对于保护人身和财产的权利所作的所有论述，虽然主要是关于私战的，但仍可适用于公共权力者之间发生的敌对行动，只是由于情形的不同而会发生相应的一些变化。私战可以被视为自然权利的即刻行使，一旦可以获得法律救济，对这种自然权利的行使马上就得停止。正如经常表明的，公战从不可能发生，除非是司法救济不复存在，由此导致敌对情绪因损失和伤害的积累而加剧。

此外，私战仅包括自卫。而主权国家不仅有权制止私战，而且有权惩罚不公正的行为。由此，它们不仅有权对迫在眉睫的侵犯进行防御，也有权对在遥远的将来可能发生的侵犯进行防御。而对另一个主权国家而言，虽然对敌人的意图表示怀疑，但这不能成为发动实实在在的战争的正当理由，虽然它可以采取武装防御措施，并有权采取间接的敌对行动。本书将在别的地方对这一点作详尽的讨论。

17. 一些学者提出了一种学说，即主张万国法授权一个国家可以对一个国家采取敌对行动，如果后者的实力不断发展壮大而引起了前者的警觉的话。这样一种学说从未获得普遍承认。由于完全是出于自身利害的考虑而采取这种措施的，国家决不可能找到正义原则来支持这种做法。使战争有资格获得正义之美名的理由，在某种意义上说是不同于自私自利本身的理由的。不过，主张邻国只要有可能会给自己带来某种遥远而不确定的烦恼，一国就为其侵略行为找到了正当理由，这样一种理论是与一切公平原则相冲突的。不过，人类的生存状况就是如此，永远不可能享有绝对的安全。防范不确定危险的惟一出路一定不要从暴力手段中去寻找，而是要从神的旨意和预防性措施中去寻找。

18. 还有另一种同样不可接受的观点，即主张侵略者的敌对行为，可以基于防 84
御性措施来加以理解。因为这种观点的支持者认为，很少有人满足于使其报复行动的强度与其所遭受的损害完全相称，被侵害方极有可能逾越这一界限，结果它自己反倒成了侵略者。过度报复与对不确定的危险的恐惧一样，都不可能为首先发动侵略行为提供任何权利依据。这可以用有关一个罪犯的案例来加以说明。虽然该犯罪分子极力主张的理由是他担心对他的惩罚可能会超过违法程度，但仍然无法证明他有权伤害或杀死试图将他捉拿归案的政府官员。

侵略者首先应当采取的措施是，依据独立且无偏私的第三国的公断，向受害方提供赔偿。如果该调停被对方拒绝，那么其所发动的战争就具有了正义的性质。

因此，当希西家(Hezekiah)[①]没能遵守其祖辈缔结的约定，亚述的国王据此威胁要发动攻击的时候，希西家承认了自己的错误，并让那个亚述的国王决定他应为其违法行为支付多少赔偿金。在他这样做之后，结果自己仍然受到了攻击。凭借其理由的正义性，他率军奋起抗击敌人，并在上帝的帮助下取得了胜利。

在把战利品返还给罗马人，并把战争肇事者交给罗马人处置之后，身为萨姆尼特人的蓬提乌斯(Pontius)[②]说："我们终于让上帝停止发怒了，这种发怒是由于我们违反条约而引起的。而上帝虽然乐于迫使我们把抢占的东西归还给罗马人，但并不同样乐于罗马人傲慢地拒绝了我们的这一请求。我们还应当向罗马人和上帝——条约的公断人做些什么以便让他们感到满意呢？我们决不害怕将你们的愤恨依据和对我们的惩罚的标准交给任何民族或者任何个人来评判。"同样，当底比斯人(Thebans)向斯巴达人提出了最为公平的条件时，而斯巴达人却提出了更高的要价。阿里斯提德斯说，战争的正义性就转到了另一方，即从斯巴达人一方转到了底比斯人一方。

[英译者注]

1. 第 10 节在翻译中被省略，因为它所探讨的基督教节制的话题已经在本书的前面部分作了论述。

2. 原书中的第 13、14 与 15 节在翻译过程中被省略掉了。

---

① 希西家，犹太人的王，见《列王纪下》16:20，18:1—37，19:1—9。

② 蓬提乌斯，萨姆尼特人的将军。

第二章　人类共有物权 85

共有物权——对我们自己拥有的物的分割——财产权的起源与演进——某些物不可能成为财产权的标的——海洋不论是就其整个水域来说，还是就其主体部分来说，就具有这种性质——未被占领的土地可能成为私人的财产，除非它们在此之前已经为一个民族全面占领——野兽、鱼类和飞鸟可以成为捕获它们的人的财产——在危急情形下，人们有权使用已成为他人财产的物——为了准许这种“放任”(indulgence)，危急情形必须是那种除了通过紧急避险之外别无他法可以避开的情形——在财产的所有人处于同等程度的紧迫状态时，这种放任是不被允许的——只要一有可能，以他人的财产来缓解自己困境的一方，就有义务作出赔偿。这一原则在战争实践中的适用——一方有权使用另一方财产，如果该财产所有人并不因此而受到任何损害的话——因而有权利用流水——为通行于一国国境及河流的权利辩解——对商品征税的权利的查考——在外国居住一段时间的权利——长期居住在外国国土内的被流放者在该国的权利，如果他们服从该国法律的管理的话——以何种方式占领荒地才能认为确立了一种权利——对某些为维持人类社会的存在及人的生命所必需的物品所享有的权利——以合理的价格购买这些物品的一般性权利——不同效力与范围的出售权——对外国人不加区分地给予某些特权的权利——对以不向其他人出售同样的产品为条件而与任何人缔结的购买其产品的契约的合法性的考察

1. 在用来证明战争正当性的各种理由中，我们把损害的发生看作是发动战争的正当理由之一，尤其是那些会影响到属于我们的任何物品的损害的发生。我们对属于我们自己所拥有的任何物品都可以提出这样一种主张，不管这些物品是我们凭借作为人类的“共有的”权利而拥有的，还是凭借我们“个人的”能力而获得的。不过，在我们开始探讨什么是所有人类的共有权利之前，我们有必要注意到，此种权利包括法学权威们称之为“有形权利”(Corporeal rights)和“无形权利”(Incorporeal rights)[1]两类。

有体物要么是不为任何人所占有的，要么是已经成为私有财产的对象。不过， 86

不为任何人所占有的物品可能转变成私有财产状态，也可能不会转变成私有财产状态[2]。因此，为了更清楚地理解这一点，我们有必要对财产权的起源作一番考察。

2. 从宇宙形成以来，上帝就赐予了全体人类以主宰地球上万物的权利；并且在大洪水消退、人类得以复兴之后又重新进行了赐予。正如查士丁所说，所有万物构成了全体人类共同的原始财产，就好像整个人类是这一无比巨大的遗产的继承人一样。于是就出现了这种情况：每个人为了自己使用和消费的目的而依法占有了他们所发现的任何东西。这就是权利通常行使的方式，它为私人财产权的存在提供了空间。所以，剥夺人们已经依法获得的任何东西就会是一种非正义的行为。

西塞罗在他《论善与恶的界限》一书的第三卷中通过将宇宙比作“剧院”来对此作了解释。在那里，剧院里的所有座位都是共有财产，但每个观众都至少可以暂时主张其所占有的那个座位是属于自己的。这样一种状态通常是不会存在的，只有在社会生活方式极为简单淳朴、人类之间相互克制并充满友善的情况下才能存在。由社会风俗极为简单淳朴所导致的财产共有的例子可以在一些美洲民族中发现，他们世世代代以来一直以这种方式生活着，并且从未感到有任何的不便。

昔日的苦修派①信徒(The Essenes of old)给我们提供了人类通过相互关爱和共同占有所有财物而和谐地生活的例子。这样一种生活方式一直为在耶路撒冷的
87 早期基督教徒所遵循，并且目前仍旧流行于一些教会国家中。人类在刚刚来到世界上时，是不需要穿衣服的，这便为人类最初的社会生活方式的简单淳朴性提供了证据。也许正如查士丁谈到斯基台人(Scythians)②时所说的，他们很可能对邪恶为何物毫无所知，而对美德则完全知晓。塔西佗说，在人类社会的早期阶段，人们不受邪恶的情感所影响，生活中没有责骂，没有恶行，因此也就不需要施加任何惩罚。

在马克拉比(Macrobius)③看来，在原始时代，人类表现得非常淳朴，不知邪恶为何物，更是对阴谋诡计毫无所知；在《论智慧》④(the book of Wisdom)一书中，淳朴似乎被称作“诚实”(integrity)；使徒(Apostle)保罗使淳朴与阴险(subtilty)相对

---

① 苦修派，公元前2世纪至公元2世纪间盛行于巴勒斯坦的一个犹太教派别。

② 斯基台人，古代居住在西亚的游牧民族之一。

③ 马克拉比，也译为马克罗比乌斯，古罗马哲学家、作家，著有《农神节》。

④ 圣经中与 Wisdom 有关的有二，其一是《所罗门之智慧书》，其二是《便西拉智训》。

立。正如早期的希伯来人所解释的那样，他们所从事的惟一事务就是崇拜上帝，崇拜作为象征上帝的生命树(the tree of life)①，他们的这种说法为《启示录》(the Book of Revelation)所证实。

人类在那时期依靠大地自然长出的物产维持生存，但他们并没有长期坚持这种简单的生活状态，而是投身于各种技能的创造。他们之所以这样做，是因为受到了生长善与恶的知识之树(the tree of knowledge)的启示，而善与恶是关于事物可能被正确使用，也可能被滥用的知识；斐洛把它称作"中间形态的智慧"(a middle kind of wisdom)。有鉴于此，所罗门说，自从上帝造人时起，人就是很诚实的，也就是说过着一种非常简单的生活，但人类已经在试图作出许多发明创造；或是用斐洛的话来说，他们一直倾向于复杂的生活。

狄翁·布鲁萨恩西斯(Dion prusaeensis)在他的第六次演说中指出："人类的后代从原始时代的淳朴状态中堕落了：他们设计了许多精巧的器具，但丝毫无助于提升社会生活的美德；他们并不是把他们的力量用于推进正义，而是用于纵容他们的贪欲。"农业和牧业似乎在很长的时间内一直是最古老的行业，这构成了早期人类的一个基本特征。财物的分配必然会因身份的不同而变得不平均起来。正如《圣经》告诉我们的，由此产生的对抗便以杀戮而告终。最后，由于恶行在人类间的广泛蔓延，人类邪恶性大为加重了；由强大、残暴的人组成的"巨人族"出现了，这是希腊人赋予他们的称号，意思是指他们是将自己的权力和力量作为正义的尺度的人。

随着时间的推移，大洪水使得"巨人族"消失于世界，野蛮被一种更柔和、更肉
欲的生活方式所代替，而酒的饮用在一定程度上促成了这种生活方式的产生，结果 88
带来了各种自我陶醉的邪恶后果。不过，对人际的和睦构成最大破坏的是野心。在某种意义上，它被看作是高尚心智(a noble mind)的产物。其首要的也是最显著的影响似乎是，人们总是试图建造通天塔(the tower of Babel)，而建造通天塔的失败则导致了人类由集中走向分散，即人类占领地球上的不同区域并各自为政。

在此以后，牧场的共有仍然普遍存在于人类社会中，尽管不再存在牲畜的共有。广袤的土地足够所有的占有者加以利用，因为他们的人数很少，所以不会互相干扰。用善于抒情的诗人(the Poet)的话来说，无论是在土地上设定明确的界标或

---

① 耶路撒冷天国的生命树(其叶能医治众生)，见《启示录》22：2。

是在固定的界限内按比例加以分配，都是被视为非法的。不过，由于人口数量的增长以及牲畜的数量也以同样的比例增长，人们在对共有土地共同加以利用上就不再方便了。于是，将土地一小块一小块地分给每个家庭就变得必要起来。

在气候炎热的东方国家中，水井对于他们的牲畜的存活和生长都是十分重要的物质条件；所以为了避免争吵和不便，所有的人都急切地渴望使其成为自己的财产。我们是从圣经(sacred history)中找到这样的记载的，结果发现它们与哲学家和诗人在此问题上所持的看法是一致的。哲学家和诗人描述了盛行于世界原初状态下的财产共有，以及随后发生的财产分配。因而，为什么人类会背离共有所有财产的原始状态，转向重视财产权的观念——起先财产权是针对动产的，后来针对不动产——其中的原因就不难理解了。

当地球上的定居者逐渐开始养成寻求比大地的天然物产更为可口的食物，寻找比山洞或树洞(the hollow of trees)更为舒适的住处，渴望比兽皮更优雅的衣服的习惯的时候，工业(的产生)就变得必要起来，以便满足人类的这些需求。每个人都开始专注于某种独特的技艺的发明。人类各分布区域相距遥远，这就阻碍了他们将大地的产出物搬运到共同的仓库储存起来；在另一方面，正义原则和公平善意
89 的"缺乏"(Want)势必摧毁本应当存在于生活必需品的生产和消费上的平衡发展状态。

同时，我们弄清楚了物品是如何从共有状态转变为财产权状态的。仅仅靠凭空想象是无法理解这种变化的发生的。因为，在那种情况下，人们是决不可能得知什么物品是他人试图据为己有的东西，以便阻止任何其他觊觎者对此物提出权利性要求的，并且许多人也可能是希望拥有该物品的。因此，财产权必定要么是通过明确的协议，如对财产的分割而确立的；要么是通过默示的同意，如占有而确立的。在对土地加以分配之前，一旦发现在共同使用共有财物上存在任何不便时，就自然可以推断人们中间已经达成了一种普遍共识：任何东西，不管其为何人所占有，都应被视为此人自己的东西。

西塞罗在他的《论义务》一书的第三卷中写道，每个人都希望他自己能够独自享有生活必需品，而不希望其为他人所侵夺，这可以被看作是一个与自然法的原则完全一致的普遍公理。这种看法是为昆提利安所支持的。他说，社会生活存在的普遍现象就是：为任何个人偶然获得并使用的所有物品，都会变成了该持有者的财产。那么，剥夺依据这种权利所拥有的任何东西都显然是不正当的。古人把西利

斯(Ceres)[①]称为立法者，并创建丰收节(Thesmophoria)[②]来庆祝她所带来的神圣权利，这样做的目的是表明土地的分配已经导致了一种新型权利的产生。

3. 虽然上文作了那样的论述，但必须承认的是，一些事物是不可能为任何人占有并把它们变为其财产的。海洋就为我们提供了这样一个例子，无论是就整个主体水域来说，还是就其主要的分支水域来说，都是不可能被任何人据为私人财产的。不过，由于一些人虽然愿意让步，承认一些东西对于个人来说是不能成为财产的，但却否认对于国家来说也是这样的，因此在本章一开始就提出的观点可以从下面符合道德的论据中得到证明，即在人们应当共有一切东西的理由不再存在的情形下，有关共有的实践也就不会再存在。

海洋是如此之广阔，以至于其足以供所有国家的利用，而不会导致国家间在行使捕鱼权、航行权及利用其他为海洋所带来的便利上的相互影响和损害。同样的是，空气也可以被说成是共有财产，任何人都是无法单独使用或享用空气的，除非 90
人们能够同时利用空气流经或滞留于其上的土地。所以，以捕鸟来取乐的做法是不值得仿效的，因为人们在捕鸟时不可避免地会闯入他人的土地，而鸟儿正好是飞越于该土地之上的。所以，除非得到土地主人的许可，否则是不能捕鸟的。

同样可以把“共有”这一称号赋予海滨的沙滩，它是无法被耕种的，但会提供无穷无尽的供给，供所有人自由地加以使用。

此外，常识(a natural reason)也告诉我们，海洋不能被变成私人财产(这种常识在前面的论述中已经提到)，即对海洋的占有从不可能发生，因为占有只能发生于有着某种固定界限的物体之上。因此，修昔底德把未被占领的土地称作“无限的空间”；艾索克里提斯(Isocrates)[③]在谈到被雅典人占领的土地时，称其为“已经被我们均匀地分成小块小块的土地”。

不过，流体是不能被阻止或者限定在一定范围之内的，除非它们能够被某一其他物体所容纳，否则就是无法被占有的。因而池塘，同样也包括湖泊与河流，只是由于其为固定的岸边所包围才能成为财产。

不过，由于海洋在面积上等于或大于陆地，因此海洋不可能为陆地所包围，所

① 西利斯，罗马神话中的农业女神、大母神。

② 丰收节，古代雅典为庆祝丰收向农业女神表示敬意的节日，仪式只能由女性参加。

③ 艾索克里提斯，也译为伊索克拉底(公元前436—前338)，古希腊雄辩家、修辞学家，著有《颂词》。

以古人说海洋像一条环绕着陆地的带子一样把陆地包围于其中。对它进行任何形式的分割从来就是无法想象的。由于海洋最主要的部分是无法查明的，因此彼此相距甚远的国家是不可能在把海洋分割成不同部分的界限上达成一致意见的。

因此，不管是任何物品，只要是所有人的共同财产，并且在所有其他东西进行全面分配以后仍保持其原始状态的话，那么它就不是通过分配而是通过占有被据为己有的。并且，其不同部分得以识别的区分和分割标志是在据为己有之后才产生的。

4. 值得注意的另一个问题是，有些物体虽然不能成为财产，但可以转变为财产状态。荒地、荒岛、野兽、鱼类和鸟类就具有这样的性质。就这些物体而言，可以把它们分为两类，在每一类上都可能出现两类占有：其中一类是以主权者或全体人民占有的名义加以占有；另一类是以个人的名义加以占有，通过将他们已经以个人
91 名义加以占有的土地转化为私人财产。后一类个人财产是由分配而不是由自由占有所形成的。以主权者或全体人民的名义占有的任何地方，虽然并不在个人中按比例分配，但不能被视为荒地，而是被看作第一个占有者的财产，不管第一个占有者是国王还是全体人民。河流、湖泊、森林和荒山都属于这一类。

5. 至于谈到野兽、鱼类和鸟类，应该注意的是，发现它们所在的各陆地或水域的主权者，有权禁止任何人对其进行捕猎并进而获得对它们的所有权。禁止不仅是针对本国国民的，也是针对外国人的。之所以也针对外国人，是因为依据所有的道德法律规范，外国人在他国居住的整个期间都有义务服从该国主权者的统治。

根据罗马法、自然法和万国法提出异议，即声称这类动物是人们可以自由捕猎的猎物(beast of chace)，是没有法律效力的。只有在国内法没有设定这种禁止时，该异议才是有效的。因为罗马法使许多事物保持其原始状态，而其他国家的法律则使其处于一种完全不同的状况。因此，对国内法所确立的对这一自然状态的偏离，是为人类应当遵守的每一个自然正义原则所命令的。虽然国内法不能命令做任何为自然法所禁止的事情，也不能禁止做任何为自然法所命令的事情，但却可以对自然自由设定限制，禁止做出在过去是被允许的事情；虽然这一限制仅仅延伸至财产的获得本身，而根据自然法，每个人“最初”(At First)都拥有获得财产的权利。

6. 紧接着要分析的问题是，人们对已经被他人据为己有的事物所拥有的共同使用的权利。乍看起来，这句话在用语上似乎有些前后矛盾，因为财产权的确立似乎吸收了产生于事物共有状态的所有权利。但事实决不是这样的。因为，我们必须考虑到最先引入私人财产权的那些人的意图，并且完全可以合理地推断，在引入财产权的过程中，他们会“尽可能”轻微地背离最初的自然公平原则。如果在尽可能接近自然法的规范的意义上去解释成文法，那么，那些不受成文法格言的字面意 92
义的限制所束缚的习惯就更多了。

由此可以认为，在极端紧迫的情况下，每个人利用物品的原始权利必须予以恢复，就好比这些物品仍然是共有的一样。这是因为，在所有的人法中，当然也指在有关财产的法律中，极端紧迫的情形看起来似乎都构成了一种例外。

依据这一原则确立了一句格言(maxim)：在远洋航行中，当食物供应开始变得不足时，每个人所储备的食物都应当拿出来供大家一起消费。基于同样的理由，为了阻止火势蔓延，大火周围的房屋可以被拆毁。又如，一旦船舶被铁链或渔网所缠住，如果别无他法将其解开的话，就可以把它们砍断。这些格言都未被民法所规定，而只是由市民法依据自然公平的各种原则来对它们加以解释。

这样的格言在神学家中也获得了普遍的接受：如果为危急情势所迫，任何人都可以从他人那里拿走对于维持其生命来说必不可少的东西。这类行为不应被视为盗窃。该惯例并非像一些人所说的仅仅建立在博爱的法则(the law of charity)的基础上——该法则要求每一个财产所有人都将其部分财产用来缓解各种危急情形——它也是建立在私人所有者之间对土地进行最初分配的基础上的，在进行这种分配时他们作了有利于这种原始自然权利的保留。

因此，如果要求最早进行这种分配的人表达对这一问题的看法，那么他们会给出与刚刚提出的理由完全相同的答案。塞涅卡说，紧迫状态，这一保护人类脆弱性的重要手段，贯穿了所有人定法和根据人定规范的精神所制定的一切法律。西塞罗在他的第十一篇名为《斐里皮克》(Philippic)[①]的演讲中讲到，卡西乌斯去叙利亚，如果人们只遵守成文法的话，叙利亚将被看作是另外一个国家。但如果这些成文法被废除的话，根据自然法，叙利亚将被视为卡西乌斯的本国。在昆图斯·柯提斯的书的第六卷第四章中，我们发现了这样一个观点，即在发生大规模灾难的情况

① 《斐里皮克》，西塞罗反对安东尼的演说。

下，每个人都倾向于自我保全。

7. 在给予上述自我保全的宽容(indulgence)的同时必须施加某种预防措施和限制，以此来防止其被滥用。就这些预防措施来说，首先要求处于危难境地的人尝试利用其他一切可以获得救济的方法。例如，通过求助于当地官员，或者尝试通过
93 恳求来说服物主同意给予对于缓解其危急情势来说是必不可少的东西。

柏拉图主张，任何人在将自己的井挖到一定深度后仍找不到水时，就应当被允许从其邻居的井里取水。梭伦将此深度限定为不超过40肘尺[1]。对此，普鲁塔克作了补充说明：梭伦希望借此来缓解危急情形和困境，而不是鼓励懒惰。在记载居鲁士(Cyrus)远征一书的第五卷中，色诺芬在回答西诺普人时说："无论我们去哪里，是野蛮的国家，还是希腊的任何城邦，我们发现人们都不愿意为我们提供补给。我们只好强行获得补给，其目的并非是为了挥霍，而是为危急情势所迫。"

8. 其次，在所有者本人处于同样的危急状态的情况下，这种诉诸危急情势的请求则是不能被接受的。因为在同等情形下，所有者比较而言更有权利使用其财产。拉克坦西主张，一个人在船难中要保持克制，不得将与自己站在同一块木板上的另一个人推下去以挽救自己。这并不表明该人很愚蠢，因为你已经避免了伤害他人，而伤害他人是一种罪孽，不作出这种罪孽自然是充满智慧的象征。西塞罗在他《论义务》一书的第三卷中提出了这样一个问题，即一个非常聪明的人在面临被饿死的危险所威胁时，他是否有权夺走一个其生命一文不值的人(good for nothing)赖以维持生计的粮食。对此他回答道："绝对无权。"因为任何人的生命都不至于重要到可以违反上述"克制"这一普遍原则，而人与人之间的和平与安全就是凭借这一原则才得以保全的。

9. 再次，利用他人的财产来缓解匮乏的一方，只要一有可能，其就有义务向该财产的物主作出赔偿或者给付与其所利用的财产在价值上等价的物品。事实上确有一些人对此提出了异议。其理由是，任何人都没有义务对因自己行使其权利而造成的损害作出赔偿。不过严格地说，他行使的并非是完全和充分的权利，而是一

[1] 肘尺，古代的一种度量单位，约等于17或22英寸。

种暂时性的准许。这种准许直接起源于情势的危急，并且一旦危急情势不复存在，它就会立即消失。因为，设定这一准许性权利的目的仅在于维持自然公平，以对抗排他性的所有权的过于严格和刻板。

10. 由此可以得出，任何国家在从事正义战争的时候，都有权占领处于中立地位的领土，如果该国家有可靠的理由而非臆想的恐惧来推断敌国企图使它自己成
为该中立领土的主人，尤其是在敌国占领了该领土后会给该国家带来迫在眉睫且 94
不可弥补的灾难的情况下。不过在这种情形下应当施加的限制是：只能采取对有关预防和安全来说是确有必要的措施。仅仅占领这一领土是完全能够被证明是合理的，其条件是使该领土的真正所有者充分享有其权利、豁免、管辖权及获得其土地所有的产出物，并且只要在导致该土地被占领的紧迫情形不复存在时，占领就必须终止。同时应当诚心诚意地把该领土归还给其合法的主权者。

李维说，占领恩纳（Enna）要么是一种暴力行为，要么是一种在紧迫情势下所采取的措施。通过暴力加以占领意味着要最轻微地偏离情势的紧迫性原则。与色诺芬生活在一起的希腊人迫切地需要一些船只，根据色诺芬本人的建议，希腊人截获了那些往来于海洋上的船只，但仍保护船舶所有者的财产权，使其不受侵犯，为水手提供食物，并发给他们薪水。因而，自从财产权确立以来仍然存在的、建立在最初的财产共有基础上的主要权利，是一种诉诸情势紧迫的权利。对此，我们刚才作了探讨。

11. 此外，还存在另一种权利，即利用他人财产的权利——只要这种利用不会给财产所有人带来损害。西塞罗说，在一个人允许他人与自己共同分享某些利益（advantages）而不会对自己造成损害的情况下，他为何不可以这样做呢？况且这些便利对接受者来说是有益的，而对施与者来说是绝无害处的。因此，塞涅卡认为，允许他人从你的火焰中借火决不是一种恩惠。

在普鲁塔克的《论文集》（Symposiacs）第七卷中，我们发现一种观点：当我们的食物储备在充分满足我们自己的消费所需后还有剩余时，我们却毁掉剩下的食物；或者在充分补给我们自己的用水之后，我们却堵塞或破坏水源；或者在完成我们的航行后，不为其他旅行者留下能使我们沿着航线前行的航海标识，这些都是非常邪恶的举动。

12. 根据已经确立的原则，流经一民族所控制地域的河流，是该民族或其主权者的财产。他们可以在该河流上修筑码头或防护堤，并且河流的所有产出物都归属于他们拥有。不过，作为流动着的水体，这条河流也为所有在其上汲水或饮水的人共同所有。

奥维德在向吕底亚人发表演讲时引用拉托娜[①]的话说："你们为什么不使用供
95 大家共同利用的水源呢？"此处他把水称之为"人类共同所有的公共赠品"，并且在比适用于任何"民族"更广泛的意义上来理解"公共"一词。在这种意义上，一些事物被万国法规定为属于全人类所共有的。在同样的意义上，维吉尔(Virgil)[②]也强调水是向全人类开放的，可以自由地加以利用。

13. 同样是基于共有的权利，自由通行于为某些特定民族所有的地方、河流或海洋的任何部分的权利是应当被允许给予某些人的，如果他们是基于维持其生存所必需的理由来要求这种权利的话。这些情形要么是在被驱逐出自己的国家后寻找定居地，或者是与遥远的国家进行贸易，或者是通过正义的战争重新获得他们所丧失的财产。其中的理由与在前面的情形中提到的理由大体上是一样的。因为在财产权最初被引入的时候，对某种利用财产的方式作了保留。该利用方式是具有社会公共利益性质的，且不会对财产所有者的利益构成损害。这显然是那些最初策划将造物主的慷慨馈赠分割成私有财产的人所保有的意图。

在有关记载摩西的历史中有这样一个著名的事例：以色列的众子孙的领袖为其人民要求自由通过，并向以东王国[③]和亚摩力王国(Amorites)许诺，他将走大路，决不踩踏私人所拥有的土地，并且以色列人将为他们在通过途中可能使用的任何东西支付费用。一旦这些公平合理的条件被拒绝，摩西对亚摩力发动的战争便具有了正当的理由。奥古斯丁认为，这是因为毫无侵犯性的通过——一种与人类社会本身的基本结构紧密联系在一起的权利遭到了拒绝。克来阿克斯指挥下的希腊军队说："如果没有遇到阻截，那么我们就会径直回家；不过，如果任何人企图冒犯我们，我们就会坚决进行报复，并且会获得众神的支持。"

克来阿克斯麾下的士兵作出的这种回答，是与对阿吉斯拉斯(Agesilaus)[④]向

① 拉托娜，宙斯的情人。
② 维吉尔，古罗马诗人。
③ 以东王国，巴勒斯坦古国。
④ 阿吉斯拉斯，也译为阿偈雪劳、阿格西劳斯二世(公元前 444—前 360)斯巴达国王(公元前 399—前 360 年在位)。

色雷斯(Thrace)的多个国家所提出的问题的回答完全一样的。阿吉斯拉斯想要了解它们愿意让其像朋友那样还是像敌人那样通过他们的国家。当比奥提亚人(Boeotians)①对莱桑德(Lysander)②提出的建议表现得犹豫不决时,莱桑德问他们希望他所率领的军队是竖着矛通过还是横着矛通过,亦即是说是以和平的方式通过还是以敌对的方式通过。

塔西佗告诉我们,巴达维人(Batavians)③在刚接近在波恩的兵营时,就派人送信给加拉斯(Gallus)④。其意思是:“他们绝无敌意:如果不受到阻碍,他们将以和 96
平的方式行进;不过,如果他们遇到攻击,他们将用手中的剑开道。”当塞门(Cimon)⑤和他的部队在给斯巴达人运送补给品的过程中途经柯林斯地区的某一部分时,柯林斯人就他的这一行为提出告诫,说这是对其领土的侵犯,理由是塞门在这样做之前并没有征求他们的同意。同时柯林斯人还打比喻说,就好像一个人根本没有敲一下他人的门,或者在没有得到主人允许的情况下就擅自闯入了他人的房屋一样。塞门回答他们说,你们从未敲过克莱奥尼(Cleone)⑥和迈格勒(Megara)⑦的门,但却把它们给毁掉了。我敢这样说,从来就没有任何权利能够与强大的军队相抗衡。

在这两个极端观点之间有一种折衷的做法,即要求在自由通过之前必须事先提出请求,对该请求的拒绝则为武力的使用提供了正当理由。因此,在阿吉斯拉斯打算从亚洲返回时,他已经向马其顿人的国王请求通行。这个国王答复说要考虑一下,阿吉斯拉斯说,只要你们乐意,你们可以进行考虑,不过在你们考虑期间我们是不会停止通行的步伐的。

任何国家由于大量全副武装的别国军队通过其境内所产生的恐惧,并不构成能够排除适用业已确立的规则的一个例外。因为,主张一方的恐惧可以摧毁另一方的权利的观点,是既不恰当也不合理的,尤其是在可以采取必要的预防措施和安全保障措施时。例如,要求军队通过时不要携带武器或者一小队、一小队地通过,

① 比奥提亚人,希腊同盟。
② 莱桑德,也译为来山得(? —公元前395)斯巴达军事领袖。
③ 巴达维人,日耳曼民族。
④ 加拉斯,古罗马将军,护民官。
⑤ 塞门,也译为西门(公元前512—前449),古希腊政治、军事领导人。
⑥ 克莱奥尼,古希腊城邦。
⑦ 迈格勒,古希腊城邦。

这正是阿格里皮人（Agrippinians）①向日耳曼人作出过的承诺。并且，正如斯特拉波告诉我们的，这种习惯性做法仍然流行于伊利亚人的国家。可以找到的另一项保障措施是：要求被允许通过的一方支付费用，以向当地的守备部队提供给养；或者通过方交付人质，那正是塞琉古（王朝）（Seleucus）②向狄米多留（Demetrius）③提出的条件，以便准许后者留在其境内。

害怕触怒被攻击的对象国，也不足以构成拒绝军队通过的正当借口，如果该前往的军队是从事正义战争的国家的话。声称可以找到另一条通往的通道，也并不是用来加以拒绝的合适理由，因为其他每一个国家都可以提出同样的主张。这样
97 一来，通行权就可能被彻底废除。因此，以最近和最便利的路线通过，同时不会带来损害和破坏，是要求通过的请求应当被准许的充足理由。如果提出通过请求的一方所从事的是非正义的战争，并且与该领土的主权者的敌国的军队一起行进，那么情况就完全不同了。在这种情形下，可以拒绝其通行。因为该主权者有权在其领域内攻击其敌国的军队，并阻止其前进。

现在要说的是，自由通行权不但应给予人，也应给予商品。因为，任何国家都无权阻止一个国家与另一个相距遥远的国家进行贸易；为了增进整个社会的福祉，应当允许商品自由流通。也不能说任何人因此而受到了损害。因为，尽管他可能失去了一项独占的收益，但是他所失去的并不是他应当得到的东西。从“权利层面”上讲，它绝不能被视为一种损害或对一项权利的侵犯。

14. 不过，一个值得仔细探讨的话题是，一国的主权者是否有权对通过其陆地、河流和海洋的任何部分（它可能构成该国领土的自然添附）进行运输的货物征税。毫无疑问，对这类商品施加任何与贸易的性质相背离的负担都是不合理的。因此，仅仅是途经一国的外国人是不应该（no right）缴纳人头税的，因为征收这种税的目的是为了对付国家的紧急状态。当然，如果统治者因对贸易提供安全和保护而支出了一些开支，那么他就有权通过征收适度且合理的赋税来补偿自己。正是赋税的“合理性”（reasonableness）构成了关税和税收的正义性。因此，所罗门向经过叙利亚地峡的马匹和亚麻制品征收通行费。普林尼在谈及乳香时说道，由于

① 阿格里皮人，古凯尔特部落。
② 塞琉古，亚历山大帝国分裂后的帝国之一。
③ 狄米多留，马其顿王子。

乳香只能由基巴尼人运输，向它征收的税款结果掉进了他们国王的腰包。

同样，正如斯特拉波在他著作的第四卷中告诉我们的那样，马赛(Marseilles)
一带的民族从马利亚斯开通的连通罗讷河与大海的运河中聚敛了巨大的财富，其
手段是通过向来往于这条运河的船只征收费用。在该书的第八卷中，作者告诉我
们，为了避开马利角的危险航道，货物在进行海洋运输的中途是经过一段陆路运输
的，柯林斯人则向所有的这些货物征收了赋税。罗马人也使莱茵河的通道成了一
个税源。塞涅卡认为，人们应当为通过桥梁而缴纳通行费。这样的例子在法学作 98
家的著作中比比皆是。不过，这些著作中所记载的大都是横征暴敛，这正是斯特拉
波向阿拉伯部落的首领提出抱怨的理由。他所作的结论是：没有法律的民族向商
人的货物征收的任何赋税都不可能是不沉重的。

15. 那些一路叫卖商品的外国人或者仅仅穿越一国国境的外国人，应当被允许在该国居住一段时间——如果为了恢复健康或其他任何合理理由使这种居住有必要的话。这些都可以被看作是对我们的权利的无害利用(innocent uses)。因此，维吉尔笔下的伊利奥纽(Ilioneus)[①]，请求众神来见证非洲人的行为的非正义性，那些非洲人不许他及其沉船伙伴善意地利用海滩。我们也从普鲁塔克的《伯里克利(Pericles)[②]传》中得知，所有的希腊人都支持迈格勒人(Megaresians)对雅典人的声讨，因为后者禁止前者踏上其国土或者把船运到他们的港口。所以，斯巴达人把它看作是证明战争正当性的最充分的理由。

例如，由此导致了在海滩建造临时帐篷的权利，尽管同一片海滩是可以被当地人民变成其财产的。彭波尼说，在公共海滩上建造建筑物之前，必须取得(罗马)地方行政官的准许，他的话是针对永久性建筑物而说的。正像诗人(the Poet)所说，当大堆大堆的石块从海岸涌向大海的时候，受到惊吓的鱼儿们感觉到它们搅动波浪涟漪的空间被大大缩小了。

16. 那些被驱逐出本国而在他国寻找避难地的外国人，不应被拒绝在该国永久居住。不过，这得完全满足下述条件，即他们必须遵守当地的现行法律，并且避

① 伊利奥纽，维吉尔诗中的人物。

② 伯里克利，古代雅典的政治领袖。

免从事任何煽动暴动和骚乱的活动。某个伟大的诗人(the divine poet)(维吉尔)在叙述伊尼亚斯建议已经成为其岳父的拉丁努斯(Latinus)保留所有的军事权力和非军事权力(military and civil power)时,就已经注意到了上述合理的规则。

此外,在海立卡纳苏的狄奥尼修的书中,拉丁努斯承认伊尼亚斯的建议是合理的,因为他迫切需要找到一个定居点。从埃拉托斯提尼斯(Eratosthenes)①的书中
99 可知,斯特拉波说,驱逐难民的行为是野蛮人之所为。斯巴达人的类似行为也受到了指责。圣安布罗斯(St. Ambrose)②对那些一概拒绝外国人入境的国家也以同样的口吻作了谴责。不过,这类定居者无权要求参与政府机构。明雅人(Minyae)③就向已经接纳了他们的斯巴达人提出了这样的要求,该要求被希罗多德很恰当地评价为是傲慢无礼和不合理的。

17. 一国主权者应外国人的请求,允许他们在境内的荒地或贫瘠的土地上自由定居,事实上只不过是普通的人道之举(common humanity)。主权者同时仍保留着所有的主权权利。正如塞维鲁·图利乌斯(Servius Tullius)④所言,当地的拉丁人将七百英亩的贫瘠且未开垦的荒地分给了特洛伊人。狄翁·布鲁萨恩西斯(Dion Prusaeensis)在他的第七次演讲中说,那些占有并开垦荒地的人们并没有犯侵占罪。由于被拒绝给予此项权利,安斯巴雷安斯(Ansibarians)气愤地说:“我们头顶上的苍穹是上帝的住所,土地是被赐予人类的,仍旧未被占有的事物是为所有人共有的。”

不过,这一抱怨并不完全符合他们的实情。因为,那些土地并不能被称为“无人占有的土地”,因为它们是用来为罗马军队供给喂养牲畜的饲料的。这毫无疑问为罗马人提供了一个拒绝满足他们要求的恰当借口。罗马人理直气壮地问凯尔特人(Galli Senones)⑤:索要已被占有的土地并威胁以武力强取它们难道是正当的吗?

18. 既然“对物的共有权利”(common right to things)已经确立,“对行为的共

---

① 埃拉托斯提尼斯,也译为埃拉托色尼(约公元前276—前194),古希腊数学家、天文学家、地理学家。

② 圣安布罗斯,基督教教父,作家,米兰主教。

③ 明雅人,古希腊民族,传说是英雄的后代。

④ 塞维鲁·图利乌斯,古罗马的埃特鲁斯王。

⑤ 攻入意大利的凯尔特人,罗马人称之为Galli Senones。

有权利”(common right to actions)也就自然而然地产生了,并且该权利要么是绝对的,要么是通过推定在人类中已经达成一般性协议而建立的。如果某些行为对于维持人们的生存或者生活的便捷(convenience)是必不可少的,那么所有人都毫无疑问地有权作出这种或者这类行为。生活便捷的考虑是这一权利产生的基础,因为在这种场合下不可能想象存在着与需要认可占有他人财产的正当性具有同样紧迫性的危急情势。因此,这里讨论的问题不是所作出的任何行为是否“违背”了所有者的意愿,而是我们是否“按照”所有者同意的条件来获得对于维持我们的生计不可或缺的东西。[3]

假设在该协议中无任何违法的地方,而任何当事方也绝非有意使协议无效或 100
者被撤销,那么在这类交易中所有者制造的任何障碍都是与自然正义原则本身相左的。自然正义原则假定,在诚实的交易中有关双方在法律地位上始终是平等的。圣安布罗斯将那类欺诈行为称为:企图剥夺人们在其共同祖先遗留下来的财产中应当享有的份额,企图独吞所有人与生俱来就对其享有权利的大自然的产出物,企图破坏作为社会生活支柱本身的商贸。我们所提到的并非是奢侈品和享乐用品,而是对于维持生活来说是不可缺少的东西,如药品、食物和衣服。

19. 根据上文所作的论述,我们可以得出这样一个结论:所有人都有权以合理的价格购买生活必需品,除非其所有者需要留作自己消费。因此,当谷物十分紧缺时,谷物的所有者拒绝出售它们并非有失正义。不过,即使在这样的食物紧缺时期,先前被允许入境的外国人是不能被驱逐出境的。正如圣安布罗斯在前面已经被引述的那段话中所指出的那样,普遍的灾祸必须由所有人来共同承受。

20. 所有者在出售他们的货物时并不享有与购买者完全相同的权利,因为其他人有充分的自由决定是否购买某些物品。例如,古代的比利时人不允许酒类或其他外国商品输入他们的国家。斯特拉波告诉我们,纳达巴①阿拉伯人(Nadathaean Arabians)也奉行同样的做法。

21. 完全可以认为,在人类中存在着一种普遍同意,即任何国家不加区分地给 101

① 纳达巴(Nadabath, Nabathaea 同),古国,在约旦以东。

予外国或外国国民的权利是全体人类共同享有的权利。[4]因此，将任何一个民族排除在这些权利之外会被看作是对该民族的一种损害。故而，外国人无论在哪里都被普遍地允许打猎、钓鱼、射击、采集珍珠、根据遗嘱继承财产、出售商品和与异族人通婚。就任何特定的民族来说，都不能拒绝给予他们以同样的权利，除非他们因其行为违法而丧失了这种权利。正因为如此，便雅悯[①]部落被禁止与其他部落通婚。

22. 人们有时会提出这样一个值得探讨的问题，即一个国家是否可以合法地与另一国家达成协议，以便使除它自己以外的所有国家都不能购买某种农产品，而这种农产品是该另一国家土地上盛产的东西。显然，这一协议是可以合法地缔结的：如果此购买方愿意以合理的价格向其他国家提供这类农产品的话。因为，如果其他国家能够以合理的价格来购得其所需的产品的话，那么，它们就不会关心是从"谁"的手中购买了这些产品。允许一个国家在这方面享有相对于其他国家的优惠，也没有什么不合法的，尤其是在该国已经把另一个国家置于它的保护之下并由
102 此导致了财政上的支出的情况下。在上述情形下，类似的垄断决不违背自然法，[5]尽管有时为了社会的公共利益起见会通过明确的法律对它加以禁止。

[英译者注]

1. *Actus aliquos*，其字面意义是指某些行为，实际上是指"无形权利"，具体包括通行权、尊严权、特许权和其他许多由某些有形财产而生的属人特权。

2. 布莱克斯通法官曾经说过的一段话有助于阐明格劳秀斯这句话的意思。这位博学的注释者说："有些物品，虽然经常并持久地被当作财产，但仍不可避免地保持着共有的状态；属于这类性质的任何物品都是不能被占有的，除非对其享有某种用益性物权。因而，它们在被占有期间仍旧属于其最初的占有者，在此期间以后则不再属于该占有者。这类物品包括(但不限于)阳光、空气和水。人们可以通过窗户、花园、磨坊(mills)和其他设施来占有它们。那些被说成是*ferae naturae*或野生的和不可驯服的动物也具有这种一般特性。任何人都可以为自己使用或取乐的目的捕获并饲养这些动物。所有这些动物只要仍处于被占有状态，那么每个占有者都享有不受他人妨碍其占有的权利。不过，一旦它们逃离其占有者的控制，或其占有者主动放弃了对它们的利用，它们就立即回归共有物的状态，此后每个人都有权捕获并役使它们。"

3. 通过对契约性质的略加解释，我们可以更清楚地理解格劳秀斯在此所表达的意思。"契约有两类，即明示的或默示的。明示契约于订立时就会作出明确而公开的规定，例如交付一头

① 便雅悯，《旧约》中以色列十二部落之一。

牛，或十担木材，或就某一商品支付确定的价款。默示契约是理性和公正所指示的，因此法律推定每个人都有履行它们的义务。比如，如果我雇用一个人为我经商或做任何其他事情，法律就为我设定了默示的义务：按规定或者通过约定付给其劳动所值的报酬。如果我接受了商人交付的商品，但没有就其价格达成协议，法律就为我设定了按其真实价值支付货款的义务。此外，还有一种贯穿并附于所有其他合同、约定(condition)和协定等的特殊的默示契约，即如果我没能履行约定义务，我须向另一方赔偿由于我的过失或拒绝履行而使之承受的损失。”——Blackst. Com. b. ii. C. 30. p. 442.

4. 在某些情形下，贸易公司的垄断与排他性的权利不仅是被允许的，而且是绝对必要的。瓦特尔(Vattel)说：“有一些商业企业，如果没有耗资巨大的能源是无法运转的，而这种巨资是远远超过个人的承受能力的。还有一些公司，如果运作不十分审慎，没有一贯的精神理念，且不遵守获得普遍支持的原则与规范，则很快会濒临倒闭。这些商业企业不能一律由个人来经营。公司是在政府的授权下得以组建起来的，如果没有排他性特权的支持，这些公司就将无法持久存在。因此，赋予它们以特权是对整个国家有利的。结果，与东方进行贸易的大公司已经在好几个国家中出现了。”——Law of Nat. b. i. e. viii. sect. 97. p. 42.

5. 亚当·斯密在他的《国富论》中谈及商贸性条约时评论道：“要是某一国家受条约约束，只许某一外国的某种商品输入，而禁止其他外国这种商品的输入，或对其他外国这种商品课税，而对某一外国的这种商品免税，那么商业上受惠的国家，至少，它的商人和制造者，必然会从这种条约中取得很大利益。这些商人和制造者，在这样宽宏对待他们的国家内，享受了一种独占权。这个国家，就成为他们商品的一个更广阔、更有利的市场。更广阔，是因为其他各国的货物，不受排斥，就要纳更重的税，因此这个国家的市场容纳了比没有条约时更多的他们的货物；更有利，是因为受惠国商人在那里享受了一种独占权，从而往往能以比自由竞争场合更好的价格，售去他们的货物。”——Vol. 2. b. iv. Ch. Vi.

第三章　论财产的原始取得及在
103 海洋与河流中享有的财产权

什么是动产——主权与财产权间的区别——通过占有获得的对动产的权利可以被法律所废除——河流可以占有——出入海洋的权利——论限制一个民族超过海洋的特定界限进行航行的条约——探讨一个河流在改道时在其毗邻领土上制造的变化的性质——在河流完全改变其航道的情况下应当怎么办——有时整个河流都在一国之内——被抛弃的物属于最初的占有者

1. 就获得财产的手段而言，法学家保罗增加了看起来是其中最自然的一种，就是通过技术性的发明创造或者通过努力劳动。当然，在作为人类创造物的任何产品的生产中，我们都得付出劳动并使用我们的才智。除了一些在人类出现之前就已经存在的原料外，显然没有任何东西能够天然地被产生出来。由此可以得出，如果这些原料是我们自己的财产，那么在任何新的外形或者实体下对它们加以持有都仅仅是我们先前的财产权的继续。如果它不属于任何人，我们就可以通过占有取得其所有权；但是，如果它们是另一个人的财产，那么根据自然法，我们的任何改进并不由此赋予我们以某种财产性的权利。

2. 在那些不属于任何人的事物中，其中有两类可以成为占有的对象，即管辖权（主权）或者财产权。管辖权与财产权彼此间的差异体现在其效力上。可以成为主权行使对象的有两类，既包括人，也包括物。但对于财产权却不是这样，因为对财产享有的权利只能延伸至自然界中无理性和无生命的事物。

尽管最初主权和财产权在很大程度上是通过同样的行为获得的，不过它们在性质上仍旧有些差异。塞涅卡说，“主权”属于“君主”，“财产权”属于“个人”。因而
104 主权，不仅是针对在国内的臣民所拥有的，而且也是针对在君主的国外领土上的臣民所拥有的，因而可以通过王位的继承持久地延续下去。

3. 只要主权一经确立，通过占有获得的对动产的权利以及事实上每一种原始

性权利，都必须获得法律权威性的认可。不管人们在此之前通过此类权利持有的东西为何物，在此之后都必须被看作是通过该国的法律加以持有的。尽管这些原始性的权利是为自然法所“允许”的，但并不表明它们应当“永久性”地被强制实施。因为通过先行占有之类（即在法律还没有产生的情况下的占有）来获得的权利的持续存在，不但不能促进整个社会的福利，反而导致人类社会的毁灭。

尽管对此可以提出异议，说万国法似乎承认此类权利，然而我们仍旧可以作出如下反击：即使该规则现在或者已经被世界上任何国家所接受，它也不具有约束各个独立国家的普遍性公约的效力。它充其量可以被看作是许多国家国内法的一个组成部分：国家有权继续坚持该规则，或者根据自己的喜好或自由裁量废弃该规则。事实上，法学家在论述财产的分割与取得时，许多有关其他财产的规则已被他们看作是构成了万国法的一个组成部分。

4. 河流可以由国家加以占领，但不包括在本国国土以外的上游的溪流，同样也不包括在此之外的下游的流域。但是流经其国土的水域构成了一个浩浩荡荡流向大海的整条河流的不可分离的组成部分。如果为该国国土上的河堤所环绕的流域构成了河流的最大组成部分，就足以取得对在河道上的财产的所有权。当然，整条河流本身与该国土比较起来，只是一个相对微小的组成部分。

5. 同样，河流的出海口（the sea）也似乎可以成为一国的财产，只要该国占有了该出海口两岸的土地，尽管它可能远远超越海岸的限制而延伸到很远的地方。在河流的出海口处有一个海湾，并且该海湾超越出海口径直延伸到海或洋的主体水域时，情形就是这样。但如果河流的出海口的面积非常之大，以至于远远超越了其流经的国土，那么财产性权利就从不可能发生。对该出海口的权利，不管是一个民族还是一个君主拥有的，都可能被海洋濒临其领土的各个国家所分享。因而，如 105
果一条河流把两个国家分隔开来，它就可以由两个国家同时加以占有，其中每一方在对河流的利用及享有的利益上都是平等的。

6. 可以见到这样一些例子，一个国家可以通过条约使自己向另一国家承担义务：不要在超越一定界限的特定海域上航行。因而在古代，埃及人与居住在红海周围的君主们达成了协议，前者的任何战舰或者一艘以上的商船是不能进入红海海域的。同样的是，在塞门时代，波斯人为一个与雅典人所达成的条约所约束，其战舰不能在塞安山山岩(Cyanean)①与切利多尼群岛(Chelidonian islands)之间的水域航行。这种禁止在萨拉迈斯战役后变成了限制任何波斯武装船队在斐斯利斯(Phaselis)②和前面提到的山岩之间的海域航行。

在伯罗奔尼撒战争中一年的休战期间，斯巴达人的任何战舰，事实上还包括任何其他超过 20 吨位的船舶，被禁止航行。被他们的国王逐出国外的罗马人，在与迦太基人所缔结的第一个条约中，就规定罗马人及其盟友都不能在普切伦角(Pulchrum)的海角航行，除非是为恶劣的天气所迫，或者是为避免被其敌人所抓获。但无论是哪一种情况，它们都只能装载生活必需品，并且在 5 天之内必须离开。在接下来缔结的第二个条约中，罗马人被禁止从事任何海盗行为，甚至被禁止在普切伦角、马西亚角(Massia)与塔修角(Tarseius)之外的海域进行贸易。

在伊利里亚人(Illyrians)与罗马人缔结的和平条约中，后者要求前者只能在不超过两艘战舰并且是不能配备武装的情况下穿越里苏(Lissus)③。在与安提阿(大王)所缔结的条约中，伊利里亚人承担这样一种义务：其船舶不驶越卡利卡德角(Calycadnius)与撒佩顿角(Sarpedon)，除非船上载的是贡品、大使或者人质。

这些例子也从一个方面表明，对海洋的实际占有或航行权的存在是无法证实的。事实上可能发生的是，个人或者国家通过赠与(favour)或者协议让渡的不仅仅是它们所拥有完全处置权的对象，而且也包括他们自己及全人类所拥有的共有
106 权利。当这种情形发生时，我们就可以这样认为，正如乌尔比安在类似的场合下所主张的一样：一种财产在出售时是附保留的，该保留是：购买者不应当从中渔利(fish for Tunny)，从而损害卖者的利益。他认为，海洋不能够被看作可以进行自由买卖的，但是，财产的购买者和那些转而获得购买者所购买的财产的人有义务尊重契约中有关不得渔利的规定。

7. 只要河流一发生改道，那么在解决河流的改道是否导致了与各国毗连的领土上的任何变化，或者由此变化所导致的陆地的增加属于哪一国之类的问题上，其邻近国家间总会发生一些争端。争端必须根据这种获得物的性质和方式来加以解

① 塞安山山岩，在黑海边。

② 斐斯利斯，古希腊城邦，罗得岛的殖民地。

③ 里苏，古伊里利亚城市。

决。已经对土地分割作过论述的法学家把它从性质上分为三类，他们把其中一类叫作“被分割的”(divided)和“被分配的”(assigned)土地。法学家弗洛伦蒂努斯(Frontinus)[①]称其为“有固定界限的”(limited)土地，因为它是通过人为的界限来加以标明的。就“被分配的”土地而言，意味着它是被划拨给由一定数量——比如说一百个左右——的家庭所组成的整个共同体的。其称呼正好是由此而来的。其被分配的份数有成百上千之多。

另一类被称作“天然边界的”(arcifinium)土地，其意思是指河流或者山脉的自然边界构成了防卫该土地的天然屏障。这些土地被乌尔比库(Aggenus Urbicus)[②]称作“被占有的”(occupatory)，因为它们要么是通过推定是无主性的而已经被占有，要么是国家通过行使征服权而加以占有。对前两类土地而言，因为它们的范围和界限是固定的和明确的，因此尽管河流改变了航道，但并没有导致领土上的变化，由此增加的沙洲自然属于先前的占有者。

就有着天然边界的(arcifinious)岛屿而言，由于其界限是天然形成的，河道的任何缓慢变化都会导致领土的界限的变化，因而不管河流给其中的一侧带来了什么类型的添附，它都会属于拥有该侧的陆地的所有者。因为每个国家最初都被推定为占有了那些陆地，也有意使河道的中心线成为分开它们的自然边界。塔西佗在提到与卡提人接壤的乌西比人(Usipians)和坦科特里人(Tencterians)时说：“它们在莱茵河河岸的领土，只要河流仍流经通常的航道，就足以构成该领土的分界线。”

8. 类似于前面所提到的那些解决方案，仅仅在河流没有改变河床的情况下才
会派上用场。对于把不同国家的领土分割开来的河流来说，与其说应被看作是一 107
般性的水域，还不如说应被看作是流经“特定河床”并为“特定河岸包围”的水域。不管是基于何种原因的增加、减少或者河床的小范围改变，只要从总体上看是与其古老的面貌几乎完全一样的，就允许我们仍旧把该河流看作是同一条河流。但是，如果河流的整个面貌发生了改变，情况就完全不一样了。因为河流可能会通过在河道的上游部分建立水坝，或者修建运河向另一个方向排泄河水而被完全破坏。所以通过舍弃其旧的河床，让它朝另一个方向进行改道，它就不再与先前的河流是

① 弗洛伦蒂努斯(公元40—103年)，古罗马将军、作家，著有《谋略》。

② 乌尔比库，罗马法学家。

同样的了，而会是一条全新的河流。

同样的是，如果河流干涸，其河床的中心线仍旧是毗邻国家间的分界线，占有周边领土的国家也自然倾向于让该河流的中心线成为领土分界线。不管发生什么变化，努力维持原貌是一种永恒性的限制。但是在发生争议的情况下，以河流为分界线的领土应当被看作是有着天然边界的，因为没有什么比自然设定的不可逾越的界线是一个更合适的划分标志了。事实上，对领土人为的或者法定的划分很少会受到此类天然边界的约束，因为领土一般说来是原始取得的，或者是通过条约加以割让取得的。

9. 尽管已经指出，在发生争议的情形下，河流每一侧的领土由河床的中心线来加以确定。然而仍旧可能发生，并且事实上已经发生的是，对河流的独占权属于河流其中一侧的领土。因为对岸是后来才被占有的，并且随后河流被另一个国家全部占有；或者因为该独占权是通过条约来加以设定的。

10. 有必要指出的是，如果物品曾经有一个物主，但现在不再有物主了，那么就会适用原始取得的规则，即谁最先占有此物，谁就对它拥有权利。由于缺乏物主，它们被推定已被抛弃，从而回到了原始的共有物状态。与此同时，应当指出的
108 是，有时该原始取得也可能被一个民族或者他们的君主所作出，以一个不仅赋予他们或者他以构成特权性的优先权的方式，而且也以充分的财产权的方式所取得。

该财产可以被分割为更小的让与物，然后该让与物可以再次被细分为其他更小份额的财产，这些小份额的财产被看作是依附于原始的让与者君主或者领主的。尽管土地不能够通过世袭地（base service）或者领地被占有，然而仍旧可以通过附条件地占有而取得其所有权。财产可以通过行使各种各样的权利来加以占有，其中对于一个希望在信托条件下取得财产权的人来说，可以认为他对该财产享有一定的权利。

塞涅卡说道，一个物主被禁止出售他的土地，被禁止使其荒芜，甚至被禁止做出任何改良，都不应当被看作是该财产不属于他的证据。不管他拥有该土地的条件是多么的具体，但该土地毕竟还是属于他自己的。因为以前面所提到的方式加以分配的财产是为君主或者中间的领主所占有的，后者本身被看作是君主的租地人。由此可以得出，任何缺少一个物主的土地，并不属于最先占有它的人所有，而是会重新回到国家或者君主的手中。

第四章 以先占、占有和时效方式
取得的对无主地的所有权 109

为什么时效取得在独立国家间与主权者间不能存在——长期占有作为主张权利的理由之一加以提出——考察人们的意图时，不应当仅仅以其言辞来加以判断——以行为来判断意图——以不作为来判断意图——时间、沉默和失去占有持续多久才可以证实权利已经被放弃的推断——年代久远通常被认为是禁止提出权利主张的原因——年代久远的内涵是什么——对放弃财产权的推定提出异议，可以肯定地认为，年代久远会转移并创设所有权——尚未出生的人是否可以因还未出生而被剥夺其权利——探讨国内法的有关时效所有权和时效取得的规范适用于主权者间的情形

1. 就通过在任何特定的时间内持续占有而获得对财产的所有权而言，是有一个“很大的”难题需要解决的。尽管时间是一个很重要的因素，因为时间的经过可以用来衡量和确定所有的法律关系和权利，但它本身却没有创设针对任何财产的特定所有权的真正效力。既然这些权利是由国内法所设定的，那么就不是因为其长久地持续存在，而是因为国内法的明确规定才赋予了它们以法律上的效力。所以在瓦斯奎兹(Vasquez)看来，它们在两个独立的民族或君主间，在一个自由的国家和一个君主间，在一个君主和一个不是其臣民的个人间；或者在两个属于不同国家或国王的臣民间，是没有法律效力的。

这看起来是真实的，实际情况也确实如此，因为此类与人和事物有关的东西不是交由自然法来决定的，而是由每个国家各自的法律来加以规定的。尽管无保留地接受该原则会带来很大的麻烦，并使国王或国家间有关领土边界的争端永远无
法得到解决，但为了消灭引起持久战争和混乱状态的根源(这种状态是违背每个人 110
的利益和意愿的)，此类边界争端的解决就不能通过主张享有法定(时效性)权利来解决；相反，每一个争端当事方的领土一般来说是为特定条约所明确划定的。

2. 打断任何一个民族对领土的真实和长期的占有，自远古以来就一直被看作

是与人类的普遍利益和意愿(feelings)相违背的。正如我们在《圣经》(holy writ)中所见到的,当阿莫尼特人的国王对位于亚嫩河与亚波河间以及从阿拉伯半岛延伸到约旦的土地提出领土要求的时候,耶弗他通过证明他自己已经占有该土地长达三百年之久来反驳该国王的主张,并且质问那个国王道:他及他的祖先为什么在如此长的一段时间内一直没有提出其权利主张。

艾索克里提斯(Isocrates)告诉我们,斯巴达人定下了一条为所有国家承认的规则,那就是通过时间的久远取得的对私人财产及公共土地的权利是如此牢固,以致无法被推翻。基于这种理由,他们拒绝了那些要求恢复对麦西尼(Messena)[①]的占有的人的主张。

正是受到这样一种权利要求的驱使,菲利普二世(Philp of Macedon)理直气壮地向昆图斯(Quintius)宣布:“他将恢复先前曾经被他本人征服的领土的占有,但决不会考虑放弃他从他的祖先那里通过行使正当的和世袭的权利所获得的土地。”安提阿(大王)曾经主张,因为在亚洲的希腊城邦国家曾经一度臣服于其祖先的统治,他就有权恢复其祖先对那些城邦所享有的权利,并使他们再次处于受奴役的地位。苏尔皮修(Sulpitius Severus)[②]通过证明其主张是何等的荒谬来对他进行了驳斥。

就这一话题可以提到两个历史学家的看法,即塔西佗和狄奥多拉斯。前者把它们称作“陈腐的要求和空谈”,后者把它们看作是毫无根据的神话和寓言。西塞罗是完全同意这两个历史学家的看法的。正因为如此,他在《论义务》一书的第二卷中问道:“剥夺一个物主的土地,而该土地很早以来就一直被他安稳地占有,怎么可能会是正义的呢?”

3. 为了证明抢夺一个被长期占有的物品的正当性,是否可以提出如下理由:其合法所有者只是“企图”主张对该物品的权利,同时却从来没有以任何可见的外在行为来表明这种企图。取决于一个人的意图的权利的产生从来不可能仅仅从对
111 该人的意志中推断出来,除非他已经通过某些明示的和可见的行为宣布并表明该意图。因为行为是意图的惟一证据,所以,如果没有相应的行为,那么仅仅是意图

① 麦西尼,希腊伯罗奔尼撒半岛西南部一古城,古代麦西尼亚首府。

② 苏尔皮修(363—420),基督教作家、教父,著有《圣马丁的时代》等。

本身永远不可能成为人法调整的对象。

有关主观想象中的意图的推定，事实上与算术上的精确性相去甚远，充其量只能是一种或然性的证据。因为人们通过他们的言语，可以“制造”一种与他们的真实想法不一致的意图；通过他们的行为，可以伪造一种他们内心里根本没有的意图。不过，人类社会的性质要求所有凭空推定的意图，如果有足够标志的话，应当产生适当的效果。因而，如果某种意图已经为足够的迹象所证实，那么理所当然地可以认为制造这种迹象的人具有此意图。

4. 接下来探讨来自于行为中的证据。如果一件物品被抛弃了，就可以认为物主已经放弃了对它的所有权，除非是在特殊的情形下，如在发生暴风雨时向轮船外扔商品以减轻船体的重量。在那种情况下，是不能推定物主已经放弃了重新取得对该商品的控制的意图的，因为物主是在迫不得已的情况下才这样做的。再者，通过放弃或者取消一本票，有关债务就被认为是被解除了。

法学家保罗认为，对财产享有的权利不仅仅是通过言辞，而且也是通过行为或其他任何表明意图的标志才能被放弃的。因而，如果一个物主有意与任何已经占有其财产的人订立契约，把他当作是该财产合法的所有者，自然就可以推定他已经放弃了他自己的权利。认为与在不同的个人间适用的规则完全相同的规则不会在君主间和独立国家间适用，是没有道理的。同样的是，如果一个主人赋予了其仆人以某些特权，而该特权是后者不可能合法地享有的，除非解除他先前承担的义务，通过这样的赋权行为，就可以推断已经赋予了该仆人以自由。

权力不仅仅来源于国内法，而且也来源于自然法。自然法允许每个人放弃属于他自己的东西，并且，当一个人已经有明确的迹象显示放弃其所有物的意图时，就自然推定他意图放弃该所有物。在这一点上，乌尔比安的理解是正确的，因为他认为，对债务的正式口头解除(acceptilation)是可以在自然法上找到根据的。

5. 即使是不作为，考虑到各种相关的因素，也可以被看作是法律上所承认的。因而，如果一个人知道某行为的发生，并且在行为的发生时正好在场，却对其保持
沉默，就似乎可以推断他对该行为表示同意。《摩西律法》就是这样规定的。除非 112
确实能够证明同一个人因为恐惧或者其他紧急情形而被阻止表示异议。

因而，当重新获得某一物品的所有希望都丧失时，举例来说，当我们饲养的一

个温顺的动物被凶猛的野兽捕获并叼走时，该物品就被看作是已经灭失了。乌尔比安认为，在船难中抛弃的货物就不再看作是属于我们自己的了，尽管并不必然是这样。但当它们在被抛弃的时候根本没有重新获得的可能，并且不能发现物主有重新获得它们的意图的证据时，确实是可以这样认为的。

现在，如果有人被派去查找被抛弃的货物或财产，并且许诺给他以酬金的时候，情况就不一样了。但是，如果一个人明知其财产被另外一个人所占有，并且让这种占有的状态持续了很长一段时间而不对该财产提出其权利主张，他就被视为已经放弃了对同一财产的一切权利，除非其沉默是有充分理由的。乌尔比安在别处也表达过同样的意思，即在他看来，如果某一房屋的主人长时间地对其房屋被别人占有的状况保持沉默，就可以认为他已经放弃了该房屋的所有权。

皇帝安东尼·皮乌斯(Antonnius Pius)在他的一份敕令中宣布，在钱被借出很长一段时间后才要求偿还不大可能是正义的，因为时间长久地流逝表明：出于仁慈方面的考虑，债务人已经被解除了偿还义务。

从习惯的本质上看，似乎也有某种与此相似的东西。除了来自规范习惯形成的时间、方式及其被认可的国内法授权外，它也可能来自君主对被征服的人民的放任。但是，能产生权利效力的习惯需要经历多长的形成时间，则是不确定的，它最终取决于足以显示出普遍性同意的迹象的存在。但是，如果沉默要被看作是一个放弃财产的有效推定，必须满足两个要件：一是沉默是在知道事实真相的情况下保持的；二是相关人员在保持沉默时是享有充分的意志自由的。在对事实真相不了解的情况下所保持的沉默是没有任何意义的，并且，一旦存在任何其他理由，存在自由同意的推定就无法成立。

6. 尽管前面提到的两个要件应当满足，但其他前提条件也并非没有意义，其中时间的长度就不是一点都不重要的。其首要的原因是，一件属于某个人的东西
113 在很长时间内不为该人知道的情形是极少发生的，因为时间的经过可以提供很多知晓的机会。即使国内法并不禁止很久以前的(remote)权利的存在，但事物的本质也会显示，就允许提出权利主张的时间设定更短的限制比使权利长期缺乏所有者的状态更具合理性。

即使任何人都可以把心存恐惧作为借口加以提出，恐惧所产生的影响也不可能持续很长的时间，因为时间的流逝会发展出应对此类恐惧的各种防范手段。这

类手段或者是来源于自身的应变能力，或者是来源于他人的帮助。在摆脱内心恐惧的影响之后，他就可以通过诉诸合适的法官或仲裁者来就他所受到的压迫讨回公道。

7. 从道德的角度来看，时间久远似乎是没有界限的，在如此长的一段时间内保持沉默似乎足以确立这样一种推定：有关该事物的一切权利主张都被放弃了，除非能够提出最强有力的相反证据。最具权威的法学家已经恰当地指出，考虑到人的记忆力方面的原因，该久远时间不是指一百年，尽管不可能比一百年短很多。

一百年是一个人很少能活到的岁数。一般说来，一百年是与三代人寿命的总和不分上下的。罗马人正是向安提阿（大王）提出了这样的异议，即，虽然他就那些城市提出了权利主张，但在此之前，他自己并未取得对它们的所有权，他父亲也没有取得对它们的所有权，他祖父也同样未能取得对它们的所有权。

8. 从每个人对其自身及财产所具有的自然关爱的角度来看，我们是可以针对一个人已经放弃本来属于他自己的东西的推定提出异议的。因而，消极地不作为，即使为经过很长一段时间所证实，仍不足以确立前述推定。

接下来考虑本来应当被给予更多重视的君主间的争端，所有对占有者有利的推定都是应当被允许的。因为西西温的阿拉图斯认为那是一种很难决断的情形：持续五十年的“个人”占有应当被推翻，而不管奥古斯都的格言有多大的意义。

奥古斯都认为，希望目前的政府不要发生任何变化，是每一个正直的人和每一个善良的臣民都应当具有的品性；并且，难道“修昔底德对阿西比亚德（Alcibiades）[1]所说的话”不足以证实人类生来就具有这种品性吗？但是，如果不能够证明存在这种支持占有的规则，就可以找到更加有说服力的异议意见来反对那种推定： 114
每个人都有保有他自己的权利的天性，即一个人不可能仅仅因为一定的时间经过就允许另一个人夺取其财产，并且也不可能不宣布并主张他自己的权利。

9. 也许可以合理地认为，长时间占有会导致权利的产生不仅仅是建立在推定的基础上的，而且也是建立在由意定万国法创设的一条规则的基础上的，即不受打

---

① 阿西比亚德（公元前 450—前 404），雅典政治家、将领。

断地占有某财产，同时没有人针对该财产提出任何权利主张，则完全会将财产转移给其实际的占有者。很有可能的是，所有国家都已经通过同意对这种惯例表示了认可，因为这有助于促成它们之间共同的和平。

因此，“不受打扰”一词被非常恰当地用来表示，正如李维援引苏尔皮修的原话说：“以权利性地、不间断地方式一贯地持有”；或者正如同一个作者在别的地方所称作的：“持久地占有，从未被质疑”，因为暂时性的占有不会产生任何权利。不过，努米底亚人(Numidians)向迦太基人极力主张享有例外，即声称一旦有机会，努米底亚人的大王就会不时地把有争议的财产据为己有，因为这种财产一直处在较强一方的控制之下。

10. 但是，又会产生一个相当难以解决的问题是，通过前述方式抛弃财产，未出生的人的权利是否可以被剥夺。如果我们认为“不能”剥夺他们的权利，那么已经确立的规则对于维持国家间的和平与财产的安全就没有任何意义。因为就绝大多数事物来说，其中总有某些东西是应当被看作是涉及后代的利益的。但如果我们断定他们“可以”被剥夺其权利，似乎不可思议的是，沉默竟然会损害那些尚未出生、还不能说话的人的权利，即“其他人”的行为结果对未出生的人的利益构成了损害。

为了走出这种困境，我们必须认为，人在以物质形体存在之前是不可能享有任何权利的。用许多学者的话来说，没有物质形体就不会有行为的发生。因此，如果一个君主出于政策方面的迫切考虑，并且为了他自己在版图上的统治的需要和臣
115 民的利益，他应当拒绝接受多余的主权权力，或出于同样的原因，放弃他已经接受的主权权力，这样他就不会被指控损害了他的还未出生的继承人和接替者的利益，因为人在自然出生之前是不可能享有任何权利的。

尽管主权者可以“明确地”宣布有关其统治的意志的改变，但在某些情况下，这种改变是默示的，不需要加以宣布。

因为此类变化既可能是明示，也可能是默示的，所以，在继承人或者接替者的权利被认为生成之前，财产可以被视为已经完全被放弃。在这里，我们是从“自然法”而不是从市民法的角度来进行思考和推理的，因为，除了创设其他法律拟制外，市民法还对那些尚未出生的人进行法律上的拟制而使其具有某种人格，以阻止对他们构成损害的任何占有的发生。

为保护家庭的财产，法律规则决不能建立在不可靠的基础上，尽管使个人财产

"永久化",从而阻止其从一人之手转移到另一人之手的每一种方式在某种程度上都会损害社会公共利益。由此产生的一个获得普遍接受的看法是:时间的长久流逝会在那些世袭土地上产生一种财产权,它最初不是通过继承权而是通过原始的授权而被让与的。一位具有非凡判断力的法学家科瓦鲁维亚斯(Covarruvias)[①]通过提出有利于长子继承制的最有力的证据支持这种观点,并把它适用于交付信托的财产。

没有任何东西可以阻止国内法确立一项权利,尽管该权利不可能被一方的行为合法地转让,如果没有另一方的同意的话。但为了避免目前的所有者在占有上的不确定状态,该权利就可能因为长时间忽略提出有关主张而丧失。然而,被剥夺权利者仍可以对那些人或其继承者提起对人诉讼,如果正是由于后者的疏忽才导致他们的权利丧失的话。

11. 接下来探讨一个重要的问题:如果在一个君王的疆域内有关时效取得的法律被普遍遵循,那么它是否也适用于王位及其所有的特权的取得上?许多根据罗马市民法的原理来分析君主主权的性质的法学家似乎断定它是可以适用于王位及其所有的特权的取得上的。但我们完全不能同意这种看法。因为要制定对任何人有拘束力的法律,立法者就必须既要有相应的权力,也要有相应的意志。

立法者本人是不受他所制定的法律约束的,同样也不受上级不可撤销与不可改 116
变的控制所约束。但有时可能需要改变甚至废除立法者所制定的法律。同时,立法者可能会受到他自己制定的法律所拘束,此时他不是以立法者而是以社会的一员的身份出现的。根据自然公平,作为整体的各组成部分(个人)是与整体(社会)密不可分的。我们在《圣经》中看到的是,扫罗(Saul)在其统治伊始就遵循该规则。

前述规则在这里派不上用场,因为我们不是把立法者看作整个社会的一员,而是把他们看作整个社会的"代表"和"统治者"。实际上也不可能假定立法者怀有这种意图。我们不能指望立法者完全按照法律规则来行事,除非法律规则的性质和对象是一般性的。但主权与其他事物是不可同日而语的,因为其在目的上的高尚性和在性质上的尊严性会使其他任何事物都相形见绌。也找不出哪个国家的国家法(civil law)会根据时效取得的规则来理解主权,或者打算这样来理解主权。

---

① 科瓦鲁维亚斯,教会法学家。

117 # 第九章　管辖权和所有权终止的情形[1]

当物主的家庭成员全部死亡时，管辖权和财产权终止——一个民族的权利消失的方式——当一个民族的关键构成部分被毁灭时，它就被看作已经灭绝——一个民族不会因为移居海外而被看作死亡——国家不会因结成联盟而丧失独立存在

1. 和 2. 在前面考察了主权权力与私人财产权的获得和转让方式后，接下来要分析的自然是其终止的方式。前面已经指出，财产上的权利会由于疏忽而丧失，因为财产权持续存在的时间不可能比物主的意志持续存在的时间更长。

还有一种权利停止存在的方式，它不需要发生明示或默示的转让，即在君主或者物主的家庭成员全部死亡的情况下，法律必须将其规定为一种有点类似于某人在死亡时没有就其财产的继承留下遗嘱的情形的意外事件。

因此，如果一个人死亡时既没有留下遗嘱也没有血亲，那么他所享有的全部权利就会消灭；如果是君主的话，有关权利就会全部回到国家手中；除非法律明确地作出了相反的规定。

3. 这种推理方式也同样适用于民族。艾索克里提斯，以及他之后的朱利安皇帝，都认为国家是永恒的，民族也可能是永久存在的。每一个民族都只是由不同部分构成的众多的实体之一，在日常的继承方面相互因循，并且为死者提供了法律地位。这种实体统一在同一个称谓之下，用普鲁塔克的话来说，它就是一种品性
118 (constitution)；用法学家保罗的话来说，它就是一种精神。一个民族的品性或精神是日常生活充分完美与和谐的反映。从那里产生出作为一切政府灵魂的主权权力。正如塞涅卡所说，它好比千千万万的众生都得吸入为生命所需要的空气一样。

这些拟制的实体与自然实体非常相似。即使其组成部分发生改变，它也不会失去其自身的基本特性(identity)，只要有关的基本架构保持不变。虽然塞涅卡曾经说过这样一段话，其大意是，没有一个人在年老的时候与年轻的时候是完全一样的。但他的话也仅仅是针对人的自然形体而言的。同样，柏拉图在《克拉太鲁斯篇》中以及塞涅卡在前面所提到的地方援引赫拉克利特的话说，人不能两次踏入同

一条河流。但塞涅卡后来作了自我更正，补充道，河流的名称仍旧没有改变，但是构成河流的水体却在不停地发生变化。所以亚里士多德也把国家比作河流，说河流的名称永远不会有什么变化，但河流的组成部分却每时每刻都在发生变动。

除了名称持续不变外，还有被科农(Conon)[①]称作"实体的基本构造"(constitutional system)，被斐洛称作"使实体凝聚在一起的精神之类的本原"(principle)也不会发生变化。所以阿尔菲纳斯(Alphenus)与普鲁塔克在谈到迟迟才产生的正确看待神的报复时认为，一个民族现在仍旧是与一百年前完全一样的，尽管其在先前时期的每个成员并非都还活着，但只要其最先形成的、随后又使该民族凝聚在一起的精神仍保持着其基本特性。

因而，正如我们在世俗性的历史学著作及宗教性的著作中所见到的，就一个民族来说，存在这样一种惯例，即把很久以前发生在某一民族中的一些事情看作是发生在同一民族中那些现在还活着的人们身上。所以，据塔西佗记载，第一个在韦斯巴芗(Vespasian)[②]手下服役的人——安东尼提醒古罗马第三军团的士兵记住他们在先前的所作所为，即他们如何在马克·安东尼(Antony, Mark)[③]的领导下击败了帕提亚人，以及在考布罗(Corbulo)[④]的领导下击败了亚美尼亚人。

皮索(Piso)[⑤]在对与自己同时代的雅典人进行责骂中是存有偏见的。他拒绝将他们看作雅典人，而是把他们看作只不过是生活在地球上的所有民族的人构成的混合体，因为雅典人已经由于许多灾难的发生而灭绝了。我们认为在这种指责 119
中所表明的与其说是一种事实，不如说是一种偏见。尽管这种混合体可能有损某一民族的尊严，但却不能掩盖该民族的存在。皮索自己也没有忽视这一点。他之所以责骂与其同时代的雅典人，原因在于雅典人先前对马其顿的菲利普(Philip of Macedon)反抗不力，对他们最好的朋友忘恩负义。

组成部分的变化不能使一个民族丧失其基本特性，甚至在一千年或者更久的时间也都不能。但我们不能否认一个民族可以通过下列两种方式丧失其存在性：要么是其成员的全部灭绝，要么是其形体及精神的消灭。

---

① 科农，希腊天文学家、数学家。

② 韦斯巴芗，古罗马皇帝，69—79 年在位。

③ 马克·安东尼，恺撒的副将。

④ 考布罗，罗马政治家、将领，赢得帕提亚战争。

⑤ 皮索，古罗马望族。

4. 当一个实体的关键及维持其存在的部分被毁灭时，就可以说该实体死亡了。对于前一种情形，正如柏拉图所说的，可以提到一个民族被海洋吞没的例子。至于其他的情形，正如德尔图良所提及的：或者是一个民族由于地震的发生而被毁灭，这在历史上是有很多先例的；或者是一个民族自己毁灭自己，正如西顿人（Sidonians）①和萨干坦人（Saguntines）所做的。普林尼告诉我们，在古代的拉丁姆地区（Latium）②有五十三个民族消失了，因为现在没有他们继续存在的任何迹象。

但是，是否可以说存在这样一种情形：由于在一个民族中残存的人数是如此之少，以至于就不能构成一个民族了呢？虽然他们仍旧保持原有的基本特性，但那种特性在很早以前就是他们以私人身份所具有的，而不是以公共身份所具有的。对于每一个国家来说，情形也同样如此。

5. 一个民族如果失去其共同享有的所有权利或某些权利，就会失去其物质形态。如果真是这样的话，每个独立的个人都会被变成奴隶，就像迈锡尼人被阿戈斯人卖掉，奥林斯人被菲利普卖掉，底比斯人被亚历山大卖掉一样。而布拉廷人（Brutians）③则被罗马人变为公共奴隶。或者是，即使他们能够保有其人身自由，但他们仍被剥夺了主权权利。

李维告诉了我们有关受罗马人支配的加普亚（Capua）的一些情况，尽管加普亚仍旧是一个有人居住的城邦，但它没有市政机关，没有元老院，没有公共理事会，没有文职官员，而且被剥夺了政治审议权和主权权力。其居民是由许多分散的个人组成的，不被看作是一个整体，直接受来自罗马的总督（Preafect）所统治。因此，西塞罗在他声讨鲁拉斯（Rullus）④的第一次演讲中说，在加普亚没有留下任何共和国的迹象。

120 对于那些沦为某种形式的行省的民族，以及为另一个强大国家所征服的民族来说，其情形也好不了多少，正如拜占庭被罗马皇帝塞维鲁（Severus）⑤变为帕林萨斯行省，安条克（Antioch）⑥被提奥多西（大帝）变为雷俄狄西亚（Laodicea）⑦行省一样。

---

① 西顿人，腓尼基人。
② 拉丁姆，古意大利地区。
③ 布拉廷人，古意大利民族。
④ 鲁拉斯，古罗马护民官。
⑤ 塞维鲁，古罗马皇帝，193—211 年在位。
⑥ 安条克，小亚细亚城市。
⑦ 雷俄狄西亚，小亚细亚城市。

6. 但是，如果一个民族移居别处，则要么是由于食物的匮乏或任何其他灾难而自发移出的，要么是被强迫移出的，像在第三次布匿战争中的迦太基人一样。由于该民族仍旧保有其物质形态，所以它并不丧失其民族特性。但如果仅仅是一个民族的城市的城墙被毁，它就更不会因此而丧失其民族特性。因而，当古斯巴达人拒绝承认米西尼人(Messenians)为希腊祈求和平时，其理由是后者城墙已经被摧毁了，它在联盟大会上陷入了群起而攻之的局面。

无论政府的形式是君主制、贵族制还是民主制，这样一种看法都是同样适用的：比如罗马人仍旧是罗马人，无论它是在君主、在执政官还是在皇帝的统治之下。事实上，即使某一民族处于极端专制的政体之下，它在民族属性上与其独立状态时也是完全一样的，因为国王是作为该民族而非任何其他民族的首领来统治它的。掌握在作为首领的君主手中的主权，同样也掌握在人民的手中，就好像整个人民是首领一样。因此，在由选举而产生的政府中，如果国王或王室成员都死亡了，主权权利就会复归于人民的手中。对此前面已作了论述。

这种看法也不能为亚里士多德提出的异议所推翻，他说，如果政府的形式改变了，国家就不再是原来的国家了，正如一段乐曲的和谐会因从多利克方言(Doric)韵律转换到弗利吉亚语(Phrygian)韵律而被彻底打破一样。

可以认为，一种人为创设的体制可以通过许多不同的形式表现出来，正如在一个最高指挥官统率下的军队中虽然有许多下级军官和低级的职位，但在战斗中却表现得像一个整体一样。同样的是，在一个国家中，立法权和行政权的统一使它呈现出一种政体形式。而君主与臣民之间的截然分立以及他们之间仍旧存在的相互关系使它呈现出另外一种政体形式。行政权是政治家所关心的，而司法权是法学家所关心的。

亚里士多德也注意到了这一点。因为他认为应当由不同于政治科学的某种科 121
学来决定：在政体形式发生变化时，在旧体制下因契约而发生的债务是否应当被新体制的成员所解除。他这么做的目的是为了避免犯与他所谴责的许多其他学者同样的错误，该错误表现在老是以政治思维来考虑问题。

很显然，一个由共和制变为君主制政府的国家应当偿还在变化之前所欠的债务。因为，所有权利与权力的拥有者说到底没有变，即还是同样的人民，尽管这些权利现在是以不同方式行使的，并且不再赋予整个人民而是赋予其首领的。这就为常常出现的一个问题提供了现成的答案。该问题就是：在不同国家参加的大会上应为一个君主分派什么样的地位，如果一国的人民已经把所有的权力都交给该君主的话？毫无疑问，其地位与全体人民或其代表以前在这类会议中所曾享有的地位是完全相同的。所以，在希腊宗教同盟会议上，马其顿的菲利普接替了弗西亚人的位置。不过，也可以反过来说，一国的人民占据了分派给君主的地位。

8. [2]不管两国何时联合在一起，它们作为独立国家所具有的权利都不会消失，而是会相互共享（but will be communicated to each other）。李维告诉我们，首先是阿尔巴人（Albans）①的权利，后来是萨宾人（Sabines）②的权利，被转移给罗马人，它们随后组建了一个统一的政府。对于不是通过统一"联盟"，而是通过让其中一个国家的君主成为它们共同的首领而走向联合的国家来说，这种推理也是同样适用的。

9. 另一方面，最初形成一个统一国家的民族也可能发生分裂。或者由于相互憎恨，或者由于战争的发生而分裂，就像波斯王国被亚历山大的继承者所分裂一样。如果发生这种情况，原本只有一个主权当局，现在却有了许多个主权当局，每个主权当局都享有独立的权利。无论共同属于原来的国家所拥有的东西是什么，它要么继续作为共同关心的事业被管理，要么按照公平的比例分配给每个主权当局。

122 在此还应当提到自愿的分离，当一个国家向海外派遣殖民团时就会发生这种分离。因而，一个新民族一旦事实上形成，就享有它们自己的权力。正如修昔底德所说，国家不是以奴役而是以地位平等为前提条件向海外派遣殖民团的，虽然殖民团仍对其母国负有服从和尊重的义务。同一个作者在谈到柯林斯人向伊皮达努派出的第二批殖民团时说："他们使公众意识到：那些自愿到海外定居者应当与留在国内的人享有平等的权利。"

［英译者注］

1. 此处的翻译是从原书第二编的第四章直接跳到第九章的。中间性的章节主要是对作者以前的观点进行的重复论述，内容是有关海洋和河流等上面的权利的，而且那些与人有关的权利的内容，已经在《布莱克斯通法官评注》（Judge Blackstone's Commentaries）第一卷中有过详细的介绍，所以在这里没有必要对它们进行翻译了。

2. 原书的第 7 节在翻译中被省略掉了。

---

① 阿尔巴人，古意大利民族。

② 萨宾人，古意大利民族。

第十章　由财产而生的义务 123

返还属于他人所有的财产的义务的起源与性质——如果不正当占有合法物主的动产或不动产，就有义务把由此而生的利益返还给该物主——善意的占有者不负返还的义务，如果占有物已经灭失的话——善意占有者对其仍然控制的利益负有返还的义务——占有者对其占有所导致的损耗负有赔偿的义务——占有者没有义务偿还赠与物，但有一个例外——任何已购买的物品如果被出售，卖方有义务偿还，但有一个特定例外——在什么情况下，善意购买他人物品者可以收回货款的全部或部分——向不是货物真正所有人购买货物的人不应当将东西退还给该卖主——在物品的真正物主无法查明的情况下，该物品的占有者不应当将其交给任何人——人们没有义务返还从不诚实的行为中或者从有义务作出的行为中获得的金钱——驳斥那种认为以重量、数量和尺度来评估的物品的所有权可以不经其物主的同意而发生转移的观点

1. 前面已经探讨了财产的性质和权利，紧接着我们得考察由此而发生的义务。

此义务既产生于以物质形态存在的财产，也产生于不以物质形态存在的财产。并且，在财产的名义下，还包括对人的权利，只要这种权利是对我们有益的。由以物质形态存在的财产而生的义务要求控制我们财产的人尽一切努力，以便使我们能够重新获得对财产的占有。我们之所以说“尽一切努力”，是因为任何人都没有义务做出不可能实现的事情，也没有义务以自己承担损失为代价来使该财产恢复原状。但他有义务透露一切细节，以便使他人能够重新获得对其财产的控制。

对于共有财产来说，有必要维持一定的公平，以防止某人在共同财产上享有不正当的份额，由此就导致了财产权制度的创设。它事实上成为物主之间的一种约定俗成的社会规则，即占有他人财产的人应将该财产返还给其合法的物主。因为，124
如果财产权的延伸范围只不过是使物主有权提出返还的要求，而同时无权通过“法律程序”来“强制”实现返还的话，那么，它就是建立在一个非常不牢固的基础之上

的，在法律效力上甚至无法与占有相提并论。由此导致，某人不管是诚实地获得不属于他的物还是欺诈性地获得不属于他的物，都变得没有什么两样。

不论是出于法律的明确义务，还是出于自然正义的原则，人们都同样负有返还他人财产的义务。

斯巴达人通过谴责菲庇达斯(Phaebidas)来为开脱自己的罪行寻找借口，后者违反了与底比斯人订立的条约，从而强占了卡德米(Cadmea)的要塞[①]。但事实上斯巴达人自己也是触犯了正义的，因为它转而强行取得了对该地的占有。色诺芬曾经指出，这样一种异乎寻常的非正义行为是会遭天谴的。

出于同样的原因，克拉苏和霍坦修(Quintus Hortensius)[②]由于占有了通过遗嘱留给他们的部分遗产而受到了谴责，因为该遗嘱是通过欺诈的手段做成的，在遗产的分配上原本是没有他们的份额的。西塞罗也对他们进行了谴责，其原因在于人类社会中达成的一个普遍共识是：所有人都应当归还其占有的财物，如果证明另一个人才是财物合法的所有者的话。

使人们的财产受到充分保护的、并构成所有个别契约得以缔结的基础的原则以及包含在该原则中的任何例外，都必须有明确、具体的内容。这就为我们理解屈丰尼(Tryphoninus)[③]说过的一段话提供了启示。他说："假设有一个抢劫者抢走了我的货物，交给对此一无所知的第三人(Seius)[④]保管。由此发生的问题是：第三人是应把货物归还给抢劫者还是归还给我？如果我们认为他在处理被保管物上会完全顾及自身的信用的话，'诚信'(good faith)就要求将寄存物交给托其保管的人。如果我们考虑到整个案件的解决要为所有利害关系人带来公平的话，该财产就应当被归还给我，因为我是那个被不公正地剥夺了财物的受害者。"

接着他又合理地补充道："我认为，让一个人获得其应当得到的份额，而不要侵犯另一个人的更为正当的权益，是与严格正义完全相符的。"可以看出，一个人所能提出的最有力的权利主张，是与财产权本身具有同等效力的(coaeval[⑤])那些主张。屈丰尼由此设立了一条规则，即任何人在不知情的情况下保存收到的货物，但在后来发现该货物属于他自己，就没有义务返还该货物。

---

① 后来为底比斯人占据。

② 霍坦修，也译霍藤修斯(公元前114—前50)，古罗马演说家、法律家。

③ 屈丰尼，塞维鲁和卡拉卡拉时期的法学家。

④ 罗马一般人名，类似中国人名"张三"等。

⑤ 同coeval，其原意是"同时代的"。

如果货物是由其财产权已经被充公的人寄存的，又该如何处理呢？屈丰尼在以前很少注意到这一点。这样的问题最好是通过该规则来进行解决，而不是用他在别处提到的通过诉诸惩罚的办法来解决。就财产权的性质而言，无论财产权是产生于万民法（the law of nations）的，还是产生于市民法（the civil law）的，都没什么差别，因为它总是具有某些独特的性质，其中一项性质都可以导致一种义务的产生，即每个占有者都有义务把财产返还给其合法所有者。 125

因此，在马蒂安（Martian）看来，根据万民法，可以要求那些对占有物没有合法权利的人归还有关物品。乌尔比安的格言也是建立在同样的依据之上的，即任何发现了属于其他人的物品的人都应当归还该物品，甚至不能因为发现该物品而提出任何权利性主张或获得酬劳。物品所产生的收益也应当归还，仅仅可以扣除为保管该物品而支出的合理费用。

2. 对于不以物质形态存在的物品或者其主人不能确定的物品，人们普遍接受的一般原则是：通过占有合法物主所失去的财产而使自己变富的人，有义务对该物主作出补偿，补偿的数额应当与其从该物主的财产中获得的利益成比例。因为，完全可以说真正的物主失去了多少，"他"就应该得到多少。因为引入财产权的真正目的就是为了实现公平，使每个人都获得其应得的利益。

西塞罗认为，以他人受损为代价而使自己获利是有违自然正义的。换句话说，自然正义不允许我们通过掠夺他人来增加我们自己的资源、财富和力量。这句谚语中处处充斥着公平的氛围，所以许多法学作家将其作为解释法律的基础，以弥补严格解释法律的条文所获得的意义的不足，并总是将公平视为最确定、最明晰的行为规则。

任何雇用奴隶做其代理人以便为其经商的人都应当对该代理人的行为负责，除非他事先公开声明该代理人是不值得信任的。即使发出了这样的声明，只要代理人在相关的交易中享有权利，或者支配有关赢利，该声明就会被视为一种欺诈。因为普罗库鲁斯（Proculus）①认为，任何从他人的损失中获利的人都犯了欺诈罪。

该罪名适用于与自然正义和公平相违背的一切情形。应一个母亲的请求为她的儿子的律师交了保释金的人，在该案中无权基于保证（assumpsit or undertak- 126

① 普罗库鲁斯，古罗马法学家，自成一派，与萨宾派对立。

ing)为由而起诉该律师。因为律师负责处理的事是与他毫不相关的，保释金也完全是应“这个母亲的请求”而交的。不过根据帕比尼安的看法，在该案中，以保证为由提起的诉讼是针对该律师的，因为正是委托人所交的钱使后者免除了遭受有关损失的风险（risque[①]）的义务。

所以，如果妻子给了其丈夫一些钱，然后再通过法律途径来要回，就发生了针对她的丈夫的对人返还诉讼，也间接地对以这笔钱买的任何东西提起了诉讼。因为，根据乌尔比安的观点，丈夫的确是通过这笔钱变富了。但问题是，他所拥有的财产是否是他妻子的。

如果我的钱被我的奴隶抢劫了，任何以为那是奴隶自己的财产而花费了这笔钱的人，都可以被我提起诉讼，就好比那个人不正当地占有我的财产一样。根据罗马法，未成年人不必对他所借的钱负偿还义务。但如果一个未成年人凭借这笔借款而变富的话，则可以间接地对他提起诉讼。

如果属于他人的任何东西被债权人典当或拍卖，那么债务人就应当被免除支付与债权人所获利益相当的债务份额。因为屈丰尼认为，无论义务是什么，只要增加的钱是出自该债务的，将它归属于债务人而非债权人显然会是更合理的。但债务人有义务赔偿购买者所遭受的损失，因为一个人从他人的损失中获利是不公平的。如果占有为其所借出的钱而设定抵押的不动产的债权人，从抵押中所获得的租金和利益超过了其实际拥有的债权，超出多少，就应被视为对债务人所欠本金的偿付多少。

我们再继续考察其他的情形。如果你已经同我的债务人进行了商谈，认为他不负债于我，而是负债于另一个人，并且向他借了我借给他的钱，你就有义务把所借的钱归还给我。这不是因为我把钱借给了你，这样的行为只能通过双方相互同意来完成，而是因为它是合理公正的，即如果我的钱在你的控制之下，你就应当把它归还给我。

127 后来的法学作家已经引证这种推论来支持类似的情形。因而，一个因违约而败诉的人的货物即使被卖掉，如果他可以对这项判决提出任何有效异议的话，他就有权得到从销售中所获得的货款。另外，如果一个人已经借钱给一个父亲供养其儿子，假定该父亲后来变得无力还债的话，他就可以起诉该儿子，如果该儿子继承

① 同 risk。

了其父母留下的任何财产的话。

如果这两项规则被充分地理解，那么就不难回答法学家和神学家就此类主题所提出的问题了。

3. 首先，一个通过正当的手段取得财产的人是不负返还的义务的，如果这些财产已经灭失的话，因为他已不再占有该财产，并且他也未能从财产中获得任何利益。应由法律惩治的非法占有的情形是完全与此不相关的。

4. 其次，财产的善意占有者对仍由其控制的利益或孳息负有返还的义务。这里是指“财产本身”所产生的“利益或孳息”。因为，从财产中所获得的收益如果是由于占有者在财产上加工的结果的话，它是不属于财产本身的，虽然它从根本上讲仍是出自该财产的。这种义务的根据来自财产权制度。因为占有物的真正所有者自然也是同一占有物的收益、孳息的所有者。

5. 第三，善意占有者负有返还财产或对因占有而引起的财产损耗进行赔偿的义务，因为他被认为是通过占有该财产而变富了。卡利古拉(Caligula)①受到了称道，因为其统治伊始，除了恢复许多君主的王位外，还归还了从他们的国家中获得的间接收益。

6. 第四，举例来说，土地的占有者不负赔偿义务，如果他没有收割这块土地的庄稼的话。因为一旦失去占有，他就既不能获得该土地本身，也不能获得该土地所长出的物品。

7. 第五，一个把作为礼物赠与自己的财产转让给第三人的物主，没有义务对 128
原始赠与者给予赔偿，除非他接受赠与的前提条件是：如果他把赠与物转让给第三人并由此而出让自己的财产权的话，他就应返还与此收益相称的金钱。

8. 第六，如果一个人将其所买的东西卖出的话，他应当赔偿的数额是不超过

① 卡利古拉，古罗马皇帝，37—41年在位。

从销售中所获得的赢利。但是,如果他是通过签订销售合同而卖出的,他应当返还全部价款,除非他在交易过程中支付的费用与全部货款不相上下。而这样的交易是他本来就不应当做的[1]。

9. 第七,属于他人物品的善意购买人有义务将物品归还给真正的物主,他所支付的货款是不能被赔偿的。但这似乎有一项例外,那就是,物主如果没有支付一定的费用的话,他就不可能重新获得其财产。

举个例子来说,如果他的财产在海盗手中时,就可以推断物主愿意支付为重新获得其占有物而付出的费用。因为现有财产的价值,特别是难以重新获得的财产的现有价值是可以确定的,而物主因为重新获得该财产而变富了很多,尽管他为此而支付了一定费用。因而,按法律的一般规定,购买属于自己的物品是不可能构成一项交易的。不过法学家保罗认为,如果一开始就同意为重新占有被其他人控制的、属于自己的物品而支付费用的话,那么,这也构成交易。

对于一件物品是否在被购买时就有将其归还给物主的意图,学者们的看法是
129 很不一致的。有人说,在那种情形下可以就由此所遭受的损失提起诉讼。而另一些人则持相反的看法。因为,在这种情况下,为获得对交易中发生的损失的赔偿提起诉讼是出自于市民法的人为规则而非自然正义的原始命令。而后者是我们在此要探讨的主要话题。

与此有些相似的是乌尔比安有关葬礼费用的一些论述。他认为一个富有同情心的法官会不太严格地关注已付出的极少(bare)劳动量,而会允许为了公平起见作出一些变通,会沉醉于人性的自然流露。

在另外的场合乌尔比安还谈到,如果有人不是出于对我的利益的关心,而是出于他自己的利益的考虑,为我处理了一些事情,并且已经把一些费用记在我的名头下,他可以据此提起诉讼。这不是因为他已经得到了什么,而是因为我由于他的劳动和花费而得到了一些利益。

同样,那些为使船只减轻重量而把货物抛弃的物主,可以从那些由此使他们的货物得以获救的物主那里得到补偿,因为后者被认为由于保全了本来会丧失的货物而变富了。

10. 第八,向他人购买了一件物品的人是不能将该物品归还给卖者的,如果卖

者不是该物品的主人的话。因为自他占有该物品时起，他就负有将其归还给合法物主的义务。

11. 另外，如果某人占有了一件物品，但其真正的物主身份不明，他就既不应该、也没有必要承担把它交给穷人的义务。虽然这可以被看作一种慈善行为，并且在某些地方是一种约定俗成的惯例。这样一种看法是建立在财产权的引入的基础上的。因为，由于财产权的引入，除了物品的真正物主之外，没有人可以对该物品主张丝毫权利。因此，对于无法找到物品的真正所有者的人来说，就好比事实上没有任何人是其真正的所有者一样。

12. 最后，自然法没有对一个人施加返还金钱的义务，虽然该金钱或者是通过不诚实的行为获得的，或者是通过作出其本人有义务作出的法律行为获得的。不过，一些法律就这类情形设定归还义务也是不无道理的。其原因就在于没有人有义务放弃任何财产，除非它属于另外一个人所有。但这里所指的财产是可以由其最初的所有者自愿转让给他人的。

如果在获得某物的手段上有任何不合法之处，那么情况就会很不一样。比如，130
它是通过敲诈获得的，这就引起了承受惩罚的义务，在此不必多作论述。

13. 当前所探讨的话题将以反驳麦蒂那斯(Medinas)的错误观点来画上句号。其错误观点是，属于他人所有的物的财产权可以在没有征得物主同意的情况下进行转让，如果这些物品是与那些通常按重量、数量和尺度进行评估的物品一样的话。因为那种性质的物品是可以重新购买到的(repaid)，或者是可以通过获得其等价物而重新获得的。

但是这种重新获得的模式只有在事先达成协议的情况下，或者被看作是为法律或者习惯所确立的情况下，才是有可能的。只要物品本身已经被消耗，就无法进行原模原样的返还。但是，如果没有这样的同意，不管是明示的还是默示的，则原来的物品本身就必须被返还，除了前面已经提到的不可能返还的情形之外。

[英译者注]

1. 下列摘自布莱克斯通的《英国法释义》(Blackstone's Com. b. ii. ch. xxx.)一书的内容可以

解释作者在此处的意图：

“买卖或‘交换’是在支付价格或者补偿的情况下财产从一个人转移到另一个人，因为没有补偿的买卖是不存在的。”（第 446 页）

“卖方如果对卖出的货物有所有权，他就有权在任何时候并以任何方式将货物处理给任何他愿意与之交易的人。”（第 446 页）

“不管交易转了多少次手，如果原来没有所有权而卖掉货物的卖主再次占有货物，那么该货物的最初所有者，当他发现货物被犯了破坏最初的正义罪的人所占有时，就可取走货物。”（第 450 页）

第十一章　论　允　诺 131

驳斥那种认为履行允诺的义务并不是自然法所设定的看法——口头声明不具有约束力——应当履行其约定的允诺人，尽管无权强制允诺履行，但可以把它让与另一个人——何种允诺产生这类权利——允诺人应当合理地使用理性——自然法与市民法在有关未成年人的规定上有差异——在错误或为恐惧所迫的情形下所作出的允诺在多大程度上具有效力——如果允诺人完全能够履行允诺，允诺是有效的——基于不法考虑所作出的允诺是否具有约束力——探讨确认由他人作出的允诺的方式及大使超越其获得的指示所作出的行为——船主在多大程度上受所雇船长的行为约束，商人在多大程度上受其代理人的行为约束——接受是允诺生效的必要条件——允诺有时候是可以撤销的——撤销允诺的权力，一一加以解释——附加在允诺上的繁琐条件——证实允诺无效的方法——起源于为他人缔结的约定中的自然义务

1. 本书接下来要探讨的是由口头允诺(promise)而生的义务。[1]最早对它进行探讨的是康纳努斯(Franciscus Connanus)①，一个具有非凡学识的人。他认为，自然法与万国法都不强制人们履行口头允诺，但其中不包括明示的契约。[2]然而，在履行口头允诺同美德和公平相符的情况下，即使没有具体的允诺对象，有关履行也是符合正义的。为了支持他自己的观点，康纳努斯不仅引用了法学家的格言，而且也给出了下列理由。

他认为，不论是作出一个草率允诺的人，还是相信一个草率允诺的人，都是应 132
当受到责备的。因为，这类允诺常常是为了满足虚荣心而非决意履行(a settled deliberation)的目的而作出的，并且是轻率和欠考虑的，如果所有人都因此而受到约束，那么他们的财产将处于迫在眉睫的危险之中。最后，对于那些无论从哪种意义上看都是正当的允诺，其履行应当交由个人自由决定，而不应当根据必要性(necessity)的严格规则来强制履行。康纳努斯还认为，不履行允诺是可耻的，不是因

① 康纳努斯(1508—1551)，法国人文主义法学派代表人物之一，著有《市民法评注》。

为不履行之行为不正当，而是因为不履行之做法证明了在作出允诺上的轻率性。

为了支持自己的观点，康纳努斯还求助于图里(Tully)[①]在这一问题上的看法。图里认为，如果允诺会给其接受者带来损害的话，就不应当遵守；如果允诺给其作出者带来的损害大于允诺给其接受者带来的利益，也不应当遵守。但是，如果对一个约定的履行一开始就是出于信守允诺的缘故，倘若该约定尚未履行完毕，人们可以不必完全履行该允诺，但需要基于失约向对方作出赔偿。他继续说道，约定没有固有的义务效力，义务效力仅仅来源于明示契约，在那里，义务效力或者构成其正式条文，或者构成其附件。当然，义务效力也可来自于允诺的物品的交付。由此而发生一方提起诉讼，另一方则提出抗辩，以对抗前者所提出的一切诉讼请求。

不过，只是由于得到了法律的支持，义务性协定，如明示的契约及其他类似的约定才由此获得了效力，因为法律能够赋予本身是非常公平和公正的东西以义务的效力。

从作者意欲表达的大意来看，其主张前后并不一致。因为，首先，我们立即可以从他的主张中得出如下推论：国王及不同的国家间缔结的条约，直到它们中的某一部分被切实履行之前，是没有效力的，特别是在还没有就那部分的内容以某种形式的条约或者公约达成协议时更是如此。

难以解释的是，法律，一种在人民间达成的一般性协定——亚里士多德和德摩斯提尼的确是这样称呼法律的——为什么能够赋予契约以义务性效力；为什么能随意做出任何事情来约束他自己的意志，对他人却没有同样的效力，特别是在市民法没有对它作出任何禁止的情况下。

133 此外，正如前面所指出的，对财产所享有的权利是可以让渡的，只要有足够的迹象显示出这种意志的存在。那么，为什么我们不能让渡给另一个人以某种权利，使他能够主张把我们的财产转让给他，或者能够要求我们履行允诺，就好像我们对自己的行为以及财产拥有的那种权力一样？

这一观点得到了历代先贤圣人们的证实。正如法律权威们所指出的那样，物主能够如愿以偿地、自由地把自己的财产转让给别人，没有比这更与自然正义相一致的了。因此，没有什么比严格遵守人们彼此之间的约定更能在他们中间促成诚信的了。因而，尽管并无真正的债务发生，但只要一方作出了口头上的允诺，一个

① 图里，西塞罗的英文名。

偿还金钱的法院判决还是被认为是与自然正义相符的。

法学家保罗也说过，在迫使一个借款人偿还借款的问题上，自然法与万民法的规定是一致的。在这里，“迫使”一词暗示着一种道德义务。所以，康纳努斯的观点是无法接受的。他认为，只要一个契约已经得到了部分履行，我们就可以指望它会得到充分、全面的履行。在这里，保罗谈到的是一个没有丝毫正当性的行为。即使钱已经被支付了，不管是按明确规定的方式，还是按其他方式，该行为都是完全无效的。为了阻止随意提起诉讼，市民法并不干预那些为自然法和万民法所强制执行的契约。

西塞罗在他的《论义务》一书的第一卷中给允诺施加了忠诚的义务。他把“忠诚”(fidelity)称作“正义的基础”，贺拉斯(Horace)也把“忠诚”看作正义的姊妹，而柏拉图学派经常把正义称作“诚实”(truth)，阿普里亚斯(Apuleius)[①]把“诚实”解释为“忠诚”，西蒙尼德斯把正义不仅定义为“一个人把捡到的东西归还给他人”，而且也定义为“实话实说”(speaking the truth)。

但是，为了更加透彻地理解有关问题，就正处于我们控制之下的，或者推定会处于控制之下的事物来说，我们必须仔细留意三种不同的表述方式。

2. 其中第一种方式是，只要对未来的意图提供了担保，并且该担保在作出时如果是“真实的”，即使它不应当被实施，也不会招致责任，因为事后不可能发现该担保是临时性的(expedient)。因为人类意志(human mind)不仅有改变其意向的
天赋能力(natural power)，而且也有改变其意向的权利。因而，如果对意见或者意 134
向的改变施加任何责任，就不应当归因于“变化行为本身”(bare act of changing)，而是应归因于它所发生的“背景”(circunstances)，特别是在先前的决定是最好的决定时。

3. 第二种方式是：未来的意向通过外部行为和迹象表达出来，并且这些行为和迹象足以表明遵守当前的担保的决定。这类允诺可以被看作是负有不充分义务的允诺，只向允诺的相对方传达了一种信号，即他们无权强制有关允诺的履行。因为在许多情况下，我们即使负有一种义务，但另一个人却无权迫使我们履行该义

---

① 阿普里亚斯，罗马哲学家、讽刺作家，著有《金驴记》。

务。在这一点上，信守允诺的义务有点类似于怜悯和感激的义务。因而就这类允诺而言，允诺的相对方无权依据自然法使自己拥有允诺人自己所拥有的动产(effects)，也无权“强迫”允诺人履行其允诺。

4. 第三种方式是：只要这类决定为把特定权利转让给另一个人的意图的明显迹象所证实，就会构成一个负有充分义务的允诺，并附有让渡财产之类的义务。

不过，可能存在两类让渡，一类是让渡我们的财产，另一类是让渡我们的某些自由。在前一类让渡的情况下，我们可以称其为“赠与财物的允诺”，在后一类让渡的情况下，我们可以将其视为“作出某些行为的允诺”。

在这一点上，伟大的《圣经》给我们提供了极有说服力的证据。它告诉我们，尽管上帝自己不可能受已经确立的法律规范的约束，但他如果不履行其允诺的话，他就会作出与自身性质相冲突的行为。由此可见，履行允诺的义务起源于那种不可改变的正义的性质，它就是上帝的品性，并且是所有有着上帝之形、能够理性地行事的人共同具有的品性。

为了证明《圣经》中存在着上述证据，我们有必要提到所罗门作出的判决：“我的孩子呀！如果你已经为你的朋友担保，你的手已经同陌生人的手握紧；那么，你已被你口中的语言所诱捕，然后你就被你自己的言语所束缚。”因而，希伯来人把允诺称作一个“契约”或“约束”，可以与一种誓约相提并论。尤斯塔修(Eustathius)[1]
135 在对《伊利亚德》第二卷所作的注解中为“誓约”(ὑποόχεόεωs)或“约定”一词找到了一个相似的来源。对于已经接受允诺的人来说，他在一定程度上就与已经作出约定的人进行了角色互换(takes and holds)。奥维德在他的《变形论(Metamorphoses)》的第二卷中表达得还不算笨拙的一个意图(meaning)是，允诺人对他的允诺相对方说：“我的话就成了你的话”。

在知道了这一点后，在反驳康纳努斯的观点上就不再有任何困难。要分析法学家就“无偿允诺”(bare promises)所作的论述，只需要参考罗马法引入的有关规定即可。罗马法规定：“正式约定”是决意履行(deliberate mind)(允诺)的确定无疑的标志。

不可否认的是，在其他国家中肯定也存在着类似的法律。塞涅卡在提到人法

---

① 尤斯塔修，1019—1025年任君士坦丁堡牧首，拜占庭学者。

和没有在庄重的仪式下作出的允诺时说:“法律,我得补充的是,不管是哪个国家的,会迫使我们履行无偿允诺吗?”显然,除了正式约定或任何为国内法所要求的其他类似行为外,自然还存在着决意履行(允诺)的其他迹象,以便为法律救济提供理由。

但是,即使存在履行的决议,但未付诸实际行动,我们通常认为不会构成充分义务。这正如西奥弗拉斯特斯(Theophrastus)①在他论法律的书中所阐述的那样。不过,如果出于履行允诺的决议而作出了某种行为,同时并无让渡我们自己的权利给他人的意图,那么,尽管它不能赋予任何人以强迫履行允诺的自然权利,但不论是从义务的角度,还是从道德必要性的角度来看,它都创造了一种法律义务。接下来要考察的问题是,什么是构成一个充分允诺的必要条件。

5. 理智的运用是构成允诺义务的第一个必要条件,因而白痴、疯子与未成年人是不能作出允诺的。未成年人的情形稍微有些不同,尽管他们可能不具有健全的判断力,但这并不是一个永久性的缺陷;而且,仅仅缺乏健全的判断力也不足以自行地使他们所作出的所有行为都无效。虽然不能准确地确定在哪个年龄阶段理智开始产生了,但可以从日常行为中,或者从每一个国家的特别习惯中推断出来。

在希伯来人中,男性年满 13 周岁,女性年满 12 周岁,他们所作的允诺就是有效的了。在其他国家中,出于正义的考虑,国内法宣布由受监护人和未成年人所作的某些允诺是无效的。这种现象不仅在罗马人中存在,而且在希腊人中也存在。狄奥·克里索斯登在他的第二十五篇演说中提到了这一点。为了消除不谨慎作出 136
的允诺的后果,一些国家的法律引入了恢复之诉或者赔偿之诉。但是此类规则只是存在于国内法中,与自然法和万国法没有直接的联系,更不能认为只要它们一经确立,就是与自然正义相一致的,从而应当得到严格的遵守。

因而,如果一个外国人与本国公民或者其他国家的臣民达成了一个契约,他就应当受他所居留国家的法律的约束,因为在他居留期间,他有临时性服从所居留国的法律的义务。但如果契约是在向各国开放的海域上(open sea)②达成的,或者是在一个荒岛上达成的,或者是通过书信达成的,那自然就另当别论了。这样的契约

① 西奥弗拉斯特斯,也译为狄奥弗拉斯特(约公元前 372—前 287),古希腊哲学家,亚里士多德之后逍遥派的领导人。

② 也可直译为“开放海”。

只受自然法所约束。同样，主权者以其公共身份所缔结的协约只受自然法所约束。

6. 如果契约是在错误的情形下缔结的，那么，情况就会变得复杂一些。一般说来，允诺人是否完全知晓他所作出的允诺的内容及其允诺给予的物品的价值；或者缔结契约是否出于欺诈的目的，或者其中一方是否对欺诈知情；对允诺的履行是否是一种严格正义的行为，或者仅仅是一种善意的行为，其效果是很不一样的。基于各种情形的不同，笔者认为其中某些行为是无效的，而另外一些行为则是有效的。对于无效的行为来说，应当交给受损方自己决定是撤销还是改变它们。

上述区分绝大多数见之于古代罗马的国内法或者其地方行省的法律，尽管其中一些并不是严格地建立在理性和真理之上的，但是发现真理最明显和最自然的方式是借助于法律，因为法律的力量和效力来自于人类的普遍认同。如果法律是建立在对现实中根本不存在事实的假设的基础上的，这样的法律就不具有拘束力。因为，如果不能提供有关事实存在的证据，法律所依赖的整个基础就形同空中楼阁。不过，我们必须求助于法律的主旨(subject)、用语与具体规定，以便确定什么时候它是建立在这样一种假设的基础上的。[3]

137 同样的规则也适用于允诺的解释。因为，如果允诺是基于对事实的推定存在作出的，而最终证明该事实是不存在的，那么有关允诺就会丧失义务的效力。因为允诺者总是在特定的条件下作出允诺的，但结果证明该条件完全不可能实现。

西塞罗在他《论演说家的天赋与个性》(on the talents and character of an orator)一书的第一卷中，举了一个父亲的例子。这个父亲基于推测或者某种消息，认为他儿子已经死了，他就允诺把他的财产遗赠给他的侄子。但结果证明其推测是错误的，消息是虚假的，该父亲就被免除了向其亲人所承担的义务。

但如果允诺者没有对有关事实进行查证，或者在表达其意图上粗心大意，他就有义务赔偿另一个人由此所遭受的损失。这种义务不是建立在允诺的效力之上的，而是建立在已经发生的损害之上的。如果错误不是允诺的“依据”(occasion)的话，该错误的允诺就是有拘束力的。然而，如果允诺是通过欺诈的手段获得的，那么获得该允诺的人就应当对允诺人遭受的损害作出赔偿；如果在允诺上仅存在部分错误，那么允诺的其他部分应当被认为是有效的。

7. 在恐惧下被迫作出的允诺同样是一个难以决断的问题。因为，在这种情况下，通常有必要在下列不同的情形之间作出区分，即真实的恐惧与空想的恐惧之间，有充分根据的恐惧与仅仅是恐惧之虞之间，制造恐惧的人，即是允诺相对方还是其他人之间。有时，也会在纯粹是无报酬的行为与双方都有利益的行为之间作出区分或决断。根据具体情形的不同，一些约定被认为是无效的，另一些则是可以撤销的。至于是否撤销，完全取决于允诺者的意愿或者自由裁量，还有一些则授权对由此发生的不便提出赔偿请求。但对于上述每一种具体情形，人们的看法都很不一样。

有一些人没有考虑到市民法具有废除或者缩减义务的权力，认为一个人应当履行他在恐惧的影响下所作出的允诺。他们的看法是有一定道理的。即使在这种情形之下，也存在“同意”，尽管它是被迫作出的。它也不是有条件的，正如在错误的允诺中一样，而是绝对的，它被看作是“同意”。正如亚里士多德所指出的那样，138
那些同意在暴风雨中把货物扔向船舱外的人，要不是因为害怕发生船难，本来是不会抛弃其货物的。但是，在充分考虑到当时各种具体因素后，他们可以自由决定是否抛弃货物。

8. 为了使允诺有效，允诺的履行必须是允诺人完全能够控制的。正因为如此，作出不法行为的允诺都是无效的，因为没有人现在有权，或者曾经可能有权作出某种违法的行为。但对于一个允诺说来，正如前面已经指出的，其所有效力都来自允诺人能够作出允诺的权利，而一旦超出允诺人的权利范围，允诺就不再发生效力。

如果某一物品现在不在允诺人的控制范围之内，但在将来某个时候可能会处在允诺人的控制范围之内，那么，义务就会暂时处于中止状态。因为此允诺仅仅是在期待未来有能力履行它的前提下作出的。但是，如果一个人能够控制允诺发生的条件，从而使允诺发生或者不使其发生，他就负有尽一切努力来履行允诺的道德义务。但鉴于这类义务仅仅是道德性的，出于保障社会公众效益(general utility)的明显动机，国内法有时会行使其权威以废除这些义务，尽管自然法会一再确认这类义务的有效性。

9. 接下来要探讨的主要是有关那些基于各种不道德或者不合法的考虑所作的允诺的效力问题。比如，就如同一个人允诺可以给予另一个人任何东西，但前提是他得实施谋杀之类的问题。这样的允诺本身就是邪恶的、不合法的，因为它鼓励实施犯罪行为。然而也不能得出每一个“愚蠢的”或者“鲁莽的”(improvident)允诺都会丧失义务的效力的结论。就对轻率的或者挥霍的让与的接受(Confirmation)来说，由于对已经被许诺让与的东西的接受是不可能再次产生邪恶的，所以，使允诺失去效力甚至比对最不经济的允诺的接受所造成的邪恶还要大。不过，基于“不道德”与“不合法”考虑所作的允诺，即使尚未履行，也总是会处在一种犯罪状态之中。因为在允诺存在的整个期间中，对履行的期待都带有一种去不掉的、鼓励实施犯罪行为的标志。

139 12. [4]如果有人很显然是从我们那里得到了缔结契约的特别的或者一般的指示，我们就有义务确认他们以我们的名义缔结的契约为有效。在全权委托他人的情况下，即使代理人超越其已经收到的秘密指示行事，我们也应当为该代理人的行为所约束。因为他在作出行为时表面上是有权的，因此，不论他做了什么事情，我们都有义务加以追认，尽管我们可能已经使他承担一种义务：不要做任何超越对他的秘密指示的事情。这条我们必须遵守的规则也同样适用于大使以他们的君主的名义所作的允诺，如果根据他们所递交的国书，他们已经超越了君主对他们的私人指示行事的话。

13. 基于前面的论述，很容易理解船主会对他们所雇用的船长在其船上所作出的行为负责的范围，或者是商人会对其代理人的行为负责的范围。基于自然公平，船主有权以他们所给予的指示(的特定性)及赋予的权力(的有限性)为由来起诉越权行事的代理人。所以我们完全有理由谴责罗马法的过于苛刻，因为它使船主绝对地受其所雇用的船长所作出的行为约束。这既与自然公平相违背，因为自然公平要求每一方都只承担与其过错程度相应的责任，也不能促进公共利益(public good)。

如果船主们一直担心会对其船长的行为无限地承担责任，他们就不大敢经营航运事业。因而在荷兰，一个贸易已经极为兴盛的国家，不论是在现在还是在过去，罗马法都长期未被严格遵守。相反，却确立了这样一条规则：在对船主提起诉讼中，可以获得的最大赔偿数额以不能超过船舶与货物的价值总和为限。

让渡权利的允诺，与转让财产的允诺一样，都需要有对允诺对象的接受才能产生效果。在这种情况下，应当说一直需要一个先决条件，这就是对允诺对象的接受。这是不与国内法要求每个人向国家作的那种允诺相抵触的，后者不需要任何前提或者正式接受。

14. 有一种理由让某些人认为：根据自然法，仅仅需要允诺人的行为就足够了。我们最初的主张是与罗马法不相矛盾的。因为它并未规定，一个允诺在接受前就已 140
经具有了充分的效力，而是仅仅规定禁止撤销允诺，因为对允诺的撤销会阻止对允诺的接受。因此，这种效力不是来自“自然”规则，而是来自纯粹的“法律”规则。

15. 另外一个问题是：是只要有接受允诺的行为就足够了，还是应当在允诺变得有约束力之前告知允诺人允诺已经被接受。

毫无疑问，允诺可以基于两种不同的方式变得具有效力：或者是一旦允诺被作出，就意味着允诺被接受；或者是一旦允诺被认可，就意味着允诺人被告知允诺已经被接受。如果允诺双方相互向对方负有义务，就可以被看作是后一种意义上的允诺；但在前一种意义上，最好把允诺看作是纯粹无偿的，除非存在相反的证据表明情形不是这样。

16. 由此可以推断出，用不着归因于非正义或者轻率，就可以撤销允诺，因为“在允诺被接受之前”，还没有发生权利让渡，特别是，如果“对允诺的接受”是构成允诺得以履行的前提条件的话。如果允诺的相对方在作出接受之前死亡了，允诺也是可以撤销的。因为很显然，是否接受此允诺的权力是赋予“他本人”而不是其“继承人”的。赋予某人以权利是一回事，尽管该权利“可能”被传给他的继承人，某人表达把权利赋予他的继承人的意图则是另外一回事。因为在上述情形下，权益被赋予的对象是截然不同的。我们可以从涅拉修(Neratius)①所作的答复中加深对这一点的理解。他在答复中说，他认为君主本来是不会赋予一个死去的人以任何东西的，如果君主真的赋予了，那么他必定认为那个人在当时还活着。

17. 如果接受指派向第三人传达允诺人意图之人死亡了的话，允诺也是可以

① 涅拉修，图拉真时期的法学家。

撤销的。因为第三人的义务是建立在该传达的基础上的。在利用公共信使的情形下，情况稍有不同，因为公共信使本人并不是法定人选(obligatory instrument)〈法定使者〉[1]，而仅仅是传递信息的工具。因而，表达一个允诺或者同意的信件虽然可以由任何人加以传递，但仍旧可以在被指定传递允诺的雇用人(minister)〈使者〉[2]与被指定以自己的名义作出允诺的雇用人〈代理人〉[3]之间作出区分。

141 在前一种情形中，尽管撤销还没有让被雇用的人知道，但撤销是有效的；然而在后一种情形下，撤销则是完全无效的，因为作出允诺的权利已经被委托给了被雇佣人，是否撤销完全取决于他的意志。因而，在这种情形下作出的允诺的义务是充分的，因为被雇佣人知道他自己无意撤销允诺。而在前一种情形下，第二个人被委托向第三人传达捐赠人的意图，即使捐赠人死亡，对赠品的接受也会被看作是有效的，因为所有相关要件都被满足了。直到那时，该意图还是可以撤销的，正如在遗赠的情形中所表明的那样。但在其他的情形中，虽然一个人获得了在捐赠人“有生之年”履行允诺的全部授权，如果捐赠人在允诺履行之前死亡，而被委托人又被告知了捐赠人的死亡的话，该授权、该允诺及对该允诺的接受就会立即变得无效。

在模棱两可的案件(doubtful case)中，可以合理地推定允诺人的意图是：他所作的委托应当被执行，除非发生重大的变化，如他本人死亡等。不过，很容易找到并认可支持相反看法的各种理由，特别是在宗教捐赠的情况下，在那里，委托无论如何都应当是有效的。同样，现在可以对一直有争议的问题——是否可以基于此类遗赠对继承人提起诉讼作出决断了。在这一问题上，据《赫雷利斯新传》(the second book of Herennius)的作者所记载，地方行政官德鲁苏(Marcus Drusus)[4]作出了一种判决，而朱利斯(Sextus Julius)则作出了另外一种判决。

18. 为第三人接受允诺同样是一个值得探讨的问题。在这个问题上，应当注意到这样一种区分：就某一物品向一个人作出的允诺，该物品将被让与另一个人；

---

① “instrument”有“(正式的)促成某事的人”之意，民法界一般称这类人为“使者”。

② 原文：“minister” comes from Middle English, deriving from the Old French word *ministre*, originally *minister* in Latin, meaning “servant”(仆人)。为了与前面“使者”对应，仍可译为“使者”。

③ 原文：Yet there is a distinction to be made between a minister appointed to communicate a promise, and one appointed to make the promise in his own name。重点就在于说明二种传达人之间的不同，如果都译为“雇用人”有混淆之嫌。而且更为关键的是，原文提到两种人应为英语中的宾格形式(受雇人)，而不应是主格形式(雇用人)。

④ 德鲁苏，古罗马政治家，公元前112年罗马执政官。

直接针对某人本人作出的允诺，前述物品将被赋予此人。如果允诺是针对任何人作出的，在那里，此人利益是丝毫不受到影响的，则依据罗马法所作的规定，通过接受他似乎自然地获得了一种权利，该权利因为“他的”接受可以被转让给另一个人，并且该权利会如此充分地进行转移，以至于作出允诺人不能随即撤回该允诺，尽管它可以被已经收到它的人放弃。那是一种绝不与自然法相违背的意义，它完全是与此类允诺的用语相一致的；它也不可能是一个与此人毫无干系的问题，因为另一 142
个人通过此人获得了利益。

但是，如果允诺是直接针对财物将被赋予他的人作出的，那么，就必须在收到此类允诺的人是有接受的“专门”权限，还至有如此“广泛的”权限，以至于包括接受在内这两者之间作出区分。当一个权限事先已经被限定时，就没有作出进一步区分的必要，不管此人是否是自由人——一种为罗马法所要求的条件。不过，从此类接受来看，很显然的是，不管此人的身份如何，允诺都会是充分的，因为同意已经被作出并借助于另一个人之口被表达出来，因为此人被认为已经打算把接受或拒绝接受的权力完全交给另一个人。

尽管没有此类授权，如果允诺不是针对他作出的，而另一个人在允诺者的同意下接受了该允诺，那么允诺就会有如此强大的拘束力，以至于在允诺的受益人认可并在后来愿意解除该约定之前，允诺人都不得擅自撤销它。然而，在那段时间之内，接受者也不能撤销它，因为他自己并没有从中获得任何特别的权利，而仅仅是被用作促成允诺人良好意愿和诚信的工具。所以，如果允诺人自己撤销它，那么他并没有侵犯另一个人的充分权利，而仅仅是以违背他自己的诚信的方式行事。

19. 基于前面的论述，很容易设想对于附加在一个允诺上的繁琐条件应当抱有什么样的看法。在允诺通过接受被完成之前，或者作出一个不可撤销的履行保证之前的任何时候，都可以附加条件。通过任何人为中介，附加在意图赋予第三人的权益上的繁琐条件，在此人通过其接受来确认它之前是可以撤销的。虽然在这一问题上，人们的看法很不一致，但是，基于不偏不倚的考虑，每一情形中的自然公平都是很容易被发现的，而不必作详尽的论述。

20.21.22. 需要讨论的另一个问题是有关错误允诺的效力，即作出了错误允诺的人，在被告知其错误后仍愿意遵守其约定时，就会发生这样的问题。这种探讨 143

也适用于为国内法所禁止的允诺，因为该允诺是出于恐惧或者任何其他类似原因而作出的。也许有人会问：如果恐惧或者其他原因被消除了，这些允诺的效力又会是怎样的呢？

为了确认这类义务的发生，一些人认为仅仅是推动的内心同意，再加上先前的一些外部行为就足够了。其他人却不这样认为，因为他们并不承认外部行为是内在意图的真正标志。因而他们要求允诺与接受允诺必须再明示地重复一次。不过，真理最有可能是这两种观点之折中。尽管没有附带以言语，但是，如果有表明允诺的外在行为，即一方接受并保有一赠品，另一方放弃对该赠品的权利，就足以构成一个充分的同意。

在这里，为了防止把市民法与自然正义混淆起来，我们一定要注意的是，被发现缺乏"明确"动机的允诺，在自然法上是无效的，只不过是一种赠与。

一个被雇佣来为另一个人完成某事的人，假定他为了履行其职责已经做了他本身应该做的每一件事情，那么，他就不应当由于疏忽而支付赔偿。除非约定中的明确条款或者交易的性质要求他承担一种更严格的义务，即明确宣布：无论在任何条件下，有关事情都是必须要被完成的。

［英译者注］

1. 允诺就其性质上讲是一种口头协议，除了不及书写并盖印的协议庄重外，它在法律效力上与盖印的书面协议完全没有什么两样。因而，如果它规定应作出某种明确的行为，那么它就相当于一个明示的契约，对它的违反同样会引起损害赔偿。——Blackst. Com. B. iii, ch. Ix. Sect. 3.

2. 格劳秀斯在这一点及其他任何问题上作出的所有推论，在他看来不仅适用于个人交易，也适用于国家的行为与事务。

3. "当法律的用语在解释上发生争议时，发现该法律的确切意义的最普遍和最有效的方法是考察其'理性'和'精神'，或者考察是促使立法者制定该法律的原因。只要理性一停止存在，法律本身也应当同理性一道停止存在。"——布莱克斯通《英国法释义导论》，第2章，第16页(Blackst. Introd. Com. Ch. 2. p. 16.)。

4. 原书的第10节及第11节在翻译时被省略掉了。

第十二章　论　契　约 144

人类行为分为简单行为和复杂行为——单方受益行为或双务行为——交换行为，对将给予或作为予以调整的行为——合伙——契约——先存平等——对所有情况的了解——交换、买卖、委托和借贷契约中的同意与要求的自由——如何定价——通过买卖转移财产——不符合自然法的行为——金钱——金钱被用作一般等价物——一般事故时物品的出租和租用无减损——公平薪金的增减——法律禁止的高利贷——非来自高利贷的利息——保险——买卖合伙与航海合伙——与国际法不抵触的不平等契约条款

1. 和 2. 就涉及别人利益的所有人类行为而言，有的是简单行为，有的是复杂行为。纯粹无偿的行为是简单行为，涉及交换的行为是复杂行为。简单行为是不要任何回报的服务，复杂行为是双方都要履行一定义务。单方受益行为可能马上就起作用，也有可能在今后某个时间才起作用。当某个行为能给受益人带来好处而该受益人没有直接的或绝对的权利的时候，该行为可被看作是及时履行的对他人有益的行为。

前面已经讨论过的一个话题就是，如果先前不存在权利，赠与就转移了所有权。许诺可以被看作是与将来的赠与有关，或者被看作是预先详细充分阐述了的将来的行为。

允许使用某物却不完全转让所有权，或者之所以提供劳务是为了期望得到有价值的东西，这些行为就是双务行为。我们可把借贷和使用可消费或不可消费的财产归于第一类，把交易佣金和替他人保管财物的报酬归于第二类。除了仅指明未来某个时间的行为外，许诺今后做某事亦与此相似。根据这个分类，我们下面来 145
探讨所有的行为。

3. 所有的交换行为中，要么涉及股份的调整，要么被看作是普通股的收益。罗马法律家们是如此诠释这些调整的：“我给此是为了得到彼；我做这个是为了你要做那个；或者，我之所以做这个是为了让你给我那个。”[1]然而罗马法律家们把他

们称之为的“明示约定”排除在某些契约之外。并不是因为这些行为比前面提到的简单交易行为更配有这样的称谓，而是因为经常使用，使得这些行为有了该命名所具有的某种特性，尽管这种分类并不适用于所有相似的情形，或者用同样的术语加以表达。尽管在其他契约当中并不那么经常地被采用，这些契约在各种情况下都采用相同的格式，因而罗马法把这种行为称为“使用法定术语的行为”(action in prescribed words)。

同理，如在议价或销售时，那些通常采用的、伴有一定仪式要求的契约，以及即使交易各方都没有履行协议任何条款但是达成了交易价格时，市民法规定有义务履行这些契约。但是，在考虑那些很少使用的契约时，这些契约多数是自动约定的，往往考虑各方的诚信而非法律规定，往往由双方在履行这些契约前自由决定是否取消这些契约。

自然法中没有这样的分类，而是认为简单协议与被民法学家们所认定的明示契约具有同等的效力。在古代历史上，这种分类的理由更是莫衷一是。因此，不管简单契约与明示契约的区别，把所有协议的调整按照前述三分法分类是符合自然
146 法原则的。由此，以一物换一物是最为古老的做生意的方法，即以货易货；接下来，在商事交易进程中，以一种货币换另外一种货币，商人们把这种交易称为“兑换”；第三种契约就是在买卖过程中用钱买各种各样的东西。或者，一种东西的使用可以被用来换另一种东西的使用，也可以付钱来换取某种东西的使用。最后一种就是出租与租用行为。

在这里，“使用”一词应当理解为不仅仅是对不产生孳生物的使用，还包括那些能带来利益的物的使用，不管这种使用是暂时的、个人的、世袭的或者是有限制。正如希伯来人规定转让得在一周年后才完成一样，借用的关键在于，在一段讲明的时间后得归还原来一样的东西。能够归还的东西只能是那些可以用重量、数量和尺寸来度量的东西，无论归还的是商品还是钱币。

然而，劳务的交换则发展成了各式各样的报偿或者返还。举一个例子来说，一个人为了钱而付出劳力，在日常生活当中就被称为“工钱”或者“薪金”。而一个人因另外一个人的意外损失或损坏而给予其赔偿，这就被称为“保险”。古人没有保险这样的契约，但现在保险则成了所有贸易业和航海业的一个非常重要的分支。

4. 合作行为(acts of communication)指各方为合股出份子，有的出钱，有的出

技术或者劳力。但是，不管以何种方式来管理这些业务，这些业务都被冠之以“合伙”。我们可以以同样的方法把战时各国的联盟予以分类。同样，这种方法还可以适用于个人之间的航海联盟。在荷兰，为了防备海盗或其他的侵犯者，经常组成这样的联盟，通常称之为“舰队司令部”（Admiralty），而希腊人则称其为“联合舰队”（a joint fleet）。

5. 和 6. 复杂行为要么本身就如此，要么是由于某些偶然情况使然的。因此，如果我有意地以高价向一个人买一件东西，那么，高出的部分可以部分地被看作是
赠与，部分地被看作是买价。或者，如果我请一个金匠让他用他的材料替我做一个 147
东西，那么，我付给他的则一部分是买价，一部分是薪金。

封建制度也被看作是一连串的复杂契约。封地的给予可被看作是受益行为，但领主要求作为报偿要为他所提供的保护而服兵役，则使得封地有了契约的性质，因为一个人做某事是为了想别人做某事。但是，如果支付行为是一项明知的、故意的行为，则该支付行为就带有几分免除义务的性质。因此，对于航海的投资就有了契约、借贷和保险的混合性质了。

7. 除了那些纯粹无偿的行为，所有对他人有益的行为都归于契约。

8. 在所有的契约当中，自然公正要求在条款上体现出平等，就是说受损害的一方可以起诉对方的不当行为。这种平等部分地体现在契约的履行上，部分地体现在该契约所带来的利益上。而契约所带来的利益又体现在先前的各种安排上和该协定的主要后果上。

9. 在先于契约条款的平等问题上，最明显不过的是，卖方应当向买方披露他所知道的他要出售的东西所存在的任何瑕疵。这个原则不仅仅是市民法的要求，也同自然公正相符，因为契约各方在契约中的规定的力量比形成社会的规定还要强大。

这样就好理解巴比伦人第奥根尼（Diogenes the Babylonian）的看法了。他在讨论这个问题的时候认为，在对别人有某种义务的时候，任何沉默决不等于隐瞒，而且任何人也没有义务披露所有的事情。举个例子来说，搞科学的人并没有严格

的义务告诉另外的人他所掌握的、能给他自己带来好处的知识。

契约的发明是为了促进人际有益的交流，它要求一种更加紧密、亲近的联系，而不只是光靠人们的善意来履行他们的义务。对此，安布罗斯(Ambrose)公正地评论道：“在契约当中，待卖商品的缺陷应当让人知晓。除非卖方已经宣布了该产品的缺陷，否则即使卖方通过买卖转移了该商品的产权，卖方还是要为其欺诈行为
148 负责。”

然而，如果不是契约，就应另当别论了。如果有这样一个人，他本来在以一个较高价格卖粮食，当他得知有满载粮食的船队正驶向他所在的地方时，尽管如果他把这事告诉买方对他而言是一大善举，尽管他隐而不报对他没有任何好处，他也许还会因此失去仁义之美名，但是，他不告诉别人，并没有什么不对的地方，也不违背人们的一般交易规则。

在西塞罗的文章中提到，第奥根尼对此类行为的辩解是：“我把我的东西拿来卖，我的要价不比别人高。如果要卖的东西的量大的话，我还会开一个低价。我这么做对别人有什么害处吗?”因此，不能完全赞同西塞罗的格言。他说，如果一个人对一个东西了然于胸，仅仅为了自己的好处而让同样对这个东西有利害关系的人一无所知，那么，这就构成了欺骗性隐瞒。

事情绝非如此。只有那些能对契约的性质产生明显影响的隐瞒才是欺骗性的。比如说，卖房子的时候对该房子里发生过疫病瞒而不告，或者隐瞒官方已经下令推倒该屋的事实，这才是欺骗性隐瞒。不能理所当然地说，卖方需要把待卖的东西的所有的情况都告知买方。就拿卖地来说吧，没有必要告知土地的保有是需要支付租金，或者存在某种役务，还是完全自由保有的。

10. 和 11. 平等也不仅仅限于人们一直以为的告知缔约各方与交易有关的所有情况，平等还包括双方作出同意的完全自由。

就行为本身而言，合理的平等要求各方不能提出不正当的要求。所以在单方受益的契约中很少存在合理的平等。规定要给予借贷、劳务和雇佣以补偿本身并无不当，但是却产生了一种复杂契约，它一方面带有单方受益的性质，一方面又带有交易的性质。在所有的交易行为中，应当严格遵守这一平等要求。不能说如果
149 一方允诺更多，则被视为赠与。因为人们签订契约时从无如此意图，除非该意图十分明显，也不应假设这种意图的存在。在这些情况下，所有的允诺或赠与都指望得

到对等的回报。

“用克里索斯托(Chrysostom)的话来说,如果在所有交易和契约中我们渴望得到的比预期的多,而给予的比预期的少,这不是欺诈或抢劫又是什么呢?”《伊西多尔在佛提乌的生活》一书的作者引述赫米厄斯(Hermias)的话说,当他希望购买的任何一样东西的定价过低的时候,他会补偿价格上的不足,并认为不这样做就是不公正的,尽管其他人并不会这么做。在这种意义上,希伯来人的律法也就可以如此解释吧。

12. 还有另一种程度的平等也需要考虑,这种平等体现在下列情形当中。有的契约中,虽然没有隐瞒任何理该指明的事情,也没有单方的强求或过多的要求,但是契约双方都可能存在一些无过错的不平等。例如,事物本身存在一些不可知的缺陷,或者在定价上存在问题。平等是所有契约的基本要求,而在这种情况下,要维护平等的话,因缺陷或错误而受损的一方理应得到另一方的赔偿。因为,作为一个公理,所有约定本身就是或者应该是让双方都享有同等的、公平的利益。

罗马法制定的这一规则并不包括所有的平等,而是故意忽略了一些琐细的情况,以避免那些经常的、却又毫无意义的诉讼,只有像在价格超过价值的一半这样严重的情况下司法机构才会介入。正如西塞罗所说,法律的确有权力去强迫或限制人们,而哲学家却只能求助于人们的理智和理解。但是,那些不遵从市民法权威的人应当遵守所有在理智上看来是公正的事情,而且,服从于人类法律权力的人也应当做自然正义和神圣正义所要求的一切,即便在法律既没有赋予权利也没有剥夺权利,而只是因为某个原因而限制人们做某事时也是如此。

13. 虽然不像互易契约那样普遍,但是在受益或无偿行为当中也有某种程度
上的平等。人们在一种假定的困难基础上提出:任何人都不应在他所给予的自愿 150
服务中受到损失,自愿者因为承担他人事务所带来的花费和不便理应得到补偿。所借之物如有损坏,借物之人理应修补,因为他向物品所有者所负的义务不只是因为所有者对物品本身所具有的所有权,而且还因为物品所有者的慷慨借与而欠了他一笔人情债。当然,如所借之物即便是由所有人保有也会损坏,则另当别论了,因为物品的所有者并没有因为出借而受到损失。

另一方面,保管人接受的只是信任而已。如果保管的物品后来被损坏,保管人

没有义务恢复不复存在的东西，也不能被要求作出赔偿，因为他没有得到任何好处，相反，他施与了别人恩惠。典当与物品出租相似，可以以一种折中的方式确定义务，受典者像借方一样，不必对一切事故负责，但是他有义务比单纯的保管人更加小心地去保证典当品的安全。因为，虽然接受典当是无偿的，但是接着发生的却是一些契约条件。尽管最初不是出于罗马法，而是源于自然的平等，但是这些情况都是符合罗马法的。所有这些规则也存在于其他国家和民族之中，我们也可以参考伟大的犹太学者摩西·迈摩尼狄斯(Moses Maimonides)所著的《疑案指南》(Guide for Doubtful Cases)第三卷第四十二章。

根据同样的原则可以解释所有其他契约的本质，但是单单阐述某些契约的主要特征，也足够写出本书这样的论著来了。

14. 正如亚里士多德清楚地证明了的那样，对事物的普遍需求构成了该事物真正的价值尺度。从未开化民族盛行的以物易物的习惯当中，我们尤其可以看到这一点。然而这不是惟一标准，因为人类制定和控制着所有的规矩，又因为人类的
151 脾性和任性，人类给予了许多多余之物以名义价值。普林尼认为珍珠的最初价值是奢侈，而西塞罗认为这类事物的价值只能通过人们的欲望来估计。

但是在另一方面，必需品的大量供应会降低它们的价格。在《论利益》第六卷第十五章中，塞涅卡通过大量的例子证明了这一点，并以下列评论得出结论："事物的价格必须由市场来规范，无论你怎样对某物赞赏有加，该物所能值的也就是它的售价。"我们还可以加上法学家保罗的权威说法：事物的价格不取决于个人脾性和兴趣，而是依赖于共同的评估。也就是说，按他在其他地方所解释的那样，事物的价格取决于该物对所有人都具有的价值。

因此，事物的估价与对该物的出价和还价是成比例的，这是一个承认较大变化度和自由度的规则，除非在特殊情况下，法律给某物定了标准价。物品的通常价格顾及商人为获得该物品所付出的劳力和花费，而市场上经常发生的价格突变往往取决于购买者的多寡、市场上流通货币和可售商品的丰贫。

事实上，由于灾祸，一种商品可能合法地被以低于或高于市场的价格来买卖。比如，一件受损物品可能已经失去了它原有的或通常的价值，否则不会如此地被处置，这样就可因特殊的好恶而买卖该商品。所有这些情况均应让契约各方知晓。此外，还应考虑到由于支付及时与否所带来的损失或获益。

15. 在买卖中我们必须遵守的一点就是：即使尚未交付，交易从契约签订一刻起即已完成。这也是最简单的交易方法。因此，塞涅卡说，出售是把一个人对某物的权利和所有权转移给另一人，所有的交易都是如此。但是，如果商定所有权不会立即转移，那么卖方将有义务在规定时期进行转让，并在此期间享有所有的利润和承担所有的损失。

通过授予买方拥有和拒绝的权利，转让给他所有权所带来的利益的同时也转让给他以危险，甚至在转移之前。这些都属于市民法的规定，但并未被广泛接受。 152
事实上，一些立法规定卖方应对所有的事故和损坏负责，直到占有权实际转移为止。正如在斯托比阿斯（Stobaeus）编辑的法律书中西奥弗拉斯特斯（Theophrastus）的一篇文章中所阐述的那样，读者从中会读到许多涉及销售形式、交易的诚心和悔意的习俗惯例，而这些习俗惯例与罗马法的规定大相径庭。狄翁·布鲁萨恩西斯告诉我们，罗得岛人的所有销售和契约都需通过公共登记的形式来加以确认。

我们也应注意到，如果一物被两次出售，那么只有一次出售有效，那就是有立即转移所有权的那次，无论该转移是通过对占有的转移还是通过其他方式的转移，因为这样卖方就放弃了一种绝对权利，而这种绝对权利是不能仅仅靠通过允诺来转移的。

16. 并非每一种垄断都直接违反了自然法。主权者有充分的理由赋予垄断，并给予垄断以固定的价格。一个极好的历史事例就是，约瑟（Joseph）在法老的支持下统治埃及。[2]我们从斯特拉波的叙述中得知，罗马统治下的亚历山大里亚人享有所有印度货和埃塞俄比亚货的垄断权。

在某些情况下，个人也能造成垄断，如果他们以合理的价格出售商品的话。但是，如果联合起来将生活必需品的价格过度提高，或有阻止市场供应的暴力和欺诈企图，或为提高价格而囤积某种商品，那么，这些都是对公众的损害，其本身就应当受到惩罚[3]。事实上，正如安布罗斯（Ambrose）在他的《论义务》第三卷中所充分阐 153
明的那样，任何形式的阻碍商品输入或囤积商品以期卖个高价的行为，在特定情况下，并无不合理之处，并且不为法律所直接禁止，但是违背了仁慈博爱的义务。

17. 至于说货币，可以认为货币的使用并不在于贵金属的内在价值，也不在于金钱特定的名称或者它们的外形，而是在于它们作为商品支付标准的普遍适用性。

因为凡是被当作一切事物普遍尺度的，其本身理当是可靠的、变动很小的。贵金属正好符合这一标准，无论何时何地它们都拥有几乎相同的内在价值。无论是以重量还是以货币的形式来支付，尽管同样数量的金银的名义价值会有高有低，但是它们总是同普遍需求的商品的丰富和短缺成正比的。

18. 盖尤斯公正地评论道，出租和租用与出售和购买差不多，受相同的原则规制。价格相当于租金，而事物的使用权则相当于使用的自由。因此，正如物品的所有者须为物品的损坏承担损失一样，租用物品或租种农场的人必须承担各种常见事故所带来的损失，比如，由于土地贫瘠或其他原因所造成的利润的减少。[4]不能说
154 因为这样的原因，所有者就不再享有事先约定的价格或租金的权利，因为他给予对方，让对方享有的权利在当时就值那个价，除非在当时双方就约定好了价格或租金将取决于这类偶然事故。

如果第一个承租人使用某物受阻，而所有人又将该物出租给另一个人，那么，由此产生的利润应归于第一个承租人，因为所有人利用他人拥有之物获利是不公平的。

19. 下一个需要考虑的问题：是因可消耗物品的使用而获利是否合法。对此问题的各种争论我们不敢苟同。如果说可消耗财产的租借是无偿的，无权要求回报，那么同样推理也应适用于不可消耗财产的出租使用。尽管契约拥有一个不同的名称，出租不可消耗财产并要求回报却从未被认为不合法。

金钱本身的特性是非产出性的，那种对借与他人金钱并从中获利的反对就不再有任何意义了，因为要是没有人的活动，房屋和其他东西也是非产出性的、非营利性的。[5]

还有一种似是而非的观点认为，既然给予一物以换取它物，而且由于该物的使
155 用取决于该物的消费之故，因而该物的使用和收益与该物本身是不可分的，那么就不能为该物的使用要求超过与该物本身相等的回报。

有必要说明的是，当我们认为立法机构立法规定可消耗物品收益权，该物品的所有权通过使用转移给了租借人或受托人时，其实这和用益物权的概念并不完全相符，因为该概念的原意肯定不包括此种权利。但是我们不能由此认定此权利毫无价值，相反，物品所有人可以据此索取费用。借了钱或酒后不用立即付费，而是

要等一段时间之后，这种权利的价值是可以确定的，因为延期支付被认为是获得了一种好处。因此，在抵押贷款中，土地的利润就相当于使用金钱的费用。但是，加图、西塞罗、普鲁塔克和其他反对高利贷的人所提出的理由同事物本质并不完全相适，因为他们的理由过多地关注了偶然情况和偶然结果。[6]

20. 有些种类的利息有着“高利贷”之名或穿着高利贷的外衣，但在事实上却是有着不同性质的契约。例如，一个银行家对每 100 英镑收取 5 个先令的佣金，与其说是 5%的利息之外的利息，不如说是对给他带来的烦恼、风险和不便的补偿， 156
因为他可以把这笔钱用于其他的赚钱的方式。同样，一个人为了把钱借给许多人，他手头必须持有一定量现金，这一定量现金可以被视作呆滞金，它的持续的利息损失应当有所补偿。

这类回报不应当被贴上“高利贷”标签。某人如果为了保持其本金不减少，或者为了用金钱援助他人而将他勤俭积累的储蓄借出并因此获取适当利息，却被人当作是放高利贷，这种看法在德摩斯提尼（Demosthenes）反驳潘提尼特斯（Pantaenetus）的演讲中遭到了谴责，他说这是一种可怕的、不公正的行为。

21. 允许因为金钱或他物的使用而获得补偿的人类法律，既不违反自然法，也不违反天启法。在荷兰，普通借贷的利息是 8%，但要求商人支付 12%的利息也并无不公正，因为这样做的风险更大。事实上，衡量所有这些规定是否公正和合理的标准，应当是因为出借而带来的风险和不便。如果补偿超过了这些，它就变成了勒索或压迫行为。

22. 防范风险的契约被称为“保险”。如果承保人事先知道承保物是安全的或者已经平安到达目的地，或者投保人投保前知道货物已经受损或灭失，这样的保险契约将被视作是欺诈和无效的。这与其说是因为平等对所有的交易契约来说是必不可少的，不如说是因为这类契约的本质就是危险和不确定的。现在，所有保险的保费得由共同估计来确定。[7]

23. 合伙贸易由双方共同出资。正如亚里士多德在他的《伦理学》第八卷结尾 157
处所指出的那样，如果出资比例相同，则利润和损失也应相等；如果出资不相同，则利润和损失也应与出资成同样比例。这一规定同样适用于劳动付出的比例相同或不相同的情况。一个人的劳动可以相当于另一个人的金钱，根据这一普遍准则，劳动或者劳动加上金钱可以抵消另外一个人的金钱。

然而，达成协定的方法多种多样。如果某人借钱并用他自己的技术为自己进行交易，无论他是赚得盆满钵满，还是赔得精光，他都应该对本金出借方负责。如果某人出劳力，他人出资本进行合伙贸易，那么他有资格享有一份本金，成为一名合伙人。在前一种情形当中，资金不是劳动力的抵消，而是按照与失去资金的危险或可能的从中获利成一定比例的条款出借的。在后一种情形当中，劳动力的价格可以说是抵消了金钱，出让劳动力的一方对资本享有了同等的份额。

前面所说的劳动力可以包括航海和所有其他带有危险的活动。只分享利益却免于损失，与合伙贸易的本质是不符的。但是有时这样的安排却并无不公之处。比如，某人自己承担了损失，他所获得的利润份额就会大大高于他不承担损失的情况，在保持预期平等的保险契约基础上产生的混合契约就允许这样做。但是只承担损失却不能分享利益，是完全不能被接受的，因为没有利益的共享就没有社会的存在。

158 很多的民法学者已经阐述过，如果出资份额相等，即使缺乏明示表示，利益的分享和损失的承担也应被视作等同。但是，在普通合伙当中，份额的衡量不在乎这样或那样的条款，而是在于可能的整体的利益。

24. 航海联盟的常见动机是为了抵抗海盗而进行自卫，尽管有时也因其他动机而结成联盟。在计算各方所应承担的损失时，通常的办法是计算人手、船只数量和被保护商品的数量。人们会发现这里所说的一切都符合自然公平法则。

25. 在这里，意定万国法[8]似乎也没有什么改动。然而也有一个例外，如果在没有欺诈，也没有隐瞒必要的信息时达成平等条款，那么，从外表[9]来看，这些条款就应当是平等的，也就不能因为这样的不平等在法院提起诉讼。这是戴克里先宪章(Dioclesian's Constitution)以前的市民法规定。因为这个缘故，只受各国法律所约束的就不必因此修改或受此限制了[10]。

159 这也是彭波尼(Pomponius)的意思。他认为，在交易当中一个人可能自然而然地就占了另一个人的便宜：对此的接受不能被认为是一种权利，这仅仅是一种许可；如果一方坚持按照协定办事，另一方就不能寻求针对他的法律救济了。

在此处和其他地方所提到的“自然”一词，仅仅是通常习俗所接受的含义。使徒保罗（Apostle Paul）曾说过：“男人留长发自然会被认为是不光彩的”，就是这个意思。这种事情并不与自然相斥，但在有的国家却是普遍习惯。许多作家，无论他们敬神与否，都把“自然”一词仅仅看作是“习惯”或“惯例”之事。

［英译者注］

1. 各种商业交易源自这些简单的以货易货以及物品交换。这些行为一开始是人和人之间出于生存的必需，结果倒成了各国富裕繁荣的不尽源泉。

2. 如欲了解垄断在一定情况下的必要性，可见本书第二章第21小节的注释。

3. 荷兰人为了获得香料贸易的垄断权，经常销毁超过其供给所必需的所有香料。按照英国法律的衡平原则，“食物供应商或工匠们联合起来，以提高事物或任何商品的价格，或提高劳动力的价格，在很多情况下会受到特定法令的严厉制裁，通常是爱德华四世第二、三号法令第十五章：罚金10英镑；或者对第一次犯错人处以罚金10英镑或20天监禁，监禁期间内只定量供应面包和水；对第二次犯错人处以罚金20英镑或枷刑示众；对第三次犯错人处以罚金四十英镑或者枷刑示众，割掉一只耳朵和给予永久的臭名。同样，根据芝诺皇帝的宪章，所有垄断和为提高商品、食物价格和手艺价格的联合，都是被禁止的，并处以没收货物和永久流放的惩罚。”——布莱克斯通《英国法释义》第4卷，第12章，第159页。

同样见乔治三世第三十九号法令第八十一章规定：任何人如联合他人以提高薪水或减少工作量，或以任何办法去影响或控制从事制造或贸易的人及他们的经营和行动，则可能由治安法官宣判其有罪，也可能被判处不超过三个月的监禁，或者被判在教养院做两个月的苦工（见克里斯琴批注布莱克斯通《英国法释义》）。

4. “一处地产或房产在租赁期间的价值可能上升或下降，结果其价值比议定需付的租金值得更多或更少。有时，人们会有疑问，自然权利的优缺点到底应属于谁。公正的法则似乎应该如此：如果双方能够预见到变化，那么承租者需承受这一结果；如果变化是不能预见的，则应由出租方承受。一座果园、葡萄园、矿井或者狩猎场可能今年没有收成或者几乎毫无收成，承租人仍应支付租金；如果下一年的收成是通常年份的十倍，承租人则不应被要求多付租金，因为收成本身是不稳定的，而且这种变动是很自然的。”——帕利（Paley）《道德哲学》第1卷，第155、156页。

5. 下面选自布莱克斯通法官的文章不仅能阐明含义，还能支持本文作者的推理。“虽然货币的最初使用只是为了交换的目的，但是各地的法律却为货币用于利润目的提供了法律根据，如果货币投入的伟大目标即社会便利需要这样做的话。一个普遍了解的原则是商贸离开相互信任是无法生存的，因而在贸易国家里会出现造福于公众利益的适度利息的情况。除非能够借到钱，否则贸易不能继续。如果借出去的钱不能带来收益，则很少会有人愿意借钱，至少不可能在较短的时间里轻松地借到钱，要知道商贸可是经常需要临时借钱的。”布莱克斯通《英国法释义》第2卷，第30章，第454、455页。

6. “《摩西律法》禁止高利贷，但这只是一个政治的而非道德的戒律。它只禁止犹太人从犹太兄弟那里借高利贷，却明文允许他们从非犹太人处借贷。这就表明，适度的高利借贷本身并不是罪恶，除了和以色列人有关的高利贷是允许的。”——布莱克斯通《英国法释义》第2卷，第30章，第454页。本文作者认为，西塞罗和其他人对高利贷的反对主要是反对高利贷的结果而非其本身，因为高利贷能阻止人们去借钱。但是，在另一方面，如果借钱给人却没有任何好处的话，谁也不愿意借钱给他人了。那样的话，容易借到钱来进行商贸并因此而获利的情形就会荡然无存了。

7. “保险之所以成为契约，其本质就在于保险奉行完全的真诚和诚实，不能有任何的欺诈或者任何不适当的隐瞒。此外，保险能为贸易带来利益并帮助扩大贸易，因为保险把收益或者损失分散到了众多的投资者当中。正是由于这个原因，保险受到了普通法和制定法的鼓励与保护。”——布莱克斯通《英国法释义》第2卷，第30章，第460页。

“保险契约是根据纯粹的道德标准和抽象的公正原则来制定的。因此，保险契约双方必须对和被保险物有关的重要情况完全等同地了解或不了解。如果任何一方有虚假陈述或者隐瞒事实，并在一定程度上影响到保费或投保条件，那么，该保险契约就是通过欺诈得来的，也就是完全无效的。”——克里斯琴(Christian)批注布莱克斯通《英国法释义》。

8. 应该注意到，应然万国法(Necessary Law)与意定万国法是有区别的。瓦特尔对应然法给出的定义为：“它是道义上必须履行的，它是履行国家义务时绝对不能忽略的行为准则。然而，当一个国家要考虑别国的要求时，该国应该求助于意定万国法，因为意定万国法的核心准则是为全人类的安全和利益服务的。”——Prelim. 第28章。

9. 作者在前面的引文中给那个义务下的定义为：“内在的义务，就是约束良心的，是从义务原则推断而来的。外在的义务，就是和他人有关，并因此产生人与人之间的某种权利。”见前引书，第17章。

10. 一条约可能对条约的一方比条约的另一方更为有利，但该条约却并不是不公正的。“通常的情况是，如果一个强国国君想把一个弱小国家纳入其影响之下，就会向弱国提供优惠条件，许诺无偿援助或者提供比弱国能够给予他自己更多的援助，同时他会要求享有尊严上的优越感，并要求得到他的盟国的尊敬。而后面的这一要求就使得同盟成了不平等同盟。我们必须对此情况留心注意，不能把这种性质的同盟与平等基础上的同盟混淆起来，尽管这种同盟的力量更加强大。因为种种原因，这种同盟所给予的会超过其所得到的：比如，许诺无偿援助而不要求得到该援助的回报，或者许诺更加优惠的援助甚至为其提供所有的武装保护。在这里，同盟关系是平等的，但是条约是不平等的，只要我们判断下来作出更大让步的一方在缔结条约时有更大的利益，这一补偿便恢复了条约的平等性。有一次，法国陷入了一场与奥地利王朝的大战，红衣主教黎世留(de Richeliu)希望能够对付穷凶极恶的奥地利，他就像一个能干的大臣那样，与古斯塔夫·阿多夫缔结了条约。条约中的所有好处似乎都在瑞典一方。单纯考虑条约的规定，我们可以断言该条约是不平等的。但是，考虑到法国从中获取的利益，这就足以对那个不平等作出补偿了。”瓦特尔，第2卷，第12章，第175节，第200、201页。

第十三章　论　誓　约 160

异教徒间誓约的功效——誓约之必要考虑——接受和坚持誓约的意义——以言辞通常意义的接受——誓约主题的合法性——不能与道德义务抵触——在何种意义上誓约是向上帝的呼吁——誓约的要旨——无论何种情况都要忠实遵守——君主对臣民誓约的管理控制——遵守救世主对誓约的禁止诫律——替代誓约的形式

1. 与承诺、约定和契约相比，无论老少，人人都要尊重誓约的神圣。索福克勒斯(Sophocles)在他的《希波达米娅》(Hippodamia)一书中写道："有了誓约，我们的灵魂必将更加谨慎。它提醒我们一定要避免两件事——朋友的责备和上帝的义愤。"

此外，西塞罗说过，按我们祖先的意思，誓约是真诚的、最安全的证词，是对忠诚的遵守。"因为，上帝在别处密切关注我们，要实现我们的诺言，没有比誓约更强的约束了，因为誓约是对上帝许下的庄严的证词。"

2. 下一点要考虑的是誓约的原动力和它的范围。

首先，有关承诺和契约的争论也适用于誓约，因为后者更加需要审慎思索和周密判断。谁也不能以法律的名义起誓，却暗地里不想遵循。义务是誓约不可分割的、必要的结果，伴有义务的每一个行为都应当出自深思熟虑。从这个意义上说，人人都必须同样地坚守誓约，也就是我们常说的接受誓约。因为誓约是对上帝的
承诺，它所包括的就应当绝对真实。西塞罗所强调的"所有誓约都必须履行和坚 161
守"就是这个意思，因为起誓的人希望誓约应被接受。

尽管其他承诺很容易地就包含了让承诺者得以开脱的内容，但誓约却从不给这样的内容以存身之处。此时，我们可以求助于令人敬仰的《希伯来书》作者的一篇文章，文中写道："上帝乐于向起誓者的后人昭示，他那永恒的训诲得到了誓约的捍卫：这是两件绝对骗不了上帝的事，我们或许可以由此得到慰藉。"要明了这些话，我们必须注意到，神学作者在提及上帝时常赋予他以人类的情感，依照的是人

类有限的能力而非上帝的无所不能。

事实上，上帝并未改变他的决定。虽然我们可以说他会这么做，也会后悔，然而一旦他所作的决定与他所说的不同，那么他说话时的情况一定是不复存在了。这些也适用于威胁不给予权利的情况，有时也适用于附条件的承诺。因此，基督使徒指定了两样来代表永恒——授予权利的承诺和不允许精神保留的誓约。

从以上论述就可以很明白地了解通过欺骗得到的誓约会是什么。如果某人基于某种假设而接受了一个誓约，而后来发现该假设乃子虚乌有，而且要是不相信那个假设的话他就不会接受那个誓约，那么，这个人肯定不受该誓约的约束。但是，如果即使没有那个假设，此人也会接受那个誓约，那么他就必须遵守那个誓约，因为不允许逃避誓约。

3. 对一个誓约的理解不应该超过该誓约通常能被人接受的范围。发誓不把女儿嫁给便雅悯人的人却允许那些被掳掠来的女人和他们一起生活。然而这并不违背誓约，因为是否予人以物与是否寻回丢失之物是两码事。

4. 只有在与誓约不可分割的义务合法时，该誓约才会有效。因此，如果起誓要参与违法行为，或者做有违自然法或天启法的事情，这样的誓约是无效的。

162 5. 如果誓约允诺之事并非完全不合法，只是有碍于更大的道德责任，那么该誓约也是无效的，因为我们对上帝负有义务，我们不能被剥夺尽力做好事的自由。

6. 誓约的形式可能有异，然其本质相同。誓约应当包括呼吁上帝，请求他见证真实或者惩罚虚假。这二者乃一回事，因为请求有惩罚权的上级来证明就等于请求他向背信弃义者报复。上帝无所不知，无所不能。他既有能力去证实各种虚假不实，也有能力去惩处各种虚假不实。

7. 古人习惯于以不同于造物主的人或物的名义起誓，他们常向太阳、上苍、大地起誓，如誓言有任何虚假，就可以愤怒诅咒。他们也以本人、孩子、国家或君王等人的名义起誓，如他们的誓言有任何不实之处，就请上苍毁灭他们。

这一习俗不仅通行于不信教的国家，而且据斐洛所言，在犹太人中也很盛行。

他认为，我们不应每次发誓时都求助于宇宙的创造者，完全可以以我们的父母、上苍、大地、宇宙等等的名义起誓。据说，约瑟曾经按照埃及人的习惯以法老生命的名义起誓。在《马太福音》第五章中，救世主并未认为这样的誓言比以明确的上帝的名义所发的誓言缺少约束力。尽管犹太人经常起那样的誓，但他们又不在乎那些誓言，为此，上帝向他们指出那些也都是真正的誓言。

正如乌尔比安所说，以自己生命起誓的人就是在以上帝的名义起誓，因为这是对他神圣力量的尊崇和依赖。同样，基督指出，以寺庙的名义起誓，就是在以统辖寺庙的上帝的名义起誓；以天国起誓的人就是在以主宰天国的上帝的名义起誓。但是，那时的犹太导师们认为，如以被创造之物起誓，则人们不受其约束，除非附有 163
惩罚，比如起誓之物是给上帝的祭品。希腊语 κορβᾱυ（即凭献祭之物）就是指的这类誓言。基督对此很不赞同，驳斥了这样的谬论。

8. 誓言的主要功效就是减少纠纷。极富灵感的《希伯来书》的作者认为："宣誓证实是一切冲突的结束。"狄奥多拉斯・司库路斯（Diodorus Siculus）也曾说过，埃及人把誓言当作是人类能够给予的最确定、最真诚的保证。因而每个人在发誓时应当表达他的真实意图，并使自己做到言行一致。关于这一点，海立卡纳苏的狄奥尼修在一篇言辞优美的文章中写道："不管是希腊人还是未开化的人，时间无法抹煞人们最后的保证，这个保证是以上帝为证人的誓约和契约。"

9. 在誓约的要旨用文字来表达时，不仅包括神也应包括誓约隐含的人类义务。誓约应该传递给接受者相同的权利保障，正如接受者可以从一份明白无误的允诺或契约中所能获得的权利保障一样。但是，如果文意不涉及授予某人权利，或者文意虽然涉及某人却与其要求相对立，那么誓约的力量就是不给予此人任何权利。但是，发誓之人仍需履行誓约所赋予他的神圣义务。

比如，某人因为恐惧被迫发誓，那么此时的誓约所传递的不是权利，而誓约的接受者应该放弃，因为这个誓约的获得有损于起誓人的权利。我们发现，希伯来国王们之所以受到先知们的谴责，也受到上帝的惩罚，正是因为他们没有履行他们向巴比伦国王所发的誓言。

10. 同样规则不仅适用于公敌之间的交易，也适用于任何人之间的交往。对

一个人而言，不但要考虑起誓人，也要尊崇上帝，因为誓约是以上帝的名义而立的，
164 也因为上帝拥有强制履行义务的权威。因此，我们不能不同意西塞罗的观点，他认为，拒绝支付强盗约定的金钱以谢强盗饶他不死，不是违背誓约。强盗不能位于合法敌人之列，而是所有人的公敌，因此，对他们不必保持诚实，也不必遵守誓约的神圣。

11. 接下来要讨论的话题是上级对于下级，即君主对臣民有关誓约的管理权。上级不能废除誓约中的义务，因为誓约依据的是自然法和天启法。在一个文明的社会中，我们并不完全是我们自身行为的主人，因为我们的行为在一定程度上取决于最高权力的指挥。这种权力对誓约有着双重影响：一方面影响到起誓者，另一方面影响到接受誓约者。这个权威对起誓人的影响在于，在起誓前就宣布该誓约为无效，或者在起誓后禁止该誓约的履行。对下级或臣民而言，超出最高立法机关所允许的约定就不能约束他们。同样，根据希伯来法律，丈夫可以废除妻子的誓约，父亲可以废除尚未自立的孩子的誓约。

12. 我们可以初步发现，基督训诫和圣詹姆士(St. James)所说的反对立誓的理由并不适用于誓约的确认(许多有关的例子可在圣保罗的文章中找到)，但是适用于有关不确定事件或未来事件的允诺誓约。基督的反对之语很明了："你们听见过吩咐古人的话，说：不可背誓，所起的誓，总要向主谨守。只是我要告诉你们，什么誓都不可起。"圣詹姆士对此的诠释是"不要虚伪"或者不能被人发现是骗子。希腊语中的 hypocrisy 就表明了这个意义。

圣保罗又说，上帝给基督的所有允诺是"诺"和"阿门"，它们是确定无疑的。有一句希伯来谚语是："诚实人的话，是，就说是；不是，就说不是。"另一方面，言行不
165 一的人总是是非颠倒，也就是，他们的肯定是否定，而他们的否认却又是肯定。这样，圣保罗辩明他自己没有言语轻浮，因为他布道时没有颠倒是非。

13. 确认不是义务的惟一形式。各地有不同的表示忠实的标志，比如，波斯人伸出右手被认为是最严厉的约束。因此违反誓约的替代形式就是作伪誓。特别值得一提的是，国王和王子的忠诚与誓约相同。因此，西塞罗在他为加拉太国王德尤塔鲁斯(Dejotarus)所作的演讲中赞扬了恺撒军队作战英勇，也赞扬了他肯履行右手的保证和允诺。

第十五章　论代表越权签订的条约和约定[1] 166

公条约——分为条约、约定和其他协定——代表越权签订的条约和约定的区别——基于自然法的条约——起源——以更广泛原则为依据的条约——犹太法律和基督教法都不禁止的与非真正宗教信徒签订的条约——对这类条约的警告——基督教徒一定要联合反对基督教的敌人——在众多战时同盟国中，谁有权最先得到援助——条约的默示展期——契约一方背信弃义的影响——君主拒绝批准时，未被授权代表的约定有多大约束力——有关考迪公约——君主的知晓和沉默是否使得未得到授权的条约有拘束力——有关卢克塔修公约

1. 乌尔比安(Ulpian)把条约分为两类——公条约和私条约。他没有按通常的原则来解释什么是公条约，但是他把公条约限于和平条约，并以此作为第一例证。而他又把两个敌对的将军所订的协定作为私条约的例子。因此，他所谓公条约，指的是那些只能由当局以最高权力名义签订的条约。这些条约不仅有别于个人之间的私人契约，也不同于君主之间的人身契约。然而在实际上，个人侵害与私人契约和公条约一样，也是战争的起源。由于我们已经充分讨论了私契约，因而进一步要探究的主要对象就是有着"条约"之名的高阶位契约。

2. 和 3. 我们可以把公条约分为条约、协定和其他协议。 167

关于条约和协定的区别，我们可以参阅李维《罗马史》第九卷。他在书中写道，条约是由最高权力者明确许可签订的协议，如果违反了这样的协议，人民就会受到上天的报应。在罗马，宣战和讲和之人在主传令官陪同下缔结条约，主传令官以全体人民的名义起誓。一项越权之协议(A Sponsio)，或者说协定，是由没有得到最高权力者明示委任的人所签订的，需要在随后得到最高权力者的进一步批准。[2]

罗马政治家萨拉斯特(Sallust)告诉我们，罗马元老院在通过一项法令的时候非常正确地决定，未经元老院和人民的同意不得缔结任何条约。据李维记述，叙拉古国王西耶罗尼慕斯(Hieronymus)先是与迦太基大将汉尼拔(Hannibal)缔结条

约，后来又派人到迦太基把该条约改为盟约。因此，老塞涅卡（Seneca the elder）在把此表述适用于特别授权缔约之人时说，由将军议定的条约对全体罗马人民有拘束力，因为它被认为是由人民所签订的。

168 但是，在君主政体下，缔结条约的权力只属于国王。诗歌和历史记录表明这句话是数个世纪的格言。欧里庇得斯（Euripides）的观点总是顺应自然、顺从民意的，他在悲剧《哀告者》中写道："用阿德拉斯图斯（Adrastus）来起誓，因为用条约来约束全国的权力只属于他这个君主。"

下级官员不具有约束人民的权力，少数人的行为不能约束多数人。这是反抗高卢人时对罗马人有利的一个论点，因为那时多数人都支持独裁官卡密鲁斯（Camillus）。

但是我们还是需要考虑那些没有得到公众授权、但又确实是在为人民服务的人的行为在多大程度上有约束力。也许可以说，缔约双方尽其所能地完成了他们的义务，那么他们就履行了他们的职责，就没有别的义务了。对承诺而言，可能是如此，但是公契约有更严格的义务，因为订约方对他所缔结的协定需要得到某种回报。因此，市民法拒绝承认某人为他人的行为所作出的承诺，而是要那些批准某个承诺的人负责赔偿损害和支付利息。

4. 对条约最准确的区分是，有些条约的基础是自然法，有些源自义务；而人们
169 的义务有的来自自然法，有的则是对自然法的补充。一般来说，前一种条约不仅是敌国之间为结束战争所缔结的条约，而且在古代也常有，并且人们在某种程度上认为它是构成各种契约所必需的。这来自自然法法则，因为自然法创立了人类的亲等关系。

一人伤害另一人是不合法的，这在洪水期前是十分盛行的自然公正。洪水期后，随着时间的推移，邪恶的本性和习惯日益壮大，自然公正逐渐泯灭。结果，甚至在还没有宣布战争或正式开战前一个民族就掠夺另一个民族，竟然被认为是合法的。伊皮凡尼乌（Epiphanius）把这称为"斯基台（Scythian）风气"。荷马史诗中最常见的问题就是问人们是否是强盗。修昔底德说这个问题传递的绝对不是责备，而只是纯粹的询问。梭伦提及的一种古代法律是处理结伙抢劫的。查士丁也曾说，直到塔昆王（Tarquin）时代，海盗行为还被认为是一种荣耀。

罗马法有一个准则，没有与之缔结友好约定或友好条约的国家不应被视作敌

国。但是，如果罗马人的东西落入他国人之手并被其据为己有，或者，罗马公民被他国人所抓并沦为奴隶，那么，罗马人必会以牙还牙，以眼还眼。这时，就需要遵守复境与恢复权了。[3]伯罗奔尼撒战争以前，雅典人不把科拉西人当作是敌人，尽管他们之间没有和平条约。修昔底德有关科林斯人的言论中对此有所提及。亚里士多德赞扬掠夺野蛮未开化民族的行为，而在古拉丁姆，敌人指的就是外国人。

本节涉及的各种条约可以被看作是国家之间为了保持友谊和保护贸易权而彼此签订的条约，只要这些条约符合自然法。李维记载道，阿克罗（Arco）在对亚该亚 170
人的言谈中就用了这种划分法，并说他不需要一个攻守同盟，他要的是一份保证权利不受彼此侵犯的条约，或者不庇护马其顿逃奴的条约。严格地说，希腊人把这类协议称作“和约”而非“条约”。

5. 建立在作为自然法补充的义务基础上的条约要么是平等的，要么就是不平等的。双方都能获得同等利益的就是平等条约。这被希腊人称之为“联盟”，而有时也称作是“天平上的同盟”。后一类条约不如说是盟约更恰当，因为其中一方在尊严上处于劣势。这些条约被称为“命令”或者“盟约附带的命令”。德摩斯提尼在他关于罗得岛人的自由的演讲中说，所有的国家应当警惕这种同盟，因为它非常接近于奴役。

无论是和平条约还是同盟条约，两类条约缔结的动机都是为了各方利益。平等和平条约决定了俘虏的归还、被占领土的归还或转让，以及对其他事情规定小心谨慎的维护等。这个问题在后面论述战争的影响和结果时还将进一步讨论。平等条件下的同盟条约涉及贸易、联合作战的分担，以及其他同等重要的事情。平等贸易条约在条款上不尽相同。例如，条约可能规定不能对属于缔约各国臣民的商品征税，也可能规定缔约国之间的商品税要低于非缔约国的商品税。可以找到的第一类例子就是古罗马人和迦太基人缔结的条约，其中一条把给公证人和传令人的东西作为例外。条约也可能规定所征税不高于条约缔结时的税率或者税率增加不能超过一定比率。

修昔底德认为，战争同盟签订各方提供同等数量的军队或战舰，呼吁联合势力在敌国友国问题上保持一致。我们发现，李维记载了不少这类国家之间的同盟，它 171
们或者是为了共同保卫国土，或者是为了某次战争的彻底进行，或者是为了反对某个敌人，或者是与同盟国之外的所有国家为敌。波利比阿讲述了迦太基人和马其顿人缔结的一个此类条约。同样,罗得岛人缔约援助马其顿王子狄米多留(Demetrius)反对除托勒密王朝以外的所有敌人。平等条约的缔结还有其他目的。比如一国用条约约束另一国,使其不在附近建要塞(这可能让人有点不安),不鼓励反叛,不允许敌国军队通过等。

6. 通过平等条约就能够很好地了解不平等条约的特征。两国缔约时,这种不平等性既可体现在强者一方,也可体现在弱者一方。强国允诺提供援助却不要求任何回报,或者强国带给别人的利益远超过其自己的获得,可以认为强国缔结了不平等条约。而在弱国一方,不平等性的存在体现在——如艾索克里提斯(Isocrates)在其著作《颂词》中所说——弱国的特权被过度抑制时。这类协议最好被称作"命令"、"指示"而不是条约。而这种不平等性的出现可能随着主权的减弱而减弱。

迦太基人和罗马人的第二个条约就是在主权权力减弱的情况下出现的。根据这个条约,前者未经罗马人的许可不能开战。阿庇安说,从那时起,迦太基人被迫奉行罗马人的意旨。有条件投降也属于这种情况。但是,如果投降导致的不是主权权力的减弱,而是主权和国家尊严的完全转让,则另当别论。

7. 附加在不涉及主权减弱的不平等条约上的责任,有短期的和永久的两种情况。短期责任,指的是一定数量金钱的支付,某些防御工事的拆除,国家领土的割
172 让,船只的让与或者人质的提交等情况。而长期责任指的是一国向另一国纳贡或臣服。

与此类条约相近的情况也有。如一国必须按另一国的意愿确定自己的友国或敌国;不能给可能与该国开战的任何国家的部队提供通行或补给。此外,还有一些次要的、不是十分重要的情况:禁止在某些地方修建要塞,禁止一定数量的军队或舰船的扩充,禁止在某些海域航行,禁止在某些地方维持军队,禁止攻击盟军或援助敌人。有些条件非常苛刻,要求禁止一国接纳难民,要求废除以前与其他国家签订的一切协定。在古代和现代历史上,这类条约比比皆是。

不平等条约不仅存在于征服者和被征服者之间,还存在于强国之间,存在于互不敌对的国家之间。

8. 与非基督教国家缔结条约是否合法？这个问题经常被提到。根据自然法，这是个不容置疑的问题，因为自然赋予的权力是不分宗教的。

在这个问题上，条约不但没有什么改变，而且更进了一步，甚至支持对无宗教信仰者提供正义援助。因为抓住机会为全人类谋福利不仅是值得称赞的，也是上帝的诫语。上帝让太阳升起在正直之人头上，也让太阳升起在邪恶之人头上，并用他宽厚仁慈的雨露去滋润他们。为了跟随上帝，我们不应该拒绝任何种族，所有的人都应该享有我们的服务。毫无疑问，在同等条件下，和我们有着共同宗教信仰的人可以优先要求得到我们的支持和帮助。

9. 除了前面的论述，我们还可以说，既然所有基督教徒都是同一主体的成员，
他们就应该能够感受到彼此的痛苦和不幸。这一诫律也适用于国家，以及以公众 173
名义行事的国王们。责任的标准不能由个人意愿来衡量，而是要遵守基督的指示。有时，只有靠信奉基督的国王和政府的坚强联盟才可能抗击不信神的国家。这是一个无法推脱的、必然的责任，除非他们当前正在全力进行另外的战争。

10. 另一个常见的问题是，如果两国交战，而某国与两国都是同盟国，那么，该国应该首先援助谁？这里，我们再次必须强调的是，我们没有义务去支持非正义的战争。因此，正义所在的一方同盟国可以要求得到优先援助，无论它的交战国是不是同盟国成员。

如果交战两国同样是非正义的，那么与该两国都结盟的第三国应审慎行事，尽量不要插足其间。如果与我结盟的两国和与我无甚关联的国家进行一场正义的战争，我们在向盟国提供人员和金钱援助时应当遵循的原则，与个人债权的情形相同[4]。

但是，如果是不能分割的个人援助，那么，应当优先给予结盟持续时间最长的那个。当然，如果随后的约定更具有约束力、更加广泛，那么就不必遵循此原则了。

11. 条约期满，如果没有进行明确的、为了展期的行为，那么不要指望该条约会自动展期。

12. 如果一方违反条约，另一方也就被免除了条约义务，因为每项条款都在某 174

个情况上有着其约束力。例如，修昔底德在一篇文章中说："一国加入新同盟，或者抛弃不履行约定的同盟，都不是违反条约。但是不按照约定去保证援助另一国，则是违反了条约。"一般情况下，这是对的，但也有例外，即在双方商定不因区区不快或误解而使条约无效或终止的情况下。

13. 协定和条约一样，有多种多样。各种协定之间的区别主要在于签订协定的人，而不是协定在本质上有真正的区别。有两个与所有的协定都有实质联系的问题值得探讨。第一，涉及谈判者的义务范围。如果君主或国家拒绝批准协定，谈判者是否应该补偿对方的失望，是否应当把一切恢复到以前的情形，是否应当引渡谈判者本人。

第一个观点似乎符合罗马市民法；第二个观点符合衡平法，罗马护民官李维(Livius)和梅略(J. Melius)在关于考迪姆(Caudium)和平的争论中就强调了这一点[5]；第三个观点被普遍采用，比如有关考迪姆和努曼提亚(Numantia)的两个著名的协定就是这样。需要特别注意的是，未经授权而签订的任何协定，君主不受其约束，君主批准后方受其约束。在前面提到的协定中，如果萨姆尼特人意图约束罗马人，他们应该保留在考迪姆的军队，而且派遣大使到罗马元老院与他们讨论条约，了解他们愿以什么条件补偿他们的军队。

175 14. 还有一个问题是，君主的知情和沉默是否能够约束他，让他遵守协定？有必要区别绝对协定和有待君主批准的附条件协定。既然所有的条件都应该得到履行，那么如果条件未得到履行，则约定无效。

这一原则在罗马指挥官卢克塔修(Luctatius)与迦太基人签订的协定中得到了很好的体现。人民拒绝接受该协定，因为它的签订未经他们的同意。[6]后来，在经过授权后签订了新条约。

下一个需要考虑的问题是，除了沉默外，是否还有一些表示同意的行为？因为没有看得见的行为，沉默本身不足以保证对可能意图的猜测。如果某些行为只能被解释为同意，那就被认为是批准了条约。因此，如果卢克塔修的协定包括了许多条款，有些条款规定了某些权利的让与，而这些条款又得到了罗马人的遵守，那么这个遵守条约的行为就可以解释为是对条约的批准。

[英译者注]

1. 在前面的章节中，我们全面讨论了誓约、契约和允诺的本质特征。本翻译从原文的第十三章跳到第十五章，因为第十四章的大部分都是作者观点的重复而已。

2. 关于这个问题，作者的观点和瓦特尔的观点可以相互补充。下面摘自瓦特尔的一段话可以清楚地说明这个问题。“如果大臣、大使或军队将领在没有接到君主的命令或者其职位并无该等授权时，超越权限缔结了条约或者协定，那么，条约无效，因为他们无权这么做；除非得到君主的明示批准或默示批准，该等条约才能有效。明示批准就是君主以书面形式同意该条约，并保证遵守。如果君主采取了只有执行条约才会采取的措施，而如果不是认为已经缔结了条约并同意了该条约是不会采取那些措施的，那么，这就意味着默示批准。因此，外交大臣越权签订了和平条约，而一方君主让军队友好地从和解了的敌军领土通过，这就是对该和平条约的默示批准。但是，如果条约中有保留条款，要求得到君主的批准，那么，这种保留就通常被理解为需要得到明示批准，因此条约生效的必要条件就是得到明示批准。拉丁语 sponsio 一词就表达了对大臣超越权限，未经君主授权而处理有关国务的同意。未获授权而代表国家谈判者当然会承诺要竭尽全力让他的国家或君主批准他所达成的条约，否则他所达成的协定就是毫无价值的，是空的。能够获得批准也是这类协定双方所倚赖的基础。”——瓦特尔，第 2 卷，第 14 章，第 208、209 节，第 219 页。“军队将领根据他的授权确实有权在情况需要时签订私条约。这是关系到他本人、他的军队或者关系到战争突发情况的一份契约。但是，他无权缔结和平条约。他可以约束他自己，可以约束听命于他的军队，如果他的职责要求他有权签订协定的话；但是他不能由此越权约束国家。”——前引书，第 210 节，第 220 页。

3. “复境权是指被敌国抓获的俘虏回到其原来的国家，重新受到被俘前的国家之管辖。”——瓦特尔，第 3 卷，第 14 章，第 204 节。

4. “在罗马法中，个人债权人被称为 Chirographarii，因为他们通常有债务契约或者字据。如果同时有几个债权人，而债务人的财产不足以支付所有债权人的债务，那么，无论签约时间的先后，每个债权人可分配到的份额与他拥有的债权成正比。但是，有抵押的借债就不同了，时间最长的债务先得到清偿。”——巴贝拉克(Barbeyrac)

5. 罗马军队在考迪姆认输。军队回国后，事情提交到元老院。据说，因为协定的签署未经元老院或人民的同意，罗马人民不准备受该协定的约束。有人提议签署该协定的人应该被送交给敌人，这样人民就可不必履行该协定了。该提议得到了赞同，并因此通过了一项法令。

6. 卢克塔修加了这么一项条款，规定该协定只有在得到罗马人民批准后才会成立和生效。

176 # 第十六章　条 约 解 释

允诺的外部义务——常见词义外的其他词义——按照艺术界、贸易界和科学界的普遍理解来解释专业术语——解释意义不明或看似矛盾的条款时的必要推测——从条约主题来解释条约——从结果、条件和联系来解释——从动机来推测——更严格或更宽泛的解释——令人满意的、可憎的、两者兼而有之的或者不偏不倚的条约——国王和国家在具有与法律同样效力的条约中的诚实信用同等有效——从前述分类中所形成解释规则——条约中的“同盟”一词是否局限于条约制定时已是如此的情况，还是适用于从今以后可能如此的情况——对禁止未经另一方的同意或命令就宣战的解释——授予迦太基人的自由——人身条约与非人身条约的区别——与国王缔结的条约即使在该国王被篡位或者被驱逐时也继续有效，这样的条约不能被扩展到侵略者——什么样的允诺有优先性——明显推测的限度——做等质之事以履行委任职责——比词语本身含义更加严格的解释——原有意旨存在不足时的解释——惟一动机未能实现时的解释——主体有缺陷时的解释——有关最后所提到推测的看法——与原有意旨相矛盾的紧急情况，使其不合法或成为麻烦——比较双方的书面内容得出的推测——需要遵守的原则——在存有疑问时，书面文件并不是契约有效的绝对条件——不能按照罗马法来解释的君主契约——接受或提出约定的话是否应当特别注意——通过区分对此作出解释

1. 如果我们只考虑允诺人，他自然应该履行他的约定。西塞罗说过，诚实信用要求一个人不仅要考虑他所说的话，而且要考虑他的意图。但是，思想活动是看不见、摸不着的，所以有必要确定一些明确的标志以防人们毁约，允许他们对他们自己的话加以解释。接受承诺的人有权迫使允诺人恰当解释其允诺的含义，这是
177 自然理性所给予的权利，否则就不能下结论说条约赋予了道德义务。

也许正是在这个意义上，艾索克里提斯(Isocrates)反对克里梅克斯(Callimachus)有关条约的规定，并主张所有就此问题而制定颁布的法律是包括希腊人和所有未开化民族在内的全人类的共同法律。正因为如此，条约应当有特定的形式，条约的条款应当具有清楚而明确的意义。恰当的条约解释规则应当从最可能的迹象

得出各方的真正意图。有两种方法，一为字面意思，一为推测含义。这两种方法既可以分开考虑，也可以一并考虑。

2. 若无其他方法可以指导我们，对文字的理解就不能以严格的原义或语法意义，而要以通常能被接受的含义来理解，因为习俗的力量主宰了言语的法则和规则。[1]罗克里人(Locrians)曾经许诺说只要他们还站在土地上，只要他们的头还在肩膀上，他们就会遵守诺言。为了逃避他们的诺言，他们把以前放在鞋子里的鞋垫和放在肩上的大蒜头统统扔掉。这是一个背信弃义的、愚蠢至极的做法。西塞罗在他的《论义务》第三卷中恰如其分地评论道，诸如此类的违约行为非但不会减轻反而加重了他们伪誓的罪恶。

3. 对于大部分普通民众无法理解的专业术语，要进行解释，就必须求助于在该领域最有经验的人士。比如，请教法学专家，我们可以了解某个犯罪的特征；从他们的作品中，我们也可以得到有关主权的见解。

西塞罗公正地评论道，逻辑语言不是那些日常熟悉的语言，逻辑语言的作者使 178
用的是他们特有的话语。事实上，各行各业都是如此。因此，在出现了军事安排的条约当中，对军队的定义就是一群能够公开攻击外国或敌国的士兵。各国的历史学家都区分了私人性质的、强盗的侵犯与合法的、正规军队的所作所为。什么能够构成军队，还得根据敌军的力量来判断。西塞罗认为，一支军队由六个军团和各种辅助部队组成。而波里比阿说罗马军队通常由一万六千罗马人和两万外籍辅助部队组成。但是组成军事力量的部队人数可以少于这个数目，同样，只要能够完成某项任务的一定数量的船只就是一支舰队，只要能够抵御外敌的地方就可以被称为“要塞”。

4. 当词语和句子会有多个含义时，有必要进行推测：如果一种表达模式包含在一个词语当中时，逻辑学家称之为“同义词”；如果延伸到两个或多个词，它就是不确定用语。同样，如果条约表述在表面上有矛盾的地方，就有必要求助于推测，因为此时我们必须尽力发现那些可能会让双方一致的推测。如果存在明显的矛盾，缔约各方一定会在后面的决定中废除前面的矛盾之处，因为没有人会同时作出相互矛盾的决定。

事实上，所有行为均取决于人的意愿。法律和遗嘱是如此，它们取决于一方的意愿；契约和条约亦是如此，它们取决于两方或多方的意愿。所有这些行为会随着有关各方意愿的改变而变化。在所有这些情况下，语言的任何含糊都迫使我们需要借助于推测，有时可以很轻易地看出与该词直接相反的含义。推测的主要来源有主题、结果、条件和联系。

179 5. 比如，从主观的角度来看“天”这个词。如果签订三十天的休战决定，这里指的应该是历法规定上的天，而非白昼。[2]

因此按照商业习惯，赠送可以用来表示转让。同样，军事上常用的表示军事装备的“武器”一词有时可用于表示军队，在特定情况下，两种意思都有。任何解释必须基于所了解的意图来进行。许诺在撤离一个城镇时允许自由通行，这就意味着军队在通行时不会受到任何骚扰。如果规定要交出一定数量的船只，那么交出的船只必须是完整无缺的。类似情况的判断应该根据词语的常见词义来进行。

6. 另外一种解释方法是根据结果来进行的解释。如果从字面意思来理解某个条款会导致与条约意图矛盾或者毫不相干的结果时，就要从结果来解释。如果词义模棱两可、语带双关，这样的用词不应该导致荒谬或者矛盾的出现。因此，布拉希德(Brasidas)的吹毛求疵极为可恶；他在允诺撤离比奥提亚人领土时说，认为他的军队所占领的不是比奥提亚人的领土。在他看来，他指的不是原来的领土边界，而是还没有被占领的领土。这样就使得条约完全失效了。

7. 还可根据情景和上下文来进行条约解释。如果同一个人在相似情况下表达了相同的意图，以及从其表达的前因后果来看，该人同样的表达应该是用意相同、不值异议的。因为在任何不确定情形出现的时候，我们都有理由假设缔约各方有意保持观点和意图的连贯性。荷马史诗记载，在特洛伊王子帕里斯(Paris)和斯巴达王麦尼劳斯(Menelaus)签订的协定中，海伦应当被交给征服者。从后面的情
180 况来看，征服者很明显指的是那个杀死了另一方的格斗者。对此解释规则，普鲁塔克用法官的做法来予以说明：“他们忽略那些含糊不清之处，而根据清楚明了、不会模棱两可的情况来作出判决。”

8. 动机有时也被用作解释的规则。除了为通过法律或缔结条约所明确表明的动机之外，还有其他实质上的动机。最有说服力的推测来自某些证据，那些证据表明由于某个原因，该意图是确实的，而且是作为惟一的、充分的动机。人们常常有很多的动机，有时意愿不受其他任何理由的支配，而只是受其本身选择的影响。因此，如果婚姻从未发生，则对婚姻的种种期望就是无源之水、无本之木。

9. 需要进一步指出的是，许多词语有多个公认词义。有的词义较为局限，而有的词义较为宽泛。这或者是用通用名称指称某类事物，如亲属和收养；或者是在需要用共性名词时用阳性词表示所有的动物。在专业术语方面，词语的采用可以是隐喻意义，也可以是引申意义。因此市民法中的“死亡”意味着“流放”，但是该词的通用含义是指自然物各部分的消亡。

10. 同样，在允诺中，某些东西是让人乐于接受的，有些则是让人憎恶的，另外一些让人又爱又恨，还有些则是中立的，不带憎恶。讨人喜欢的允诺指的是包含平
等条款或者与共同利益有联系的那些允诺。对允诺的欢迎程度和范围取决于相关 181
联系的程度和范围。因此，凡是有助于和平、有助于避免战争的协议都被认为是受欢迎的。通常认为，共同防御同盟比进攻同盟更值得称赞。

可憎的条约指的是下列条约：一方承担的义务多于另一方的条约；包含有对不履行的惩罚条款的条约；或者那些使得前约废止的条约以及那些不合法的条约等。尽管混合性协议可能与前约有偏离，但根据其变化的程度和目的，却既可能是受人欢迎的，又可能是让人讨厌的。考虑所有情况后，如果是为和平之故，最好把它们列为受欢迎的一类。

11. 罗马法关于衡平行为和严格公正之间的区别不能广泛适用于国际法，尽管它在某些情况下被采用。两国国民之间的任何交易，如果两国遵循的是相同的法律程序，可以认为双方不会有任何偏离共同规则和形式的任何打算，除非他们已经明确地作出了相反的决定。但是，在没有共同法律规则的情况之下，比如捐赠和自由允诺，各方应当严格地遵循协定的字面意思。

12. 确定前述立场后，接下来的问题自然是规则本身，它们是条约解释时要遵

守的规则。首先我们要说的是，对于本质不可憎的事情，文字应严格采用其通用含义。如果允许例外，或有多个含义，那么合法的办法就是采用最广泛使用的含义。前面已提到，逻辑学家和语法学家经常使用表达通常意义的特定术语。因此，西塞罗在为西希纳(Caecina)辩护时强调，中间判决中命令“被取消继承权的人应当重新获得财产”，这就意味着不仅仅是收回不动产，也可泛指任何强行阻止所有人享有财产的行为。

对于受人欢迎之物，如果缔约各方熟悉法律原则，并从法律原则出发或者依靠
182 熟悉法律原则的人士的判断，就可以采用文字最宽泛的含义，甚至可以包括专业术语和法律术语。[3]我们一定不能求助于隐喻解释，除非字面意思会导致明显的荒谬或者会使条约意图无效。

另一方面，如果为了避免不公正或者荒谬而必须这样解释，那么一段文字可以从该文字所包含的最具限制性的含义去解释。如果虽然无此必要，但公平性或有用性明白地要求限制字面意思，那么就必须非常严格地坚持限制性解释，除非有迫使我们不这么做的情况存在。如果有令人憎恶的东西存在，就应允许使用比喻来表达，以避免不便或不公正。因此，如果某人让渡或者放弃他的权利，尽管他用最普通的术语来表达他的意图，那么他的话通常也就限于那个意思，而这就可能是他的真实意图。与此相似，如果有保留某物的想法，那么有时体现出来的就是占有该物的行为。同样，一方单独允诺的民众补助金只能由需要它们的一方国家来支付。

13. 关于“同盟”一词，有一个著名的问题：同盟是单指缔结条约时已经是如此的情况，还是包括了缔约后可能会成为同盟的情况。罗马人和迦太基人在西西里问题上的争论引发了一场战争，战争结束时双方缔结了条约。条约规定双方应当克制，避免攻打彼此的同盟国。罗马人由此推论，尽管与迦太基大将阿斯德鲁拔(Asdrubal)签订的协议禁止他通过伊比鲁斯河，但是由于该协议没有得到迦太基
183 人的批准，该协议对他们就没有任何帮助。但是，如果迦太基人支持大将汉尼拔攻打萨干坦人的行为，而罗马人在那份协议之后与萨干坦人结成了同盟，那么罗马人就可以认为他们被许可向迦太基人宣战，因为迦太基人违背了神圣的条约。

对此，李维作了如下推理：“根据双方支持同盟的条款，萨干坦人有足够的安全。因为对于当时同盟的两国来说，并无文字限制它们或者不允许它们与新的国家缔结成同盟。但是如果双方都自由地缔结新同盟，谁能认为剥夺新同盟从友好

条约中得到保护的权利是公平的呢？可以合理排除在外的顶多只能是宣布迦太基人的同盟者不应被引诱而背弃他们的约定；如果他们这么做，就不能接纳他们成为罗马人的同盟者。”

最后一段文字几乎是逐字逐句地取自波里比阿著作的第三卷。从这本书中我们可以注意到，“同盟”一词可以严格地指那些条约缔结时已经是如此的国家，而且，如果解释并无不自然，也可以延伸包括后来成为同盟的国家。优先选取哪一种解释，可以参照上面提到的规则。根据那些规则，可以发现条约缔结后结成的同盟不能包括在内，因为这涉及毁约。而违反条约是可恶的行为，也会剥夺迦太基人用武力反击那些伤害他们的敌人从而得到补偿的自由。这种自由是自然法所支持的，是在任何情况下都不能放弃的。

那么，是否这项规则就不允许罗马人与萨干坦人签订任何条约，并且不允许他们在成为同盟后向萨干坦人提供保护呢？回答是否定的。他们有权利保卫自己，并不是因为任何条约的缘故，而是因为任何条约都不能废除的自然公正原则。因此，萨干坦人在与两国的关系问题上情况相同，就好像与谁都没有签订任何同盟协议。这样，迦太基人为了公正的理由对萨干坦人发起战争就没有违反条约，而罗马 184
人保卫萨干坦人也没有违反条约。

基于同样的原则，在皮洛士国王时期，迦太基人和罗马人的条约规定，如果任何一方以后与皮洛士签订任何协议，那么，签订该协议的缔约方保留向受到皮洛士国王攻击的另一方提供援助的权利。尽管那样的战争在双方而言都不是正义的，然而它却不涉及任何一方违反任何条约。这是一个平等条约的例子。

14. 如果商定同盟一方不经另一方同意或许可不能发动战争，这就是不平等条约。罗马人与迦太基人在第二次布匿战争结束后缔结的条约就是这样规定的。当“战争”一词适用于各类战争，特别是进攻性战争而非防御性战争时，如果有疑义，那么它必须限于它们的恰当含义，免得条约过分限制不平等条约签订一方的自由。

15. 类似的有罗马人的允诺。罗马人允诺迦太基人作为一个民族是自由的，而迦太基人早就失去了开战的权利以及许多其他权利，因此这个允诺不可能让迦太基人享有完全独立。不过，该允诺还是给了迦太基人一定程度的自由，至少他们不会受任何其他外国势力的支配而被迫搬迁政府；该允诺也给了他们其城市不会受到扰乱的保证。罗马人极力主张该允诺仅仅指的是城市本身，这完全是徒劳的。因为熟悉隐喻语言使用的人知道，城市通常指的是居民和拥有特权的政府，并不只是城墙和房屋。“给予自由”意味着人民可以拥有他们自己的法律。

16. 人身条约和非人身条约的性质是一个经常被探究的问题，这里可以适当地讨论一下。实际上，所有与自由民族的交易，所签协定的性质就是非人身性的，
185 因为它们的主体是永久的。尽管共和政体改成了王政，条约仍然保持有效，因为，虽然领导人改变了，最高权力由以前分散到多个成员手中改为集中到一人之手，但是政治机构继续不变。这个原则允许一个例外：政府的特定形式显然是条约的必要部分，比如两国为了相互保持它们的政治体制而组成了联邦。

但是，如果条约是由国王或亲王缔结的，不能因此就说它只是人身条约而不是非人身条约。条约中插入个人名字不是给了它人身条约的特征，而是指出了条约的缔约方。这一点在下列情况中更为明白。如在大多数的条约中通常附加条款以声明条约是永恒的，或者是为了王国的利益而缔结条约，或者是为了国王本人以及他的继任者而签订条约。这样，即使条约声明该条约只在特定的时期有效，该条约也是非人身条约。罗马人和马其顿国王菲利普之间的条约似乎就算此类。正是由于菲利普国王的儿子拒绝继续履行条约从而引起了战争。

除了已经提到的形式，其他形式和主体本身通常也提供了可以推测的理由。如果两相权衡，其义相当，那么受人欢迎的条约被认为是非人身条约，是永久的；而让人憎恶的条约则是人身条约。虽然所有的和平条约或者通商条约都是受人欢迎的，但是并不是所有的战争条约都是令人讨厌的，特别是防御性条约尤其如此。考虑到进攻性战争所带来的巨大灾祸，进攻性战争条约才是令人讨厌的。人们常常假设在签约时需要考虑缔约各方的性格，而且缔约各方在缔约时都已被说服，除非是为了正义或者非常重要的原因，否则谁也不会开始敌对行动。

通常认为，当事人死亡，其社会关系也就终止了。这种关系属于市民法范畴的私人关系，与我们要谈的主题无关。因此，斐狄尼人、拉丁人、托斯坎人、萨宾人在他们的国王罗慕鲁斯（Romulus）、图拉斯（Tullus）、安库斯（Ancus）、普里斯库斯（Priscus）和塞维留（Servius）死后就废除了那些国王缔结的相关条约。他们是对还是错，我们现在已不能决定了，因为那些条约已经不复存在了。

在这个问题上，查士丁主张进行讨论，是否那些曾经向米提亚人称臣纳贡的属 186
国在米提亚人政府改变后就被免除了义务呢？需要考虑的是，他们是否是出于自愿才与米提亚人签订条约的。法国法学家博丹(Bodinus)认为，与国王缔结的条约不能延伸到他的后任，因为誓约义务只能约束起誓之人。对此论点我们不敢苟同。誓约本身只能约束起誓人，这是事实，但是誓约所确定的协定可以约束他的继承人。

“誓约是条约的惟一基础”这句话绝对不是一个公理。协定本身就有足够的约束力，增加誓约只是为了使协定更加庄严神圣。罗马执政官瓦莱留(Valerius)执政时期，罗马人宣誓说一旦执政官有令他们就会集合听令。瓦莱留死后，辛辛那图斯(Cincinnatus)继位，一些护民官就开始诡辩，声称民众已经被免除了他们的义务。对此，李维在其书第三卷中评论道：“他们那时还没有堕落到漠视宗教义务的程度，宗教义务是那个时代的标志；而人们也没有解释誓约和法律的自由，他们认为必须遵照的是誓约和法律的字面意思。”

17. 与国王签订的条约，即使该国王或者他的继承人被反叛者驱逐而离开该国，该条约仍继续有效，国王的权力依然被他的同盟者所看重。在他的王位暂时丧失期间，他的权力仍然没有削弱。这里可引用卢坎(Lucan)的话：“命令不会因环境的任何改变而丧失它的权利”。

18. 另一方面，如果经合法君主同意而向王国的入侵者宣战，或者向未获得公众认可的一个自由民族权利的篡夺者开战，那么这样的战争不应被看作是违背了以前与那个国家或王国当局所签订的条约。篡权行为除了只是取得占有外，并不表明立即就获得了权利。罗马执政官昆提乌斯(Titus Quintius)对斯巴达王纳比
斯(Nabis)说：“我们只同斯巴达的合法国王签订了同盟友善条约，同你却没有。”因 187
为就条约而言，国王、王位继承人或者类似的人承载着一种特有的、合法的权利概念，它使得篡权的行为成了令人厌恶的事情。

19. 允诺给最先到达终点者的奖品是否可以分给同时到达终点的两个人，或者谁也不给？这是克利西普斯(Chrysippus)曾经很正式地提出来讨论过的一个问题。既然荣誉奖赏是受人欢迎的，那么更加公正的观点是奖品应被分享，尽管西庇

阿、恺撒和朱利安(Julian)表现得更加慷慨大方,即给同时攀上城墙的每一个人一份完整的奖品。

前面所讨论的运用词语的字面意思和比喻意思足够用以解释条约了。

20. 另一类解释由推测而来,它严格地适用于包括了允诺或协定的词语含义,它有双重描述,或者扩展或者限制了词义。与限制各种表达的推测相比,扩展更难。因为对所有事情而言,某个必不可少的要素的缺乏足以导致其功效无法发挥。因此协定当中的扩展性推测就不会被欣然接受。如果使用的词语允许有一个更广泛却不为人所熟悉的词义,那就比前面提到的情况更加困难了。如果要扩展性地推测某个允诺的内容,以便创设某项义务,那么,这个推测必须是确定无疑的。

各种动机有相似之处的说法也难以站住脚,因为被提出来确认某项义务的动机必须与考虑中的情况完全相同。提出某个动机以扩展一项义务,也并不总是恰当的。因为如前所述,动机驱使我们缔结协定,但是,动机有时也受到独立于正义动机之外的意志左右。因此,要认可这样的扩展性解释,很显然,作为例子和典据的动机应当是影响允诺人的惟一有效的理由;而且允诺人也同样是从一个广泛的角度来考虑问题的,否则,这样的扩展性解释就是不公正的、有偏见的。

188 古人在有关修辞的论文中遵循同样的规则,即在谈到“文字和设计”时,他们给了我们表达相同观点的一种不变的形式。但是,他们通过三段论和推理技巧又告诉了我们该如何去理解字里行间之外的意思。法律文书的起草者们也定下了同样的规则以避免欺诈。如果某个时候只能通过筑高墙才能保卫城市,如果规定某个地方不能如此圈围,那么很显然,如果使用了任何其他的巩固城防的方式就是违反了条约。

正如前述中在扩展解释时需要提防任何可能的借口一样,下面一个例子是禁止调集兵力攻击我们。那么,这个禁止就应该包括禁止各种可能危及我们生活和安全的暴力行为和武力行为。[4]

21. 因此,或许可以解决格留斯(Gellius)所提出的问题,即一项使命虽然不需要即刻的行为,但究竟是以做某个相当的事情来完成呢,还是应该以比规定形式更有利的方式来完成?如果规定的形式对达到目的而言不是必不可少的,或者违反规定的形式反而能更好地达到目的,那么,按照斯卡沃拉(Scaevola)对此问题的回答，即替人作保的人可以命令第三人来偿还债权人。这一偏离书面规定的做法也许是恰当的、合法的。但是，如果某个随意解释显然是不能被人所接受的，那么我们必须坚持格留斯在同一文章中的相关论述，即如果受托人在任何情况下都不受书面指令的约束，而是自行其是，那么信托就终止了、结束了。

22. 如果对包含一个允诺所必不可少的话的解释比其字面意思要受限得多，
那么，这或许是因为允诺人原有意图表达的欠缺，或许是因为随后发生的与此意图
相矛盾的意外情况。因此，如果履行某项承诺的结果会是荒诞不经的，这就足以证 189
明原有意图的表达存在缺陷，因为任何人都不会故意打算做荒谬透顶的事情的。
或者，如果影响允诺的惟一有效的理由不复存在，那么允诺的义务也就消失了，因
为该允诺所倚赖的惟一理由失而不在了。

23. 其次，如果允诺或协定显然有充足理由，那么，值得考虑的应该是作出该允诺的理由而非该允诺本身的实质内容了。

24. 第三，无论文字似乎承载了多么广泛的含义，竞争对手们必须关注的只是主题而非其他。古代修辞学家们在谈及表达和设计时，论述了这一解释方法，并把它置于“观点的变化”标题之下。

25. 谈到动机和理由的时候，应当注意到，动机和理由有时所指的事物不能按照事物的实际存在来考虑，而应当根据它们可带来的道德后果来考虑。这时，绝不能把条约文字仅仅限制在其字面意思上。为了维护这类条约的文字意义及条约的精神，应当允许最大程度地扩大解释。由此，如果条约规定某地或某一范围之内不得有军队或舰船，那么，这项禁令就是不准所有的军队或舰船到那里，即使它们有着最公正、最无损害的借口。条约的目的不仅仅是为了防范实际的危害，甚至也是为了防止遥远将来可能发生的危害。

有一点经常引起争论：是否事物现状的持续是一个心照不宣的条件，而这个条件是履行一切允诺的基础。这种状况绝不可能达到，除非该持续状态是缔结条约的惟一动机。我们可以在世界历史中看到，不少大使由于发现情况的改变使得他们出使目的终结，他们不得不停止使命，撤退回国。

26. 如果出现了与某种行为的通常意图相矛盾的意外情况，古代修辞大师们在“表达和设计”这一题目下对此作了说明。这种意外与意图间的偏差有着双重特
190 性。意愿和意图可以从自然道理和外在标志推断出来。亚里士多德曾准确地阐述过这一主题。他在用自然理性来判断意志时把心智看作是判断的本座，把意志看作是公平的本座。他豪气十足地宣称，意志可以纠正法律因为自然理性而普遍存在的缺陷。[5]

所有的意志和条约都应该根据此原则来解释。因为，既然法律制定者不能预料、也不能表述所有的情况，就有必要给予允许例外情况的权利，即如果立法者本人在场，他也会将此情况排除在外。但是这么做必须有充分的理由，因为那是对另外一个人的行为进行控制；同时还必须确定最明白无误和强有力的证据。我们能够获得的最清楚的证据就是对公正的渴求，而公正也就是如果遵循字面意思就会不合法，就会与自然规则和宗教戒律相违背，因为不会产生义务的事情必须被排除在外。老昆提利安(Quintilian the elder)说：“某些不能从法律角度来理解的事情却构成了自然的例外。”

因此，如果某人虽然答应把给他的剑归还原主，但是他不应把剑还给疯子，因为这样做会给他本人或者其他无辜的人带来危险。同理，如果该物品的真正主人需要得到该物，典当物品就不能归还给出典人。我认为这就是特里丰尼乌斯
191 (Triphonius)所说的“正义”，这种正义分配给每个人应得的，但不妨碍他人更为公正的要求。我们已经说过，道义是建立在财产制度之上的，如果知道物品的真正主人却不归还就是不公正的。

27. 如果遵循字面意思并不会完全不合法，但是，如果按照合理判断却会发现该意义太过勉强或者无法容忍，那么就又需要从公平角度来考虑了。比如，按照那些字面意思来做可能带来与人性普遍状况不一致的困难，或者经过与相关人事比较后会发现，那些字面意思与旨在防止罪恶、补偿伤害的一般法律意图存在分歧等。

如果借给他人一笔钱或其他东西用一段时间，那么他可以合理要求在该段时间内还钱或者归还物品，但前提是他本人对此有极大的需要。因为仁慈行为有着这样的性质：没有人会故意约束自己，使自己遭受明显的不便或者受到损害。同样，某君主曾答应援助某盟同，但是，如果他希望把所有兵力留在国内以防止危险

或战争，那么，从公平角度来讲，他可以免除履行协定的义务。通常情况下，给予了豁免或者特权不能作为免除或者反对一国在特定的紧急情况下要求帮助的借口。

在上述的例子当中，西塞罗似乎不那么严格地表达了他的主张："接受承诺的人对有损害的承诺不必遵守，如果诺言对允诺人的损害大于接受承诺人的利益，这样的诺言也不必遵守。"除非是前面提到的疯子的情况，否则不应当由允诺人来判断履行协定是否对接受承诺人有用。由允诺引起的任何轻微的或者假想的损害不足以解除义务。但是，如果按照行为的性质理当成为例外时则应该解除义务。如果某人答应在某个时期给予邻居帮助，但是，如果因为他的父亲或者孩子生病，他只能留在家里，那么他可以不受约定的约束。对此情况，西塞罗在《论义务》第一卷中有如下论述："如果某人曾保证做某事，而与此同时，他的儿子生病了，那么他不履行他所承诺的事情就没有违反他的义务。"

塞涅卡的《论利益》第四卷中有一段话也表达了同样的意思。他说："如果我许 192
下诺言，一切又都照旧不变，可我却不履行我的诺言，那么我就可以被控行为草率，违反诺言。但是，如果事情起了变化，那么我就可以重新考虑这件事，并被免除义务。我在法庭上许诺支持某事，但后来发现该事情对我的父亲有损害。我允诺去旅行，但是后来听说路上抢劫不断。我允诺在某个时刻要在场，但为了照顾生病的儿子没办法出席。在所有这些情况之下，如果要用我的约定来约束我，那么，各种情况就应该与我允诺时的情况完全一致。"

28. 前面已经说过，意图还有其他的表征。它们要求一个符合当前情况的公平例外。在这些证据当中，最有力的莫过于用于其他地方的相同字词，当然不是与当前的意思直接相反，因为那样就等于是矛盾，而是由于一些未曾预料到的紧急情况与当前情况有冲突。这就是希腊修辞学家们称作是"偶然不一致"的情况。[6]

29. 如果成文文件的一部分与另一部分有偶然冲突，那么西塞罗在他的论著《论发明》第二卷中给出了规则以决定它们中哪一个优先。尽管他的排列不是很准确，但绝对不能忽视。为了弥补准确性的不足，那些规则可以按下列顺序加以理解。

首先，"许可"应当让位于命令，因为只要没有明确戒律例外这样有力的反对，
只要不具有支持相反决定的优势，就可以给予许可。所以，正如作者对摩狄斯底努 193

斯(Herennius)所说，明确规定比仅有许可更为有力。

其次，需要在某个固定时间做的事比可以在任何时候都能做的事更有优先性。从这里我们可以得出条约中的禁止性规定通常比它的命令性规定更重要，因为禁止的力量随时起作用。但命令就不同了，除非规定了明确的履行时间，或者包含了默示的禁止。

在上面提到的各种条约都是平等条约，优先权应给予那些更为详细的、更接近相关主题的条约。因为规定了细节，情况就更清楚，就会比通常规则有更少的例外。[7]

附有惩罚条款的禁止比没有惩罚的禁止更有分量，重罚禁令的执行比轻罚禁令的执行优先，有关不太重要的事情的约定应该让位给看起来更值得称赞、更有用的条约。

最后需要说明的是，后法或后约总是否定先法或先约。

从前面的论述中，我们可以得出一个对宣誓条约或宣誓协议更有利的推论，即应以语词最常见的词义来理解条约和协定，不能有与主题无直接必要的含义限制和例外。因此，如果一宣誓条约或协定碰巧与另一无誓条约的义务有抵触，那么，优先权应给予前者。

30. 经常问到一个有疑问的问题，契约在以书面形式写出之前是否应当被认
194 为在法律上是有效的？阿庇安在《罗马史》中记载了米特达拉梯战争，正是因为这个原因，慕里纳(Murena)①反对苏拉(Sylla)与米特达拉梯人之间的协定。然而，除非有相反的规定，似乎很清楚的是，书面形式应当作为契约的证据而被接受，而不是主体的一部分，否则就应该像纳比斯(Nabis)休战协定那样清楚地表达出来。纳比斯休战协定明确规定，协定的批准日是条约条款“被写下来”和“被送达”之日。

31. 我们无法认可一些学者定下的规则。他们认为，所有国王或国家的协定应尽可能以罗马法的原则来解释。除非在国与国之间的交流中，罗马法被认为是国际法，否则不能匆忙承认这个看法是正确的。

---

① 慕里纳，苏拉的副将。

32. 普鲁塔克在《论文集》中提出过一个疑问，是否应该特别注意提出条约条款方或者接受条约条款方的措辞？如果接受条款方是允诺人，交易的性质和实质就取决于他的措辞是否是绝对的，无条件的。如果视提议为采取某些行为的明确协定，那么，从条约中相同文字的重复就可以看出来。但是，在某条件被接受前，正如"论誓约"一章中所述，很显然允诺人不受履行条约的约束，因为一方没有授予任何权利，另一方也没有获得任何权利。因此，有这类条款的提议不是一个完全的允诺。

[英译者注]

1. "在所有的人类事务中，当我们不能得到绝对肯定的指引时，我们需要以可能作为指导。在多数情况下，尤其可能的是，各方都表示他们会服从于既定的惯例。这种可能性提供了一个很强的假设，除非有更强有力的假设，这个假设就不能被驳回。坎登在他所著的有关伊丽莎白女王历史的书中向我们展示了一份条约。该条约明确指出条约应根据条款的恰当含义来准确理解。"——瓦特尔，第 2 卷，第 17 章，第 271 节。针对同一问题，布莱克斯通说："一般情况下，词语应以它们最常见、最为大众所熟知的含义来理解，注重的是习惯用法，而非语法是否适当。"——《英国法释义导论》第 2 章，第 59 页。

2. "'天'一词被理解为'白天'，或者是太阳给予我们以阳光的时间段，同'法定日'，或者 24 小时的时间段。当天一词在公约中用来指时间段时，它本身明显显示的是缔约方所指的法定日，即 24 小时。"——瓦特尔，卷 2，第 17 章，第 280 节。

3. "解释的基本规则是刑法应严格解释，救济性法律可以不拘泥于字面解释。罗马《十二表法》规定，如果在自由人和奴隶之间存有疑问，那么就假定自由人是对的。刑法解释采纳了这个美妙的原则：一旦某项法律规定了新的惩罚，但是可能有多种解释，那么这种解释应该体现出宽宏大量和仁慈大方，或者该解释符合自然权利和自由，或者换句话说，应该按照对被告有利的原则来严格按照字面意思作出判决。在这种情况下，尽管法官经常可能会提出并解决与立法者意图相矛盾的疑难问题，但是这并不比该法律颁布前带来更多的不便。立法者打算惩罚的人，法官宣判无罪，而立法者打算不加惩罚的，法官却予以惩处；两相比较，前者更加符合自由的原则。对救济性法律的解释必须依照法律精神：因为为惩罚欺诈而给予救济，或者为推动扩大自然权利和公正时，法官可以安全地实现甚至超过立法者头脑中的设想。"——克里斯琴批注布莱克斯通《英国法释义导论》，第 87 页。

4. 作者在这里用例子来说明假设认为遗腹子死亡所作的允诺，非常相似于父亲因相信儿子死亡而把财产遗赠他人的情况，所以在本章中将其省略。本书第十一章第 6 节已经在错误的允诺的题目下给出了此例。

5. "普遍规则不能包含人类交易的多样性，因此特殊法令成了必要。特殊法令可随着情况的改变而变化，因为衡量无限之物的尺度本身也应该是无限的，就像勒斯波斯建筑中的铅尺会随着所用石头的形状而改变其形状一样。不言自明的是，衡平是公正的一种形式，它与另一种形式形成鲜明对照，但是更加可取。有公正意识的人往往有意识地、经常地运用这一准则。他在所有的交往当中宁要衡平而不要严厉的公正。即使法律站在他这一边，他也不会利用这一优势去损害他人或者粗暴地对待他人。”——亚里士多德《伦理学》，第 5 卷，第 10 章。

6. 环境不同，行为会随之变化，但是国家原则不会改变。在不同国家之间的商业规则当中经常发生这种事，即被迫改变手段方式以求达到目的的协调一致。如果两国之间的条约宣布将保持永久和睦关系，而后来条约一方宣战，宣布结束这种友好关系。这时，原则未变，但环境变了。环境的改变使得友好关系终结了，而友好关系原本是打算永久的，因为它对政权的福利和维持是必要的，是所有条约的惟一目的。

7. 为了阐述普遍和特殊情况的本质特征，下面的例子选自普芬道夫：“一项法律禁止我们在节假日携带武器到公共场所，另一项法律命令我们一听到警报就带上武器到哨所集合。一个假日里，警报响了。这种情况下，我们必须遵守的是后一项法律，因为它是前一项法律的例外。”——Jur. Gent. lib. v. c. xii. sect. 23.

第十七章　论侵害造成的损失和赔偿的义务 195

关于侵害造成的损失和赔偿这些损失的义务——责成行为不端者赔偿损失——损失指的是与严格权利相抵触之事——合情合理与严格权利的区别——所有权的损失或缩减包括对产品和财产的任何损害行为——损失的估计从收益停止之时起——由主犯造成的损失——由从犯造成的损失——由主犯或从犯的疏忽所造成的损失——何人应在何种程度上受到那些指控的牵连——应对所有结果负责的有关各方——杀人或其他暴力行为——抢劫案——偷窃案——通过欺诈或不公正的恐惧而获得的允诺——损失结果在什么情况下应归因于受损方——国际法允许各国可以在何种程度上利用敌人的恐惧——君主在何种程度上对他的臣民的暴力行为负责——臣民违反君主的许可和命令而对盟国或中立国的海盗行为——根据自然法，无人对牲口、奴隶或船只造成的损失负责——伤害名声或荣誉的赔偿——允许何种赔偿

1. 前面已经提到，我们应得的权利来自于三个方面——契约、侵害和法律。对已经如此详细讨论过的契约的性质在此不必详述。因此，我们接下来探讨的就是侵害给我们带来的权利。“犯罪”或“不当行为”一词适用于所有与人们应有的责任相矛盾的犯罪或疏忽，而这些责任是由它们的普遍性质或特殊感召所要求的。因为这类犯罪或过错自然带来义务去补偿所遭受的损失或损害。

2. 损失指的是个人所有物的减少。这种所有或者纯粹是自然法赋予的权利，或者是人类创制的法律，如财产法、契约法或市民法所赋予的权利。上帝创造人不是为了摧毁而是为了延续，并为此目的而赋予人享有个人自由、声誉和自我行为控 196
制的权利。如何通过契约转让财产权和服务，在本书前面的章节中已有讨论。同样，每个人都从法律中得到他特定的权利。即便法律对人和对物所拥有的权力不比个人自身所拥有的权力大，法律所拥有的权力至少也应该是一样大的。

因此，根据法律的规定，如果法律明确宣布或者明显暗示应该作某些行为，那么被监护人就有权要求每个监护人恪尽职守。不仅国家，法官甚至每个臣民都有

权这么要求。但是，如果仅仅只有行为适当或合理的环境，那么，这并不构成从政治权利的角度来要求为该行为，也不能让受损方因为疏忽而获得法律救济。不能因为某物对某人是合适的、有利的，该物就属于他。所以，正如亚里士多德所说，尽管拒绝援助他人金钱有些吝啬，但并无实际的不公正。

同样，西塞罗在他为普兰库斯（Cneius Plancus）所作的演讲中说，在他们认为恰当的时候，投票赞成他们喜欢的人，或者不投赞成票，这正是一个自由民族的真正特征。事实上，他在后来对自己的主张作了修正，增加了内容，即他们也许会做他们喜欢做的而不是他们应该做的，如果用“应该”一词来表示适当性的话。

3. 为避免混淆不同类的事物，有必要小心谨慎。

那些被授权来任命地方法官的人，从公共利益的动机出发，一定要选择最恰当的人。国家有权利要求他们这么做。他们也因此一定要补偿因用人不当而使国家所蒙受的损失。所以，尽管他没有特别的权利，任何臣民只要是有资格，就应与他人一样享有获取职位的平等权利。如果在行使权利的过程中受到暴力或欺诈的阻碍，那么他不能按照他所追求的职位的价值来获得赔偿，而是按照人们认为合理的、可能遭受的损失来获得赔偿。与此相似的是有权继承遗产的人：如果立遗嘱人
197 受暴力或欺诈阻碍而未能订立遗嘱，作出赠与安排，情况也一样。因为接受遗产是一种权利，阻碍立遗嘱人赠与，毫无疑问是一种侵害。

4. 一个人的财产减损不仅限于对财物本身的损害，还包括影响财产创造的一切事物，无论是否已经带来了财产创造。如果所有人本人收获财产，收获的必要支出，或者说增加财产创造的支出，也应当包括在他的损失当中，成为赔偿的一部分。因为有一条公认的准则，谁也不应从他人的损失中获利。

5. 损害的计算也不能只计算实际收益，而要考虑合理的预期收益。对成长中的庄稼的损害判断就可以依照那个季节通常的丰收或歉收来进行。

6. 但是，除了直接造成损害的人，其他人可能也需要赔偿受损方的损失。某人既可能因为做了某事而犯罪，也可能因为疏忽而犯罪。因此，损失既可能是由主犯造成的，也可能是由从犯造成的。违法犯罪的主犯指的是那些极力促成该违法

犯罪的人，那些尽一切可能同意、支持、唆使该违法犯罪的人，那些在任何情况下都可被认为是该违法犯罪的同伙人。

7. 从犯指的是那些建议、认可或赞许之人。西塞罗在他的《斐里皮克》第二篇演说中说，提议某个行为和批准某个行为有什么区别呢？

8. 和 9. 可以从两个层面来考虑由疏忽所引起的损失赔偿义务。首先，有着特定职位的人因为疏忽大意没有禁止损害行为的发生，或者没有给予受损方以任何帮助。第二，那些应该阻止违法犯罪却没有阻止，或者应该把某事予以公布却保持沉默，以示不知道的人。在这些情况下，如果说某人应当作或者应当克制作出某些行为，那么它的意思就是他受到该项权利的约束，该权利是严格公正的要求，无论该责任是法律要求的还是该人具有的能力所应该作的。忽略宽容之法所规定的义务是不对的，因为对此类疏忽大意不能有所救济，但是，必须根据某些特定的权利 198
给予合法的赔偿。

10. 还需要注意到上面所提到的各方。如果他们是造成他人损失的诱因，或者曾经唆使他人实施损害其他人的行为，那么他们就此程度来说也卷入了罪行，因而负有完全的损害赔偿责任，或者至少负有与他们所扮演的角色相当的赔偿责任。可能并且经常发生的事情是，即使没有主犯或者从犯，还是有人会犯罪。那么，在这种情况下，只有犯罪者本人负责任。主犯或者从犯都不能以下述借口为自己辩护：如果他们没有帮助或教唆，也会有其他人去帮助或教唆。尤其是在如果没有他们的帮助就不会有犯罪的情况下，因为那些假设的唆使者如果给予了建议或帮助，那么他们也应对此负责任了。

11. 在牵连的等级中，一等牵连适用于那些用职权或其他手段迫使他人犯罪的人。若无这些人，犯罪者本人对犯罪负有最大责任。其次就是有关的人。简言之，所有的个人，只要他们卷入做坏事之中，他们就是有罪的，尽管他们不是犯罪行为的惟一祸首。

12. 应对某行为负责的人也应对伴随该行为的所有损害结果负责任。塞涅卡在他的一次争论中论及了这个问题，他以梧桐树着火烧毁了旁边的房屋为例子，并作了以下评论：“尽管损害超过了本意，放火之人应对一切负责，就好像他是故意这么做的。因为如果以无意损害为借口进行辩护，那么他本来就应该避免作任何不当行为。

当卡帕多西亚国王阿里亚提斯（Ariarathes）不负责任地把莫拉斯河流入幼发拉底河的河道堵塞时，浪涛使得河堤决口，幼发拉底河水上涨，结果对卡帕多西亚人、加拉太人和弗里吉亚人造成巨大损害。该案交由罗马人来判决，结果，罗马人对此事的决议是处以他三百泰伦罚金。

199 13.14.15.和16. 接下来讨论其他损害的例子，这些例子使得造成损害方对其引起的损失负有赔偿责任。可以提出一个可辩解的杀人案件来看这个问题。杀人者一定要向死者的家人、扶养人和亲戚按死者的死亡给他们带来的损失大小作出合理的赔偿。以弗所的米歇尔（Michael the Ephesian）在其《亚里士多德的伦理学》第五卷中评注道，向死者父母、妻子或者子女作出的赔偿几乎等同于对死者本人作出的赔偿。在这里，作者提到可辩解杀人，指的是杀人者因为没有立即履行某些法律责任而导致的犯罪。因此，如果某人在自卫时本可以避免但结果却杀了人，尽管他可能违反了宽容之法，但他的过错却并未招致可处死刑的处罚。

基于同样原则，如果某人致他人重伤或残废，那么伤人者应作出相应的赔偿，该赔偿应与受伤者因此灾祸而被剥夺的生计相当。

小偷或强盗应该归还他们偷走或抢走的东西，或者归还该物和该物的任何可能已经获得的孳息，或者按照该物的缺失给物主带来的利益损失作出相应赔偿，也可按照该物实际价值进行赔偿。如果物品已经被消费，不能恢复原状，则应该按照最高和最低价值的中间价值来计算损失。

对国家和个人造成损害的所有的公共收入欺诈、所有非正义的决定和所有假证，都属于这类犯罪，都应作出赔偿。

17. 以欺诈、暴力或不正当的恐吓所获得的契约或允诺，受损方有权要求恢复原状，因为在一切交易中免于欺诈或强迫是自然法和自由赋予我们的权利。

位于这类犯罪之列的还有那些收受贿赂才肯履行职责的官员们。

18. 如果某人自己是欺诈或暴力的诱因，那么结果应归责于他本人的行为。 200
因为有意的行为引起非故意的结果，那么从道德的角度来考虑，那些结果应被视作是运用自由意志所产生的后果。

19. 但是，如果把前面的案例和讨论与公众和国家所关切的事联系起来，就有必要注意到一条经各国同意、采用并确立的准则：经最高权力宣告和进行的战争可以有正义战争之名，敌人无权要求赔偿因恐惧战争的彻底进行而被迫放弃的一切。正是在此原则上，我们承认西塞罗对强盗、海盗和敌人作出的区分，各国的同意和法律迫使我们需要遵守针对敌人的许多通常的权利。因为恐惧而拱手交给海盗或强盗的任何物品都不是合法的获取物，只要没有庄重宣誓放弃就可以重新获得。这与正义战争中的战利品情况不同。

波里比阿为迦太基人第二次布匿战争所作的辩护给它披上公平的外衣，尽管它不是直接建立在国际法的问题上。他们提出进行战争的理由是，当他们忙于镇压国内的外国雇佣军叛乱时，罗马人向他们宣战，占领了撒丁岛并向占领地人民强迫征收交给驻军的特别税。

20. 如果君主和国家未能运用其权力范围内的一切恰当手段来镇压海上掠夺和劫掠，那么，君主或国家就应对他们的疏忽负责。以前塞利安人由于这个原因受到希腊宗教同盟的谴责。

当联合省中的一些邦基于某个特定原因，准许私掠船攻击商船时，那些冒险者在掠夺敌人的同时也掠夺了朋友，于是那些人就沦为了海盗。这个问题值得仔细讨论：这些邦利用亡命之徒和被遗弃者的服务却不要求他们保证良好的品行，是不是合理？

他们在那时所坚持的观点是，他们只能惩罚或引渡被抓到的罪犯并没收他们的财产，以体现公正。因为他们既未批准那些非正义的掠夺行为，也没有分享掠夺
的果实。他们甚至曾严格禁止私掠船骚扰友邦臣民。至于说采取保障措施，他们 201
没有义务这么做，因为他们有权准许臣民夺取和占有敌人的财产，这在以前是经常有的事。

这一特别准许也不应被视为是对同盟国或中立国的不公正行为，因为，即使没有这一准许，个人或许也会配备或派出武装船只作出那些行为。国家无法预知、也

不能因此而预防冒险者的不端行为，因为冒险者会越权行事。如果国家拒绝邪恶之人的帮助，国家就无法招募军队。英国和法国的法学权威进一步确认，认为君主不能保证他的海军或陆军不对友邦臣民造成任何伤害或破坏，尤其是当军队显然违反了命令时。

但是，在何种情况下某人可以不必对他下属的行为负责任的问题，并不是国际法的问题，而主要是国内法，尤其是各国海事法典需要解决的问题。在类似的情况下，最高法院在至少两个世纪前就作出了针对波美拉尼亚人的判决。

21. 罗马法规定：所有者应对他的奴隶或者牲畜造成的损害或者伤害负责任，尽管从自然公正的角度来看，奴隶和牲畜的所有者不应负责。同样，根据包括我国在内的许多国家的法律，如果某人的船只因为与他人的船只相撞而致船只损害，他也不应负责，因为很难判断谁有过错，损失通常由双方分担。

22. 损害还包括以言语攻击、诽谤或其他方式对他人的名誉或声望的伤害。与偷盗和其他罪行一样，其过错性质可由它的结果来估计。这类情况下的赔偿相当于对犯罪的罚款，而该赔偿有时是承认被损害方的无辜，有时是以物品的一般价值给予金钱赔偿。

第十八章　论 使 节 权 202

使节权，源于国际法的义务——它在何处得到公认——使节是否总是得到准许——对参与阴谋的大使的撤职或惩罚不应被视作严厉举措，而是自卫行为——无大使派驻的国家不受尊重大使权利的约束——派往敌国的大使的权利也应受到尊重——报复法，无任何借口虐待大使——受保护的权利可以延及大使随从人员，如果大使认为这样要求是恰当的——及至大使的动产——无强制权利的义务列举——大使神圣不可侵犯性的重要意义

1. 到目前为止，我们的研究引导我们考究了自然法则赋予我们的那些权利，偶尔论及由意定国际法进一步确定的权利。尽管被称作“意定法”，它却规定了有待于我们讨论的某些义务，其中有关大使的权利是它最主要的特点。几乎每一页历史都有关于大使的不可侵犯的权利和他们的随从人员的安全的评论，而这一安全是由人类法则和天启法则的条款和戒律准许的。君主和独立国家通过由大使及其随从人员组成的外交链来保持相互交流，因而作为外交链中主要一环的大使及其随从人员应被认为是不可侵犯的。对他们施加侵犯不仅是不公正的行为，而且正如菲利普(Philip)在写给雅典人的信中所说的，是公认的不敬行为。

2. 无论国际法赋予大使们何种权利，首先有必要看到，只有由独立主权国家彼此互派的大使才享有这些权利。派往他国的省、市代表的特权依照派遣国的特定法律而不是国际法来规定。①

因此，我们在李维的《罗马史》第一卷中看到，某大使自称为罗马人民的信使。 203
另外在该书第六卷中，元老院的一份宣示将大使及其随从的权利限于与外国交流，而不允许公民在彼此之间的交往中享有这样的特权。关于这一点，可以引证西塞罗的权威典籍。为了表明派大使前往安东尼(Antony)处是不正确的，西塞罗评论

① “派往一王国议会或者联邦议会的代表不是大使一类的使节，因为他们不是被派往了外国。但是他们仍然是公职人员，为了履行职责的目的，他们应当享有必要的豁免权和免责权。”——瓦特尔，第4卷，第7章，第109节。属于这类权利的有英国人民的代议人所享有的特权。这类特权被冠名为“议会特权”。

说，这些大使需要打交道的不是汉尼拔人或者外敌，而是自己的公民。

既然维吉尔(Virgil)已清楚解释了什么人可以被看作是外国人，那么我们就不必求助于法学家来理解已经由诗人清楚阐述了的内容。他说:“我认为，凡是不受我们的君权支配的就是外国人”(《伊尼亚斯纪》，第七卷369节)。

因此，一国虽然与他国订有不平等条约，但只要它保持独立，就有权派遣大使。德意志亲王尽管在某些方面受皇帝的管辖，不过，作为德意志人的首脑，亲王享有派遣大使到外国的权利。但是，在正义战争中被完全征服的国王，已被剥夺了统治权，失去了所有作为君主的权利，就无权派遣大使。因此，保罗(Paulus Aemilius)监禁了马其顿国王帕苏斯派来的使者，因为他已经把帕苏斯征服了。

国内战争有时会产生与以前规则相违背的新权利。比如，某王国内的两派势均力敌，很难确定由哪一派来组建政府，或者在两个王位继承人到底由谁来继承王位的问题上产生了争执，这时的王国可以被认为同时形成了两个国家。塔西佗认为，此种情况下的各方享有国际法赋予的权利。他谴责弗拉维安人在国内党派纷
204 争激烈之时侵犯了维特利大使属员的权利，而那些特权即使是外国人也会尊重的。海盗和强盗因为不是法律规定的团体，就不能要求得到国际法的保护和支持。塔西佗告诉我们，当塔克法林人派遣大使到提比留(Tiberius)皇帝那儿时，提比留轻蔑地拒绝了把强盗当作合法敌人谈判的提议。然而，有时也允许给予那类人一种善意和大使们才享有的权利。庞培对来自比利牛斯山森林的逃亡者就是这么做的。

3. 国际法赋予了大使们两种权利。首先，他们有权获准进入他国。第二，他们有权受到保护，免受人身侵犯。关于前者，李维书第十一卷有一段提到，迦太基元老院议员汉诺(Hanno)猛烈抨击汉尼拔(Hannibal)不接纳代表盟国的大使进入他的营地，因为他这样做违背了国际法。

但是这一规则绝没有强迫各国无条件接纳他国使节人员的意思，因为国际法从来就没有这样的意图，国际法仅仅禁止无充分理由而拒绝接纳使节的行为。

有多种动机可以为这样的拒绝提供足够的辩护:有的是不喜欢与之交涉的国家，有的是不喜欢被派遣来的大使，或者是不喜欢该使团的目的。因此，根据伯里克利的建议，雅典人把斯巴达使者梅利西普斯(Melesippus)驱逐出境，因为他来自没有和平意图的敌国。罗马元老院说，只要迦太基军队留在意大利，他们就不会接

纳任何迦太基使者。亚该亚人拒绝承认马其顿国王帕苏斯的使者，因为马其顿在秘密策划反对罗马人的战争。基于同样理由，查士丁尼（Justinian）拒绝东哥特王托提拉（Totilas）的使者，乌尔比诺的哥特人拒绝了贝利萨留的使者。波里比阿在其历史著作第三卷中叙述道，各国都驱走塞尼特人的使者，因为他们是一个声名狼藉的民族。

我们有例子来说明第二类反对的理由，即反对被派作使者的人。提奥多拉
（Theodore）被人称作“无神论者”，而莱西梅克斯（Lysimachus）就拒绝以托勒密
（Ptolemy）使者的身份来接待他。像这样因为嫌恶某人的特殊动机而拒绝作为使 205
者的人的事情时有发生。

第三，如果派遣使团的目的令人生疑，那就有充分的理由拒绝承认大使了。亚述大将拉伯沙基（Rhabshakeh）就属于这种情况。犹太王希西家（Hezekiah）有理由怀疑拉伯沙基前来的目的是鼓动他的臣民起来反叛。或者，与某国缔结条约或交往与该国的尊严和所处的环境不相协调，拒绝也是合理的。因为这个原因，罗马人送交埃托利亚人一份声明，指出没有将军的允许，他们不能派遣使者，并且还指出，帕苏斯不能派使者到罗马，而只能派到李锡尼那里。萨拉斯特告诉我们，朱古达（Jugurtha）的使者也被要求在十天内离开意大利，除非使者带来的是他们国王的降书。

君主不容许他国大使居于他的庙堂之上，往往有最合适的理由。这一惯例在当前很普遍，但远古时的人们却是完全不知道的。

4. 至于大使个人免于逮捕、拘留或者形形色色的暴力的问题，确定起来有一些难度，因为声名显赫的学者们在这一问题上有着各种不同的观点。在考虑这个问题的时候，让我们先关注大使本人的个人特权和豁免，其次是他们的随从和他们的私人财物。关于大使本人，有的学者认为国际法只保护他们免受不公正的侵犯和不合法的拘限。这些学者认为，大使的特权应当根据自然法的共同原则来解释。也有学者认为，除非违反了国际法，大使应免受任何违法犯罪的处罚。国际法的原则涵盖很广，包括了自然法，因此，除了遵循国内法或罗马法的明确规定而采取的行为外，没有大使不受惩罚的过错。

还有人认为，只有国家或君主的代表的过错影响到他们所出使的国家的尊严 206
或政府时，他们才应受到惩罚。但是，在另一方面，一些学者主张，任何国家无论以

何种犯罪来惩罚大使，对外国政权的独立来说都是非常危险的。但是，所有的那类罪犯应当交由他们各自国家的法律来判断是否应受到惩罚。判决时要根据他们应得的赏罚，同时还要考虑他们被派往国家君主的合理抗议。

事实上，还有少数学者在制定此类情况下应当遵守规则的同时，还决定应当允许向其他独立的、无利害关系的国家提出上诉，而这一上诉与其被视作绝对权利，不如被视作是自行斟酌决定之事。然而，各体系的提倡者们并没有得出支持他们所热衷的观点的确切结论。因为像自然法一样，这种权利不能建立在一成不变的规则之上，它的效能只能取决于国家意志。如果国家认为合适，肯定会为大使制定保护他们安全的绝对规则，或者在绝对规则之外附有例外。争论的一方支持十分有必要惩罚滔天罪行的观点，而另一方因为大使的效用，因为为鼓励派遣大使的一切可能的特权和安全而支持最大程度豁免的观点。为此，要想解决这个问题，我们必须考虑各国在多大程度上就这些原则达成了一致，而我们只能从历史中才能找到证据来证明这一切。

上述两种观点都可以找到许多例子来证明。在这种情况下，名家的观点因其判断和知识，故绝不是无足轻重的，但是，我们有时还必须借助于推测。在这个问题上，可以引证两位著名的历史学家李维和萨拉斯特的看法作为权威论述。前者在论及曾犯了煽动反叛共谋罪的塔昆使者时说："尽管他们的罪恶行为使得他们应当被当作敌人来处置，但是他们从国际法中获得的特权胜过了一切其他的考虑。"

207 从这里我们可以看到，即便是最为敌对的犯罪行为，也不能取消大使所享有的权利。但是萨拉斯特的意见与其说涉及的是大使本人，不如说是大使的随从。国际法明显准许给予使团中附属人员以特权，肯定也就不会拒绝给予使团的负责人以特权。萨拉斯特说："控告和审判迦太基将领巴米尔卡(Bomilcar)根据的是衡平原则和自然公正，而并非尊奉国际法，因为他是随同朱古达前来罗马保证忠诚的。"

衡平法和自然公正要求对所有有过错的人予以惩罚，但是国际法却允许例外，即有利于大使和保护有公开诚意者的例外。因此，审判或处罚大使是违反国际法的，因为国际法禁止许多自然法允许的事。

因此，偏离了自然法的国际法就引起了解释和推测，而这些解释和推测给予了公正原则比自然法所严格允许的更大程度的特权。因为，如果只是保护大使不受到侵犯或非法拘限，那么大使的特权就没有给予他们特别的好处。另外，对于公共好处来说，大使的安全是比处罚过错更重要的事情。如果大使行为不端，那么我们可以期待派遣该大使的君主对此有所弥补，除非该君主愿意赞成大使的不端行为，从而开始敌对行动。一些人反对这样的特权，他们宣称一人受到处罚比全民族卷入战争要好得多。但是，如果君主秘密批准了大使的不端行为，那么君主处罚该大使的表面意图不会剥夺受损害国以敌对方式寻求赔偿的权利。

另一方面，如果大使的种种行为只是对他自己的君主负责，那么大使的权利所
依靠的基础就不可靠了。因为派遣大使方和接受大使方的利益通常是不同的，有 208
时甚至相互抵触，如果一大臣被迫考虑双方的意向偏好，可能他就两面不讨好，双方都或多或少地会归罪于他。另外，虽然一些重要的问题非常清楚、明白无误，不会引起任何疑问，但是建立起一般法的衡平地位和效用还存在着普遍危险。

因此，可以自然而然地假定，各国同意根据普遍接受的习惯，一国内的任何人都要遵守该国的法律；但是，无论何时大使都无须遵守他所驻在国的法律。大使扮演的不是普通人的角色，而是代表了派遣他们的君主，君主权力不受任何地方管辖的限制。西塞罗在他的第八次斐里皮克演说中谈到了一个大使，他说："他随身携带着元老院和国家的权力。"由此可以得出结论，大使不受驻在国法律的约束，如果他犯了小错，对此事要么忽略不计，要么命令他离开那个国家。

波里比阿记述了一个大使的例子。该大使因为帮助一些人质逃跑而被勒令离开罗马。因此，罗马人对塔兰顿的一名大使处以身体惩罚，就是因为罗马征服了塔兰顿，塔兰顿人在那时是罗马人的下属。

如果大使罪行昭彰，十分恶劣，影响到了政府，就可以把该大使送回国，并要求他的君主处罚他或者引渡他。高卢人对法比人就是这么做的。然而，正如我们不时可以看到的那样，所有人类法律在制定的时候都要遵循一些原则，都要考虑到极端必要的情况，允许公平地放宽一些尺度。大使的特权就可以算作是放宽尺度的例子。后面可以看到，在讨论正义庄严的战争的效果时，根据国际法，这些极其必要的情况会在某些时候阻止施以惩罚，尽管不是在所有时候。

无论就时间还是方式而言，反对的不是惩罚行为本身，但是例外却是为了避免因处罚罪犯可能引起的更大的公共灾难。因此，为了避免急迫的危险，如果不能想
出其他的恰当方式，可以拘留并讯问大使。所以，罗马执政官扣押了塔昆的使者，并 209
小心谨慎地保管好他们的文件，以防从中获取的证据可能被销毁掉。但是，如果大使挑动并领导了暴力造反，他就可以被处死。这根据的不是处罚原则，而是自卫的自然原则。因此，高卢人本可以处死法比人，因为李维称他们为"自然法的违背者"。

5. 根据前面屡次提到的豁免,大使们受到保护,免于人身拘限和侵犯。不言而喻,似乎可以说各国从接受大使伊始,就受到一项心照不宣的协定的约束,即尊重这些豁免权。下面这种情况可能发生,而且有时也确实发生过,即一国通知另一国将不接受它的大使,如果派遣大使,将以敌人对待。罗马人对埃托利亚人就发布过这样的宣言。还有一次,维恩特人的使者们被命令离开罗马,并受到威胁说,如果他们不照办,他们将像维恩特人的国王托伦尼乌斯(Tolumnius)处死罗马使者一样被处死。萨姆尼特人也曾禁止罗马人到萨姆尼特的任何地方议会去,否则他们将丧失生命,或者,至少丧失人身安全。

若有使者未经许可便擅自从一国领土经过,该国可以不受上述法律的约束。因为,如果使者们即将前往的是该国的敌国,或者正从那儿返回,或者参与了任何不友善的图谋,那么就可以合法地把他们当作是敌人。雅典人对来往于波斯人和斯巴达人之间的信使就是这么做的。伊利里亚人对在埃西人和罗马人之间进行交往的使者也是这么做的。色诺芬(Xenophon)主张在某些情况下可以俘虏他们。亚历山大(Alexander)俘虏了底比斯和斯巴达派往大流士(Darius)的使者;罗马人俘虏了菲利普派往汉尼拔的使者;拉图斯(Latius)俘虏了沃尔西人的使者。

除非有充足的理由,否则,对使者任何程度的苛刻都会被看作是违反了国际法,也是对该使者的派遣国或前往国的君主的人身侵犯。查士丁告诉我们,马其顿
210 国王菲利普派遣一名大使带国书前往汉尼拔处,授权他缔结同盟。当这名大使被俘获并被押往罗马元老院后,元老院并未进一步处罚他,而是放他离去。他们这么做倒不是出于对菲利普国王的尊敬,而是为了避免把犹豫不决的敌人变成死心塌地的敌人。

6. 但是,如果被敌国接纳的大使享有国际法规定的所有特权的话,那么,被并无真正敌意的不友好国家接纳的大使更是如此。狄奥多拉斯(Diodorus)说,即便是在战争进行的过程中,举着休战旗的信使也有权要求得到和平的保障。波斯人的信使被斯巴达人杀害一事,被普遍认为是混淆了各国公认的正误界限。法学作家们定下了这么一个规矩,大使的身份是神圣的,对他们的人身侵犯是无视国际法的行为。塔西佗称我们现在所讨论的特权为使者的权利,是国际法赋予的神圣权利。西塞罗在反对维利斯的第一篇演讲中问道,大使们在敌国或者敌军营地难道不是安全的吗?在古今权威著作中都可以找到无数这类例子。尊敬这些特权是有

理由的，因为战争中的情况千变万化，这些情况的解决只能通过使者来完成，而这也是提出并实现和平的惟一渠道。

7. 一个经常探讨的问题就是：如果某君主派遣的大使曾有过残忍或严酷苛刻的行为，那么他是否会遭到报复？历史学家提供了以这种方式进行处罚的许多例子。然而历史有时仅仅是带有不公正标记和难以抑制的愤怒行为的记录而已。国际法赋予的特权不仅仅是为了保证君主的尊严，还保证了为君主效力的使者们的尊严。关于后者，人们认为存在一种心照不宣的协定：他不仅应该被免除去影响到君主的虐待，也应该被免除会影响到他本人的一切虐待。

罗马使者曾经遭到迦太基人的苛待，于是，罗马人把迦太基使者带到西庇阿面 211
前，问他该怎样处置。这时，西庇阿的回答是，不要用迦太基人对待罗马使者的那种方式。这真是一个符合国际法的宽宏大量的回答。李维补充说，西庇阿说他不会做任何与罗马人性格和法律不相配的事情。在此之前，瓦列留·马克西慕斯(Valerius Maximus)在类似情况下对执政官说了同样的话。他们致函汉诺(Hanno)说："我国给予的真诚保证使你们不再有任何这类恐惧。"因为甚至在那个时候，考尼留(Cornelius Asina)因做了与他身份不相符的事而被迦太基人拘捕并投入监狱。

8. 大使的随行人员和他所有的随身物品都享有一种特别的保护权。于是就有了古代《传令官之歌》中的一段歌词："啊，无上的陛下，您是不是敕令我为罗马市民的神圣使者？您是不是授予我的随行人员和我所拥有的一切物品同样的特权？"根据朱利安(Julian)法律，伤害大使甚至大使随员的行为将会被宣判为侵犯了公共权利。

但是，随从的特权仅仅限于大使本人认为合理的范围，因此，如果某个随员犯了罪，会要求大使移交罪犯，予以惩处。必须向大使提出请求，因为带走那类罪犯时不能使用武力。当亚该亚人拘捕一些跟随罗马大使的斯巴达人之后，罗马人对这一行为提出了强烈抗议，因为这样做违反了国际法。前面也谈到了萨拉斯特对波米尔卡事件的看法。

如果大使拒绝交出该罪犯，那么，就必须以与针对大使本人的同样方式来寻求救济。至于大使的家人，以及大使可能以使馆为逃亡者提供庇护的问题并不包括在国际法之内，这些问题取决于与大使驻在国签订的协议。

9. 不能通过诉讼程序，也不能依靠君主权威来扣押大使的动产或者大使的任
212 何个人附属物，以清偿债务。因为必须给予大使本人及其一切所有物充分保障，保护大使不会受到任何强迫。如果大使欠下了债务，并且一般在驻在国又没有什么财产，那么，首先必须对他礼数周全地提出偿债的要求。如果大使拒绝偿债，就向他的君主提出偿债要求。如果这两手都不奏效，那么就只能采用向境外债务人讨债的方式来达到目的了。

10. 有些人担心，如果给予了大使如此广泛的特权，那么就没有人愿意同大使签订任何契约了，也就没有人愿意向他提供生活必需品了。这种担心是没有必要的，因为对国王适用的那些原则同样适用于大使。最大的理由就是，在法律强制范围之外的君主，也能毫无困难地获得信用。

11. 这类豁免的重要性可以很容易地从无数事例中看出来。无论是《圣经》记载的历史还是世俗记载的历史，都充斥着因为虐待大使而进行的战争。在《圣经》中，大卫因这个原因而向阿莫尼特人开战。西塞罗的著作可以引证为世俗历史的例子，他认为这是米特达拉梯战争最正当的理由。

第十九章　论　葬　权 213

从国际法获得的埋葬死者的权利——此种权利的来源——由于敌人——是否由于归于那些残暴的犯罪——是否由于那些自杀者——国际法赋予的其他权利

1. 埋葬死者的权利来源于意定国际法。狄奥·克里索斯(Dion Chrysostom)把埋葬死者的权利置于使节权利之后，并称之为"合乎道德的行为"，认为是不成文的自然法所规定的。老塞涅卡把命令我们将死者躯体交给大地母亲的法律列入不成文的戒律。但是，他又说这比历史上所有有记录的法律都具有更强的法律约束力。犹太作家斐洛和约西法斯(Josephus)称此为"自然的图章"。在自然的名称下，我们了解了人类共有的与自然理性相一致的习俗。

我们发现伊利安(Aelian)曾说过，我们共同的习性呼吁我们要掩埋死者。还有一个学者也曾说过，回归为大地尘土使得所有人变得平等了。塔西佗在其《编年史》第六卷中写到，当提比留(Tiberius)对与色亚努(Sejanus)有关系的所有人进行大屠杀并禁止他们举行葬仪时，每个人都惊恐地看着人类最后的仪式遭到了拒绝。演说家莱西亚斯(Lysias)称葬仪为"我们习性的共同希望"。

古人衡量每个民族道德品质的标准是看他们是尊重还是忽略这些权利。为了给这些权利披上一件更加庄严神圣的外衣，他们把这些权利的起源归诸天神的许可和制度。所以，我们在古人的各种著作中经常读到诸如大使的权利和埋葬的权利来自天赐神授之类的话语。

在《哀告者的悲剧》中，欧里庇得斯(Euripides)称葬权为"上帝的法律"。在索 214
福克勒斯(Sophocles)的《安提戈涅》中，底比斯王克瑞翁(Creon)禁止任何为波利尼西斯举行的葬礼，违者处死。于是，女主人公向克瑞翁作了如下的答复："像这样的禁令不是最高意志的昭示，也不是天生公正的展示。天生公正要求的是要尊敬死者的法律。我认为你不能命令终有一死的人违背不成文的神圣上帝的法律。上帝之法不是今天制定的，也不是昨天才制定的，而是始自永恒并将永远有效。这些法律的根源我们无从知晓。难道我会因为害怕一个终有一死的人而遵守他不公正的命令来招致上天的愤怒吗?"

从艾索克里提斯和希罗多德的权威典籍以及色诺芬《希腊史》第六卷中，我们可以找到支持一直给予死者葬礼的证据。总而言之，各个时代的演说家、历史学家、诗人、哲学家和神学家都协力表明了人类此类仪式的可取，而这些杰出人物的声名又使得葬礼显得更加神圣庄严。

2. 关于丧葬的起源以及种类繁多的丧葬仪式，似乎没有普遍接受的观点。埃及人用香料涂尸防腐，大多数希腊人先将尸体火化再进行墓葬。西塞罗在其《论法律》第二卷第二章中认为，只有现在仍在使用的埋葬是最古老的方法，并最适合自然。西塞罗的这一观点得到了普林尼的支持。

有人认为，死亡是人们向自然自愿偿债，因为他们知道，这个债是无论如何都必须还清的。因为“身体来自尘土，也应回归尘土”这一神圣的语句并不只是亚当传给我们的，希腊、罗马的著作中也阐述了这一点，而且这一点也是为全人类所承认的。

西塞罗在《欧里庇得斯的海西普莱》中说：“尘土必须回归尘土。”所罗门（Solomon）《传道书》第十二章有一段含义相同的话：“事实上，尘土仍归于地，灵仍归于赐灵的神。”欧里庇得斯在《哀告者》中以提休斯的身份详述了这个问题：“让死者躺在大地的怀抱中；因为一切都应恢复到原来的状态。灵魂回归天堂，躯体回归大
215 地。给予灵魂和躯体，但都不能无限地拥有，只是短期使用。大地将很快就要索回她曾经给予了生命并加以滋养的躯体。”同样，卢克莱修称大地为“多产的母亲和公共的墓地”。普林尼也把大地说成是：在我们出生时接纳我们，抚育我们成长，供养我们直到我们最后安息。当大自然的其他部分遗弃我们的时候，她把我们拥入她那母亲般的怀抱，并用她的斗篷把我们遮盖起来。

有人认为，葬俗是我们的始祖把复活的希望以遗嘱的形式传下来的。德谟克利特（Democritus）教导我们，要我们相信，我们的躯体应被保存在泥土之中，这样才有恢复生命的希望。基督教徒尤其经常地把体面的葬礼习俗归因于同样的希望。基督教诗人普鲁丹提斯（Prudentius）说：“如果不是暂时的睡眠，不是死神的受托人，那么，神圣的石头或者庄严的墓碑又有什么意义呢？”

然而，最为明显的解释应该是人的尊严，因为人类高于其他任何动物。如果把人类的躯体遗留在荒野任由猛兽吞噬，那将是人类的耻辱。昆提利安（Quintilian）说，保存人的躯体，使其免遭禽兽的蹂躏是一种恰当的行为。西塞罗在其《论创造》

第一卷中评论道，死后让禽兽来撕裂践踏就相当于我们共同的死亡荣誉被剥夺了。罗马诗人维吉尔为他的一个主人公而哀伤大哭，因为他没有虔敬的母亲把他在墓地安葬，他的遗体只能成为禽鸟的口中之物，或者被扔进河中为鱼果腹(《埃涅阿斯纪》第十卷第557—560节)。

我们万能的上帝通过先知之口告诫那些邪恶之人，他们的葬礼将像野兽一样，狗会舔吃他们的血。这句痛斥奸佞之辈、宵小之徒的惩罚性威胁表明，用拉克坦西(Lactantius)的话来说，如果抛弃上帝之形，遭受野兽的凌辱，这是对我们人性的羞辱。但是，即使为了羞辱，即使和人的情感相一致，我们那易腐烂的、懦弱的皮囊也不应暴露在日光之下。

因此，丧葬的权利以及行使该权利，成了人类的仪式之一。即使对敌人也不能 216
拒绝给予安葬，因为战争并没有剥夺人的权利和人的本性。正如维吉尔所评论的那样，对被征服者和死者的一切仇恨都必须停止(《埃涅阿斯纪》第十卷第104节)，因为他们已经遭受了他们所能够承受的最后的不幸。斯塔修斯(Statius)说："我承认，我们已经处于战争，但是我们的憎恨在减弱，我们所有的敌意和仇恨已经被埋葬在坟墓中。"奥普塔图斯(Optatus)也把和解归因于同样的理由："如果生者之间曾经有过争斗，那么你们的憎恨一定会因对手的死亡而得到满足，因为争吵不休的舌头现在安静了。"

3. 在前面提到的原则基础之上，大家达成共识，公敌也享有丧葬权。阿庇安称它为"战争的共性权利"。塔西佗说没有敌人会拒绝服从这一点。根据狄奥·克里索斯登所说，即使战争进行得最激烈的时候，这些原则也会得到遵循，"因为死亡之手已经摧毁了所有的敌人，使他们成为战死者，但是同时也保护他们的遗体不受到任何侮辱。"

历史上不乏这类例子。亚历山大下令厚葬在伊苏斯战斗中阵亡的敌人。汉尼拔对罗马将军弗拉米尼乌斯(Caius Flaminius)、伊米留(Publius Aemilius)、提比留(Tiberius Gracchus)和马塞拉斯(Marcellus)都是这么做的。因此，斯利乌斯·伊塔利库斯(Silius Italicus)说，你可能会想也许迦太基的将军也曾被给予这样的荣誉。罗马人以同样的方式对待迦太基的汉诺(Hanno)和米特达拉梯人的庞培(Pompey)。如果有必要引用更多的例子，那么还可以提到马其顿王子狄米多留的行为以及安东尼对待阿基拉斯(Archelaus)的例子。

当希腊人和波斯人交战的时候，他们的战争誓言中包括了要埋葬属于同盟国的死者，在取得胜利时还得埋葬野蛮人。战斗结束后，双方通常都会获得安埋死者的许可。鲍桑尼阿斯（Pausanias）在其有关雅典人事务的记述中提到了雅典人埋葬米提亚人的习惯做法。雅典人把这当作是应该给予所有人的虔诚行为。我们从犹太作家那里了解到，神父是不能靠近尸体的，但是，如果发现了尸体，出于同样的
217 原因，他们必须埋葬死者。基督教徒认为埋葬是重要无比的事情，如果是为了支付费用，他们可以同意把教堂的餐具熔化以求出售，就好像他们为维护穷人或者为赎救俘虏所做的那样。

也有少数相反的例子，但是那些行为遭到了人类的普遍谴责，那种残忍也受到了最激烈的反对。克劳迪安（Claudian）认为劫掠死者是血腥行为，而拒绝给他们掩上黄土就更为残忍。

4. 对于那些犯有残暴罪行的人，我们有理由心存怀疑，是否应给他们埋葬的权利。上帝赐给希伯来人的法律充满了各种美德和人性的告诫。该法律命令受到十字架钉刑的犯人应当在受刑当日予以埋葬。要知道，十字架钉刑是人类各种刑罚中最为可鄙的惩罚。约西法斯说，因为这项法律，犹太人十分重视埋葬问题，所以即便是那些公开处死的罪犯也应在日落前收尸并被埋于地下。其他犹太作家认为人是按照神形创造而来，而埋葬死者就是对这一神圣形象的崇敬。

荷马时代一定就有了安葬罪犯的做法，因为《奥德修纪》第三卷中记载，伊格丝苏斯（Egisthus）在通奸之外又犯了谋杀罪，但是被谋害的国王之子奥莱斯底（Orestes）仍然同意为他举行葬礼。我们或许还可以从乌尔比安的著作中了解到，罗马人的习俗之一就是从不拒绝把死者遗体交给死者亲属予以埋葬。罗马皇帝戴克里先（Dioclesian）和马克西米安（Maximian）在法令中宣布，对于那些罪该处死的犯人，不拒绝把他们的遗体予以安葬。

我们在阅读国内战争的历史记载时可以发现，国内战争中有着比对外战争中更多的侮辱死者的例子。有时，死刑犯的遗体会被镣铐悬挂，陈尸示众。神学学者和政治学者们都十分怀疑这一习俗是否恰当。我们发现，这些学者决不赞成这种做法，他们倒是对那些能够下令把本不会享有安葬权的人予以安葬的行为赞赏有
218 加。斯巴达人鲍桑尼阿斯（Pausanias）就采取了这样的行为。伊基纳岛人催促他就波斯人对待列奥尼达（Leonidas）之事予以报复，但是他拒绝了这一建议，因为他

认为这与他本人的性格和希腊人的声名不相称。国王亚历山大曾经对法利塞人的遗体极尽侮辱之能事，但是法罗萨人仍允许安葬亚历山大。

尽管事实上在某些时候上帝可能惩罚有过错的人，让他们丧失被埋葬的权利，但是上帝这么做凭借的是他的特权，这一特权使他不受任何法律的限制。大卫(David)杀死哥利亚(Goliah)并将其头颅示众，但是大卫(David)这一行为的对象是不敬上帝的外国人，其法律根据是要限制邻国在希伯来法律之下的名声和特权。

5. 有一件事值得注意：约西法斯告诉我们，在希伯来人中盛行的埋葬死者的规则中包含有例外的情况，即不包括那些自杀者。这种做法不太对。如果处以死刑尚不足以作为惩罚，给他的遗体烙上耻辱的标记就毫不令人吃惊了。亚里士多德在《伦理学》第五卷中谈及了普遍附着在自杀之上的臭名。一些希腊诗人的观点一点儿也没有削弱这一看法，他们认为既然死者没有了任何感知，他们就不受任何损失或耻辱的影响了。如果生者能看到烙在死者身上的耻辱标记，并因此不敢去自杀，那就有充分的理由说明该习惯是有道理的。

斯多葛派以及其他人认为，害怕苦役、疾病或者任何不幸和灾祸，甚至对荣誉的热切追求都可能是自愿死亡的合理理由。柏拉图派学者反对这种观点，他们正确地认为，灵魂必须保留并托交身体保管，除了给予灵魂的人，谁也不能命令把灵魂从身体中释放出来。在这个问题上，普罗泰尼斯(Plotinus)、奥林匹亚多拉斯(Olympiodorus)和马克拉比(Macrobius)关于西庇阿的梦想有许多很好的想法和意见。

布鲁图斯(Brutus)追随柏拉图派的观点，他曾谴责加图之死。然而，他自己后来又步了加图的后尘。他认为，如果一个人收回对上帝的忠诚，并且在他本该坚忍承受灾难或者不幸时畏缩不前，这其实是一种不虔诚的行为。我们可以看到，在斯特拉波著作第十五卷中迈戈斯提尼(Megasthenes)谈到印度圣人对卡拉努斯 219
(Calanus)的行为所表达的不满：任何人绝对不能因为任何不安而放弃他在生活中的位置，这和他的信条不相符。在昆图斯·科提斯(Quintus Curtius)著作第五卷中，国王大流士(Darius)有一句同样意思的话，他宁愿死于他人罪恶之手，也不愿意死于自己之手。同样，希伯来人称死亡为一种“解放”或者“解脱”。这一点我们可以从《路加福音》第二章第十九节中读到，也可在希腊版的《旧约·创世记》第十五章第二节和《民数记》第二十章到结尾中看到，希腊人有同样的看法。普鲁塔克在谈及安慰时称死亡为上帝解除我们职位的时间。

6. 当然，还有其他的权利也源于意定国际法，比如所有权的时效、无遗嘱继承权以及来自某些不平等契约的权利等。虽然这些权利的一部分产生于自然法，但是它们之所以得以确认，却是因为人类的法律。无论它是与推测的不确定性相反，还是与某些例外相对立，都是受到了自然理性的启发的。有关自然理性我们在关于自然法的讨论中已经简略地有所涉及。

第二十章 论 惩 罚

220

惩罚的定义和起源——惩罚以何种方式与严格的正义相联系——自然法只允许将实施惩罚行为的权利授予那些与犯罪和违法行为无关的人——人和神的惩罚在动机方面的差别——复仇在何种意义上自然地不合法——惩罚的优点，有三个方面——自然法允许任何人针对犯罪者进行惩罚，但有所区分——在实施惩罚时，万国法对于受害方利益给予的考虑——惩罚的总体效用——在这方面，《福音书》的规定是怎样的——回答基于《福音书》中展示的上帝的仁慈而提出的反对意见——对于死刑的反对，因为其消除了罪犯的忏悔的可能——基督教徒个人实施惩罚是危险的，即使这种行为被万国法所允许——对于某些罪行以公众而非个人的名义进行控诉——内心的思想不能被人类惩罚——公开的行为如果是出于人类难以克服的缺陷，则不应受到惩罚——对于社会既没有直接，也没有间接造成损害的行为不能受人类法律的惩罚——豁免的理由——反驳关于永远不能给予宽恕的观点——在制定刑法之前，有证据表明宽恕是被允许的——但不是在所有情况下——确立刑罚后宽恕仍旧得到允许——内在的和外在的原因——没有任何正当的理由可以消除法律的义务，除非这一行为隐含着法律的授权，对这一观点的检验和反驳——通过抛弃罪犯而预想的惩罚——对于不同动机的比较——限制人们犯罪的动机——根据《十诫》所规定的罪行的程度——罪犯的行为能力——出于人道动机将会减轻惩罚，除非具有相反的更强烈的动机——便利犯罪或熟悉犯罪加重其罪行性质——仁慈的适当行使——犹太人和罗马人关于实施惩罚的观点——战争被视为一种惩罚——为了预谋的侵犯而开始战争是否正当——在自身或其臣民未受到直接影响的情况下，国王和国家针对违反自然法的罪行进行战争是否正当——对于管辖权是自然法要求的赋予惩罚权利的要件这一观点的反驳——自然法、国内习惯和神的意志法的区别——有关是否可以进行战争惩罚渎神行为的问题——对这一问题的思考——上帝的存在，从何处得知——拒绝信仰基督教不是发动战争的充分理由——残酷对待基督教徒是开始战争的正当理由——公开亵渎宗教应受惩罚

221 1. 在本书前面的章节中，对发动战争的原因作了解释。这主要体现在两个方面，即作为损害的补偿，或者作为一种惩罚。前一方面已经得到了澄清，而有关惩罚的后一方面仍需加以讨论，并且需要进行更加充分的考察，因为对惩罚的起源和性质的不完全的了解已经导致许多错误的产生。

从其最为一般的意义上看，惩罚强调了受难，以作为惩治邪恶行为的结果。尽管劳役有时可以作为惩罚的替代品，但考虑到其艰辛与心理上的压力，将其划分到受难一类中也是恰当的。但是有时由于传染性疾病或其他类似原因，人们会被排除出社会交往和日常生活，从而经受很多不便，例如犹太人由于许多关于亵渎的规定而经历的那样。这些暂时的独处，严格来说并不被视为惩罚，尽管由于两者之间的相似之处往往导致对词汇的滥用，因而经常被混为一谈。

在自然的法则中，有一些对什么是合法的和正义的作了规定，古代哲学家称其为拉达曼提斯(Rhadamanthus)[①]法则，它的内容是：使任何犯下罪过的人承受同等程度的痛苦是正当的。

普鲁塔克在其关于流放的书中说道："正义是上帝的一种特性，它报复所有触犯神法的行为；我们将其作为相互交往所遵循的法则和尺度。因为，尽管世界被人为的或地理的领土界限分割开来，自然之瞳却将所有人都视为一个巨大帝国中的伙伴。"希勒克勒斯(Hierocles)正确地指出正义的一个特性，即对所有恶行的治疗与补救。拉克坦西(Lactantius)[②]在谈到神祇的愤怒时说："某些人将人或神的惩罚贬低为残酷或固执，而认为对惩罚犯罪的行为应加以某种程度的谴责，此时他们就犯下了严重的错误。"奥古斯丁的话大致表达了惩罚与犯罪不可分割的联系："一项惩罚要想成为正当的，就必须是因为某项罪行而施加的。"他运用这一表述来解
222 释神祇的正义，而由于人类的无知，我们往往难以发现罪行，但却可以看到最终的裁决。

2. 关于惩罚是应属于相对性(attributive)正义还是严格正义的问题，存在着许多不同的观点。一些人认为它属于相对性正义，因为罪行得到的惩罚一般总是与其后果成比例的，惩罚也是由整个社会施加在某一个体身上的。

---

① 拉达曼提斯，古代希腊神话中的地狱判官。

② 拉克坦西，基督教护教士，拉丁教父中著作流传最广的一位，著作包括《神圣教规》、《论迫害者之死》等。

正义的首要原则之一无疑应是在惩罚与罪行之间建立一种等量关系。贺拉斯(Horace)[①]在其《讽刺诗集》中说过，理性的工作就是运用某种规则和尺度，使得惩罚能够在与罪行相当的程度上得以实施。他又说，用酷刑去折磨一个奴隶是违反理性的行为，因为奴隶所应得的只应是鞭子(《讽刺诗集》第三卷第三章)。从《申命记》第二十五章中可以看到，神法也是基于同样的原则。

有一种观点认为，所有惩罚都可以被认为是严格符合正义的，因此，当我们说某人应受惩罚，我们的意思只是说他受到惩罚是正当的；而且除了有权实施惩罚的人之外，任何其他人都不能采取惩罚措施。而从法律的角度来看，每一个惩罚都被认为是一项罪行所引起的债，因为违法者承担了赔偿受害者的义务。这在性质上有些接近于契约上的义务。例如，虽然没有明文规定，销售商仍应受货物买卖通常和必须之条件的约束。

同样，将惩罚作为一项罪行自然产生的结果，就可以说一个作恶的罪犯自愿启动了法律施加的惩罚。根据这一原则，有的君主就以如下的方式来对违法者进行宣判："你所受到的惩罚是你自己带来的。"的确，每个有意而为的邪恶的犯罪都被认为是一个自愿接受惩罚的契约。正如以弗所的迈可(Michael the Ephesian)在亚里士多德的《尼可玛可斯伦理学》第五卷中所认识到的，前人所谓的契约不单单指人们相互之间自愿缔结的协议，也指由于法律的裁决而产生的义务。

3. 然而，自然法并没有确切地说明惩罚的权利究竟属于谁。理性虽然可以指 223
出惩罚罪行的必要性，却没有确定执行这项惩罚的具体的人。

但是，自然理性的确曾指出过适合这一角色的一类人，即仅仅将施加惩罚的权力赋予一个上等人被认为是最合适的。但这一表述并没有达到绝对必要的程度，除非"上等人"这个词汇意味着从事犯罪行为已经使罪犯低于所有同类，从文明人沦为了野蛮人。这是许多神学家所持的观点。哲学家们则对这一表述表示赞同。例如德谟克利特就认为权力自然属于上等的美德。亚里士多德也认为，无论从自然造物还是艺术的角度看，低等人都是为了替上等人服务而产生的。

根据上述观点就自然会得出以下结论，即当双方都犯下同等程度的罪行时，惩罚的权利不属于二者之间的任何一方。

---

① 贺拉斯，罗马杰出诗人。

与此相同，主也针对通奸中被捉到的女人宣布说，没有罪恶的控诉者应当掷第一块石头(《约翰福音》8:7)。他这样说是因为在那个时代犹太人行事的方式是如此堕落，以至于在盛大的神圣的游行中，最大的罪恶和最邪恶的行为都被隐藏在其中。一个教士将那个时代的特性以最暗淡的颜色加以描绘，并用与神圣的主相似的话语谴责他们："人们，你们不能寻找借口，不管谁是裁断者都一样。因为当你评判他人时也就在谴责你们自己，评判他人的人也做了同样的事情。"(《罗马书》2:1)塞涅卡的话也适用于这种情形，他说："没有一个由有罪的人作出的判决能够具有效力。"他又说："如果我们反省自身，自问是否曾经犯过我们正在谴责的罪行，那么我们在作出裁决时就会更加客观了。"

224 4. 还有一个问题，是关于惩罚所希望达到的目的。正如前文已经提到的，我们只表明了在惩罚有罪的人时并没有伤害他们。而惩罚的绝对必要性却并没有由此产生。因为在许多情况下，宽恕有罪的人被认为是神和人的性格中最优秀的品质。柏拉图就此曾说过的话得到了很多人的赞许，他说，正义施加惩罚并不是为了已经实施且无法挽回的邪恶行为，相反，它是要阻止相似的事情将来再次发生。在修昔底德的著作中，我们可以看到迪奥多拉斯(Diodorus)对雅典人谈及米提利涅人的行为时，劝告他们说："要克制自己去惩罚他们所供认的恶行的冲动，除非这种惩罚可能带来某种好的结果。"

这些公理适用到人类的惩罚上也许是对的：因为一个人在血缘上是如此密切地与他人联系在一起，以致除非是为了得到某种好的结果，否则任何程度的痛苦都不能施加于他人之身。但涉及上帝时情形就有些不同了，而柏拉图在此却显得不太明智，他将上述观点也适用在上帝身上。尽管神的使者无疑会将人类的福祉作为所有惩罚的目的，然而仅仅对罪犯进行改造是不能成为惟一的目标的。神的正义虽然需出于善心，但它也必须遵循上帝阐述的真理，即对邪恶者以惩罚或消灭作为威慑。

因此上帝的荣耀，除了作为人类的典范外，还将来自于对于邪恶的惩罚。

5. 一个戏剧作家曾经说过："敌人的痛苦是对受伤灵魂的治疗与补救。"在这一点上他与西塞罗和普鲁塔克的观点相同：前者认为"对于敌对者的惩罚会减轻自身的痛苦"，后者认为"补偿是医治受伤害心灵的一剂良药"。

然而在剥去所有伪装和虚假的装饰后，我们就可以看到这种处置方式与人类理性是绝对不相符的，因为理性的职责就在于调整和控制感情。它也不会在自然法那里找到被认可的依据，因为自然法的所有规定都是为了以善意将人们凝聚在一个社会里，而不是使他们因敌意而分裂。理性将以下观点作为它的法典中首要 225
的公理：除非其目的是出于某种明显和重要的利益，否则没有人可以作出伤害他人的任何行为。而仅仅为了敌人的痛苦是不能带给我们利益的，它只有在错误和假想的情况下才看上去有利，就像从表面的繁荣或其他类似事例中表现出来的那样。[1]

在这种意义上，复仇就受到了基督教传教士和哲学家们的共同谴责。在这方面，塞涅卡所说的话与基督教的精义非常相近。他称，复仇按其通常和确切的意义来说，就是一种不人道，它与伤害只是在程度上有差别。因为对于苦痛的报复并不比可宽恕的罪行更好。尤维纳利斯(Juvenal)描述了几种复仇心占据主导地位的性情，同时又展示了几种它无力影响的友善的性格，他总结说，复仇是狭隘和软弱的心灵之乐趣所在。

以上的论述表明，惩罚在以复仇的心态实施时是不能符合公正的要求的。下面我们将继续讨论正当地实施惩罚时所带来的好处。

6. 接下来讨论惩罚动机的差别似乎是最合适的。柏拉图在其《高尔吉亚》中就提到过这种差别，在杰利尤斯(Gellius)著作的第五卷第十四章中，他引用的哲学家陶鲁斯(Taurus)的一段话也谈到了这一问题。这些差别似乎是从所有惩罚的不同目的中自然产生的。柏拉图认为，对罪犯的改造和对他人的警诫是惩罚的两个主要的动机。陶鲁斯则加上了第三个，他称为补偿，克莱门斯·亚历山大利乌斯将其定义为：对恶行造成损害的偿付，并对受责一方和责罚一方都有利。 226

亚里士多德没有将儆戒作为一个动机，而是将惩罚的目标限定为改造或矫正罪犯。但普鲁塔克没有省略这一点，他说："当对重大恶行立刻进行惩罚时，它既会阻止他人再次犯下同样的罪行，同时也为受到伤害而遭受痛苦的一方带来安慰。"这就是亚里士多德所称的"交换性正义"。但是这些问题需要更加细致的探讨。我们可以看到的是，为了罪犯或受害者或任何其他相关人等的利益所实施的惩罚，无论从人法还是神法的角度看，都是合法的。

这种惩罚达到了三个目的，一些哲学家将其称为"矫治"，一些称为"惩罚"

(chastisement),另一些则称为“训诫”。法学家保罗将其称作“矫治”,柏拉图称之为“指导性的惩戒”(lesson of instruction),普鲁塔克称为“灵魂之药”,可以治疗病患,尽管是一种痛苦的治疗方式。由于所有有意识的行为,经由频繁的重复,都会产生一种倾向,即将其转变为一种习惯,因此尽早矫正恶行的最好方法就是以随即的痛苦来剥夺其甜美的感觉。柏拉图学派认为:“豁免和迟到的谴责较之于其他任何惩罚是对罪犯更加有害的。”阿普流斯(Apuleius)也赞同这一点。塔西佗也说:“暴力性的无秩序必须以同等程度的强有力的补救措施来应对。”

7. 根据这一目的,自然法就将实施惩罚的权力授予所有具有合格的判断能力的人,除非他们被牵连进相似或同等程度的罪行中。就口头谴责而言,这一点是非常明显的,就如普劳图斯(Plautus)所说:“在某种情形下,为了朋友的利益对其加以批评是有用的,尽管这绝不是一个好差事。”但是从各种限制或强制措施来看,区分某人是否有权实施惩罚并不是由自然法来指派的,而是由国内法的具体制度来规定的。因为作出这样的自然区分是不可能的,惟一的、符合理性的例外是基于父
227 母对子女的感情而特别将责罚的权力授予他们。

为了避免在有关惩罚权力的问题上产生敌对,法律忽略了人类存在的共同的亲缘关系,而将其严格限制在最亲近的关系上。这可以从很多法律记录中看到,特别是查士丁尼法典中题为“为改造罪犯而赋予亲属矫正权力”的这一部分。根据色诺芬《远征记》第五卷第八章中的记载,居鲁士对他的士兵们这样说过:“如果我为了你们中间任何人的利益而惩罚他,我愿意接受正义的评判;但是这样看来,那么父母和老师由于矫正教育孩子,或者当外科医生在病人的病情需要时使用了手术刀,他们接受正义的评判是否也是合理的呢?”

但是这种矫正性的惩罚不包括死刑,因为它不能被看作是具有益处的,除非是以某种间接和简化的方式,就如逻辑学家在证明负数时将它们统称为“相反种类的事物”一样。因此,在《马可福音》第十四章第二十一节中,主说,对于一些人来说,如果他们没有出生反而更好,这样对于一些无法矫治的行为而言,死亡比生存更好,或者说会少一些邪恶,因为,如果继续生存,他们注定会变得更坏。普鲁塔克称这种人是“危害他人的害虫”,但是他们造成的最大危害是对于他们自己。加伦(Galen)认为实施死刑是防止有的人长期从事某些罪行从而造成危害,同时通过惩罚来儆戒他人。还有一个原因是,当有些人的灵魂已经被邪恶所玷污以致无可救

药时，死亡就是一种好事。

有人认为某些人正如使徒约翰所言，犯下了导致死刑的罪行。但是他们的论证并不是那么令人满意的，因为人类善意的要求是，除非具有非常清楚的根据，否则没有人应被视为是无法改造的。因此具有这种结果的惩罚只能出于重要的原因才能实施。

8. 惩罚罪犯所带给受害者的益处在于，确保了该罪犯或其他人未来不会再对他造成同样的伤害。有三种方式可用来阻止罪行的重演：让罪犯消失，使罪犯丧失作恶的能力，或者强迫他形成遵循良好的思维和行为的习惯，这也就是前文所说的 228
惩罚产生的改造效应。并不是每种惩罚都能产生上述效应，因为它必须是公开和显著的，才能作为一个榜样来警示他人，使他们不去犯同样的罪行。

受害者或其他人实施的报复性的惩罚措施，只要是限制在这些约束范围之内，那么，排除偏离自然法原初指引的一切人和神的制度以及意外情况，只就自然法本身而言，上述行为便是不违法的。惩罚之所以可以被受害者以及其他任何人实施，是因为它符合了自然法则，即人们应该互助。然而，由于在关系到自身利益的场合我们的判断会受到自己的感情的影响，因而自从社会由家族演化至国家后，法官就被指定为拥有惩罚罪犯权力的人，而自然所允许的个人自助的自由就被废除或至少是被忽略了。只有在一些无法寻求司法救济的地方，例如大海上，这种自由才继续有效。

裘力斯·恺撒(Julius Caesar)所遭遇的一次事件可以对这一问题加以说明。当他还不是罗马的官员时，曾经被海盗抓住作为囚犯，后来他付出赎金才得以被释放，此后他就向地方总督申请救济。但是他的申请被拒绝了，其后他组织了一批船只，击败了那些海盗，并将他们全部处死。

私斗(single combats)就来源于个人以私人身份实施惩罚的行为，日耳曼人对这种方式非常熟悉，即使在基督教传入后，它也并没有完全消失。瓦累乌斯·帕特库鲁斯(Velleius Paterculus)在其著作的第二卷中告诉我们，日耳曼人对于罗马人判案的方式感到很惊讶，对于罗马人用法律来解决他们自己以前用武力解决的纠纷，觉得很稀奇。根据犹太法律，只要一个凶手是处在其避难的地方以外，则与死者在血缘上最相近的人可以将其杀死。犹太法律阐释者认为，一般而言，如报复凶手这样的实施惩罚的行为，法律只授权予法官来执行，原因是个人很难在有关其自身的案件中控制其怨恨的感情。

229 在古希腊允许个人为其所受伤害进行报复的习惯很流行，这一点可以从荷马史诗《奥德赛》中希奥克莱门斯所说的话中看出来。但这种习惯主要流行于那些没有建立公共法庭的地方。所以圣奥古斯丁由此就认为，出于报复所受伤害的原因而进行的战争是正义的。柏拉图在其《理想国》的第十二卷书中也认为，除非侵犯者接受正义和公正的条件，否则对其进行持续性的战争是正当的。

9. 作为惩罚所要达到的第三个目标——总体功用，可以被等量分成每个人所获得的利益。这就是此前所谈到的一些目的，即一方面是要使已经伤害了他人的人不要再伤害到更多的人，这要通过改造罪犯或者使其丧失继续为恶的能力或手段来实现；另一方面，如果不惩罚罪犯，其他人就会受到这种免受处罚的鼓励，去从事骚扰或危害他人的行为。以这种理由实施惩罚是自然法赋予每个人的权利。关于这个原则，普鲁塔克就在珀罗皮达斯(Pelopidas)传中说，好人天生就是承担永久性司法职位的人选，而具有将真理和正义结合在一起的品格的人是尊贵的。

但是对事实的考察需要极大程度的耐心，掌握惩罚的尺度也需要相当的技巧和公平。同时，每个人都有自己的想法，也很少会赞同他人的意见，因此，为了避免由于这种自负而产生的争吵，在所有良好治理的社会中，那些正直和富有智慧的人经常被选为法庭的法官，因为只有他们才被认为应当获得此种荣耀。

德谟克利特说过，只要一个人不对其他人造成伤害，那么法律就没有理由阻止他按照自己的想法来生活。嫉妒是任何紧张状态的根源。但是正如我们此前看到
230 的，在复仇以及为了示范而作出的惩罚中，存在着古代法的痕迹和遗存，这些法律存在于那些不从属于任何国内管辖的地方和人群中。因此根据其民族的习惯，任何希伯来人如果不信仰上帝，或违反上帝的法律，或者引诱他人改变信仰，那么他可以立即被任何人处死。希伯来人将这称为“忠诚”(zeal)，它肇始于菲尼亚斯(Phinehas)，此后成为一种习惯。所以玛塔提亚(Mattathias)[①]杀掉了用希腊教来玷污自己的犹太人。在通常称为“马加比(Maccabees)传第三卷”的书中，记载了另有三百个犹太人以同样的方式被他们的乡邻处死。

---

① 玛塔提亚，犹太祭司。公元前167年公开反抗叙利亚国王关于犹太人希腊化的法律。他与五个儿子进入深山，展开反叙利亚人的游击战。

这样看来，也就不需要其他的理由来解释用石头击打斯蒂芬以及共谋反对保罗的行为。斐洛和约瑟夫都了解很多这样的例子。在很多国家都可以看到原始法律的遗存，例如主人对奴隶以及父母对子女所拥有的绝对的权力，其范围甚至延伸至死刑的处罚。所以斯巴达的执政官可以不经正式的审判就处死一个公民。综上所述，可以很容易地引申出自然法允许什么样的惩罚，以及它在多大程度上还继续有效。

10. 接着来讨论《福音书》是否将这种自由限定在较狭窄的范围内。前文中已经提到，有些事物在自然法和市民法中是被允许的，但却被神法所禁止，这并不是奇怪的事情。因为神法是最完善的，并且其裁决具有超越任何基于人类本性所作出决定的至高无上性。要达到这一点，就需要远远超出简单的自然戒律所规定的美德。

如果某种矫正行为既适合受罚人的年龄或者其他情况，且不会留下任何耻辱的印记或者永久性的伤害，同时又是由那些根据人类法律获得授权的人来执行的，例如父母、监护人或主人，那么它就不会违反《福音书》所规定的戒条，这些戒条可以从事物的性质本身中清楚地得到理解。良药苦口利于病，这种矫正行为是对心灵的诊治，同样是有益无害的。而复仇的情况就不同了。仅仅出于满足憎恶感而实施的惩罚，正如前文所说甚至已经违反了自然法，对于《福音书》的戒条之背离则更不用说了。

犹太法律不仅禁止对同属一地和同一民族的乡邻心怀仇恨，更重要的是，它还 231
要求对敌人甚至也以某种通常的善意行为来对待。因此《福音书》将所有人都包括到“邻居”这一名称中，它不仅禁止我们去伤害我们的敌人，还要求我们善待他们，这在《马太福音》中有清楚的记载。但是法律允许犹太人对于更加严重的伤害进行报复，然而不是通过他们自己的行动，而是向法官申诉。但基督并没有给予我们这种许可，他曾作过一个对比，即在他之前的对此种行为的允许和他自己的法律中对此种行为的反对，从那里可以清楚地看到这一点：“你们已经听过要以眼还眼，——但我对你们说，要爱你们的敌人，如此等等。”

虽然这一问题与避免伤害相联系，因而在某种程度上会忽略这种许可，但是它对复仇给予了更多的责难，从而将它作为一种放纵而加以摒弃，因为它仅仅适合于有缺陷的、肉欲的生活。

以报复的形式来实施惩罚也得不到一些以其贡献和智慧出名的犹太人的赞同，因为他们不仅从法律的字面意义上去理解它，还要以法律的宗旨和精神来检验之。在斐洛的作品中，我们可以发现亚历山大里亚的犹太人在弗拉库斯(Flaccus)——曾经迫害过他们——遇到灾祸后，对上帝如此表达他们的心情："主啊，我们并没有因为敌人遇到灾祸或受到惩罚而高兴，因为您神圣的法律教导我们要同情人们遭受的苦难。"在这种情况下，我们要遵从基督的命令，饶恕所有曾经冒犯过或伤害过我们的人，也就是说，我们不会因为憎恶他们曾经施加于我们的伤害，就去同样地伤害他们或者希望他们得到报应。

但是，当复仇不是为了过去的仇恨，而是为了提供对将来的保障时，我们应当怎么看待它呢？在这个问题上基督教导其追随者要以同样的方式宽恕所受到的伤害，特别是当加害者表现出任何忏悔的举动的时候(《路加福音》17:3，《以弗所书》4:32，《歌罗西书》3:13)。在那些章节中倡导了对罪行的完全的宽恕，从而使得我们与加害者之间能够恢复到原先的友谊和信任的关系，其结果就是我们根本没有
232 必要去惩罚他们。此外，即使罪犯没有表现出悔过的迹象，我们在索取对损失的赔偿时也不要太过执著。从基督的戒条中引申出来的一项原则禁止我们将好的事物和坏的事物一起丢掉。

然而，如果对于罪行的容忍可能会立刻给我们带来更多的麻烦甚至危险，那么我们在自卫时便要注意应以能达到保证自身安全的标准为目标，同时尽可能将对罪犯的伤害降低到最小程度。约瑟夫斯(Josephus)以及其他一些犹太作家告诉我们，即使在犹太人中，关于报复的法律也是不适用的。但除了诉诸法律所花的费用——对这一点法律有单独的规定——之外，遭受损害的一方通常还可以收到对加害方课处的金钱罚金，以此来代替对其的报复。而对费用的支付仅仅被视为是使事物恢复原状，而不是一项罚金。

现在要考虑的是，惩罚是一种对公众而非个人的保障，这一点是通过以下方式实现的：或者将有罪的人清除出去，或者对其进行限制，使他不能再作恶，或者通过严厉惩罚罪犯的示范来阻吓他人犯罪。这些手段没有一个可以被证明在基督的教诲中要加以废除，因为在颁布他的戒条时基督宣称他并不想废除任何法律。《摩西律法》却严厉地命令治安法官惩处杀人犯和其他相似的罪行，而只要犹太人社会还存在，《摩西律法》就一直有效。如果就都允许极刑这一点而言，基督的戒条能够同《摩西律法》相联系，那么他们肯定也可以与人类的法律共存，因为人类的法律在这

方面只是对神法的模仿。

11. 有的人支持一种相反的观点，声称在《新约》中展示的上帝至上的恩赐，是作为人类行动的榜样而给予的，人们要遵从这一榜样，特别是治安法官，因为他在行使职权时，也就是在执行神的法律。这种观点在某种程度上是正确的，但不是那些作者所想的那样。因为《新约》中展示的上帝至上的恩赐包含有对原始法律甚或还有《摩西律法》的触犯行为的特别规定，这都是在人类获得关于福音的知识之前的事情。在《福音书》诞生后，那些罪行，尤其是其中特别恶劣的，是会获得比《摩西 233
律法》还要严厉的惩罚的。因为上帝并不只是在来世才惩罚那种罪行，他在人的现世中也会这么做。对于这种罪行，如果罪犯想要得到宽恕和免罪，他必须自行实施惩罚，并且必须是发自内心地——而不是轻描淡写地——决意不再犯这一罪行。

同样，一般认为，只要犯下罪行的人被悔过之意所主宰，他就有权获得赦免。虽然不能说人们心中不会充满了真诚的悔过之意，但是并不是任何这样的宣称和承认都能够打动上帝完全免除对其的惩罚，大卫的例子就说明了这一点。作为最高的裁判者，上帝可能处死罪犯而不需要通过法律的判决，而且不会对罪犯造成很大的痛苦，所以他可以不经死刑的判决，而用一场灾难来早早结束罪犯的生命，或者也可以通过人类裁判官的判决来执行。

12. 和 13. 对于死刑的另一种反对意见认为，这样做就使得罪犯丧失了所有悔过的机会。但是，持这一主张的人应当知道，在这种情况下，受人尊敬且正直的法官总是运用了最大限度的谨慎，并且不会很仓促地就执行死刑，而会有一段合理的时间来使得人们再来反思和了解罪犯所犯下的罪行。虽然产生正义结果的悔过行为被死刑的执行所打断，但是由小偷在十字架上被宽恕这一案件来看，有理由相信上帝也同意这一点。

另一方面，如果有人主张保留罪犯的生命将可能会更有利于其深刻地悔过，那么在某些情况下，塞涅卡所说的话可以作为对这一观点的回应。他认为，对于犯下这种罪行的罪犯来说，死亡通常是上天所能赐予的最大恩惠了；用尤西比奥的话说就是，他们邪恶的职业不能再通过其他方式来改变了。上述论点与前文中的论述结合起来，就构成了对一些主张废除刑罚的人的驳斥，这些人认为，所有死刑，甚至所有惩罚行为，都已毫无例外地被基督的戒条所废除了。

234 使徒授权国王使用他的剑，以执行他的委任的名义来惩治所有邪恶，他还要求我们为国王祈祷，因为他们作为真诚的基督教徒，将会以他们的尊贵的权力来保护无辜的人们。即使在《福音书》诞生之后，人类的堕落还是会阻碍一个目标的达成，因此对于某些人的暴力行为还是需要其他人的警戒性的惩罚来扼制。甚至在存在许多这样的示范和处罚之后，无辜的人们的生命仍然很难得到保障，此时我们就更加需要这样的权力。

当然也无法否认，确实有过将死刑判决改为永久性劳役这种实践的例子，迪奥多罗斯是这样说的，以仁慈出名的埃及国王萨巴肯(Sabacon)也同意他的说法。巴尔萨蒙(Balsamon)对罗马的刑法进行研究后得出的结论是，死刑在后来的基督教国王的时代大多数被改变了，其他形式的处罚也被替换为由罪犯自己进行深刻的忏悔，这些处罚作为示范的效力更加持久一些。

14. 综上所述，可以看到，不论其动机是出于私人利益还是公共利益，由私人对其他人实施惩罚是非常危险的，在死刑的情形中尤其如此。虽然前面也曾经提到，在某种情况下，这是被万国法所允许的。在一些国家里盛行的由国家发出公共命令和委任冒险家来追捕海盗——不论他们在哪里被找到——的做法，就是这样一个值得称赞的实例。但是那些冒险家是在执行一项公共职权，而不是行使他们自己的权力。

15. 一个相似的习惯在很多国家具有影响，这就是不允许个人随意以某种罪名来控告他人，这一职权属于那些经过公共权力授权的人们。所以没有人可以去屠杀别人，除非是在极其必要的情况下。伊莱波里(Eliberis)的委员会制定的法律就援引了这一习惯，将任何教导要放逐或杀死他人的信徒从宗教团体中排除出去。

235 18.[2]现在应该来考虑一下是否所有邪恶的行为都应受人类法律的惩罚。我们的回答是：肯定不是。首先，仅仅只是心里的想法或者犯罪意图，即使由于其后的忏悔或者其他意外情况而使这些想法或意图被别人知道了，也不能由人类的法律来对其进行惩罚。正如前文中已经谈到的，根据自然法，仅仅存在企图是不能在人们之间确立任何权利或义务的。罗马法律中的一个公理正好适合这种情况，即仅凭思想不足以受罚。但是当某种意图对于行为有影响时，那么它就应被视为现实性的行为，同样应受到惩罚。

19. 其次，即使是外在的行为，当它的产生是出于人类本性中难以克服的缺点时，也不应受到惩罚。但是这样看来，那么除了存在意志自由之外，在其他情况下都不会存在罪过。因为期望人们在任何时候都能克服其缺点并避免犯错，是个过分的要求。因此，哲学家如索帕特(Sopater)、希洛克勒斯和塞涅卡，犹太人如斐洛，历史学家如修昔底德，以及基督教徒中难以计数的作者都认为，罪过是与我们的本性互相纠缠(interwoven)在一起的。

但是实际上不是这样的，这种行为被称作"罪过"是否正确且恰当，是值得怀疑的。因为，虽然看来它似乎是自愿的行动，但细究起来，就会发现这不是出于意志自由的和有意的行使。普鲁塔克在《梭伦传》中说："法律应该适应可能存在的案件，立法者可能从对一些犯法者的惩罚中得到好处，但是这样导致的对多数人不加区分的处罚是不会产生好的效果的。"

还有一些行为虽不能归结为人类的本性，但却是某些身体习惯影响思维的必然结果。这种行为可以在人类的法庭接受审判，其理由是自愿染上或者没有充分抵御这种习惯。

20. 第三，对于那些从直接和间接两方面看都不影响公众或者个人的行为，人 236
类的法庭是不能进行审判的。对此，惟一合理的做法是将其留给上帝去裁断，因为上帝无所不知，会作出公正的裁决，并有力量实施惩罚。人类的法庭来承担这种责任将是不必要且专横的。但是我们不应将这一规则适用于矫正性的惩罚，因为这是为了改造犯法者，即使他们的行为还没有对他人造成伤害。

还有那些仅违背同情、宽大、感激等美德的行为也不应受到惩罚，因为自然正义要求在实践这些美德时不能使用强迫手段。

21. 下面需要讨论的是，某些时候给予宽恕是否合法。斯多葛学派就认为这样做不合法，这可以在斯陶巴乌斯(Stobaeus)的书中以"治安"(Magistracy)为题的一章中看到。还有，西塞罗对穆利纳(Murena)所说的话以及塞涅卡关于宽恕一书的结论，都表达了同样的观点。

但这些观点都是错误的、不重要的。他们说："宽恕是对一项刑罚的免除，而这应当是有所回报的。但是一个明智的人会做所有他应当做的事情。”其谬误之处在于对于“应当”这个词语的运用上。如果它意味着犯法者应受刑罚，即他受到惩罚是公正的，那么这并不意味着没有惩罚他的人就是违反了自己的义务。但是，如果这个词语意味着一个好人或明智的人应当在任何情况下都执行刑罚，那么对其的回答应是这种事情并不经常发生。所以从这个意义上说，这一刑罚或惩罚应被视为一种许可而非责任。而且这不论在刑法制定之前还是之后都是适用的。

22. 在刑法制定之前，实施惩罚是毫无疑问的，因为根据自然法，犯法者应当受到惩罚。但是其合法性并不自然且必然地意味着它应被执行。因为这取决于实
237 施惩罚的目的和惩罚本身之间的关联性。如果从道德角度看，期望的目的并不是立即必要的，或者设定了其他同样明智和崇高的目的，又或者原先设定的目标可以通过其他手段实现，那么在这些情况下，由于没有立即执行惩罚的理由，惩罚的权利必须加以保留。例如，当一项罪行只有很少人知道时，就不需立刻进行公正惩罚从而将其曝光，这样做在有些情况下会对社会造成伤害而非益处。西塞罗在给其兄弟的信中谈到了这一点，他提到宙克西斯时说：“一旦他被带上法庭，他就不可能再被释放，但是没有必要为了将他交付审判而四处搜寻他。”

还有一点，当一个人自己或其家族所作出的贡献足以超出其罪行造成的后果时，惩罚的权利和目标可能就会消失了。用塞涅卡的话来说就是：“善意的行为超越了违法的过错。”

最后，当作为一种矫正和改变的手段谴责罪犯对罪犯发生作用，或者受害人满足于罪犯对罪行的承认时，实行惩罚的情形就不存在了。这就是大卫的儿子所认为的仁慈的动机。他认为正义理所应当是仁慈的，因为所有的惩罚，特别是非常严重的处罚，都包含一些虽不违反正义、但至少与博爱（charity）相偏离的因素，所以理性就很容易要求我们不要实施处罚，除非有更重要、更公正、更无可置疑的博爱的因素超出了这种自我克制的要求。

23. 在有的情况下实施惩罚是绝对必要的，比如对那些臭名昭著、罪行深重的罪犯，或者为了公共利益需要消除罪行的严重性，或者当司法权威运用其裁断执行法律的判决。对此塞涅卡说慈悲之举应该总是自由决定的行为。至于说斯多葛学派对这些问题的争论，在西塞罗及其他人看来，它们多属言词上而非实质上的争

论，因此不大值得进行哲学上的深思。

24. 随着刑法的制定，在决定应当怎么做时似乎有了更大的困难，因为立法者 238
在某种程度上要受其法律的约束。但是正如前文中所说，这种情况只是在立法者以其个人身份，作为国家的一个私人成员时才是真实的，而不能针对其公共身份，因为此时他代表了国家自身的最高权威。这样他可以完全废除该法律，因为人类法律的特性就在于不仅其产生依赖于立法者，而且还包括其延续的期间。但一个法律制定者并不能因为很微细的原因就废除一项法规，因为这样做有悖于主权正义的规则。

然而，由于立法者有权废除整部法律，所以在关系到特定的人、个别的行为时，他可以放松法律的严格性，使其在其他方面仍能如以前一样有效。神的行为可以用来作为一个例子。据拉克坦西说，他在制定法律时并没有放弃自己表现仁慈和给予宽恕的权力。奥古斯丁说："皇帝可以收回其判决，宽恕并释放一个罪犯。"他进一步解释说："因为有权制定法律的人并非一成不变地受到遵守法律的约束。"但这种背离法律规定的行为，只有在具有最重要的理由时才能实施。虽然这种理由不能被清楚地界定，但可以确定的是，自从国内法制定后，相比以前，现在需要更重要的理由来给予宽恕。因为惩罚已经从法律的权威中得到了附加的授权，这应当受到尊重并加以遵守。

25. 解除针对任何人的刑罚的理由有两种：内部的和外部的。

作为证明背离法律判决行为正当性的内部理由，它必须能说明，相对于罪行，惩罚过于严重了。

26. 外部原因是指产生于罪犯性格中一些有利的因素，或者是对于其将来行为的公正期望。那些使得制定法律的特殊动机消失的理由在案件中最有说服力。
因为，尽管一个与更重要的目标没有冲突的一般性理由足以推动法律的制定，但是 239
当制定该法律的特殊原因不再出现时，那么放宽该法律的规定，或者完全取消该法律，就不会对法律总体的普遍性权威造成很大威胁。

如果罪行的实施是出于无知或者某些头脑中无法克服的缺陷，那么这样一种免除惩罚确实是完全可以允许的，虽然违法一方并不能完全免于受到指责。在以上这些案件中，基督教统治者会求助于上帝的榜样。在《旧约》中，上帝允许很多罪行通过赎罪的表示得到弥补，如《利未记》第四、五章；在《新约》中，他也明白地宣布了在适当的悔过的基础上宽恕罪行的意图，如《路加福音》第二十三章第三十四节，《希伯来书》第四章第十五节和第五章第二节，《提摩太书》第一章第十三节。克瑞索斯托(Chrysostom)说，西奥多修斯(Theodosius)受到我们的主以下话语的感化："神父，原谅他们吧，他们不知道自己在做什么"，因而他给予安条克人以宽恕。

27. 所以很明显，费迪南德·瓦斯奎兹(Ferdinand Vasquez)的判断是多么地错误。他认为，没有任何正当的理由取消法律，从而免除一些人的义务，除非立法者在受到询问时宣布他没有意图使该法律在最大限度上得到遵守。他这样说是没有正确地对公正地解释法律和完全放宽法律规定二者加以区分。基于他的理由，他还曾指责托马斯和索图斯(Sotus)，因为他们说过，尽管制定法律的特定原因已不存在，法律仍然是有拘束力的；他认为他们似乎在说只有法律的字面意思才是义务的来源，而事实上这一观点他们从未提到过。由于与以公平的名义进行的义务免除差距甚大，所以这里的义务免除可以自由地被准许或拒绝，而在涉及公平的事项时是不能这样做的，严格说来，甚至出于人道或者合理政策的行为都不属于这一事项。因为这里涉及的两者之间存在着巨大差别，即一方面是基于公平或紧急的原因废除法律，另一方面则是立法者宣称通过法律时他并没有将特定的罪行或案件纳入考虑范围。

前面我们已经对义务免除的性质作了讨论，接着进一步探讨这种行为所具有的优点。

240 28. 从以上的讨论中可以看到，在惩罚中，有两件事情需要加以注意，即罪行和实施罪行所要达到的目标。正义要求没有人受到比其应得的更加严重的惩罚。就此，西塞罗在他的一封信中说："在所有其他事物中得到赞许的调和方式，同样也应在施行惩罚时得到遵循。"所以帕比尼安(Popinian)称惩罚是对恶行的一种估量。但是德摩斯提尼(Demosthenes)在其代表来库古(Lycurgus)的孩子所写的书信中说，在罪行和惩罚之间建立的这种等量关系并不是惟一应当考虑的因素，还有罪犯的目的和意图也必须被加以权衡和考虑。不施加比该罪行所应得的更多惩罚这一点应予关注，它可能需要更多或更少，这是与从中可以得到的效用成比例的。

29. 在对不同程度的罪行进行考察时，我们应当考虑驱使罪犯从事该行为的动机，这些动机可能对他的行为形成了约束，此外，还要考虑他能够在多大程度上对其屈服。很少有人从事一项邪恶的行为却没有任何动机，或者完全丧失人的本性，只是为了从纯粹邪恶的行为中得到乐趣。大多数人都被其放纵的欲望所引导，这就造成了犯罪。但“欲望”这一词语也应包括避免坏事的强烈愿望，而这是与自然相适应的，因而应被视为是所有欲望中最应受到鼓励的。因此，为了避免死亡、监禁、痛苦或极度的贫困而实施犯罪，一般被认为是最可以谅解的。

这与德摩斯梯尼所说的有些相似：“相较于那些因为饥饿而做了坏事的人而言，我们更痛恨那些拥有财富但却做出同样恶行的人。富有人性的法官总是会对出于情势所迫的行为给予减轻处罚，但是当财富与邪恶相结合时，他们不会允许为此寻找借口的行为。”基于这一原因，波里比阿原谅了阿卡南人（Acarnanians）没有履行与希腊人对抗埃托利亚人（Aetolians）的防御条约中义务的行为，因为他们自身也受到了迫在眉睫的危险状况的威胁。

除了避免邪恶的欲望之外，还有一些别的欲望也趋向于善行，既有现实的也有幻想的。美德之外的现实的有利的欲望以及具有善的倾向的行为，就像那些自身 241
可以使人快乐的事物，或者就像一种财富，可以购买那些予人快乐的东西。关于纯粹幻想性的有利的欲望，举例来说，我们可能会认为意图将他人驱逐出去的想法是出于一种敌对的想法，而不是任何值得鼓励的想法；或者像满足憎恶感的权力，当它越来越远地偏离自然正义时，也就对人们的自然感受造成了更大程度上的震惊。使徒也用明显的责难方式描述了人类的这些欲望，他称它们为“肉体的欲望，眼中的欲望，生命的骄傲”。其中第一个表达了对于快乐的爱好，第二个则隐含了无法满足的对于财富的渴求，而第三个则包含了对于虚无的荣耀的追求以及复仇的渴望。

30. 所有罪行的邪恶性正好可以作为一般性的动机来驱使人们克制自己不去从事这些行为。现在我们所考虑的不是任何种类的罪行，而是那些影响力超出罪犯本身，影响到他人的罪行。相对于其造成的重大的伤害，邪恶是更可憎的和有罪的。

所以在罪行和犯法行为的最高序列上，我们可以放上那些已经完全得以实施的罪行；而低一层次的则是那些对犯罪的谋划，它们已经实施了一定程度的犯罪，但是还没有达到最终的完成阶段，因为犯罪意图的危害性要看它到底到达了什么程度来确定。但任何罪行的邪恶性都是非常明显的，这将会对社会的和平宁静造成伤害，从而也就是对大多数成员的伤害。下一个层次是个人的过错。这中间最严重的是影响到生命的行为，非常严重的是那些虽然程度上不如暴行，但是会扰乱建立在婚姻契约基础上的家庭的安宁。最后一种过错就是影响到个人的财产的行为，这既包括以公开方式抢劫财物，也包括以欺骗手法取得或损伤财物。

一些人可能会认为应该使用一种更准确的分类方法，但是现在使用的分类和
242 上帝自己宣布其戒律时所使用的是一样的。在父母的名义下，不仅包括了那些自然形成的，而且也包括君主、治安法官以及任何种类的统治者，他们的权威是社会组织的核心。接下来是对谋杀的禁止；禁止通奸，因为它违反了婚姻契约；禁止偷窃、作伪证；这一分类的最后是对犯罪欲望的禁止。制止犯罪行为的直接原因中不仅包括了这一行为本身的残酷性，而且也要考虑所有较远和可能的后果。如果有人放了一把火，或者将阻挡水流的障碍物毁坏，那么这个人就要为成千上万人的生命负责，并且还要对其行为造成的所有损害的后果承担责任。

除了以上描述的邪恶的一般特性之外，我们还可以加上不赡养父母、不敬亲友、不知恩图报，这都是对自然法——或者在有些方面也包括国内法——的违反。这些罪行的复发也使得其危害性更大，因为有时邪恶的习惯比邪恶的行为还要糟。因此我们可以理解波斯人所遵循的一条规则的正义性，即将罪犯的过去的所作所为与其现在的犯法行为相比较。在那些犯罪行为是一瞬间完成而非来自习惯的情况下，这一因素应当加以考虑。但是在那种原先正直但以后变得邪恶的情况下就不能这样做。因为在这种场合，上帝已经通过先知以西结(Ezekiel)宣布说，他并不关心以前的生活。甚至连非基督教的学者对这一问题也有着清楚的认识。如修昔底德就说过，从正义堕落到邪恶应该受到双重惩罚，因为那些知道正确和错误的区别的罪犯是最不能原谅的。

在这方面，最初的基督教徒的智慧应当特别受到赞扬和崇敬，他们对罪行的严重性进行估量，考察犯法者在作出应受惩罚的行为之前和其后的行为，这些可以从安其拉(Ancyra)委员会以及其他委员会的活动中看到。这使得一项罪行的残暴性
243 得以显露，因而也触犯了法律的明文禁令。塔西佗说："对于禁令的恐惧有时可能会起到限制作用，但是一旦某人作出了违反这一禁令的行为，那么恐惧和羞耻就失去了所有力量。"

31. 当我们调查对于具有邪恶倾向的建议是抵御还是顺从时，应当考虑到个人的能力，包括判断力、处事能力、年龄、教育程度以及其他任何有关的情况。危险就在眼前的想法会增加恐惧，而近期的、还未消减的痛苦会引起愤怒，在这两种情况下，理性的冷静控制都已经丧失了。所以受这种影响而引发的罪行，就比那些出于从中寻找乐趣或者沉溺于仇恨之中而犯下的罪行要令人少一些厌恶之心。因为后一种行为无法寻找什么借口，延迟或克制这种行为并不会造成什么不便。必须牢记的是，如果存在更加有力的限制判断力行使的障碍或者更加紧迫的对感受的影响，那么犯法行为的罪恶性就会相应被减轻了。这些就是衡量宽恕或惩罚的限度的规则。

32. 毕达哥拉斯学派认为，正义存在于惩罚与罪行相互成比例的状态中。但是，如果完全遵守这一规则，那么罪犯仅仅需要赔偿其所造成的损害就可以不受任何惩罚了。所以这就同完善的法律有差别，这些法律在盗窃案件中有时会要求四倍或者五倍于原物价值的赔偿。雅典法律不仅要求盗窃犯支付两倍于其盗窃物品价值的赔偿，还要判处他几天的监禁。据斯特拉波说，印第安人对于使人致残的人，除了要对其实施报复性处罚外，还要砍掉他的手。而如斐洛将惩罚谋杀解释为使得无辜的人和有罪的人承受同样的痛苦，也是不正确的。

因此很容易理解为什么有些并没有被实际施行的罪行只是按照其预谋受到同等的惩罚，因为它比那些既遂案件造成的损害要小。所以在犹太法律以及罗马法律中，作伪证的证人被视为已经做好准备进行谋杀的人。当犯罪意图已经完成时，相应地就要受到更重的惩罚。由于死刑是可以执行的最严重的刑罚，而且也无法 244
再重复执行，所以所有人类的法律判决都止于此。然而根据有些国家的习惯，在极其严重罪行的情况下，死刑还伴之以对罪犯的折磨。

33. 在很多情况下，惩罚的重要性只能用其施加的对象的状况来衡量。因此，对于穷人课处罚金是一个重刑，而这很少会对富人造成影响；一个有很高地位的人对于羞辱就看得很重，而低等人对此则几乎无动于衷。罗马法中经常用到这种差别，但这往往会产生偏袒行为。《摩西律法》中则避免了这种缺陷。上述法规可以被视为衡量不同等级的惩罚的尺度。

34. 虽然惩罚行为并没有超出正义的界限，但是在某种情况下它可以出于怜悯罪犯的原因而被减轻，除非这种对罪犯的仁慈会变成对无辜人们的残酷，因为他们将由此处于危险之中。就其必要性而言，确实需要迅速地镇压罪行，特别是当施行罪行的习惯和熟练性已泛滥成灾时更应如此。

35. 希伯来人所接受的神法对于从牧场偷窃牲畜行为的惩罚远重于闯入他人家中的行为，这是因为前一种罪行更容易被施行(《出埃及记》22:1—22:9)。贾斯汀(Justin)在谈到斯基台人(Scythians)时说，他们“对于盗窃的惩罚远重于其他罪行；因为他们没有地方来保护他们的羊群和牧群免受抢夺，如果允许偷窃，那么还有什么会是安全的呢?”尽管对于某些罪行的熟悉程度使得我们不会对其发生感到非常惊讶，但这绝对不是说就可以减轻其罪恶，或者允许减轻惩罚。

正如萨特尼努斯(Saturninus)所说:“必须用最结实的绳索来防止罪行的蔓延。”在对罪行的审判中，可能会加入仁慈的考虑，但是在法律的规定中应当课以重
245 刑。法律的一般特性要求罪行必须受到追究。但是在针对特定个人的审判中，就存在加重或减轻惩罚的情况，这也就为行使严格或宽松执法的裁量权预留了空间。

36. 和 37. 当执行刑罚的迫切动因不再存在时，减轻刑罚的意图就成为一种表达同情心的方式，这完全有别于全面放弃惩罚的主张。

我们并没有忽略什么可以解决这一困难而复杂的问题的东西。因此我们相信，我们对每一点的考察都考虑到适当的情况:一是关于罪行的严重性，考虑了所造成的损害、习惯性的犯罪；二是针对犯罪动机的影响，考虑了足以怂恿或限制罪行的因素。而罪犯的个性的确为我们提供了判断其犯罪时状态的最重要手段。受害人的特点则经常为处以适当的惩罚提供评定的依据。犯罪的时间:何时——地点:何地——或者实施罪行的工具，都可能加重或减轻罪行的严重性。犯罪预谋与犯罪实施之间的时间间隔，可以为我们提供机会来考察罪犯在多大程度上受到邪恶企图的影响。但是罪行的真相只能通过以下方式发现:通过考察产生罪行的欲望的性质，另一方面，考察限制因素的性质。通过这些欲望可以判定罪行的严重程度，而起限制作用的因素则有助于考察犯罪后果。

38. 前面已经提到，并且这也是从历史事实中得出的真理，即战争是作为惩罚

行为而实施的。而这一因素与对损害的补救相结合，就构成了国家关于战争承担的义务的源泉。但并不是每个损害都构成战争的正当理由。因为法律上的报复是为了保护无辜的人，而施加于有罪的人；法律并不认为每种情况都足以使其施加惩罚。索帕特(Sopater)所说的话就很有道理，他说有一些微小和普通的违法行为，对待它们比较好的方法就是视而不见，而不是实施惩罚。

39. 加图(Cato)在其为罗得岛人的辩护中提出了一个公理，即任何人都不应 246
当仅仅因被怀疑将要从事侵害行为而遭受惩罚，这在那个地方正好适用。因为没有任何罗得岛的人民制定的法令可以用来反对他们，并且除了对于他们政策动摇的猜想之外也没有其他证据来证明。但是这一公理并非在任何地方都是正确的。

当意图已经转化为任何外在的或可见的标志，而这些标志表现出难以满足的野心和邪恶时，它就被视为嫉恨甚至是惩罚的正当目标。据李维所著《历史》的第十三卷第三十章记载，罗马人就是根据这一原则，认为他们对马其顿国王伯尔修斯(Perseus)宣战的行为是正当的，除非他能够提供证据表明在其从事的海军和陆军武装过程中，他并没有任何敌视罗马的意图。李维还说，罗得岛人主张将这一原则作为所有文明国家的法律和习惯所共同包括的规则，即如果任何人要摧毁一个敌人，那么除非这个敌人已经确实犯了应受死刑的罪行，否则就不应将其处死。

但是，即使一些外在的行为已经表明了意图，也并不是所有不正当的预谋都允许和引发敌对行动。因为，如果连实际发生的罪行和侵犯在适当场合都可以被忽略，那么对于这种仅仅显示出侵犯的意图、但没有付诸实际行动的情况，就更应该运用同样的克制。西塞罗认为，敌人可能在实施其意图前就已经后悔了，所以这种克制是适当的。对于所有这种意图从事渎神和谋杀的行为，从《摩西律法》中找不到任何确定性的规定。因为神的使者有我们无法企及的洞察力，与其相比，我们经常会犯错误；当愤怒的动机没有造成致命的后果时，这就仅是人性缺陷的一种表现，所以应该宽恕这种行为。

虽然《摩西十诫》像对待非法行为一样也设定了对非法欲望的限制，但是除了
精神上的感觉，所谓肉体或外在的戒律适用于那些由公开行为所表现出来的预谋。 247
这一解释可以从《马可福音》第十章第十九节中的一段话推导出来，那里提到对于欺骗的禁止，它是紧接着关于不得偷窃的禁令那一部分的。所以意图侵犯不能用武力来加以惩罚，除非是在发生暴行的情况下，而这一意图又影响到这一危险的结

果。所有的惩罚必须考虑到两个方面:一是对于防止未来侵犯的保障,以及补偿对国家或个人荣誉造成的损害;二是要作为针对类似罪行的示范。

40. 还需注意的是,国王以及那些拥有最高权力的人不仅有权惩罚对其自身或其臣民造成直接损害的行为,同时还有权惩处那些对于其他国家及其臣民犯下的、严重触犯自然法和万国法的行为。很早之前属于个人的那些自由,包括其他人为了社会的安宁和福利实施惩罚,现在已经转化为拥有主权的国家和君主的司法权力。这一权力移交给他们,不仅是因为他们统治着其他人,还因为他们服从神的命令。这个权利不能属于任何臣民。将对个人权利的主张以及惩罚过错完全交由个人自己决定,是非常不安全的。因为在这种情况下他不能保持利益的中立性。偏袒会使他无法达到正义的尺度,而偏见则会使他超出这一界限。对古代英雄的赞扬主题就是,他们为了他人而非自己所遭受的灾难而报复敌人。

根据这一原则,我们可以立刻宣布所有针对海盗以及人类敌人的战争都是正义的。所以我们赞同英诺森提乌斯(Innocentius)以及其他一些人的观点,他们认为,当一些人完全无视自然的联系、背弃自然法时,所有针对他们的战争都是合法的。而维多利亚、瓦斯奎兹、阿佐流斯(Azorius)、摩利纳(Molina)以及其他人则持有与其截然相反的观点,他们认为,要实施惩罚,特别是战争的惩罚,只有以下根据才是正当的,即对于某个君主或其政府或其臣民,或者是其对侵害者拥有的国内管辖权造成了侵害。因为他们认为,惩罚纯粹是国内法上的权力行使的结果。然而,根据我们在本书开始部分所提出的证据,这完全是由自然法所产生的权利。

248 如果我们不赞同的那些观点被接受,那么没有人可以通过发动正义战争去惩罚另一方;而这一权利是被所有国家的实践所准许和证实了的,不论是在击败敌人之后,还是在战争进行之中;同时这一权利也不是出于任何国内的管辖权,而是一项自然权利,它早在国家建立之前就已盛行,在那些由不同家族组成并作为一个主权者的从属的共同体中,它现在还仍旧具有效力。

41.42.43. 但是首先,保持适当谨慎也是必要的,以免我们会接受这样的观点,即基于正当理由并被许多国家接受的国内习惯,应被视为自然法的一部分。其次,还要注意将不属于自然法的东西作为自然法所禁止的内容,比如在婚姻中因用钱而支付利息的行为,还有其他神的实在的禁令,或《摩西律法》。第三条规则是,对一般原则——比如依据理性判断而生存的义务——和那些具有更特殊但并非不明显含义的原则——比如自我约束不去拿走属于别人的东西的义务——加以明确区分。对此可以讲出许多道理，尽管并不是很容易理解。这其中有一个因素值得一提，即那种惩罚的残酷性，它包括复仇以及建立在他人痛苦基础上的快乐这两者。这有点像数学中的证明方法，经历了从不证自明的公理导向论证的过程，后者虽然不是所有人都可以理解，但在经过适当的考察后就会获得赞同。

由于在国内法中，无知可以作为一个借口，所以在涉及自然法时，只要理解上的缺陷构成了理解其规则的不可克服的障碍，那么这一缺陷就可以用来作为辩护理由。当存在不可避免的无知的情况出现时，很大程度上的罪行就被消除了。所以，即使无知是由于先前的疏忽所造成的，只要存在这种无知，罪行就在一定程度上被软化了。出于这一原因，亚里士多德将原始的和粗鲁的野蛮人比作那些因为疾病而形成病态欲望的人。普鲁塔克也发现，有些缺陷和混乱自然会影响到灵魂。 249
总之，作为结论，我们认为，为了实施惩罚而进行战争可能被怀疑是邪恶的，除非有明显和重大的侵害以及其他相关原因，能够为寻求武力的国家进行辩护。

44. 接下来需要对冒犯上帝的罪行进行讨论。对这一罪行使用武力进行惩罚是否适当，是一个值得思考的问题。

如果对这个问题的回答是确认其正当性，那么其理由将是，就如同宗教事务中主教们获得了普遍性、一般性的授权一样，国王们除了负有照顾其自己直接管辖的国家和臣民的义务之外，还被视为人类的保护者。而作出反面回答，主张这种战争的非正当性的一方的最好理由是，万能的神的威力足以报复对其犯下的罪行。

但是这个理由对其他罪行也适用。尽管神将对其他罪行的处置交给人类的法庭，但他自己拥有足够的能力来惩罚这种罪行。有的人会主张在其他罪行受到惩罚的案件中，其他人并没有受到犯罪行为的损害或威胁。另一方面，又可以说，人们不仅惩罚那些对他人直接造成伤害的罪行，甚至还惩罚那些间接影响他人的行为，比如自杀和其他相似的行为。

虽然宗教只是人的灵魂与造物主之间的事，但它对人类道德的影响具有极大的重要性。所以柏拉图称其为“权力和法律的壁垒、社会秩序和纪律中所有庄严神圣的约束”，是有些道理的。普鲁塔克说，对于神事的每个错误的观点，只要生了根，付诸实际行动，就都是有害的，都是在幻想的混乱中对其自身的背叛。因此亚里士多德将宗教的关心和支持作为公共利益的首要之物。

这个道理不是仅仅适用于特定的国家，而是适用于所有政府和任何形式的人类社会的。色诺芬声称这是一个伟大、明智的君主所具有的特性，他援引了居鲁士富有说服力的宣告，即他的臣民越是惧怕上帝，他们就越会服从他的法律，也就越
250 会依附于他个人。图里(Tully)也说，一旦将宗教的因素消除了，那么就毁掉了信任，人与人之间的交往，以及所有美德中最优秀的——正义。

伊壁鸠鲁的观点足以证明这一点，如果将上帝的眷顾与其体系相分离，就会使正义成为一个没有实质内容的名称。它只能产生于建立在自利基础上的人们的协议，并且只能用恐惧来约束人们不去从事犯罪行为。

但是除了独立国家的内部福祇之外，还有更广阔的区域留待宗教发挥作用。在单独的社会中，由于每个王国或国家都是由其内部组织而形成的实体，宗教的地位偶尔会通过国内法的影响和执行得以实现。但是对于整个人类社会的所有交往而言，国内法并没有规定，法庭得让位于武力的解决。而建立在恐惧上帝和顺从上帝基础上的自然法和万国法，则为国王和主权者声称的权利确定了标准，从而对它们的违反就等于触犯了神法。

45. 对这一主题进行更深入的思考后，我们会发现，真正的宗教——它在任何时候都是一样的——建立于四个明显的且得到普遍承认的真理之上。首先是上帝是存在的且惟一的。第二，上帝是无法看到的，他具有如此崇高的本性，以至于无法作为人类理解或人类目光所及的目标。第三，通过他的远见之眼，他关注着世间所有的事情，并用最公正和最正确的判决来管理它们。第四，他是除他自己之外所有事物的创造者。

这四个真理是以同等数量的戒律被揭示和颁布的:第一个简单地宣布了上帝的惟一性。第二条则禁止用油画或图像来描述上帝，因为凡人是看不到他的。塔西佗就为犹太宗教的精神本性提供过证据，他说:“犹太人对于上帝只有脑子里的概念，因而他们将所有以人类的模样将他描述出来的企图都视为对其神圣性的亵渎。”从第三条戒律中我们可以推导出上帝对于人们行为的无所不知，即使是我们
251 心中的想法，这种无所不晓也就是关于誓言的义务和神圣性的基础所在。因为上帝甚至对于心中秘密的谋划也能加以见证，所以每个誓言就是对他的正义和力量的请求，请求他维护真理，惩罚虚伪。第四条戒律则向我们展示了创造世界的过

程，为了纪念它，上帝规定了安息日(sabbath)，并要求对它要以一种高于其他神圣制度的崇敬来加以遵循。如果违反了其他典制的规定，例如那些有关禁食某些肉食的规定，将会被置于法律的裁量惩罚之下。但是触犯了安息日的规定，则是最严重的，因为考虑到它的起源的性质和内容，这种忽视就隐含了一种对上帝创造世界的不信任。而上帝创造世界默示了上帝的仁慈、智慧、永恒和力量，这样思考的效果就是对上帝的尊敬、爱、崇拜和遵从。

所以亚里士多德说，对于那些否认要尊敬上帝、爱父母的人，需要用惩罚而非说理来教导他们改正错误。另外他还认为，有些行为在有些场合中是适当的，但是对上帝的崇敬在任何时间和地点都是必须的。

这些冥思中包含的真理无疑可以通过考察事物的性质得以证明。最清楚的证据就是感觉，它显示了事物的存在，这自然会引导我们思考任何事物都不存在的时候是怎样的。但是，由于并不是所有人都能理解这些以及其他相似的主张，所以只要了解在世界上所有年纪的人和所有国家中，这些观点极少例外地得到了普遍的接受，其中既有那些从事平常职业、非常质朴从而不能影响他人的人，也包括那些充满睿智从而不会受骗的人。在如此繁杂的法律、习惯和意见中，只有一点得到了普遍性的认可。这一认可可以作为一个证据，来证明这一信仰起源于世界最原始的阶段，即自从人类诞生时开始。考虑到这一点从来没有被明确地驳斥过，它就足以成为我们产生信仰的理由。

46. 因此我们找不到什么借口来放弃这些观点，即使是缺乏直觉性的敏锐来 252
发现新的或者理解旧的证据，因为在自然和理性中存在如此众多的向导来引导人们了解这些真理，此外也还没有一个理由充分的主张能够产生，以确立一个相反的信仰。由于人类的惩罚是我们目前讨论的主题，所以应当对意见本身和背离它的方式加以区分。对于上帝存在及其控制人类事务的信仰，是一个普遍性的公理，可以在所有宗教中找到，不论是真实的还是虚假的。

实际上，否认上帝的存在，与否认上帝对人类事务的眷顾，从道德上的后果来看，是同样回事。正是出于这个原因，这两个观点在任何年纪的人和所有文明国家中都是合在一起，并且是不可分割的。因而我们也发现，在所有治理良好的国家中，都制定了全面的法律限制那些扰乱这些观点的行为，因为它们被视为社会秩序的主要支柱；同时，所有对这些观念的不敬，总是被视为对社会本身的不敬，从而社会相应地就有权对其进行惩罚。

47. 还有一些真理不像上面说的那样不证自明，比如只有一个上帝；任何眼睛可以看到的东西，如世界、天堂、太阳、空气都不是上帝；世界和形成世界的物质并不是永恒存在的，而是由上帝创造的。所以随着时间的推移，有关这些真理的知识在许多国家都残损不全，并且几乎完全消失了。由于它们没有被视为所有宗教存在的关键因素，也就没有相应的法律条款来保护这些真理的纯洁性，这样就使得上述情况更容易发生。

的确也有这样的法律赋予一些人以权利，这些人或是通过先驱们的预言，或是亲眼看见了奇迹，或是听到了非常真实的证言，从而得到了有关这些真理的确切的知识。而这一法律虽然最大程度地表明了对邪恶的神的阻吓，但是并没有对所有
253 犯下此项罪行的人都处以死刑，而仅仅是在特殊场合才这样做，包括引诱他人崇拜邪神，或者某个国家引入对未知的神的崇拜，或者对于上帝的崇拜和顺从已经由于对名人的崇拜而放弃，圣保罗将这种行为称为“侍奉动物先于造物主”，艾扫（Esau）的后人有一段时间就曾因这一罪行而受到惩罚。还有那些将他们的孩子奉献给摩洛克（Moloch）——即农神——的人，也将被处死。

然而，当迦南人及其邻邦长期陷入最堕落的迷信时，上帝并没有立刻惩罚他们，而是等待他们的罪行达到一定程度后才这么做。据经文中记载，还有一些国家，上帝对他们的无知视而不见。当人们无法了解有关真正的上帝的知识时，他们的迷信和错误是可以原谅的；但是如果了解这些知识，却将魔鬼和邪恶作为神来崇拜，而他们又明白这样做是错误的，那么他们的迷信就不能被称作“过失”，而是渎神。

然而，用无辜人的鲜血来向上帝表示敬意同样也是渎神的行为，所以波斯国王大流士和叙拉古国王该洛（Gelo）因为没有采取这种做法而受到称赞。普鲁塔克曾提到过一些野蛮人，如果不是他们声称其将人作为祭品献给神的行为是古老的习惯，他们可能就因为这样做而受到罗马人的惩罚了，但是他们被禁止以后再遵循这一习惯。

48. 根据基督教存在所基于的那些证据，可以很明白地看到不能用武力来逼迫国家接受其教义。而且基督教之所以能够争取到国家的赞同，也已经不仅仅是

出于从自然角度所提出的主张了，因为它实际上已经为自然宗教添加了很多东西。其证据主要是基督再生的历史，以及他和他的使徒们所创造的奇迹。所以这是一个经过最无可争辩的证据和古老传统所证明的事实问题。因此，如果没有上帝的暗中帮助，这样一个道理不可能在第一次听到时就被全部接受。但这种帮助并非是给予勤奋工作的一种奖赏，所以，如果它被停止或给予的没有那么多，也是出于虽然正当但我们无法知道的原因，因而也不能由人类的判断来决定对其的奖罚。而在《圣经》及其他教会著作中，通常将我们不了解事物的原因归结为上帝的神圣 254
意志。

还有一个同样重要的原因，即由于基督是一个新法律的制定者，出于对人类惩罚的恐惧，就不会有人来追寻他的真理。这个原因也绝对没有被所谓结婚晚餐(marriage-supper)的寓言所削弱，这个寓言说的是在这个晚餐开始后，报信者就接到指令要迫使所有客人都进来。但“迫使”这个词语在这里的意思等同于一个急切的请求，在《新约》的其他部分中使用过这个意思，意味着对任何人作出的急切的请求。

49. 但是，用痛苦和刑罚来迫害基督教的传教士们，无疑是违反自然法和自然理性的行为，因为基督的真理，除了人诞生之后的堕落之外，没有什么有害性，而且每件事都对社会有益。事实自证其理，所以甚至是那些对这一真理毫无所知的人也不得不承认其真理性。普利尼说，基督教徒用誓言约束自己不得偷盗、抢劫以及违背承诺。曾有一个流行说法：“盖尤斯·塞乌斯(Caius Seius)是个好人，仅仅因为他是个基督教徒。”

从这些道理的传播过程中也确实看不到什么危险，因为这些道理都是为了激发人们行为更加圣洁，并且倡导服从合法的主权者的原则。斐洛曾经转述过奥古斯丁的精彩话语，他说，犹太人的大会并不是酒神的狂欢聚会，也不是扰乱公共安宁的会议，而是美德的修养地。

50. 有些人虽然接受基督律法为真理，但却是基于某些外在的因素来考虑疑问和错误，并将它们置于某种模糊的或不同于古代基督教徒所阐释的意义之中。对这些人进行惩罚和迫害似乎是不正当的，这一点已经被前面的论述和古代犹太人的例子所证明。虽然法律允许犹太人对于否认基督再生的撒都该教(Saddu-

cees)进行暂时的惩罚，但他们从来没有行使过这项职权；而基督再生是最重要的真理，虽然它只是在神法中略微被提及，而且是运用了一些象征性的语言和条件。

255 但是，如果对于某种重大的错误，明察秋毫的法官能够通过援引神的权威或者古代的观点而轻易加以驳斥，那么也就应当容纳生而就有的观点，因为它们是作为人们大脑不可分割的一部分而成长起来的，同时也应当允许人们积极地坚持其自身的信念。加伦(Galen)说，这是一种比任何先天疾病都难以根除的恶。

[英译者注]

1. 就古代和现代战争的区别而言，没有什么比个人恩怨——在前者中参战者多出于此种原因，与不包含任何个人因素的公共和国家目标——后者往往因此而开始——之间的差别更能说明问题了。纵览古代历史学家的记述，或者是荷马和维吉尔叙述的战争——虽然属于虚构，但反映了那个时代的现实——可以发现在那些战争中，自然法和万国法似乎已经丧失了其效力。而在阅读关于现代战争的记载后，就会了解这些战争都不是因个人恩怨而起的，而是出于某些伟大的和民族的目的，并且在战争进行过程中参与者的感情并不是惟一的行动的源泉。

2. 原文中的第 16 节和第 17 节只是对于一些玄奥的观点的反驳，因此在翻译时将其略去。

第二十一章　论惩罚的转承

从犯如何承受惩罚——当拥有主权的君主或国家知道其臣民的不法行为，但没有采取措施加以阻止时，应对这一不法行为负责——主权者有义务对其犯罪的臣民不加庇护，而且将其交出或实施惩罚——请求庇护的权利属于不幸者而不属于有罪的人——尽管对避难者的调查仍在进行，他仍可以受到保护——国家可以在多大程度上受到惩罚——对所有不同的例外的陈述——子女不应对其父母的罪行负责——对上帝在这方面的道德支配进行的思考——个人不对其未给予同意的罪行承担责任——继承人在多大程度上对其祖先的行为负责

1. 接着要研究的问题是惩罚的转承(communication of punishment)，这就像 256
惩罚那些同谋者，以他们的身份，就不能说是为了其他人的罪行而惩罚他们，而是他们自己的罪行。从前面关于因侵害而遭受的损失的讨论中，可以理解哪些人符合这里所说的情况。因为共同损失与共同犯罪是按照几乎相同的原则进行处理的。然而补偿损失的义务并不总是隐含着过错，只有在下述情况下，即存在明显的恶意，而且造成损害的人有责任作出补偿，他才应承担罪过。

所以如果有人下达从事任何邪恶或敌对行为的命令，给予其所必需的同意，为侵犯者提供帮助或保护；或者以任何其他形式参与犯罪，如对该行为的建议、鼓励或赞同；或者当他们拥有禁止从事这种行为的权力时，却放弃行使其职权；或者拒绝提供救援，而根据自然法或条约他们有义务对受害者这样做；或者没有对罪犯使
用劝阻的权力，而他们有权利这样做；还有，或者隐瞒一些他们必须公之于众的事 257
实，在所有这些情况下，如果这样的人被判定具有一定程度的恶意，即构成犯罪而应受惩罚，那么他们都应作为同谋而受到惩罚。这一点我们在前面已经讨论过。

2. 上述情况通过事例加以说明，就会更清楚了。一个市民社会与任何其他社会一样，不受其个人成员行为的约束，除非是这种行为经过其明示的同意和授权，或者由于其疏忽了对这种行为的制止。所以，几乎在所有条约中都正式规定，除非某种行为或侵害是以主权者的名义，并且由经其明示授权的人作出，否则这些行为

或侵害就不能归责于一个国家。因此，除非存在对不当行为的纵容或鼓励，否则父亲、主人、统治者就不应为其孩子、奴隶或臣民的行为负责。

在主权者为其臣民的行为承担责任的情况下，有两个问题应当加以考虑，这需要进行细致的调查和深思熟虑。这两个问题就是他对他们的行为所表现出的放任及鼓励或保护。

关于放任，一般认为，当主权者得知一项违法行为，却既不加以禁止也不惩罚罪犯，而他是有能力并且有义务这样做的，此时他就被牵连到该罪行中。西塞罗在其反驳毕索(Piso)的讲演中说："特别是对于执政官而言，无论他是亲自通过提出破坏性法律和发表有害演讲来破坏政府，还是指使别人做这些事情，都是没有什么重大区别的。如果主人知道他的奴隶杀了人，那么他就对整个事情负责，就如同这次谋杀是得到他的赞同一样。"

但是正如前面所说，除了知晓一件事情之外，要构成对一项罪行的参与，了解该罪行的人还必须拥有阻止它的权力。这也就是相关的法律条文的意思，它规定，当一项依法应受到惩罚的罪行被人知悉时，如果这个知情者有义务阻止这一罪行，却没有这样做，那么其行为就构成了对犯罪的放任或纵容。这里，"知情"意味着意志上的一致，而"纵容"则意味着意图上的一致。因此，一个已获得自由的奴隶独立
258 于其主人所作出的行为，对其主人没有约束，因为对于罪行的知情如果没有伴随着以披露或其他方式阻止罪行的能力，就不能被认为是有罪的。所以只有当孩子处于父母的权力之下时，父母才对其行为负责。

另一方面，即使罪犯处于其权力之下，从而他们可能阻止其不法行为，但是，如果他们对此不知情，那么也就不用为其承担责任。必须同时具备知情与放任或鼓励，才能说某人参与他人的犯罪行为。同样的情况通过相同的推理，也可以适用于主权者和臣民的关系上——这一关系建立在自然法和市民法的原则基础之上。

3. 接着自然应当考虑那些排除对不法行为的惩罚的情况。前面曾说过，根据自然法，执行惩罚的必须是与其将要惩罚的罪行完全无关的人。但是自从政府建立后，已经形成一个固定的规则，即将影响其社会的个人的罪行留待国家自己或其统治者处理，由他们作出有关惩罚或宽恕的裁量。但是对于影响到整个人类社会的罪行，他们就没有同样的至高的权力或裁量权，因为其他独立的国家或其统治者也有权利实施惩罚，这就与每个国家中对于轻微违法行为可以利用公众的行动一

样。在其臣民所犯罪行影响到其他独立国家或主权者时，这一国家给予宽恕的权力就更加受到限制。在这种情况下，任何主权国家或君主都有权要求另一方惩罚其犯下上述罪行的臣民，这一权利对于所有政府的尊严和安全都是至关重要的。

4. 但是，由于通常情况下一个国家不会允许另一方的武装力量进入其领土以惩罚罪犯，所以罪犯所在的王国就有必要基于受害方的控诉，或者自己对罪犯进行惩罚，或者将他移交给受害方处置。在基督教和非基督教历史上，都曾出现过难以计数的这种要求移交罪犯的例子。

例如犹太人要求本亚米特人(Benjamites)交出罪犯(《士师记》20)，还有非利士 259
人(Philistines)要求希伯来人将萨姆森(Samson)作为罪犯交给他们(《士师记》15)。高卢人也以同样方式要求交出曾经与他们作战的法比(Fabii)。萨卢斯特(Sallust)说，西拉(Sylla)也要求波库斯(Bocchus)交出尤古尔塔(Jugurtha)，这样做可以使罗马人免于因被牵连到这个恶人犯下的罪行中而面临悲惨的处境。

然而，所有这些例子应被理解为并没有严格要求一个国家或君主必须移交罪犯，而是允许他们选择惩罚或者移交罪犯。我们知道，艾利安人(Eleans)正是根据这一理由对斯巴达人发动了战争，因为后者没能惩罚对艾利安人犯下罪行的臣民，事实是他们既没有惩罚罪犯，也没有将他移交给艾利安人。这一两重性的义务是为了使得补偿更加完全，而其选择权则留给了受害的个人或国家。

这里的“交出”就意味着移交一个公民或者听任另一个国家的权力行使对其进行惩罚。但这种许可没有给予或消灭任何权利，而只是去除了阻碍权利行使的因素。因此，如果其他人没有利用这一被许可的权利，那么被移交的人就处于这样一种情形中，即他既可能会也可能不会受到惩罚，这两种情形在案件中都可能发生。然而一个国家有关运用其自己的法律以及享受其他许多特权的权利，如没有正式法令和裁决所规定，是不会因特定的行为而失去的，除非在之前的立法中已经规定，某种行为或某种不作为将会导致一些特殊的权利和优待被收回。同样，交出的货物如果不被接受，也仍旧属于以前的所有者。但是，如果一个公民被移交并接受后，出于某些意外事件，他又回来了，那么他将不再是一个公民，除非得到新制定的开恩法令的允许。

上述关于惩罚或移交罪犯的讨论，不仅适用于那些一直作为某个主权者的臣民
并在其领地中被找到的人，也适用于那些在犯下罪行后逃到某个地方寻求避难的人。 260

5. 就算是经常被提及的避难者的权利和庇护的不可侵犯的性质,也不能削弱我们提出的主张。因为这种保护仅是为了那些毫无根据地遭受迫害的受害者利益而设立的,而不是为了那些犯下伤害人类、破坏社会罪行的人设立的。据迪奥多洛斯·西库卢斯(Diodorus Siculus)在其第十三卷书中的记载,斯巴达人吉利普斯(Gylippus)谈到了避难者的权利,他说该权利最初产生是出于对不幸者的同情,而不是为邪恶、肆意妄为的罪犯提供的屏障,后者只能等待受到惩罚。之后他又说,当这些人受恶意、贪婪所驱使而犯下恶行时,他们没有权利谈论不幸或披上避难者的名义。因为这是由自然法授予无辜者的一项特权,这些人受到不幸的沉重打击。

但是,仅出于同情的避难所在一个所有生活都带有残酷和邪恶烙印的时代,是难以生存的。所以根据这一分享了神的智慧的法律,庇护也可以给予那些因过失而杀人的人们,同时奴隶也可以进入避难所。但是对于故意杀人犯,或者那些曾扰乱了国家的和平秩序的人来说,他们将得不到任何保护,即使是在上帝的祭坛上。斐洛在解释这一法律时说,甚至连寺庙也不会为渎神的人提供避难场所。

更加古老一些的希腊人也遵循同一原则。据说哈尔基斯人(Chalcidians)拒绝将瑙普利乌斯(Nauplius)交给希腊人,理由是他已经洗清了所有加于其身的罪名。在希腊人中有一个敬奉宽恕的祭坛,西塞罗、保萨尼亚斯(Pausanias)、塞尔维乌斯(Servius)和蒂奥斐卢斯(Theophilus)都曾提到它,斯塔提乌斯则在其《底比斯》一书的第十二卷对此作了详细描述。这位诗人解释了什么样的人才有资格获得庇护。他说,这包括那些由于战争灾难而被从家园中驱赶出来的人,以及那些被篡权者赶出王国的人们。

261 塔西佗在其《编年史》的第三卷第六十章则对当时在希腊城邦中盛行的习惯加以责难,这一习惯使得保护罪犯免于其应受的惩罚成了一种宗教行为,因此这些罪犯应该或者必须受到惩罚,或者被移交,或者至少是令其离开。为了向马提乌斯(Martius)澄清有关他庇护意图谋杀尤门尼斯(Eumenes)的罪犯的指控,马其顿国王伯尔修斯(Perseus)这样说:“当我一听到你说他们在马其顿,就马上下令搜查他们的下落,并紧急命令将他们永远驱逐出我的王国。”

在本世纪及上个世纪里欧洲的大部分地区普遍奉行这一做法,即有权要求将逃入其他王国的罪犯加以惩罚或进行移交,这些罪行包括犯下危及国家安全或者令人发指的暴行。对于危害程度轻一些的罪犯,按照国家相互之间交往的惯例一般会置之不理,除非是基于明文条约上的相反规定。同样不需隐瞒的是,当强盗和海盗已拥有非常可怕的力量时，君主和国家有时也会容忍罪犯，而不是以其应得的严惩对待他们，以免将他们逼入绝境，作出更大的罪行，这通常被视为一种符合人道的政策。

6. 如果难民和避难者受到指控的行为并没有被自然法或万国法所禁止，那么这一事项必须根据这些人所来自国家的法律来决定。在古时候这个观点得到了承认，这可以从艾西卢斯（Aeschylus）的记载中看到。在他的《避难者的悲剧》一书中，阿戈斯（Argos）的国王对众多达瑙斯（Danaus）的女儿讲话时谈到他们与埃及的关系，他说："如果埃及之子要对你们行使控制权，并声称根据国家的法律他们有权这样做，由于在血缘上你们与他们是联系最近的，所以谁能反驳他们呢？只有你们才能证明，根据你们国家的法律，他们没有统治你们的权力。"

7. 和 8. 整个社会是否应为违法行为而受到惩罚，这一直是一个引起争论的著名议题，而现在是对其进行讨论的适当时机。

从本书前文中可以看到，一个国家虽然在新人继位后看上去似乎有了变化，但只要仍然维持着其组织形式，那它就还是如以前一样。这样看来，它似乎同个人一
样也可能受到惩罚。另一方面，国家似乎又拥有某些专属性的特权，比如有共同财 262
富、公共印鉴、法律和其他相似的利益。但是有一些特点，是他们由其个人成员那里特别地得来的。所以我们说大学是博学的，或者卫戍部队是勇敢的，这是根据它们之中相应存在的有学识或英勇的人们的数量而如此称呼的。

美德就是这样一种特点，它是自然赋予个人的礼物，或者经个人后天取得，但不能被任何公共实体自身所拥有。所以，如果这些具有美德的人去世或离开了，那么任何公共实体从他们那里得来的美德肯定会消失。同样，由于惩罚之债被视为源于某种罪过，因而就必须与个体的违法债务的消失而同时消失。

所以阿利安（Arrian）所获得的称赞是很恰当的，他曾就亚历山大对波斯人进行的复仇战争进行指责，因为在这件事发生的时候，那些曾经侵略过希腊的人早已躺在坟墓中很久了。他对于焚毁波斯波利斯（Persepolis）作出了同样的评论，因为这声称是出于报复波斯人曾经对雅典人所做的事情。

有些学者为这种多年以后的报复行为进行辩护，认为这是对于缓慢但正确的神的正义实现过程的仿效。但是我们必须记住，上帝处事的方式是和我们不同的，

同样他行使正义的行为也不能被我们的执政官所评判。如果后代不能从其先祖的行为中获得任何益处，那么自然也不应为他们的侵犯行为而受到惩罚。美德的后果的确可以无损害地进行传递，所以也就不会造成恶果，但是执行惩罚却不是这样的。

9. 我们已经说明惩罚的转承必然要与对罪行的参与相联系，还需考虑的是，惩罚是否应延伸至那些根本与罪行无关的人。为了清楚了解这一点，同时为了避免由于表述上的相似、但事实却不相似而造成的错误，有必要借助一些预防性的前提。

10. 首先，在某一行为直接造成和间接造成的损失之间还是有区别的。这里
263 的直接损害，可以指剥夺某种特别属于某人的权利。而间接损害则是指破坏某些条件或手段，使得其他人无法拥有他原本可以拥有的事物，因而这一行为赋予了这些人相应的权利。例如，乌尔比安(Ulpianus)说：“如果有人在他自己的土地上挖了一口井，却使得原先可以流向其他人的土地的地下水流被切断，对此他不应承担任何责任，因为他只是在行使自己的权利。”此外，他还说过，一个人对他人直接造成损害，与他只是间接地、不自觉地阻碍了他人享有其原本可以享有的权益，这两者之间存在重大的区别。

另一个法学权威保罗说，在人们拥有获取财富的手段之前就称其为“富人”是很荒唐的。所以，虽然当父母的财产被没收时，他们的孩子也会感到难过，但是这并不能被视为是对孩子们的直接惩罚，因为除非其父母将这些财产一直保留到他们去世之时，否则这些财产就不属于他们。阿尔斐努斯(Alphenus)对此所说的就很正确，他说，由于对父亲的惩罚，孩子失去了本可以从他那里得到的东西，但是那些并非从其父亲那里得到的东西仍旧保持未受侵害，例如自然的恩赐以及从其他地方得到的东西。

西塞罗则说，通过这种方式，瑟密斯托克勒斯(Themistocles)的孩子陷入了贫困中，同时他也并不认为利比度斯(Lepidus)的孩子遭受同样的命运是不公正的。他说，这是一个古老的习惯，也是被所有城邦接受的惯例，但其严格性在晚些时候的罗马法中已经被极大地减轻了。所以当具有国家代表性的大多数人作出违法行为时，其全体人民都将被牵连进来，从而丧失了公民自由、食物供给和其他特权，但

是对于无辜人们造成的损失只限于那些只有作为该社会成员才能享有的东西。

11. 此外，我们必须注意，虽然有时一个人犯下的罪行对另一个人造成了困扰
或损失，但是对于基于一项权利的行使而从事的行为，这一罪行并不被认为是构成
它的直接原因。有一个例子可以解释这一点。因为，如果任何人承担了其他人的
债务，他就使自己陷入了古代寓言所说的困境中，即为了别人而受到约束，那么离
毁灭也就不远了。但是他的义务的起因不在于他人负有债务，而是这个人自己的 264
承诺。因为一个人如果为买者提供担保，确切来说，并不受购买行为的约束，而是
受到他自己的承诺的约束。所以，如果任何人为不法行为承担了责任，那么是他自
己的保证产生了这一义务，而不是不法行为本身。

因而任何人所招惹的这种麻烦不应当用其他人的不法行为来衡量，而是要看他自己拥有的作出这种自愿承诺的能力。因此没有人能够保证替他人受死，因为没有人拥有这样处置其生命的权力，或者自己结束生命，或者承担义务为其他人牺牲生命。然而古代希腊人和罗马人却不这么认为，他们认为担保人可以因为他人而被处死，这在著名的达蒙(Damon)和皮西厄斯(Pythias)的故事中可以看到，而人质就经常以这种方式被处罚。

关于生命的讨论也使用于身体的一部分：除非是为了保存自己的生命，否则没有人有权分离其身体的任何部分。但是，如果任何人基于这一理由受到放逐、罚金之刑，或者以其他方式接受司法制裁，那么严格来说，任何他所承受的都不能被视为是对其个人的惩罚，而是在履行一项协议。

类似的事情还有依赖他人的意愿而享有的权利，这既包括个人对于私有财产的权利，也包括更广泛的、由国家拥有的对土地之权利。如果有人因为其他人的过错而被剥夺了这一权利，那么这种行为并不是实施惩罚，而是行使在先的权利。

12. 和 13. 作出这些区分后，我们可以认为一个无辜的人应当承担其他人的罪
行是不可能的。但是，据认为惩罚的目的在于改造罪犯的保罗所提出的理由，事情
并不是这样。然而当一项惩罚的结果会影响与受罚人关系密切的人时，似乎一个
超出罪犯个人的示范就已经确立了。所以惩罚并不是为了示范原因而作出的，而 265
是因为犯法者自身的罪过。由于每种不道德行为都是出于个人自己的意愿，而一
般假定他对其拥有完全的控制，所以该行为必然具有个人的性质。

14. 在向希伯来人颁布的法律中，上帝威胁说要在子女身上报复父亲的渎神行为。他对我们的生命和财产拥有最高的控制权，因为这些都是他赐予的，因而他只要愿意，就可以将这些从任何人那里夺走，而不用提出什么理由。所以，如果他认为应当以使他们夭折或意外死亡的方式带走阿汉(Achan)、索尔(Saul)、耶若伯姆(Jeroboam)或阿哈布(Ahab)的子女，则他只是在行使对他们至高的权力，就如同惩罚的权力一样。而这个可怕的例子将更加严厉的刑罚施加在父母身上。因为他们如果能够活到其子女受罚的时候——这一点也是神法考虑最多的，所以并没有使这一威胁的期限超出其曾孙那一代，因为一个人大概只能活到这个年纪——父母肯定会因亲眼见证这一情景而经历人生中最痛苦的时刻，从而经受沉重的打击。如果他们不能活到这一事件发生之时，那么怀着对其子女的忧虑而死也将是一件非常不幸的事情。

但确切地说，像上述那样的方式几乎没有被上帝运用过，除非是针对冒犯到其神圣地位的罪行，如崇拜邪教、作伪证或渎神。的确，这些神的报复并不是总会得到执行，特别是在孩子的性格和行为中显示出超乎常人的美德的时候，这可以从《以西结书》(Ezekiel)第十八章的预言中看出来。普鲁塔克在其著作中对于上帝之久远报复就曾作过极具说服力的评论。

由于《福音书》中非常清楚地说明了对于邪恶者的未来惩罚，所以《新约》中就只对施加于罪犯自身的惩罚作了规定。但是这方面的天意人们是无法知晓的。因为，即使没有犯罪，上帝仍然是至高无上的主，对于人类的生命拥有处置的权力，他只对一些罪行向人们提供了执行惩罚的委任。因此，正如神法中禁止因子女犯下
266 的罪行而处死父母一样，它也豁免了子女因其父母行为而受到惩罚的义务。这一仁慈的举动也受到约瑟夫斯和斐洛的称赞。伊索克拉特(Isocrates)对于埃及的法律，以及哈利卡纳苏斯的迪奥尼修斯(Dionysius of Halicarnassus)对于罗马的法律都作出了同样的称赞。

15. 然而，如果在人类的法律中因父母的罪行而惩罚子女是不公正的，那么根据波斯和马其顿的法律，对于破坏国家罪的刑罚延伸至罪犯的每一个亲族，这样一种在严酷性上远远超出所有其他法律的规定又有多么糟糕呢？

16. 17. 和 18. 上面关于孩子因其父亲或祖父的罪行而受罚问题所谈到的，也

可以适用于主权者和臣民之间存在的关系，这是一种基于社会契约的关系，它使得主权者成为具有关键性的头脑，是这一实体的生命和灵魂，而其人民则是该实体的成员。由于拥有主权或头脑的市民社会只组成了一个实体，所以不存在单独的利益，影响一部分的也必然会对全体带来损害或利益。

19. 有时有人会问：为什么继承人受到其先人其他债务的约束，却不承担其所犯罪行的责任呢？对此的回答是：继承人不代表死者的美德或罪过——这些是纯粹人身性的，而只是针对其财产；这只是人为规定的维持传承后代这一链条的方式。

20. 由此可知，如果除了一项罪行造成的过错之外，还有其他与惩罚相联系的新的义务存在，那么对它们恰当的处理方式是将其作为一项债务来解决，而不是惩罚。因此继承人有责任支付一个案件的判决书中规定的费用，这被视为是根据一项契约所作出的。

第二十二章　论不正当的战争理由

真实的与貌似真实的原因的区别——不具备这些原因，战争就成为暴行——即使基于最可行的借口，掠夺性的战争也不能获得正当性——表面上正当但实际上错误的原因——不必要的好处——对更肥沃土壤的欲望——原先所有者资格的丧失——在主张自由的借口下进行的战争并不总是会获得正当性——或者以给予人民一个有益的政府的名义，但却违背他们的意愿——对于帝王们普世帝国主张的驳斥——教会的主张——不完全的义务——开始即不正当的战争与后来不正当的战争之间的区别

267 1. 在本书前面的一部分中，对于战争的正义性进行了讨论，我们的结论是：有些战争具有真实的原因，而其他战争则只有一些似是而非的借口。波里比阿首先注意到了这一差别，他称“借口”为“普若法塞斯”（προφασειξ 希腊文），而将真实的原因称作“爱提亚斯”（άιτιας 希腊文）。例如，亚历山大对大流士发动战争时，就假装是要对以前波斯人对希腊人造成的伤害进行报复。但是这位强硬且富有进取心的英雄的真实动机是夺取财富和土地，他从色诺芬的《远征记》和《阿吉斯拉斯》中看到了这样的机会。

同样，一场有关萨干坦（Sanguntum）的争论为迦太基人提供了发动第二次布匿战争的貌似正当的理由，但事实上，是由于他们无法再忍受罗马人以前强迫他们接受的不平等条约，这使他们感到尊严受损，更重要的是，近期在西班牙的胜利使得他们的精神又复活了。修昔底德将伯罗奔尼撒战争的真实原因归结于斯巴达人对于雅典人日益扩大的势力的嫉恨，而关于科林斯、波提旦（Potidaens）以及其他二等城邦的争吵只是表面原因。

2. 有一些人发动战争既缺乏正当的理由，甚至也没有什么表面上说得过去的
268 借口，正如塔西佗所说，这些人进行战争纯粹是出于野心和冒险。亚里士多德将这种行为称为“暴行”。在《尼可玛可斯伦理学》的最后一卷中他称，将朋友变成可以肆意屠杀的敌人是一种血腥且残酷的行为。

3. 虽然许多国家在进行战争时总希望寻找一些正当的理由来掩饰其真实动机，但是也有一些人完全无视这一替自己辩护的方式，他们所能提出的理由绝不会比罗马法学家提到的强盗的借口更好，这个强盗在被问及他对其所抢劫的东西有什么权利时，回答说，因为他已经将这个东西抢到手了，所以这就是他的。

亚里士多德在其《修辞学》第三卷中谈到战争的发动者，他问道，使邻近民族沦为奴隶是否是正义的？这些发起战争的人是否应当关心未犯下罪行的国家的权利？西塞罗在其《论义务》的第一卷中也使用了同样的口吻，他称："勇气，在危险和进取过程中表现得最为显著，但如果其中缺乏正义，那就完全不配被称为英勇。此时它更应当被视为冒犯了所有人性原则的野蛮和残酷的行为。"

4. 还有一些人所使用的借口，虽然乍看上去是可行的，但无法经受道德正确性的考验，而且当其被剥去伪装后，人们就会发现这些借口中充满了邪恶。李维说，在这种战争中，存在的不是正义的审判，而是某些秘密的和充满野心的目标，这才是战争的主要根源。普鲁塔克也说，大多数国家将和平与战争的相对状态作为购买任何适宜的东西的通货。

此前我们已经考察并确立了关于正义和必要的战争的原则，这使得我们可以更好地认识什么是相应的邪恶战争的原则。因为事物的性质只有通过比较才能看得更清楚，我们通过比较什么是正确的来判断什么是被扭曲的。但是为了表述清楚，有必要先讨论首要的问题。

前文中已经表明，对于邻近国家的忧虑并不足以构成发动战争的正当理由。要授权以战争作为防御手段，就必须具备由正当的忧虑所产生的危急性。这一忧虑不仅是针对该国家的，而且还要针对一个可怕的国家意图，并且这一忧虑形成了道德上的确定性。由此可知，有些观点是不能允许的，即将邻近国家修建要塞的行 269
为视为战争的正当理由，而它们之间并没有条约禁止这种修建行为；或者对邻国在某一要塞增强兵力也作出这样的反应，因为它可能在未来某时对其造成困扰。作为一种克服这一忧虑的手段，任何国家都可以在其领土上建筑堡垒或其他同样的军事安全设施，而不用诉诸实际的战争。

我们不能不敬重塔西佗所描绘的邵茨人(Chauci)——日耳曼人中一个高贵且具有高尚精神的民族——所具有的特性，他说："他们愿意通过正义来维持他们的伟大，而不是通过无法控制的出于贪婪和野心的行为——不挑起战争，不侵略别国，不践踏邻国以壮大自己，——然而，当为紧急情势所迫之时，他们可以即刻的警告就召唤起全副武装的人们，他们有众多的人口以及充足的骏马，足以组成一支庞大的骑兵队。而他们在拥有如此多优势的情况下，仍能维持他们崇尚和平的声誉。”

6. [1]从战争中将要得到的利益不能作为与必要性同等重要的和正当的原因。

7. 和 8. 想要迁移到一个土壤、气候条件更好的地方之愿望，不能构成攻击邻国的正当理由。据塔西佗的记载，这是古代日耳曼人之间爆发战争的通常原因。

9. 基于新发现的所有权而对属于他人的事物提出要求，也同样是不正当的。

即使是原先的所有者的邪恶、渎神或其他无能力的表现，也不能使得这一要求正当化，因为通过发现获得的所有权和权利只能适用于无主的国家和地方。

10. 要具有完整的所有权，并不需要道德的或宗教的美德，或者其他智力上的优越表现。只有当某些人缺乏理智，以至于丧失了行使所有权的能力，此时他们就不能拥有财产，人道法也不会要求他们拥有比生活必需品更多的财产。万国法的规则只能适用于那些有能力进行政治和商业交往的人，而不适合完全丧失理智的人，尽管有一个合理的疑问，即是否能找到这样的人。

270 所以，如果设想那些举止不同或智力较低的人——希腊人喜欢称其为“野蛮人”——是他们的天然敌人，这会被希腊人认为是极度荒唐的。但是，由于危害到社会的基础和存在的严重罪行，而随后导致对财产的没收则是与我们已经讨论的题目不同性质的问题，它属于有关惩罚的问题。

11. 但是，无论是个人自由还是国家的独立，在所有情况下也不能构成诉诸武力的正当理由，似乎每个人毫无差别地都享有这样做的自然权利。这是因为据说自由是一种所有的人和国家都享有的自然权利，这一表述可以被理解为它是一项自然赋予的权利，先于所有人类义务或契约而存在。但是在这种情况下，自由是从消极意义上来看的，而不是与独立相比较而得来的，后者的意思是：根据自然法没有人必须生而即遭奴役，但是法律并没有禁止他自己选择这种情况。如果自然没有赋予人们选择其自身的生存状况的特权，那么没有人能够被称作自由的。

正如阿尔布修斯(Albutius)就此所说的："'自由'和'奴役'这样的词汇在自然的原则中是找不到的，但它们却根据命运的安排随后被施加于人们的身上。"亚里士多德也将主仆关系界定为政治的产物，而不是自然的安排。所以，只要个人的或政治的奴役状态是出自合法的原因，人们就应当安于这种状态，就如使徒所命令的那样："你们听到了吗？作为仆人，不要为此而感到焦虑。"

12. 同时，运用武力使他人陷入奴役状态，并辩称这是按照其特性最适合他们的，这种欲望也同样是不正当的。某人适合于某些状况的事实，并不能说明将这种情况施加于他们身上的行为就是正确的。因为只要别人对一个人没有实施控制的正当权利，那么就要由这个人自己来决定什么对他是有益的和有害的。

孩子的情况与这个问题没有联系，因为他们必然是处于其他人的管束之下。

13. 有一些人的愚蠢观点并不需要进行反驳，如果不是最有名的法学家巴托 271
鲁斯(Bartdus)斥其为传言而否认他们的要求，他们差一点就将罗马皇帝的统治范围延伸到最遥远和最不为人所知的国家那里去。这一观点基于罗马皇帝有时称自己为"整个世界的统治者"，有许多人也经常将他们自己的国家就称为"整个世界"。所以我们在经文中经常发现犹大国被称为"所有人定居的土地"。因此当犹太人在其寓言文学中称耶路撒冷为"世界中心"时，这只是意味着它位于犹大国的中心。

至于那种认为单一统治者将造福于人类社会的观点，我们会发现，他们所主张的优点都会被更大的缺点所抵消。正如一艘船可能太大以至于无法方便地驾驭一样，一个帝国也可能会因人口和土地过于广阔而无法由一个人有效指挥和统治。即使世界帝国是适宜的，它也并没有产生这样一种权利，这一权利只能通过条约或征服而取得。有许多地方原先属于罗马帝国，但罗马皇帝现在却无法控制。因为战争、条约或割让已经造成很多变化，对于有些领土的权利也已转给了其他国家或君主，而在罗马之鹰曾用它的翅膀笼罩下的许多地方，现在却飘扬着不同的王国或共同体的旗帜。其他国家所经历过的损失和变化，同样也为曾经一度称霸世界的国家所经历。

14. 还有一些人主张教会对世界的未知部分的权利，尽管使徒保罗曾公开说过基督教徒不能去判断不属于自己社会的人。虽然属于使徒的裁断权利有时也会用在处理世俗事务上，但从其一般特性来看，它属于天上而非人间。这一裁断不是通过火和剑得以作出的，而是通过上帝的话语，它传递到所有人的耳中，并适应他们的特殊情况。实施这一裁断最适宜的方式就是展示或保留上帝恩惠的印记。最
272 后，这是一种通过超自然惩罚实施的裁断，这些惩罚直接来自上帝，比如对阿纳尼阿斯（Ananias）、艾利马斯（Elymas）、希曼阿尤斯（Hymenaeus）和其他人的惩罚。

基督的诞生是所有教会权力的来源，而他的生平也是教会遵循的榜样，但他说，他的王国不在这个世界上，也就是说和其他王国具有不同的性质，否则他也要像其他主权者那样，依靠武力来维持他的权威。如果他高兴召唤军队的帮助，他会召唤许多天使而不是人类。他所有权利的行使都是通过神——而不是人——的力量，甚至在将小贩驱赶出教堂时也是这样。权杖只是神谴的象征，而不是其工具；这就如同涂油礼（unction）是救赎的标记而非救赎力量本身一样。

在《约翰福音》第十八章第三十六节中，圣奥古斯丁邀请所有的君主进入这一王国，他说："听着，你们犹太人，还有你们异教徒，听着，你们世间的君主，我不会妨碍你们的权威，因为我的王国不在这个世界上。不要像希洛德（Herod）那样受到惊吓，他在听到基督诞生时浑身颤抖，并随后屠杀了许多无辜的婴儿，希望主也在这场灾难中丧生。他的恐惧以这种残酷的愤怒表现出来。但是基督说，我的王国不在这个世界。所以不要害怕进入这个王国。怀着信心进入吧！不要因为你们的延误而激怒这位国王。"

15. 这里非常有必要对在古代和现代之间做过分严格比较的行为提出警告。因为很少有人能够找到一个恰巧符合其自身情况的例子。这一前提是在对预言作出解释前的最好假定。没有一个尚未完成的预言能够在缺乏预见的精神情况下被揭示。甚至确定的事件也可能逃过我们的注意。仅仅预测就更不用说了，除非它与上帝明示的命令相伴，才能证明诉诸武力的正当性。有时上帝确实会通过邪恶的工具将他预测的谋划公之于众。

16. 由于基于人道的不完全的义务以及其他相同的美德在法庭上都是无法被
273 受理（cognizable）的，所以对它们的执行就不能通过武力的强迫来实现。因为一项义务的道德特性并不能使其得以实现，必须有一方具有法律上的权利来执行此项

义务。这一权利为道德义务增加了额外的分量。所以要使一场战争具有正义性，就必须将道德义务与法律权利结合起来。这样说来，一个人在帮助他人后，严格而言并没有要求回报的权利，因为这样将会使一项出于好心的行为变成契约行为。

17. 有必要注意的是，战争的起源可能是正义的，但是在战争进行过程中其发动者的意图却可能是不正当的。有一些原因，其自身是合法的，但却可能冲淡了原始的权利，而战争的开始正是为了寻求这一权利的实现。例如，维护国家荣誉是值得称赞的，追寻公共或个人的利益也是值得赞许的，但这些目标却不一定能够为战争提供正当的理由。

通过其他因素的扩大并超出其初始权利，战争可能逐渐改变其原先的性质和目标。虽然这些因素即使存在于正义战争中也应受到谴责，但是它并没有使得战争"本身"变得非正义，而且也没有撤销战争征服的效力。

[英译者注]

1. 原文第5节在翻译中被省略。

第二十三章　论值得怀疑的理由

道德疑问的起源——良心的裁断即使错误，也不能被侵犯——受到一些主张或权威支持的相反观点——在有疑问且重要的事项中，要遵循这一问题较为安全的一方面——在这种情况下放弃战争是正确的——通过大会或仲裁解决的争端——基督教徒的义务——为了避免战争，是否允许决斗——在同等存疑的情况下，采用实际占有者的主张——如果没有一方实施占有，那么就按其主张平等分配——用一种区分来解释一场战争是否可以对双方都是正义的

274 1. 亚里士多德说过的一句话很有道理，即道德推理永远无法达到数学推导那样的确定性。因为在数学推导中，所有数字都是抽象的，纯粹代表其自身，而与特定环境中的时间和地点毫无关联，所以没有什么能够歪曲对于被直接考察的目标的判断。此外，这些数字一般相互之间就直接形成对比，例如，在直线和曲线之间就没有什么中间事物。

但在道德上就不是这样了。在这里，最小程度的环境影响都可以改变主体，并且留出诠释的余地，使得真理和正义往往处在两个极端之中。所以在正当与非法之间还存在着一个中间地带，而我们总是要么倾向于这边，要么倾向于那边。这就造成了一种模糊性，它有点像我们在判断黎明的开始和结束的确切时间时所遇到的困难。亚里士多德就此总结说，有时在两种极端之间决定应该采取或放弃何种行为是困难的。

2. 但必须确立一个必要原则，即尽管一个行为实际上是正当的，但如果这样做的人在权衡各种情况后，仍不能使这一行为符合其良心的要求，那么他就招致了某种程度的罪过。使徒说："任何不具有信心而从事的事情就是罪过。"他这里提到
275 的"信心"，意味着经过深思熟虑后作出的决定。因为上帝赋予良知以作为人类行为最高指引的裁断权力，如果蔑视它所给出的告诫，那么大脑将只能沦为充满野蛮想法的愚蠢之物。但是我们的判断经常无法给出确定的答案，而只是犹豫。当这些疑问和犹疑不能得到满意解决时，遵循西塞罗法则是最安全的方法，他说，当我

们对一件事物的正确或错误存有疑问时，禁止去从事这一行为是最适合的。

但是在有些情况下也不能运用这一法则，例如在两种选择具有同等的疑问时，必须去做的事情应该被选中，因为这种选择造成的危害相对要小。在任何必须作出选择的情况下，只能两害相权取其轻。

3. 在存在疑问的场合，经过一番考虑后，我们的思想很少会保持中立，而总是会倾向于这边或那边，或者由于其具有的优点，或者是尊重那些就此问题发表意见人们的判断。而某一状况的优点可以从原因、结果或其他伴之而生的情况看出来。

4. 要准确掌握这种区别，就需要进行相应的实践和深入考察。如果人们自己缺乏这种积极作出判断的能力，那么他们就应该遵循那些富有智慧和经验的人们已经证明的公理。亚里士多德就认为，对于所有人或者大多数有见识的人们来说是真的或正义的事物，一般也可能就是真的或正义的。这也是君主们作出判断的方法，因为他们需要处理如此众多的日常事物，以致没有闲暇时间去研究和思考。所以古罗马人只有在与特别设立的祭司团咨商后，才会开始战争；而基督教皇帝们则要咨询主教有关任何会影响信仰的因素，在了解这些情况后才会开战。

5. 有时对于争论中的问题，各种情况的内在优点或者博学之士的观点正好在
两方面都相等。此时如果涉及的问题无关紧要，那么可以选择任何一种方案。但
是在关系到人的生死的关头，所作出的决定就需要保证安全性，正如一条公理所宣 276
称的那样，宁纵勿枉。

6. 战争就是这样一种具有极其重要性的事物，在战争中经常会有无辜的人被牵涉到有罪的人所遭受的痛苦中，所以当存在两可的观点时，天平的一端应该尽可能偏向和平。

有三种方法可供独立的国家选择来解决它们之间有关权利的争端，而不用诉诸武力。

7. 第一种方法是协商。西塞罗就曾说过：“有两种解决争吵的途径，一是通过商讨，另一个是通过武力，前者是人类所具有的特性，后者则是野蛮生物的天性；当

前者行不通时，人们也只有诉诸后者。”在希罗多德的《历史》一书的名为“普里姆尼亚”(Polyhymnia)①的第七卷中，马多纽斯(Mardonius)对希腊人进行了谴责，他说，他们既然拥有同一种语言，就应该用和平信使、使者或谈判来解决他们之间的争端，而不是战争。

8. 另一种方式是将争端提交到中立的第三方仲裁(Compromise)，这经常发生在那些缺乏共同理解的民族之间。古代史中有无数这样的例子，就拿色诺芬所记载的居鲁士来说，他就请印度国王作为他与亚述国王之间的仲裁人。迦太基人在解决与麦西尼萨(Masinissa)的争执时也首先倾向于这种方法，然后才是战争。据李维的记载，罗马人自己在与萨米尼特人(Samnites)发生争端时，也向他们共同的盟友发出了请求。

据斯特拉波说，高卢人将开始和结束战争的决定权赋予巫师们。他还说，在伊比里亚人(Iberians)中这成了其神圣职业所执行职能的一部分。

这一方式确实值得基督教国王和国家采用，它可以终止他们的争端，平衡他们的力量，并解决他们的要求。因为，如果为了避免接受与其信仰不同的法官的审判，犹太人和基督教徒们已选择了他们自己的仲裁人，而且这一做法也得到了圣保罗的赞许和支持，那么还需要什么才能说明这一方法是实现避免战争灾难的最好方式呢?

277 这些以及其他同等重要的原因可以被推荐给基督教国家联盟(Christian powers general congresses)以调整它们多元化的利益，并迫使那些桀骜不驯之人接受公平的和平条款。

9. 第三种不包含敌意的解决争端的方式是抽签，迪奥·克瑞索斯托姆(Dion Chrysostom)就曾称赞过这种由命运干预和指示事物的方法，而在他之前很久，所罗门就赞扬过这种做法，这可见其寓言的第十八章。

10. 与最后一种方式很相似的是决斗。引入这一方式是基于这样的想法，即通过两个人丧失生命的危险来解决问题，就可以避免为此赔上成千上万人的生命。

---

① 普里姆尼亚，希腊神话中的九个缪斯女神之一，主管圣诗。

在李维的记载中，我们看到麦修斯（Metius）对图卢斯（Tullus）说：“让我们寻找一种不用浪费我们人民的鲜血的方式来决定谁拥有优先的权利。”斯特拉波说古代希腊人就是这样做的，而阿涅斯（Aeneas）就曾向图努斯（Turnus）这样提议过，将它作为解决他们的要求的最公平的方式。据说这也是古代法兰克人的习俗。

11. 虽然在存有疑问的场合双方都有义务采用避免敌意的方式，但是相比较而言，这一义务更多地应由提出主张者承担，而不是由所争议事项的实际占有者承担。这不仅是国内法，而且也是自然法上的规则，即当存在同等程度的主张时，现实占有者的主张具有优先性。

对前面的论述还需要补充一点，那就是即使一个人知道自己的主张是正当的，但不能提出足够的证据来证明侵入者的非法性，那么他不具有合法的诉诸武力的权利，因为他没有迫使侵入者放弃占有的明显的权利。

12. 当权利归属不清且不存在实际占有者时，对于拒绝按双方要求平等分配的一方，有理由认为其主张是不正当的。

13. 基于以上论述，再来解决一个很有煽动性的问题就不是很难了，即就战争的主要参加者而言，是否可能双方都具有正当的理由。这需要对不同意义上的“正当”这个词语的含义加以区分。

一般而言，一个事物之所以是正当的，或者是出于其原因，或者是出于其结果。 278
而原因也可以分为在特殊意义上的正义的理由，以及扩展开来的所有形式的正确性。同样，上述的特殊意义也可以分为两种，一种指行为，另一种指受托人。[1]而只要受托人在从事行为时没有触犯严格意义上的法律，那么他的行为就是正当的，即使这可能不符合公正的要求。

根据正义的特定含义，在涉及争端事项时，它不能在战争中同时适用于双方，这就如同法庭审判的结果。因为没有任何道德原则会命令我们在同样的情况下，对于某一特定行为，既要去做却又要放弃。但有时的确会有战争双方都没有实施不正当行为的情况。因为没有人可以在不知道的情况下被指控为违反了正义，而有很多人并不了解其行为的性质、程度和后果。所以在法庭诉讼中，可能双方都真诚地相信自己站在正义的一边。因为我们经常会忽视法律和事实中确立权利的许多事物。

按照通常的意义，一个受托人的行为可被视为是正当的，只要没有理由可以指责他。然而在很多情况下，虽然受托人的行为会偏离法律正义的严格规则，但是却不必受到谴责，因为这种背离是出于不可避免的无知，他没有足够的时间或机会来了解法律的本质或它的存在。所以在法庭诉讼中可能出现这样的情况，即诉讼双方不仅都不能被归责为不正当，而且还免于任何指责，特别是当双方的诉讼都是为了他人的利益时更是如此。例如，一个看守在保护其守卫的场所时，他决不会因为权利是有疑问的就放弃它。

279 亚里士多德说，在对某项权利产生争议时，没有任何一方可以被称为是不正当的。昆提良(Quintilian)与亚里士多德具有相同看法，他说一个正直的人可能主张任何一方面的权利。亚里士多德又进一步分析说，作出公正的判决是一种含糊的说法，可以理解为法官是根据法律条文的严格意思作出裁决，也可能是他依据自己良心的判断而这样做。而且他还说，由于无知而作出错误的判决，并不是不正当的行为。

但是在涉及战争与和平这样牵涉到双方许多重大利益的情况时，抛弃所有个人的情感并毫无偏见地作出裁决是很困难的，除非在有争议的问题上有着非常清楚且无可否认的证据。

如果一个事物的结果是产生某种权利的原因，而我们又认为它是正当的，那么从这一意义上来看，就很容易理解在战争中双方都具有正当性的含义了。同样，一个并非严格合法的判决，或者一个不完全正当的占有，都有可能产生某种权利。

[英译者注]

1. 因此允许个人为其所遭受的损害自助寻求救济的捕获令和报复令必须由最高权力签发，否则这种个人的敌对行为就是非法的。从而，只有当此处所指的行为是由经过公共权力授权的受托人所为时，它才可以是合法的，亦即是正当的。

第二十四章　谨防贸然发动战争（即使具有正当的理由）

为了避免战争而保留权利——特别是刑罚——克制敌意的自保动机——选择好处时的谨慎法则——和平更重于消灭敌方力量——处于劣势的一方保持克制是谨慎之举——战争只有出于必要才可发动

1. 虽然对于一些有关战争与和平关系的道德义务进行考察，似乎并不属于以 280
战争权利为题的论文所应讨论的范围，但是稍微触及一些应当避免的谬误也并非不合适。这样做可以防止任何人主张在战争的权利确立以后，就可以即刻或任何时候，将原则转化为行动，将理论付诸实践。迄今为止经常可以看到，放弃权利往往比实践权利需要更大程度的仁慈和正直之心。

前面已经提到，在适当的场合，为了保存别人的生命，实现他人的长远幸福，而不顾自身的安危，将是多么光荣的事情。这一义务对于基督教徒来说应该更有感召力，因为在他们眼前一直存在一个榜样，当我们还是其敌人并且不信仰上帝时，他牺牲自己来拯救我们。这一榜样以最感人的方式召唤我们，不要顽固地坚持实现我们的即使是最正当的权利，因为它可能会带来巨大的灾难，也就是战争。如果这样的主张和原因需要权威的观点来阐述，那么将会有许多的权威可以用来对其进行支持。

2. 有许多原因可以用来阻止我们完全执行某项惩罚。父亲的行为就是一个明显的例子，他会宽恕很多孩子们犯的过错。而有权惩罚他人的任何人，都是承继了主权统治者的特性，这就像一个父亲的权力。圣奥古斯丁就曾对马塞利乌斯(Marcellinus)公爵这样说：“哦，基督的法官，履行你作为仁慈的父亲的职责。”

有时人们确实会处于这种情况之下，即放弃权利不仅是值得称赞的行为，而且 281
还成为尊重要求我们爱敌人的法律的义务。这一法律不仅因其内在的价值而受到尊重和遵守，而且它还是福音书中的一个戒条。基于同样的法律和原因，我们还被要求为基督教君主和国王祈祷，为他们的福祉和安全服务，因为他们的福祉和安全对于社会的秩序、安宁和幸福是如此地关键。

3. 关于宽恕针对我们犯下的罪行这一点，不用作太多解释，众所周知，这是基督教徒义务法典中的第一条。对此，所有基督教徒都已从容且自由地决定遵守，因为他们知道上帝由于耶稣的缘故已经饶恕了他们。所以展示给我们的法律虽附加了禁令，但在异教徒看来这是一个友善的戒条。西塞罗就曾提及恺撒性格中善的一面，他称赞了恺撒可以回忆起所有事情的良好记忆，因为他惟独记不起对他的伤害。我们在摩西的作品以及戒律的许多不同部分都看到过这种高尚优秀的美德的例子。如果它们能够保证得到遵守，那么仅仅这些因素就足以确保战神的剑留在鞘中。要爱我们的敌人，并且要容忍他们针对我们的行为，因为承担这一义务是我们的荣耀。

4. 通常我们承担了一种对国家和自身的义务，即避免寻求武力解决。据普鲁塔克在《努马(Numa)传》中的记载，在战和事务祭司团(college of heralds)[1]宣布一场战争为正义之后，议会进一步就进行战争是否适宜作讨论。根据我们的主所讲述的精彩且具教导性的寓言，如果一个国王被迫要与另一个国王作战，他应先坐下来，这意味着要进行思考，他要考虑，是否率领一万人就可以抵挡十倍于己的敌人；而如果他发现自己无法通过这个考验，那么在敌人进入他的领土之前，应该派出使团提出和平的条件。

5. 在所有作出决议的过程中，不仅对最终目标，而且对将会导致主要目的的中间目标也要加以考虑。最终目标总是一些善果，或者至少是逃避一些恶果，这二
282 者没有什么区别。那些手段不应从其自身进行考虑，而只能作为导向设定目标的因素来考虑。在所有作出决议的场合，手段与目标相互之间承担的比例，需要通过对它们进行比较而适当地加以权衡。关于比较的模式，有三条规则必须加以遵守。

第一，从道德角度看，需要考虑的是期望的目标会产生何种趋向，是好还是坏。如果前者占优势，那我们就可以选择它。第二，如果作出有关善和恶谁占上风的决定看起来很困难，这种情况下只要通过对手段的选择和运用，我们能够转变事物的

① 战和事务祭司团，主管宣战、媾和事务的祭司团。

趋向，即使得具有优点的一方占上风，那么我们就可以选择这个目标。第三，如果善与恶相互之间不成比例，而乍看上去所用的手段也不足以实现目标，但是如果在追寻一个目标时，其向好的趋势，与向恶的趋势比起来，要比邪恶本身与善的比较具有更大的比例；或者，如果善与恶的对比要比向恶的趋势与向善的趋势相比具有更大的机会，[1]我们就可以决定采用这个目标。

西塞罗对于这些深奥的道理没有采用抽象的思维所要求的方式，而是采用了 283
一种特殊的轻松的方式来阐述。他运用了其雄辩力中所有的精华来阐述道德的真谛，他说："将我们自己置于险境之中是愚蠢和不必要的。在遇到灾难时，我们必须学习医生的行为，他使用轻柔的疗法来治疗那些体质差的病人。但是对于体质很好的病人，特别是当他们病情非常危急时，他们必须采用更有效但也更危险的药物。同样，一个老练的领航员不会试图直接面对海风，而是抢风航行以避开其威势。"

6. 有一个例子是关于在任何时候都要尽可能加以避免的邪恶，它出现在高卢城邦之间的协商会议上。根据塔西佗的记载，他们要决定是选择自由还是和平。自由意味着国内自由，即自治和独立的权利；和平意味着避免整个民族被消灭，就如同犹太人城市被提图斯(Titus)围困时所遭遇的灾难。

在这种情况下，作为保持生命的惟一手段，理性将肯定会选择和平，因为生命是上帝赐予人们直接的礼物，且是所有幸福的基础。所以在上帝的神书中，我们可以看到，当他没有毁灭整个民族，而是使他们沦为奴隶时，他觉得这是良善之举。所以他通过预言家之口，警告希伯来人要向巴比伦人投降，而不要因瘟疫和饥荒而死。

前面提到的为了保存生命或自由而屈从于不利地位或者某种灾祸，可以适用在任何具有宝贵价值的目标上。正如阿利斯蒂德(Aristedes)所说，在海上遇到风暴时，为了拯救船只，只能将货物而不是船员扔出船外，这是我们在道德上承担的义务。

7. 在实施惩罚时，有必要运用防范措施以避免使得力量均等的一方产生敌意。对一个过错进行报复或者运用武力主张权利，都需要在力量上占优势。所以，谨慎以及对其臣民的关心，一般会阻止统治者使其人民卷入战争的灾祸中。而正
义的原则，作为指导人类事务的惟一原则，通过主权者与其从属之间的相互利益而 284
约束他们，它告诉人们对于战争的警惕。索取赔偿必须向那些导致肆意和不必要战争的人们那里寻求。李维称其为"正义的而且是必要的战争"，并且当除了诉诸

武力没有任何希望时，这就是虔诚的原因。

8. 但是，有时会出现迫切而且必要的原因，要求诉诸武力。这种情况就如弗劳鲁斯(Florus)所说，放弃这项权利就会导致比最惨烈的战争还要残酷的灾祸。塞涅卡说："当默认一项损害所造成的危害与起而反抗相等时，就应当敢于面对危险。"塔西佗也支持他的观点，他称："战争是与悲惨的、没有保障的和平进行的快乐的交换。"他还说："受压迫的人民可以通过勇敢地承担危险而获得自由，即使被打败了，他们也不会得到比以前更卑劣的地位。"李维也理解这种感情，他称："和平，当与奴役相伴时，是比所有战争的恐怖都悲惨的灾难。"但是西塞罗认为的却不是这样，他说失败将带来放逐，而胜利将伴随着束缚。

9. 需要小心的另一点是与时间有关的：什么时候才适合进行战争，这需要适当的计算，要查明是否有足够的资源和力量来支持我们正义的要求。这与奥古斯都所说的相符，即只有当取得优势的希望看上去超出了毁灭的忧虑时，才能进行战争。西匹奥·阿弗利肯乌斯(Scipio Africanus)和卢修斯·艾米利乌斯·保卢斯(Lucius Aemilius Paulus)经常谈到的也适用这个主题，他们说："只有处于极度必要或有利的形势的情况下，发动战争才是合适的。"

当我们希望通过我们积蓄的小心和声誉而以很小的或零风险达成目标时，上面提到的警惕是很有用的。

［英译者注］

1. 作者以上所列的三条规则可以用下面三个建议来描述。首先，不能否认，从抽象的角度来看，战争是邪恶的。但是随后就应考虑，是否在很多情况下，为了避免更大的灾难，就应服从这种邪恶。其次，在实施战争时，因为其是有利还是不利仍存疑问，所以有必要努力寻求新的联邦或盟友，以补偿所造成的损失；或者开辟新的贸易与商业渠道，从而为因战争而随即被关闭了渠道的地方提供物品。我们可以引用威廉国王的行为来阐述第三点，在 1698 年 8 月 28 日英国内阁于坦布里奇韦尔斯镇开会后，向他报告英国国民的精神状况还不足以开始一场新的战争和承担附加的义务，最后还说："这是陛下决定应当采取什么解决措施时所面临的事实的真相。"国王最后还是决定战争是其人民面临的所有邪恶中最轻的一个，即使在可用手段方面存在着明显的不足。伯克说："在那场针对路易十四的伟大战争中，在十八年的时间里，政府一直不遗余力地满足这个民族的需要，虽然这可能会出于对荣耀的渴望，但荣耀并不是他们的最终目标，而是所有被他们珍视的事物——宗教、法律、自由，他们作为自由的人、英国人、基督教共同体的公民心中的每件事情都受到了关注。"——《关于弑君者和平的信札(Lett. On Regic Peace)》，第 90 页。

第二十五章　为他人进行战争的理由

主权者可以为了其附庸的权利而进行战争——为了避免危险，是否可以将一个无辜的臣民送交敌方——为支持盟友而进行的战争是正当的，不论是基于平等的还是不平等的条款——为支持朋友——为了任何人——不执行这项义务的行为不应受到指责，这是出于自保的动机——是否可以为了保护其他国家的臣民而发动战争，对此区分不同情况加以解释

1. 在谈到交战方时，可以看到，自然法不仅允许主张我们自己的权利，而且也 285
允许主张属于其他人的权利。那些使得交战原则正当的原因，也赋予那些帮助他人的行为以正当性。但是，无论是执掌一个家庭还是一个国家，最先要关心的是其依附者或附属者的支持。对于家庭而言，只有主人和仆人，而主权者则是和其人民。所以以色列人在约书亚(Joshua)的领导下拿起武器帮助基遍人(Gibeonites)，因为这些人已经被他们征服了。西塞罗对罗马人说，我们的祖先经常为了帮助那些船只遭抢的商人而进行战争。同样是罗马人，他们可以拒绝为只是盟友的人民作战，但是当这一民族成为其附庸时，他们就会毫不犹豫地使用武力来维持它受损的权利。

2. 然而，尽管这一有关其附庸的原因可能是一个正当的理由，但并不总是能约束主权者或统治者采用武力，只有当这样做不会对所有人或者大部分附庸带来麻烦时才可行。因为整个社会而非特定部分的利益才是一个主权者主要关心的目标。任何一部分越大，那么它的主张和要求也就与全体的越接近。

3. 有些人认为，如果一个国家非常弱小而无法抵御敌人，那么当敌人要求交
出某个公民时，不论他多么无辜，这一要求毫无疑问地都要被满足。瓦斯奎兹坚决 286
反对这一观点，但是，如果我们不仅仅注意他的语言，而且更注重他话中蕴藏的含义，我们就可以发现他的观点的一个变通意思就是，只要还存在保护其公民的希望，那就不应该将该公民抛弃。就此他还举了一个例子，即意大利步兵团在收到恺

撤对其进行保护的保证后，就背叛了庞培，而此时他还没有陷入完全绝望的处境，对这种行为他进行了激烈的非难。

但是，是否在面临迫在眉睫的毁灭的威胁时，就应当将无辜的公民交给敌人，以使整个国家避免这场灾难，学者们对这个问题以前和现在一直都有争论。根据德摩斯梯尼精彩的寓言，一群狼对绵羊提出实现和平的惟一条件是要求他们将狗交出来。这种行为的合法性不仅受到瓦斯奎兹的鄙弃，还有一个作者也认为这是一种背信的行为。索托斯（Sotus）认为，作为一个公理，这种情况下这个公民应当把自己交给敌人，而瓦斯奎兹则对此表示反对，他认为，市民社会的本质就在于每个成员都是为其自身利益而加入进来的，因此它并没有要求他们做这种违背其自身利益的事情。

所以对此很难作出结论，惟一可以确定的是，一个公民按照严格意义上所说的权利并没有义务这样做，但同时博爱之法也并没有禁止公民去做任何事情。在严格正义的思想中有很多义务没有被适当地包括在内。有些行为不仅会受到赞扬，而且对其的不作为就将受到审查，这些就被称为“善意的行为”。

公理上也是这样说的，即任何人都应当将多数无辜民众的生命看得比其个人一己的利益更重要。西塞罗在为普布利乌斯·塞克斯提乌斯（Publius Sextius）辩护时说：“如果我正在与朋友们一起旅行，这时却遇到一船海盗，他们威胁要击沉我们的小船，除非船员们牺牲我来平息他们的愤怒，我会毫不犹豫地立刻跳进大海，以免我的朋友们由于对我的感情而面临死亡或者危险。”

然而，确定这一点后，还有一个问题，即是否能够强迫一个人去做他有义务做
287 的事情。索托斯对此表示否认，他举了富人的例子来支持其论点，即富人虽然就慈善动机而言有义务救济那些需要帮助的人，但不能强迫他们这么做。然而，调整平等之间交往行为的原则必然与调整主权者和附庸之间相互关系的原则很不一样。因为一个人不能强迫与他平等的其他人去做任何事情，除非是法律严格地要求他去做的事情。

但是上级则可以迫使下级在其全部义务之外再承担其他责任，这是优越地位的性质所要求的特别的、关键性的权利。所以当某些规定这种履行义务方式的法律被制定时，就似乎带有了一些善意的特性。据普鲁塔克在其英雄传中记载，弗西昂（Phocion）说，亚历山大对于他们提出的交人的要求已经使得其共同体陷入了紧张的局势，因此，即使所要求的是自己最好的朋友尼古拉斯，他也会投票同意将其

交出去的。

4. 下面要讨论与附庸在要求保护方面有相同根据的盟友的问题。从其结果和效力来看，这一称呼既包括已经从属于另一势力的人们，也包括那些与他人达成相互帮助的协议的人们。但是这种结盟并不能约束各方支持和进行不正义的战争。这就是斯巴达人在开始与雅典人的战争前，要求其盟友自己来决定他们双方谁是正义的原因所在。对此还要附加一点，即没有盟友有义务协助执行一项没有好的前景的阴谋。因为这违背了结盟的目的，即他们是为了公共利益而缔结盟约，而不是为了遭受毁灭。但是任何一方都有义务保卫其盟友，即使这样会针对某些与其订有盟约的势力，只要那些盟约中没有明文禁止这种保卫措施。因此雅典人保卫科西拉人应该是出于正当的理由，即使他们反对的是其更加古老的盟友科林斯人。

5. 还有第三种情况，即虽然他们没有对其友方明确承诺提供帮助，但是出于友谊的原因需要承担这一义务，只要这样做不会带来麻烦。

基于这一原则，亚伯拉罕拿起武器保卫他的亲戚劳特，罗马人要求安提亚特人 288
不再对希腊人从事海盗行为，因为他们和意大利人在血缘上很相近。对于罗马人来说，他们发动战争或者威胁发动战争，不仅是因为受到条约约束需要帮助其盟友，而且还经常是为了帮助他们的朋友。

6. 最后也是最广泛的理由是由于某一共同特性而产生的共同联系，这一点本身就足以要求人们相互协助。

7. 有一个问题，即一个人是否有义务去保护另一个人，或者一个民族是否有义务保护另一个民族免遭伤害和侵略。柏拉图认为，个人或国家如果没有保护他人使其免遭故意的暴力伤害，那么他们应受到惩罚。埃及法律就对这一情况作了相关规定。

但是首先应该明确，如果这样做会带来明显的危险，那么就没有人有义务提供帮助或保护。因为一个人自身的生命和财产，一个国家的存在和延续，对他们来说，都是比其他人或国家的利益和安全更重要和更应优先考虑的目标。

甚至在受到侵害和压迫的一方不可能从侵略者或压迫者毁灭的命运中解救出来时，其他国家或个人也不必冒着自身安全的风险去帮助他们。因为在有些情况下，不可能成功地抵抗残暴和压迫，对它们的惩罚只能留给人类的最终裁决来执行。

8. 虽然基于自然法和社会秩序原理以及所有历史记录的证明，下列规则已经得到了确立，即每个主权者都是其王国和其臣民的最高裁判，没有外国势力能够干预他们之间的纠纷。但是，当布希里斯(Busiris)、法拉里斯(Phalaris)或者色雷斯的迪俄墨得斯(Thracian Diomede)以闻所未闻的残暴将其人民逼入绝望和反抗的境地时，他们就已经被自然法所鄙弃了，失去了作为独立主权者的权利，也就不再能够要求万国法中赋予的特权。所以康士坦丁以武力对抗马克森提(Maxentius)和李锡尼(Licinius)；而其他罗马皇帝或者发动战争、或者作出这一威胁来对抗波斯人，以此来迫使他们停止对基督教徒的迫害行为。

289 如果允许臣民使用武力来铲除世间不平将是非常危险的，但是承认这一点并不必然禁止其他势力在其遭受痛苦和压迫时提供帮助。因为当一个行动的障碍只是来自于个人原因而非行动本身的特性时，一个人可以为其他人做一些他不能为自己做的事情，只要这种行动能够产生有益的结果。所以一个守卫或者其他朋友可以从事保护他人的行为，而他却没有资格为自己做这种事情。

禁止臣民从事反抗行为的因素并不依赖于该事件的性质，因为不论是否是臣民都会同等地感受到该事物的影响；而是依赖于这些人的身份，因为他们不能将其对自己的主权者的自然忠诚转向其他君主。但是这一原则并不拘束那些不是该主权者臣属的人。他们对君主或国家的反对有时会与保卫受压迫者产生关联，但这不能被视为一种背叛行为。但是这一借口并不总是得到允许的，因为它们经常会被用来作为对野心和阴谋的掩饰。但是，即使被掌握在邪恶的人手中，权利也不会失去其本性。虽然大海有时会被海盗占据，但它仍旧是合法交往的渠道；虽然刀剑有时会被强盗或刺客所利用，但它们仍旧是进行防御的工具。

第　三　编

第一章　战争中的合法行为

战争中何种行为是合法的——从自然法中引申出来的一般规则——诈术与谎言——对下面几部分的安排——第一条规则，所有目的所必需的事物合法——不仅是战争的起源产生权利，还可以因战争的原因而获得——某种结果虽然开始不合法，但是正当的——对于那些为敌人提供补给品的人应采取什么措施——诈术——消极的——积极的——有时允许以与其一般意义不同的方式使用一个词语——真正意义上的谎言损害到其他人的权利——为了哄骗孩子或疯子，虚假是可以允许的——在讲话时如果没有欺骗的意图，就不必对第三者的错误领会负责——一个人不必对其讲话对象有意犯下的错误负责——为了拯救无辜者的生命，或者为了其他同样重要的宗旨，捏造是可以允许的——欺骗敌人是合法的，但不包括承诺或誓言——克制自己不利用这项特权是表现了宽宏大量和基督教徒坦诚的行为——不能迫使别人去做尽管对我们而言合法，但对他们却非法的事情——利用背叛者是可以的

1. 前面我们已经讨论过什么人根据什么原因可以宣布和发动战争，对这一问 290
题的深入探讨必然会触及发动战争的条件、进行战争的限度以及战争权利得以履行的方式等议题。这些事项都要根据自然法和万国法所赋予的特权来分析，或者要将其作为某些事先签订的条约或作出的承诺的结果来看待。但自然法所授权的行为应该是首先引起我们注意的。

2. 首先，正如有时可以看到的，追寻某一目标所运用的手段必须在很大程度
上依赖于其朝向的目的所产生的复杂的道德特性。因此很明显，只要这些手段是 291
为了实现任何权利所必需的，同时又是合法的，那么使用它们就是正当的。这里的权利是指社会中任何成员都享有的、在严格意义上对行为的道德力量的强调。

根据这个道理，如果一个人没有其他任何手段来拯救自己的生命，那么他所采取的强制性的攻击措施就是正当的。这样做，就如同一个士兵在战场上所做的，没有犯下任何罪行。因为这种权利并不是从他人的罪行中获得的，而是从自然赋予

所有人的自卫的特权中获得的。此外，如果有人有确定无疑的根据确认他人拥有的某种事物对其造成了迫在眉睫的危险，他就可以夺取它，而其所有者是有罪还是无辜与此毫无关系。但他并没有因为这一夺取的行为就成为该物品的主人。这不是达成他的目的所必需的要求。他可以将其作为预警的措施加以保留，直到他获得令人满意的安全保障。

根据同一原则，作为一项自然权利，任何人可以夺回属于他但被别人占有的东西。如果这已经不可行，他可以夺取某些具有相同价值的东西，就如同收回一笔债务一样。这种收回在所主张的物上设立了一项所有权，这是惟一能够恢复公平和矫正违法的方法。因此，当惩罚是合法和正当时，那么所有确保其实施的绝对必需的手段也都是合法和正当的，而所有构成惩罚之一部分的行为，例如放火或用其他方式毁坏敌人的财产和国家，应被视为处于与罪行相当的正义的范围内。

3. 其次，众所周知，并不仅仅只有正义战争的起源可以作为我们的许多权利的主要渊源，还有很多由该战争引发的因素也可以产生一些附加权利。这就像法庭审理的案件，法庭的判决可以赋予获胜的诉讼一方在原有争议事项之外的其他权利。因此，与我们的敌人结盟或为其从属，就赋予我们针对这些人实施自卫的权利。

292 同样，尽管知道或应当知道战争的非正义性，但还是挑起了这场战争，那么这个民族就有责任承担所有因此而产生的耗费和损失。因为这是由其的不法行为而产生的。根据同样的原理，那些作为不具有任何合理根据的战争的从属势力，也犯下了某种程度的罪行，并应接受与其所作违法行为同等程度的惩罚。柏拉图也赞成为了迫使侵略者偿付受害者和无辜者而进行的战争。

4. 第三，个人或者交战势力在寻求合法的目标时作出很多事情，其中有很多并不是最初设想要发生的，并且可能就其本身而言并不是合法的。为了拿回属于自己的东西，而此时属于我们的特定物品已不可能被恢复，在退回超出物品实际价值的部分的情况下，我们拿到的超出了我们应得的。基于同样的原因，攻击被海盗控制的船只、被强盗占据的房屋，都是合法的行为，尽管在船上或房间里还有许多无辜的人，他们的生命受到了这种进攻的威胁。

但是我们也经常会遇到这种情况，即符合最严格意义上的权利概念的事情，以道德的观点来看却并不总是合理的。在很多场合下，慈善之法不允许我们以最大激情坚持我们的权利。这也是需要防备某些可以事先预见并且违背了从事某种行为起初的宗旨的事物，除非可以确定这种行为所趋向产生的好处远远超过偶然的灾难性后果，并且导向邪恶的可能性与成功的机会相比是微不足道的。但作出这种决定需要更加深入的分析和决断。当然，无论何时如有疑问，那么最安全的方法还是照顾他人的利益，而不是只考虑我们自己的偏好。我们的先知说："要忍耐毒麦的生长，以免在铲除毒麦的同时也铲掉了大麦。"

万能的主有时会宣告和实施大毁灭，这是他至高无上的地位赋予他的权利，这
并不是要我们去遵循的规则。他并没有赋予人们以行使权力时凌驾一切、至高无 293
上的权利。而他自己也倾向于放过即使是最邪恶的城市，如果可以在那里找到十
个正直的人，尽管他的至高无上的意志是不会改变的。上述例子为我们提供了一
些规则，以决定针对敌人的战争的权利在何种程度上应该行使或放弃。

5. 经常会有这样的疑问，即有些人既非我们的敌人，也并不希望成为敌人，但他们为我们的敌人提供物资，那么我们在多大程度上能够去反对他们。正如我们所知，这是一个存在许多激烈争议的问题，一些人强烈主张行使战争权利，而另一些人则支持商业自由。

首先，必须对所涉及的商品进行区分。有些物品，如军火，是只能使用在战争中的；还有一些物品，仅仅是作为奢侈性的装饰所用，对于战争毫无影响；但也有一些物品，如货币、补给、船只和海军的补给品，在和平时期和战争时期都有用处。

对于第一种物品，很明显，任何人只要向我们的敌人提供这些扩充其战斗能力的手段，就应被视为我们的敌人。而对于运送第二种物品的人是没有正当理由来谴责的。关于第三种物品，由于它们所具有的可疑性，必须根据和平和战争时期对其加以区分。如果一方除了采取切断对敌人的供给的手段外没有别的方法保护自己，那么根据战争的必要性，这样做是合法的，但必须基于恢复这种运送的前提上，除非有相反的理由反对这样做。

但是，如果向敌方运送这种物品的行为会阻碍交战方行使其合法的权利，同时运送物品的人又是知道这一事实的，例如，当交战一方正在围困一个城镇或封锁一个港口，并期待对方可能很快投降从而带来和平时，如果某人为被困一方提供补给和延长抵抗的手段，他就侵犯和伤害了该交战方的利益。他所犯下的罪行，就如同

帮助债务人逃离监狱和欺骗债权人一样。他的财产将作为赔偿和冲抵债务之用而
294 被没收。如果他只是打算这样做，还没有造成实际的损害，则该交战方有权扣留其货物，以使其提供担保，以质押或保证的方式或其他方式。但是，如果有明显的证据显示敌人的行为之邪恶，则为他提供援助的人就不仅仅是承担造成民事损害的责任，他提供援助的行为将被作为一种重大罪行，其程度就如同在法官面前劫走一个罪犯一样严重。在这种情况下，受害的一方可以进一步追究他的罪行，并且将没收其货物作为惩罚的方式。

以上所述也就是诱使交战各方作出种种宣告的原因，他们要以此来向其他国家宣示其行为的正当性以及取得最终胜利的可能性。这个问题已经在援引自然法的文章中介绍过，就各国的意志法而言，历史并没有为我们提供可以据以推导出这一制度的先例。

波里比阿在他的第一卷书中记载了以下事实：迦太基人扣押了一些为他们的敌人提供物品的罗马人，后来在罗马人的要求下，这些人被释放了。普鲁塔克记述道，当迪米特里乌斯（Demitrius）占领了阿提卡（Attica）及其邻近的城镇埃利乌西斯（Eleusis）和拉姆努斯（Rhamnus）后，他命令将企图为雅典运送补给品的船长和水手处以绞刑，因为他要以饥荒来消灭雅典城。这种极端方式可以阻止其他人再提供援助，这样他就成了这个城市的主人。

6. 不可否认，为了达到战争的目标，武力和恐怖就成为最恰当之手段。但是能否在战争中运用诈术，有时会产生一些疑问。从人们的一般性的感觉来看，这种战争方式是被许可的。荷马称赞他笔下的英雄尤利西斯（Ulysses）善于运用军事诈术，就如同称赞他的智慧一样多。作为一个哲学家、士兵和历史学家，色诺芬就曾经说过，没有什么比一个精心设计的诈术在战争中更有用了。修昔底德所记载的布拉西达斯（Brasidas）也赞同这一点，他认为这是许多伟大的将军得以获得最光辉的荣耀的方式。在普鲁塔克的记载中，阿基西劳斯（Agesilaus）认为欺骗敌人是
295 正当且合法的。像波里比阿这样的权威也同意这一点，他认为，运用诈术的将军比面对面战斗的将军拥有更多的才智。

上述各位诗人、历史学家和哲学家的观点也得到了神学家的支持。奥古斯丁就说过，在执行一场正义战争时，达成目的的手段如何是不会影响到战争的正义性的，不论这一目标是通过运用诈术还是面对面的战斗而实现的。克瑞索斯托姆在

其关于神父职业的短文中也认为，应将最多的赞誉给予那些成功地运用诈术的将军们。

然而，尽管有许多权威的论述，关于这个问题的回答还是要从两方面来考虑：一方面，根据“不要作恶，即使善可能会尾随而来”这一公理，运用诈术是否也是其禁止的邪恶的一种；另一方面，虽然这样做本身是一种恶，但考虑到它所带来的善的结果，在适当场合下也就失去了罪恶的特性。

7. 确切地说，有两种诈术，一种是消极的，另一种是积极的。拉比奥(Labeo)就从消极意义上对“诈术”这个词作了界定，它包括那些虽然意图是欺骗他人，但丝毫不具有罪恶性的行为。例如，有的人为了保护自己或他人的财产，而在一定程度上作了一些掩饰和隐瞒的行为[1]。这样看来，西塞罗对于上述行为的指责无疑是有些唐突了，他说任何情况下都不应容许仿冒和伪装行为的存在。因为任何人都没有义务将他所知道和想要做的所有事情都告诉其他人，同样，在某些场合下，某些隐瞒真情的掩饰行为是合法的。西塞罗在他的很多著作中也承认，这是政治家必须拥有的一种天分。

《耶里米书(Jeremiah)》有关预言的第三十八章就为我们提供了一个这方面很 296
明显的例子。当那个预言家被国王问及有关围困事件的问题时，他按照国王的命令，小心地将真相隐瞒起来，而告诉了贵族们一个虽然并非虚假、但却不同的原因。与此类似，亚伯拉罕用一个当时通常用来指在血缘上相近的名称——姐姐——来称呼萨拉，而隐瞒了她是他的妻子的事实。

8. 积极种类的诈术当被用在行动中时被称作“假装”，而用在谈话中时，就被称作“谎言”或“虚假”。有的人对这两种情况下的诈术也作了区分。他们认为，语言是我们思想的表现，而行动则不是。但是相反的观点更加有理，即未附加讲话者意图的语言本身是不代表什么的，就像要表达满腹怨气或者其他感情却口齿不清、难以理解一样。这听起来像是作为行动，而不是语言。但是也应当承认，运用适合于其意图的语言来表达我们大脑中的思想，不正是自然赐予人类的一份特别的礼物吗？由于这一点，人类才和其他具有生命的物种区别开来，这是无法否认的真理。

除了运用语言，我们还可以通过符号或手势来传达思想，就像与聋哑人交谈时所做的一样。至于这些符号或手势是因为其与它们所试图代表的事物有某种自然的联系，或者仅仅是出于习惯所致，是没有什么分别的。与符号或手势同样重要的是书写，它被认为是一种无声的语言，它的效力不仅仅来自所使用的语言和字母的形式，还集合了作者的真实意图。这种集合或者是出于字符与意图的某种相似之处，例如埃及的象形文字；或者仅仅是出于巧合，例如汉字。

为了消除在使用万国法中的术语时存在的所有模糊之处，像以往一样，另一个区别之处以同样方式加以运用也是必要的。因为据说，无论是否有双边性质的义务存在，由许多个别独立的国家建立的法律被称为万国法[2]。所以，符号、手势或言
297 语在用来表达意思时，就隐含了对所有相关的人的某种义务，即在它们通常被接受的意义的基础上来理解和运用它们。但是，如果运用了其他以上未加以描述的手段，这种行为就不能被认为是违反了社会契约，尽管这样做会使一些人受到蒙骗。我们所谈的是那些行动的真实性质，而不是伴随它们的一些偶然状况。例如那些没有产生任何痛苦的行动，或者如果导致了痛苦，但只要不是出于邪恶的设计，那么也不应当承担罪行。

我们的主曾作过上述前一种行为，他在去埃茂斯(Emmaus)的路上，在他的弟子面前假装他要向更远的地方走去。这是一个无害的诈术，除非我们将他的言语解释为表达了他的真实意图，即如果没有那些弟子的阻拦和哀求，他可能已经走出很远了。在《圣经》的其他部分中也记载了他曾经在海上要离开他的使徒，也就是说，如果不是那些人如此迫切地硬把他拉进船，他可能已经这样做了。

还有一个例子，保罗替提摩太行了割礼，尽管他知道虽然行割礼的规矩实际上已被废除，但是仍然对以色列的后代有约束力，从而这样做就会使犹太人从中得出保罗和提摩太也持有同样的观点这一结论。然而保罗真实的意图并不在此，他只是希望通过这种方式能够使他和提摩太与犹太人有更加亲密的交往。当一项神圣的义务被废除时，这种规矩就不再被认为是非常重要的，而由其所产生的暂时的且随后就会被纠正的错误，也不能与保罗所想得到的机会相当，因为他要利用这个机会来传播基督教的真谛。

298 希腊神父曾经将这种诈术称为“组织”或者“安排”。亚历山大的克莱门特就对这种情况表达了崇敬的情感，当他提到一个好人时，说道：“他会仅仅为了邻居的利益做很多事情，而这些事情在其他情况下他是不会做的。”

罗马人曾经在他们的首都被围困时使用过这些诈术中的一种，他们向敌人的

营地扔了一些面包，以此来使敌人相信他们没有陷入饥荒。约书亚命令他的部属假装逃跑，以此来帮助他实现针对艾城（Ai）（迦南古城）的计划，这就是上面提到的第二种诈术的例子。伴随它而来的一些苦痛可以被视为是正义战争的结果。开始的假装逃跑则根本不会影响到这个问题。而敌人将它视为恐惧的一种表现。他们有这样猜想的自由，但这不会妨碍他人走自己道路的权利，其他人可以以很快的速度或者很慢的速度，表现得富有勇气或者恐惧万分，只要他们自己觉得这是最方便的就行。

历史可以告诉我们难以计数的对敌人实施成功的欺骗的例子，例如使用他们的武器、旗帜、颜色或者制服。根据同样的原则，这些行为也是正当的。这些行为都是任何人可以随心所欲地运用的，尽管这样做背离了他从属的军事体制中的惯常做法。因为这些制度和纪律受到每个国家军事指挥官的意愿和想法的影响，而不是一成不变的对所有国家具有拘束力的习惯。

9. 我们的讨论更加重要的内容是日常生活中人际交往中运用的符号，因为谎言和虚假必然与其相互交织在一起。

这种形式的诈术是很明显的对于所有道德准则的违背，不论是考虑到其性质还是其后果，上帝所表示出的意志也无时无刻不在谴责它们。所罗门眼中的正直的人就是那种痛恨任何假话并谴责任何虚假表象的人。使徒所作出的禁令也符合这种情感，他命令其学生不准向他人撒谎。

在神的记录中所呈现的完美的崇高标准中也不容许这样的诈术，在那里只有 299
对于公平、公开和真诚交往的推崇。这是诗人和哲学家所赞颂的主题。希腊诗人作品中愤怒的英雄曾经宣称，他憎恨那些口是心非的人，认为他们应当下地狱。即使考虑到诗人的虚构的成分，我们还是能看到严肃的、冷静的、有洞察力的态度。斯塔利亚人（Stagirite）就将虚假描绘成邪恶和可憎事物的庇护所，而将真理称为“可爱的事物”，应该得到最热烈的赞誉。

有很多伟大且高尚的人主张公开的交往。但也有一些同样知名的人，他们中包括信仰神和不信仰神的作者，他们的观点都是支持在恰当的场合运用诈术。一个作者就提到过一个为了其欺骗对象的利益而使用的诈术，即一个医生对病人说了假话，从而避免了他心理上的反常，最终成功地治愈了病人的疾病。

10. 要整合这些不同意见，就需要通过某种方式来对虚假（从其最广泛和最狭窄的意义两方面）进行考察。如果有的人自己并没有意识到说出的话是错的，那这就不能算作谎言。这里所说的“假话”，是指明知所说的话违背我们的真实的想法、知识和理解，但仍然故意告诉他人。

话语或表达话语意思的符号都被视为对思想的表达。一个人如果说的是自以为真实的东西，那就不能说他在撒谎；但是当他传播的虽然是真理，其他人却都认为是错的时，对他而言就等于撒谎。所以通常所认为的假话的确切含义，必须包含欺骗他人的意图。相应的，如果来自流行话语、专业术语或名人讲演的某一词语或者短语包含多重意思，那么，只要说话者的意思能够符合其中之一，他就不能被视为在撒谎，尽管听者有可能会对他的话有不同的理解。

300 当然，在任何场合中运用这些具有多重含义的话语也并不值得赞许，但是在某些情形中这样做是符合荣誉和正义的要求的。例如，在传播知识时，为了修饰或阐明主题，使用隐喻、讽刺、夸张等手法都是没有害处的。在有的场合中，使用这样一种两可的表达方式也可以避免某些敏感的和无关的问题。前一种情况的例子可以在主所说的话中找到，当他说“我们的朋友拉扎鲁斯（Lazarus）安息了”时，学生们将它理解为通常意义上人类为了恢复精力而作的休息；当他说重建庙宇时，是意指他自己的身体，而犹太人却将他的话适用于庙宇的物质建构上。他还经常在对众人的布道中打一些比方，而这些只有在听众关注他的主题并跟随他的思想时才能被理解。

非基督教的历史也为我们提供了一个第二种情况的例子。在塔西佗的记载中，维特利乌斯（Vitellius）为了避免纳斯修斯（Narcissus）追问一些敏感的问题而告诉他模棱两可的答案，因为任何明确的回答都可能会带来危险。

另一方面，有时用这种方式说话不仅应受到指责，还可能是邪恶的行为，例如，在有关上帝的荣耀或者人类福祉的场合，或者任何要求明白宣告和公开交往的事情。所以在涉及契约时就要求所有完成契约的必要情况都要向有关方加以披露。西塞罗很恰当地表述了这一要求，他说任何程度的欺骗都要从契约中被清除出去。古希腊的法律中也有一句谚语很符合这一点，即在市场上除了公开的交易外不应该再有别的东西。

11. 严格说来，讲话中的含糊之处是不包含在谎言的概念中的。谎言的一般意义是指所说、所写、以标记或其他方式传达的意思，是只有在理解为与其真实意思相左时才合乎逻辑的。这样一种严格意义上的谎言从其本质上来说就存在着与法律不符的方面，因此还需要将其与我们已经解释过的表达范围加以区分。如果对这一概念进行适当的考虑，那么，至少根据所有国家流行的观点来看，可以认为，301
除了说它是一种对其话语指向的人存在的永久性权利的侵害之外，就别无其他解释的途径了。

这是对他人权利的侵害，因为很明显，没有人能够对自己说假话。这里提到的“权利”，是在特殊情况下才与这一主题相联系的。它们隐含着基于作出判断的自由，人们相互交往时就存在一种默契，相互承担义务。正因为如此，人们在以语言或其他形式来交往时，就引入了这种相互性的义务。没有这种义务，那么发明那些交流的符号就会变得毫无价值。当一句话被说出来时，这样一种权利或义务有必要发挥其效力。

的确，曾经存在过的一项权利，没多久就可能因为许多新的权利出现而变得无效。比如一项债务，就可能因为债权人的免除，或是某些条件没有得到满足而被解除。构成对这一权利的侵犯并不要求其所附带的损害立即影响到其所指向的人，例如在契约中可以不存在非法行为，但会影响到其中一方或相关方的权利。

同时，根据这项权利，也许将说真话与正义相联系是合适的，柏拉图和西门尼德(Simonides)都这么认为，这样可以与假话形成更加鲜明的对比。因为假话是如此经常地在戒律中被禁止，以对我们邻居有利或不利的伪证的名义。奥古斯丁就将谎言称为欺骗他人的意图。西塞罗也在其《论义务》一书中将真相作为正义的基础。

在涉及一项条约时，通过各方的明示同意，可以放弃要求披露所有真相的权利：一方可以宣传其不愿披露某些事实，另一方则可以对此项保留表示同意。这样做可能还有一个隐含的假定，即出于对第三方权利的维护，这种保留可能是有其必要和正当的理由的。从每个有理智的人的一般判断来看，这些是足以抵消条约各方完全披露其观点和想法这一义务的。对这些原则认真加以考虑，就能够找到调 302
和上述观点中各种表面上相互矛盾的地方。

12. 首先，当我们对疯子或小孩讲话时，从字面意义上看我们的话可能有许多是不真实的，但这并不会构成故意欺骗他们的罪过。从人类的共同情感上说，这样做是被允许的。昆提利安(Quintilian)[1]在谈到幼稚期时,称在这个时期中,许多有用的真理是带着虚构的装饰教给孩子们的。另一个原因是,由于孩子和疯子都没有完全的判断能力,因而这样做不会对他们的权利造成侵害。

13. 其次,在进行谈话时,谈话对象能够理解其真实意思,但第三者听到后可能会误解,这也不构成故意欺骗。这对于说话的对象当然没有构成故意欺骗,因为就像一个聪明的听众在聆听一则寓言或者运用了隐喻、讽刺、夸张等手法的讲演一样,他没有任何受到损害的感觉。对于偶然且大致听到谈话并产生误解的人来说,这也没有对他造成损害,因为他与谈话毫无关系,谈话人也就不对其承担任何义务。当他误解了对其他人而非他自己的谈话时,他只能自己承担所造成的所有后果。因为,确切地说,对他而言,这段对话并不是对话,而只是可以代表任何事物的一段声音。

正因为如此,当加图使其同盟者错以为他承诺要给予他们帮助时,他并没有错。同样,当弗拉库斯(Flaccus)告诉别人敌人的城堡已经被阿米留斯(Aemilius)借助暴风雨占领时,虽然敌人受到了欺骗,但他也没有犯错。普鲁塔克在谈及阿基西劳斯的生平时也提到一个这样的例子。因为上述谈话的对象并不是其敌人,所以其所造成的损害只是一次意外事件,其本身并不违反法律。

14. 第三,无论何时,当一个被骗的人发现欺骗意图是为了帮助他,那么他不
303 会觉得这是一件痛苦的事情,也不会将其当作严格意义上的谎言或欺诈。这就像一个小偷在物主同意的前提下拿走他的东西,然后将它用于非常有益的事情上一样,没有人会认为这是对物主的损害。如果要做到明显的确认,那么这一前提必须建立在明确同意的基础之上。但是很明显,没有人会同意遭受损害。

因此,当一个人运用一些毫无根据或虚假的理由去安慰他处于悲伤中的朋友时,他不应承担欺诈的罪名。例如,阿瑞亚(Arria)为安慰帕托斯(Paetus)丧子之痛所做的那样,这在普林尼的信中有所记载。又如,一个处于危急形势下的将军允许虚假情报的存在,以此来鼓励他的部队,从而也许会藉此赢得一场胜利。

同样也可以看到,在这种情况下对于判断自由所带来的损害影响甚微,因为它

---

[1] 昆提利安,罗马修辞学家、雄辩家,著有《雄辩术阶梯》。

仅仅是暂时的,真相很快就会被发现。

15. 第四点与上面提到的有点相似。它设想,当拥有主导权力的人命令其下属去实施一项欺骗行为或使用诈术,这样做或者是出自其个人利益,或者是为了公共利益。柏拉图曾经特别提到,应该允许掌握权力的人寻找借口和使用诈术。他很明智地没有将这种欺骗作为该项职权的一种特点,因为这一权力是属于上帝的。就所有欺骗而言,无论它们在有些情况下是如何正当,都具有严重违背人类社会不可分离的不完整性。

约瑟夫为了不使其兄弟知道他取得的进一步的发现而实施了欺骗,这一点斐洛非常地赞赏,当他发现他们违背了他的信任和感情,就指责他们是间谍,随后控告他们是小偷。所罗门也使用相同的诈术证明了其才智,他假装威胁要将孩子一分为二,从而找出了孩子的真正的母亲。

16. 第五,作为惟一可行的手段,欺骗在下列情况下是被允许的,即为了拯救无辜的人的生命,或者为了具有同等重要性的目标,或者为了将其他人从可怕的陷 304
阱中挽救出来。一个非基督教诗人在其对海波内斯特拉(Hypermnestra)的赞誉中详细地描述了这一点,他称后者的行为是“精彩的欺骗,使得纯洁对其子孙后代而言成为高贵的事物”。

17. 显然,很多具有智慧和冷静判断力的作者比本书中所进行的讨论走得更远,他们允许对敌人使用虚假的表述。他们认为,在涉及公共敌人时,对于任何时候都要公布和披露个人的意图这一严厉规则的背离是合法的。希腊人中柏拉图和色诺芬持此观点,犹太人中有斐洛,基督教徒中克瑞索斯托也这样认为。这里以耶巴什吉利德人(Jabesh Gilead)为例也许是适当的,他们在被阿谟尼特人(Ammonites)围困时,向敌人发出了虚假的信息。其他还包括先知艾利莎(Elisha)的例子,此外还应提到瓦勒流斯·拉维努斯(Valerius Laevinus),他曾吹嘘杀死了皮鲁斯(Pyrrhus)。

上述第三、四、五点可以用尼斯大主教尤斯特拉图斯(Eustratus)的话来描述:“一位能干、正直的谋士不必将所有真相和盘托出。在有些场合,欺骗行为是必要的,比如作为对付敌人的手段,或者是为了朋友的利益。”

18. 有关虚假陈述的叙述也适用于确认性的宣布中，在这种情形下，除了共同敌人之外没有人受到损害。当然这绝不包括承诺。因为承诺赋予接受者一种要求其得以实现的特别权利。这是一条在敌人之间也要适用的法则，存在敌意的事实并不能构成该法则的例外。这个公理在明示协议和默示协议的情况下都应该得到执行。因为当要求举行一次会谈或会议时，总会附带一个隐含的承诺，即参加各方都是绝对安全的。但是这些内容将会留在本书的其他部分进行讨论。

19. 这里有必要对有关誓约的问题再次进行讨论。它包括确认性和许诺性的誓约，一般认为这些誓约排除了一切例外情形，任何对于接受者所作誓约心中有所
305 保留的行为，都不仅仅被视为私人之间严肃的交易，还应被看作向上帝发出的笃定的请求。这种对上帝的请求要求诺言的履行，即使相关个人并没有这样的权利。

同时还要看到，经过宣誓的宣告不同于其他任何一种，在那些宣告中使用有别于寻常意义的词汇将为发话人提供一个逃避义务的借口。但真理要求所有宣言和承诺都要使用这种词语，就是使得所有正直和头脑清楚的人都能理解。出于对渎神的思想的藐视，人们可能会被誓约所欺骗，就像孩子之于玩具和游戏一样。

20. 然而，的确有一些民族和个人已经放弃使用诈术，尽管自然法也允许使用诈术作为对付敌人的自卫手段。他们这样做，并不是认为它不合法，而是出于心灵的高尚和尊贵以及对于他们自身力量的信任。艾利安记述的毕达哥拉斯这样说过："有两件事可以让人们最接近上帝，就是永远说真话、做善事。"亚里士多德在他的《伦理学》中也说，宣扬真理是伟大灵魂的自由。普鲁塔克说，谎言是奴隶的标志。但是从心灵的单纯的角度而言，讲真话并不是对基督教徒的惟一要求，在这方面，他们还需要不说无用的话。

21. 就人类行为而言，另外有一条法则很适合这一标题，即迫使或说服他人去做违法的事情的行为是非法的。例如，没有人有权去反对其主权者，或者不具有公共权力而移交一个城镇，或者抢夺其邻居的财产。同样，鼓励敌人的下属去这样做也是非法的，只要他还从属于这个敌人。因为当一个人怂恿他人去做一件邪恶的
306 事情时，他就成了犯罪的同谋者。指使自己的下属从事这样的行为，也不能等同于运用合法手段去消灭敌人，所以也是不正当的。因为，即使消灭敌人是必要和正当

的，也不应当以这种方式来执行。奥古斯丁就曾正确地指出，亲自犯下一项罪行和利用他人作为工具实施犯罪是没有任何区别的。

然而，接受某个叛逆者自发的意愿是不违反战争法的。但这同引诱他人从事违背其忠诚的事情是完全不同的行为。

[英译者注]

1. 这样说来，为了使一艘船免遭敌人的进攻而将其伪装成拥有比实际运载的更多的火枪，这种情形可以看作是本书作者所指的消极的诈术或者伪装的诈术。

2. 除了在所有时候对于所有国家都同等地具有约束力的自然的万国法之外，还存在实定的万国法，它包括意定法、协定法和习惯法。它们都“来自于国家的意志，——意定法来自事先假定的同意，协定法则源于明示的同意，而习惯法则产生于默示的同意。由于没有别的方式来推导出体现国家意志的法，所以只有这三种实定的万国法”。——瓦特尔，前引书，第 27 章。

第二章　何种情形下万国法规定可以用臣民的财产来偿还主权债。反报的性质

只有继承者受到他人行为的约束——根据万国法，用来偿还主权债的从属人民的财产——在补偿要求遭到侵略者拒绝后，对其人员和财产的拿捕——反报——从属人民的人身安全——万国法就这一点作的区别

307 1. 下面要讨论有关万国法赋予的权利问题。这里提到的战争可能是就一般情况而言，也可能是指某些具有特定性质的战争。

一般性的战争指那些经过适当的宣战而开始的战争。

根据充满自由精神的自然法，没有人受到他人行为的约束，除非是继承了他的财产。因为承认和确立对物的所有权，也就承认了附加其上的所有义务可以随之转移。但芝诺皇帝却宣称，让一个人受到他人的债务的困扰是违背自然正义的。这一原则产生了罗马法中如下的区分，即妻子不应因其丈夫而受到起诉，丈夫不应为妻子承担责任，儿子不应为父亲、父母不应为儿子承担责任。还有如乌尔比安所清楚表述的，个人不应为团体的债务承担责任，特别是当这一团体自己拥有财产时。作为团体的成员，个人只承担缴纳其分摊的份额的义务。

塞涅卡说："如果有人借钱给我的国家，那么我不应被视为他的债务人，也不应承担偿还债务的义务，尽管我有义务支付分摊给我的那份份额。"罗马法中有一个特别的条款，即一个农民不应受到他人债务的约束。由此而产生的规则是，一个人
308 的财产不能被扣押以支付他人的债务，即使这一债务是公共债务。在查士丁尼法典(Justinian's Novels)中记载了这样的规定，为他人所作的保证是被禁止的，因为由一个人承担债务却由另一个人支付是不合理的，他将这一行为称为"令人讨厌的勒索"。国王锡奥德瑞奇·卡西尔多(Theodoric Cassiodor)则将扣留某人以作为他人偿还债务的保证的行为称作"令人震惊的制度"。

2. 虽然上面所说的很有道理，但也有可能并且确实也出现过这样的例子，即国家间的意定法规定，任何国家或主权者的臣民所有的有形和无形财产都可以用

于偿还其国家或主权者负担的债务，这些债务或是由主权者个人承担，或是由于其拒绝赔偿所造成的损害或侵害而承担的。

然而这种做法只有在情势紧急时才能采用。如果基于任何其他理由，那么就会为不计其数的任意侵害个人的行为打开了大门。国家或主权者的财产并不会很轻易地落入敌人手中，而众多的属于个人的财产风险就相对大多了。所以行使这项权利必须基于查士丁尼所说的严峻的紧急情势，人们遭受灾祸的事实才能驱使他们运用这一手段。

尽管这种做法的前提是具有紧迫性，但它并没有偏离自然法很远，因而习惯和默契对它的形成还是有一定影响的。我们知道，担保并不需要其他约束，只要经过双方同意就行了。此外，这也可能很容易地被当作向另一国家的人民寻求救济的最好方法，因为受损的人行使权利和要求补偿都不是很容易的，同时在外国的土地上的申诉很少有人会了解，更少有人会关注。

这样一来，个人就可能因为其他伙伴或者国家的行为而承受财产的损失，有时 309
这可能是一种沉重的负担；但是在其他场合中，它又可能是抵御其他势力的侵略的最大保障。

这一做法作为被接受的习惯，一方面显示在由一国针对另一国的常规战争中，这种情况下所用到的规则都会在宣言中指明。在李维的第一卷书中有对其形式的记载，上面说："我对古拉丁民族宣战，并且同样也对相关的个人宣战。"在他的第三十一卷书中，提到了人民被问及如下问题，即他们是否乐意对菲利浦宣战，同时也对其属下的马其顿人宣战。

另一方面，甚至在两个国家真正开始公开的敌对行动之前，同样的习惯也已经盛行了。这时双方下属的人民所进行的侵略的行为被视作前奏，是宣布战争开始的前兆。阿基西劳斯对法那巴祖斯(Pharnabazus)①所说的话可以用来阐述这一点，他说："当我们还是波斯国王的朋友时，我们友好对待他及其子民。但我们现在是敌人了，所以你从我们这里得到的只有敌意。因此，法那巴祖斯，当你选择继续作为波斯国王的附庸之后，我们就通过攻击你来损伤他。"

3. 雅典人有一种与此相似的寻求补偿的方法，他们称作"安斯若莱夫塔"

① 法那巴祖斯(公元前370—前320)，波斯行省总督。

(άυδροληφτα希腊文)，即捉拿别人的手下。在阿提卡法律中是这样规定的："如果有人在外国被杀害了，其最近的亲属有权捉拿三个来自那个国家的人，但不得超过三个人，扣押他们直到凶手受到惩罚，或者至少已送交法官的手中等待接受惩罚。"

从这个例子中可以看到，个人的人身自由——也可以看作是一种无形权利，包括自由选择居住地和从事自己觉得适当的事情的权利——也被作为偿还国家债务的方法，而国家的职责之一就是惩罚其管辖下发生的犯罪行为。因此，直至国家结清了债务，个人才能摆脱这一桎梏。而对债务的支付也就意味着对罪行的惩罚。虽然从迪奥多若斯·西库鲁斯(Diodorus Siculus)那里，我们知道埃及人认为债务
310 人或任何其他人的人身自由不能因一项债务而受到拘束，但是这样做丝毫不违反
自然法，而且通过包括希腊在内的一些国家的实践，相反的观点似乎已经得到确认了。

阿里斯特克瑞特(Aristocrates)在与德摩斯梯尼谈话时曾经提出发布一项命令，即如果任何人杀了查里蒂摩斯(Charidemus)，那么该凶手无论在什么地方被抓到都是合法的，而且，如果有人企图帮助凶手，那他也会被视作敌人。德摩斯梯尼从这一命令中找出了许多矛盾之处。首先，阿里斯特克瑞特没有对谋杀和依据法律执行死刑二者加以恰当的区分；其次，依据法律的执行是一项司法行为，而他并没有提及将凶手送交司法审判；此外，他所宣称的敌人是后来收容凶手的人，而凶手却没有被当作敌人。

德摩斯梯尼说："通常的法律规定，如果在某个地方有人被谋杀了，而凶手既没有受到惩罚，也没有被送交审判，那么应在当地人中捉拿三个人承担责任。而这个命令却允许发生谋杀案当地的人们逃脱罪责，甚至都没有提到他们，而将全部的罪责施加于那些根据人类共同的法律收留逃犯的人身上，但是他们如果将逃犯送交审判，就违反了对恳求保护的人所应承担的义务。"

他批评阿里斯特克瑞特的第四点，是将这一事端扩大至公开和具体的战争中，而法律对这种案件只作了捉拿和拘留特定的人的规定。在他的这些理由中，第一、二、四点都是很有说服力的。但第三点却更像一套敷衍之词，而非正当和可靠的理由，除非将它完全限定在意外事故死亡的情形，或是为了自卫的需要而造成的情况。万国法只承认那些因为灾祸而逃离家园的避难者享有的特权，而不是逃犯。
311 如果万国法不作这样的区分，那么在罪犯、具有协助罪犯的可疑的人以及仅仅是拒
绝惩罚或将逃犯送交审判的人之间，确实就没有权利上的差别了。

所以，或者通过惯例逐渐将上述德摩斯梯尼提到的法律解释加以导入，或者为了避免这样的吹毛求疵(cavils)，而随后就明文规定这样的制度。因为，如果同意朱利乌斯·波洛克斯(Julius Pollux)的观点，那就不能否认其中之一代表了真理，即“在无法要求将逃跑的杀人犯交出来的情况下，捉拿并扣押人质可以被执行。在这种情况下对于拒绝交出罪犯的国家，受到损害的国王或个人可以捉拿任意三个其臣民。”

基于同样的原则，任何国家可以为了要求释放其被非法抓捕并拘押的臣民而扣留对方国家的臣民。

4. 按照现代的术语来说，对侵犯人身和财产权利的另一种补救办法是，求助于反报措施，萨克森和盎格鲁人将这称为“报复性征收”(Withernam)，而法国人则称之为“捕获令”(Letter of Marque)，这些通常是从国王那里获得授权。

5. 一般认为，这种救济方式不仅可用来针对外国人侵者，也可以用来对付债务人，如果在一定时间内无法得到公正的解决的话。但是在特别明显并且不存在疑问的情况下，这项权利甚至可以不经法律的授权而直接执行。即使在仍存疑问的场合，经过公众授权的法官们也可以行使这项权利。因为他们不可能严重地或任意地超越其权力范围而行事，尤其是他们缺乏如在其同胞中执行法令一样的在外国人中执行的手段。即使在同一国家主体间发生的争端中，他们也不能撤销一项公正的债务。法学家保罗说，虽然由于法律的不正规或其无力执行对债务的支付，从而使得一个真正的债务人被免除了债务，但是根据自然法他还是债务人。

有时，一个债权人在执行一项法庭判决时，以取回自己的财产为借口，拿走了
债务人占有但并没有所有权的东西，那么在债务被解除时，就会产生一个问题，即
这件东西是否应该归还债务人。斯卡沃拉(Scaevola)对此的回答是：它当然应被归 312
还债务人。

这两种情况之间有一点区别。作为同一国的臣民，就其自身而言，他们不能采用暴力的手段来抗拒一项无法令其满意的判决的执行，而且也不能以违背法律的方式主张任何权利。而外国人则可以运用暴力手段来实现其权利，尽管在存在以合法、和平的手段寻求救济的可能时，他们这样做不能说是正当的。

正是基于这一原因，对于一个不愿意对其所造成的损害提供救济和补偿的国家，可以对其臣民的人身和财产使用反报措施。这种做法从成文的自然法中来看虽无规定，但在习惯中却为一般的人们所接受。这也是一种非常古老的做法。在《伊利亚特》第十一卷中，作为一种反报措施，内斯特(Nestor)从埃培安族(Epeian)那里夺取了很多牲畜。这样做的理由，首先是为其父尼鲁斯(Neleus)在埃利安(Elian)竞赛中赢得的奖金寻求补偿，其次是为了皮利安(Pylian)王国许多臣民对其享有的债权。这个国王从这些战利品中选取了他应得的那部分，然后将剩余的部分在其他债权人中加以平分。

6. 按照许多国家所接受的观点，反报甚至可以施加于无辜的主体身上。这是基于这样的假定，即所有人对其生命都拥有控制权，而这一权利可以从个人转移到国家。这一原则虽然已在本书第一编中加以证明，但它无法与善良的信仰或道德相一致。的确，为了防止某人以激烈的方式阻止我们行使合法权利，我们可能虽非故意但意外地将其杀死。但是，如果这种意外的灾祸可以被预见，那么，由于仁慈的法则赋予人的生命以至高无上的价值，我们就必须中止权利的执行。

7. 但是在讨论这一点以及其他问题时，我们必须注意不要将自然的和基本的万国法与特定国家的国内法和协议法混淆起来。

根据万国法，所有犯法的国家或主权国的永久臣民，包括本国人和定居者，都有承担反报行为的责任。但这一规则并不约束那些正好经过该国或只是居住一段
313 时间的人们。因为反报就像公共义务一样，是一种对于公共债务承担责任的保证，而暂时居住在此的外国人虽然要遵守法律，但免于承担这项义务。

同样，大使(不包括那些敌人之间互相派遣的)和他们的财产依据万国法也应免除这样的限制。许多国家的国内法也规定了一些例外，主要是针对妇女和儿童、学者以及来本国经商的商人。但是根据万国法，所有人的财产都不能免除反报，雅典关于抓捕人员的例子中也是这样规定的。在很多地方，依据国内法，实施反报的权利由主权者掌握，其他地方则由法官掌握。

根据万国法，捕获得到的所有财产应用来抵消债务、支付费用，在获得应得的补偿并重新实现和平后，剩余的部分应该归还物主。根据国内法，享有权益的人将会被召集起来，由公共权力机构将这些财产卖掉，从中所得的收益将在所有享有权

利的主体中进行分割。这些以及其他内容都是从讲述此事的市民那里得知的，尤其是巴托鲁斯(Bartolus)，他专门写过一本有关反报的书。在结束对这一问题的讨论之前，有一点值得注意，它可以使这项严格但必要的法则的苛刻性在某种程度上得以减轻。这就是，如果由于欠债不还或者没有提供救济而引发了对方进行反报，那么从公正和荣誉的角度看，应赔偿那些因此而遭受损失的人们。

第三章 从万国法关于宣战的
314 规定看正义和庄严的战争

庄严的战争,根据城邦之间的万国法——一个民族尽管从事了不正当的战争,但要与海盗和强盗相区别——交战方条件的变化——主权者可以单独发动正式战争——宣战——自然法、万国法关于宣战的规定——宣告,有条件和无条件——国内法规定的宣告格式——战争的宣告针对某一主权者及其臣民和盟友——盟友被牵涉进来的原因——为什么宣告要产生某些后果——思考是否战争在宣告后立即会爆发——对于大使权利的侵犯是否构成发起战争的正当理由

1. 在本书第一编中我们已经谈到,按照最优秀的学者的说法,战争的正义性并不是仅仅取决于其起因,也不是仅仅因为其宏大的目标,而是一些与其相伴的特定权利的结果。

为了更好地理解什么战争才属于这一类,我们应考虑罗马法学家赋予公共敌人或国家敌人的定义。彭波尼(Pomponius)说:"那些与我们处于战争状态的国家是我们合法的公共敌人,而不是其他如海盗和抢劫犯之类的人。"乌尔比安完全同意这一点,并对其补充了一点:"如果任何人被强盗抢夺了财产,因为他不具有战俘的身份,那么他就不能向自己的国家主张战后的复境权。但是,如果他被自己国家的公共敌人所捕获,就被视为战俘,因而他就被赋予复境权,从而可以回复到原先的状况。"

以上观点得到了保罗的支持,他认为,被海盗捉住的人仍然是自由的,也就是说不能被当作囚犯,从而不能要求进行交换。因此,根据罗马法学家的观点可以明
315 显地看到,只有由每个国家的主权者开始和实行的战争才被视为合法的、正常的和正式的。西塞罗在其反对安东尼的第四篇讲演(Philippic)中这样描述道:"一个公共的和合格的(authorised)敌人具有以下特点:他拥有该国家的统治权和军事权力;他能够动用国家的财富和人民的劳动支持其举措;当情况允许时,他还有权缔结和平与友好条约。"

2. 虽然一个国家可能从事某些侵犯或不法行为，但并不因此就丧失其政治资格；相反，尽管一群海盗或强盗可以在他们中间保持某种程度的从属关系，因为这是任何社会存续的必要条件，但他们并不因此就成为国家。对于后者来说，从事犯罪行为是这一联盟惟一的约束。对于前者而言，虽然上述行为并不总是免于谴责，但是在很多情况下，这种偶然背离自然法的行为在很大程度上被遗忘了，从而它们仍然可以根据其签订的各种条约和确认的某种习惯规范它们的行为；而且它们还联合起来支持合法的权利，同时与外国依照公认的调整政府关系的规则进行交往。

修昔底德著作的注释者说，在海盗行为还被视为合法的时候，希腊人并没有进行屠杀，或夜夜过着堕落的生活，以及将用于耕种的牛拉走。斯特拉波也说过，其他一些靠劫掠生活的民族，在结束他们的掠夺之旅回到家里后，就会捎信询问那些被他们劫掠的物主，想知道他们是否愿意按公平价格赎回那些捕获物。

在道德上，整个体制往往会因其主要机构的人的行为而得名。西塞罗在其《善与恶的界线》一书第五卷中就这样说，加伦(Galen)也注意到一个混合体往往被冠以其主要构成者的名字。因此西塞罗以下所说的是不正确的，他认为，一个国家由于其领导成员的不法行为，不仅遭受了灾祸，而且还被完全毁掉了。因为患病的人仍旧拥有生命，所以一个国家即使经受了可怕的灾祸，只要其法律和法庭以及其他必要的构成部分依然存在，并且如同在本国臣民之间相互进行的诉讼一样，也能够运用司法手段为外国人提供救济，那么它仍旧还是一个政治实体。 316

迪翁·克瑞索斯托曾经就此作过精彩的分析，他将一个国家的法律，特别是其与万国法相关的法律，比作是被灵魂所驱使的身体，而身体离开了灵魂就会成为一团毫无生命的黏土。同样，政治社会没有法律原则的指引和控制也无法生存。阿里斯蒂德(Aristides)鼓励罗德人(Rhodians)要保持融洽，他发现，甚至在独裁政府的情形中也会有很多好的法律。

这些观点可以通过举例来加以澄清。乌尔比安认为那些被海盗捕获的人不能被视为战俘，但是，如果是被日耳曼人或者其他任何国家敌人抓去了，他们也将有一段时间失去自由。但是如恺撒所言，日耳曼人并不认为在外国境内进行的劫掠活动是不光彩的。塔西佗发现，日耳曼人从其高贵的雅利安人到身份低微的加拉曼蒂安人(Garamantians)都有同样的劫掠的习惯，尽管在他们的国家里还保持着原先的位阶。这就是一个民族、政治实体与一伙仅仅为了犯罪而勾结起来的人群的差别所在。

3. 有些变化不仅会发生在个人的情形中，就如耶夫塔(Jephthah)、阿萨斯(Arsaces)与维里亚图斯(Viriatus)那样作为自愿群体的领导因而成为合法的指挥者；同样的事情还会发生在整个社会中，例如一个社会原先全都由海盗构成，但随着时间流逝逐渐发生变化，最终上升到国家的地位，并享有其尊荣。

4. 以上有关只有主权者有权发动正式、合法的战争的说法，不仅体现在一个包含许多共同体的大国家的情形中，也包括了那些分享主权并形成大的国家的不同团体。对于那些并非上一级国家的附属、但却通过一个不平等条约与其结成邦联的团体，这一法则也同样适用。历史上的这种例子难以计数。罗马人和其同盟沃尔西人(Volscians)、拉丁人以及西班牙人之间就是这样的关系。他们之中任何一族进行战争都被认为是合法且正当的。

317 5. 但是根据这一含义，要使一场战争成为正当的，不仅必须由双方的主权权力拥有者实施，还必须经过正当和正式的宣布程序，并以某种方式使得每一交战方都能知晓。西塞罗在其《论义务》第一卷中指出："罗马法中有有关宣战公平性的规定，由此可以得出结论，即除了为恢复原状、寻求损害赔偿而进行的战争外，其他的战争都不是正常或正当的，而这也需伴随一个正式的宣告。"李维也认为，对这些规则的遵守是正义战争的必要条件。他还描述了阿卡纳尼亚人(Acarnanians)入侵雅典并大肆破坏的情形，并说："这些令人愤怒的行为在双方都宣布了进行正义和常规的战争后就停止了。"

6. 为了清楚理解所有有关宣战的内容，必须对以下原则作一个准确的界定：一方面是基于自然法本身的原则；另一方面虽不是直接从前述渊源中产生，但仍然被视为正义的。此外，进行以下活动也是必要的，即考察万国法对于在战争中获得其结果、特权和效力有什么规定，同时调查由特定国家的特有法律和习惯所产生的后果和权利。

在消除武力和惩罚非法行为时，万国法并没有要求进行宣告。正如修昔底德所记载的，以色列人申尼拉达斯(Sthenelaidas)认为："因为我们是被行动而不是言语伤害的，所以这一事件就不能用言语和仪式来解决。"艾利安同柏拉图一样，也认为是自然的声音和法律宣布了战争，并承担义务消除武力，而不是先知对战争的宣告。所以迪奥·克瑞索斯托在对尼可米迪安人(Nicomedians)讲话时声称,许多战争都是未经任何宣战程序而开始的。

基于这一原因,李维谴责安条克的将军曼尼普斯(Menippus)在进行宣战之前屠杀罗马人的行为,他甚至也没有等到拔剑出鞘、血溅出来这些意味着敌意的标志出现时。由此,他也证明了赋予实际的战争正当性需要正式的宣战行为,或者一些显示敌意的行为。 318

根据自然法,当所有者在保护自己的财产时,并不需要作出通知或宣告。但是,当为偿还某一物品而夺走另一物品时,或者抢夺债务人的财产以偿还债务时,尤其是当有人要夺取债务人的下属臣民的财产时,必须作出一项正式的要求,以证明作出这种选择是惟一可行的获取补救和补偿的措施。之所以需要提出要求,是因为这不是一项基本和原始的权利,而只是一项根据国内法的制定规则取代原始的基本权利的次级权利。

同样,为了某一主权者的臣民实施的侵害和欠下的债务而攻击该主权者,这一行为必须是基于事前的抗议和正式要求才能成为正当的。因为只有当该主权者拒绝惩罚罪犯或补偿受害者时,他才应为其臣民的行为承担责任[1]。即使自然法没有直接规定要作出这样一是抗议或要求,但是人类的一般原则和公正[2]要求使用任何可以阻止战争爆发的行为。

上帝向希伯来人颁布的戒律要求他们在攻击任何城市或城邦之前,先要向那里的人发出和平的信号,这是对于他们的一个特殊的戒律,但是有人将它与万国法的一般规则相混淆了。因为这一命令中所指的“和平”并不是任何种类的和平,而只是要求其服从和纳贡的和平。色诺芬记述了居鲁士进入亚美尼亚人的土地后,派信使去向其国王要求纳贡和一定数量的部队,而这些内容是已经由条约所规定了的。

但是,如果要根据万国法取得特殊的权利和结果,那么,在任何情况下就需要至少其中一方(如果不是两方的话)作出的宣战声明。

7. 宣告可以是有条件的,也可以是绝对的。有条件的宣告附带了一项恢复原状或者补救的要求。罗马的有关宣战行为的菲什法(Fecial Law)在恢复原状的标题下不仅包括了因所有权而起的请求权,而且也包括了出于刑事或民事原因而产生的任何权利。 319

因此，这种宣告表达了要求回复、补偿或交付的内容。在这里，交付是指被要求一方可以选择或者惩罚罪犯，或者将罪犯交付受害者。按照普利尼的说明，这种要求恢复原状的做法被称为“诉求”（Clarigation），即严肃、正式的要求。李维为我们提供了一个有条件的宣告的例子，受害的一方宣称：“如果侵害者不为其造成的损害提供赔偿和补救，那么决心以最大限度的暴力来解决其权利的主张。”塔西佗对日耳曼尼库斯（Germanicus）调遣给凯奇纳（Caecina）的远征军的目的进行了讨论，他宣称：“如果反叛暴动的部队的头目不立即受到惩罚，那么他将命部队向前进发，用武力（sword）来解决整件事情。”

作出绝对的宣战声明是在各方已经开始敌对行为，或者已经实施了需要进行惩戒性惩罚行为的时候。有时也会出现一项绝对的宣战声明随着有条件的宣战而出现的情况，但在这种情况下后者其实并不必要，仅仅只是对于前者的一个确认。它的一种形式是这样表述的：“该民族拒绝提供救济，已经违背了正义，因此向其提出要求。”还有另一种相关的形式：“罗马公民的首领向古拉丁人的首领及其人民发出通告，由于他们拒绝解决所有争端，并且拒绝给予他们应付的补偿，所以特此通过这场正义合法的战争来索取补偿，这也是惟一可以解救被不正当地扣押的罗马人的方法。”还有第三种形式的宣战书，其大意是：“鉴于古拉丁民族侵犯了罗马民族，根据元老院的建议和准许，罗马民族向他们宣战，并以元老院和罗马民族的名义发布此通告。”

320 但是在重新开始的战争的情况下，这样的宣告就不是绝对必要的，因为它已按照适当的形式在两军对峙的地点作出了，并且不是向罪犯个人发出的，当军事首领被问及有关马其顿的菲利浦（Philp）以及其后关于安条克人的问题时就是这样回答的。然而第一次所作的宣告应该指向敌人自身。在反对皮鲁斯（Pyrrhus）的战争中，宣战是对他的一个士兵作出的。在弗拉密尼安·西尔库斯（Flaminian Circus）的情形中，正如赛尔维乌斯（Servius）在其艾奈德（Aeneid）一书第六卷注释中所提到的，他接到命令去买一块地作为解决争端的方法。在某种情况下双方经常宣称开战，这时的宣战也就成为不必要的了，例如在伯罗奔尼撒战争中科西斯人和科林斯人所做的那样，尽管其中任何一方的宣告就已经足够了。

8. 关于使用权杖或刻有两条蛇缠绕其上的东西，使节们经常带着它们去要求和平，这是希腊人特有的一种仪式，在一般万国法中没有规定。罗马人也有一种特殊的习惯，例如结成联盟时使用马鞭草；宣战时掷出带血的长矛；如果请求赔偿而被拒绝，则在三十天期满时与以前的朋友和盟友断绝关系，并再次掷出一根长矛。这些特殊的习惯不能和一般万国法的规定相混淆。因为正如阿诺比阿（Arnobius）所言，在他的时代很多习惯都已经不再适用了，甚至在瓦洛（Varro）的时代有一些也已经被忽略了。第三次布匿战争的爆发就没有经过宣战的程序。

9. 对一个主权者作出的宣战通告不仅包括了其臣民，也包括了所有可能成为其结盟伙伴的人，因为他们由此而将自己置于从属于战争的地位。这也就是现在的法学家所说的，当我们对一个君主进行挑衅时，我们也就对其所有的附庸进行了挑衅，因为他们将这一挑衅作为对战争的宣告。一般而言，战争的进行是针对作为其宣告的对象的君主。因此在对安条克人宣战后，就没有必要再对艾托利安人（Aetolians）宣战，因为他们已经公开加入了安条克人一方。正如军事首领们在其回答中所正确指出的，艾托利安人的这一行为就等于其自愿加入战争。 321

10. 但是，如果在战争结束后，一方认为进攻其他那些曾为战争提供过补给和帮助的国家或国王是有利的，此时就有必要作出新的战争的宣告。因为这些国家或国王不再被视为从属性的，而是主要的敌人。所以根据万国法，有理由说曼利乌斯人（Manlius）针对加拉蒂安人（Galatians）的战争，恺撒对阿瑞奥维斯托（Ariovistus）的战争，都不是合乎正义的。因为对他们作战是将其视为主要敌人，而不是附庸。因此，正如万国法会要求新的宣战声明一样，为了这一目的，罗马法律也会要求议会颁布一个新的命令。

在提议对安条克人进行战争时，这一问题也被提出来，即是否同时也对其附庸进行战争。同样的法则也适用于伯尔修斯（Perseus）国王的情况，在对其战争的持续期间，所有他的附庸都是作战对象，这同时也包括那些实际上给予他们支持的人。

11. 根据万国法，宣战是正义战争必要条件的原因并不像有些作者所说的那样。他们认为，这是为了防止秘密的和背信弃义的交易，这种公开性更适合获得宽宏大量的荣誉，而不是作为一项权利。关于这点，我们知道有的国家甚至将开战的具体时间和地点也确定下来并通告人们知晓。

然而抛开其他关联，更令人满意的理由是，有必要确定战争并不是由强硬的冒险家进行的私人活动，而是由双方公共的主权权力实行并授权的。因此，其效力及于相关国家的所有臣民，而且它还具有一些其他后果和权利，而这些都是针对海盗的战争和内战所不具备的。

12. 在有些人就这一问题所作的讨论中也有很多有道理的地方，而且他们还
322 举了很多例子来证明。他们的观点是，即使在这样的战争中，所有捕获物也都成为捕获者的合法所得。

但从自然法而非国家制定法来看，上述观点仅仅具有部分真实性。因为后者仅仅规定条款来保护国家作为一个整体的权利，而不是那些在内战中只作为国家一部分的权利。

这些作者有关防御性战争不需要进行宣战的观点也是错误的。因为为了确立前面已经提到并将在下文详细解释的权利和结果，非常有必要辩称其为一场防御性战争，同时通过公开宣告赋予其国家战争和合法战争的性质。

13. 他们还有一种绝对错误的主张，即并不需要在发出宣战声明后立即施加实际的敌对行动，正如居鲁士对亚美尼亚人所做的，罗马人对迦太基人也是这样做的。因为万国法对于宣战和战争开始之间无确定时间的情况要进行干预。

确实也有一些情况，使得这样的延迟根据自然正义是适当的。例如，在要求损害赔偿或者惩罚罪犯时，需要知道对方是接受还是拒绝了我方正义的要求，这段时间的等待就是很合理的。

14. 在使节的权利受到侵害时，为了得到同样的结果，作出宣告也是同等必要的。然而以一种达到最大程度安全的方式来做就足够了。就如在许多事件中出现的那样，有的地方无法提供保障，那么，补偿就是通过谴责或传唤实现的。

[英译者注]

1. 见本书第二编第二十一章第 2 节。
2. 见本书第二编第二十三章第 7 节。

第四章　在合法战争中杀死敌人及采取其他敌对行动的权利 323

对于正式战争效果的一般性解释——基于法律与出于无辜的豁免的区别——后者的优点——作为解释的例子——考虑合法的豁免后，以前的战争的一般效果——介绍它们的原因——历史证明——根据这一权利，任何在敌人领土上发现的人都是敌对目标——还包括所有战前到那里的人——敌人的臣民在任何地方都得被抓捕，除非其受到中立领土法律的保护——妇女和儿童的情况——战俘的情况——关于那些自愿投降但遭拒绝的人——无条件投降——报复——顽固的抵抗——人质

1. 维吉尔(Virgil)曾经说过，战争“授权双方进行毁坏和掠夺”。赛尔维乌斯在对这段话进行评论时，对有关宣战或媾和的法律加以追溯，并一直达到甚至比安库斯·马蒂乌斯(Ancus Matius)国王的时代还要早很多的遥远年代。他说：“如果罗马臣民的财产和人身被掠夺至其他国家，则军事首领(Principal herald or king at arms)就会出发，他的身边伴随着执行神圣职责的大臣，这些人负责主持签订条约的庄严仪式；他们前进到侵犯国的边境，然后大声宣布战争的原因，以及该国拒绝归还抢夺的人与物，或拒绝将罪犯送交司法审判的事实。做完这些事情后，他投掷一支长矛，宣告战争以及其所有附带后果都从这一刻起开始。”

这个评论家此前已经提到古代人将每个敌意行动都称为“掠夺”，即使根本没有抢夺的行为发生。同样，他们也将每种恢复原状的行为称为“补偿”。

根据这一解释，我们知道，任何时候只要在两个国家或主权者之间宣布战争的
存在，那么就会随之产生某些权利和后果，这些并不必然属于战争本身。这与此前 324
提到的罗马法学家所举的事例完全相符。

2. 但是，还需要对维吉尔所说的合法性的限度进行讨论。因为“合法”这个词有时是指任何在所有方面皆为正当的和仁慈的，虽然对某一特定事业加以追求可能是更值得鼓励的。圣保罗就说过：“所有事情对我来说都是合法的，但并不是所

有事情都是有利的。”乌尔比安提到销售商在一个特定时期结束后将不再对商品的安全负责，但如果买者出于疏忽而没有将商品取走，则此时销售商会认为自己负有衡平法上的以最大限度的谨慎来照看商品的义务。当我们有时说人们可以合法地做某事，这只是意味着这样做不会使其承受人类和法律的处罚，但这绝不是说这一行为就是严格地符合宗教和道德的规则的。所以，虽然在斯巴达人和埃及人中偷窃是得到允许的，但这种放任并不能消除盗窃行为有罪的本质。

西塞罗在其涉及秦那(Cinna)的图斯库兰(Tusculan)第五个问题的讨论中，精彩恰当地分析了对“合法”这个词的滥用。他说：“对我来说，这意味着一个邪恶的人就因为从事了这些行为，处于这样一种情况，从而他们所做的就成为合法的。任何人做了错事都是不合法的。但我们在这样使用这个词时就犯了一个很大的错误，我们将一项行为视为合法，从而任何人这样做都可以免除责任。”这个词被众人一般所接受的意思，就如西塞罗对代表拉比利乌斯·波斯苏姆斯(Rabirius Posthumus)的法官所说的那样：“它使你认识到，应当依据成为你的品格的一部分去执法，而不是遵循由于法律的僵化而产生的许可。因为，如果你最大限度地行使你的权力，那么你就可以随意消灭任何公民。”

正如本书前两编中所证明的，立法者在行使其立法职权时，不因其所制定法律而对任何人类法庭负责；然而从道德角度看，他们也不能利用这项优越权利而制定一些明显不正当的法律。在这一意义上我们经常会遇到关于适当或正确的事物和
325 合法的事物之间的区别的问题。因此西塞罗在对米洛(Milo)的讲演中，将自然法作为衡量正当性的标准，而将法律权威作为衡量合法性的标准。

3. 满足这一条件后，对敌人的人身或财产的冒犯就是合法的。这一权利不仅仅被赋予从事正义战争并在敌对行动中将其行为限制在规定范围内的国家，而且所有交战方不加区别都有运用一些侵犯手段的权利。所以任何持有武器的人，即使是在其他交战方的领土中，也不能被视为强盗、违法者或杀人犯；同样，即使是在中立方的领土上持有武器，他也不能被视为敌人。

4. 这一原则是由所有国家确立的，是为了防止他人介入其争端中，或者在他们的战争权利方面为其制定规则。此外，如果没有这一规定，中立方就会经常被卷入到其他人的战争中。这也是马赛人在恺撒和庞培发生争端时所主张的。他们声

称，他们不具有足够的判断能力来确定哪一方拥有正义，或者，即使他们能够作出判断，他们也无法使得其决定产生实际效果。

的确，作为旁观者，他们没有资格判断自卫、获得补偿或惩罚侵略者这些行为可以在多大程度上实行，即使是对于最富正义性的战争。这些问题在许多情况下必须留给交战各方根据其良心和裁断来决定，相对于提请调停、由利益无关的中立方作出裁定的方式，是更加受他们青睐的模式。李维曾经对元老院复述了亚该亚人(Achaeans)所说的话，他们问道："如何能够公正地对他们赋予自身战争权利的行为提出疑问，或者将其作为辩论的主题?"

除了在战争中从事某些行为应获赦免的问题外，行使征服权利取得领土也是另一个需要考虑的问题，这将在随后加以探讨。

5. 伤害或消灭公共敌人的臣民之合法性得到了很多最优秀的作者的支持，包括诗人、道德家以及历史学家。在欧里庇得斯的一出悲剧中，出现过一个寓言，即"杀死一个公共敌人，或者在战争中消灭敌人，都不属于谋杀"。所以在古希腊人中存在的一个习惯并没有适用于战争中杀死公敌的人，这一习惯是指，如果有人在和 326
平时期杀了人，那么与他使用同一个浴池，或与他一起进行祭祀或宗教仪式，将是非法和渎神的。

事实上，消灭敌人在任何地方都被称为"战争权利"。李维书中的马赛洛斯(Marcellus)曾说过："我对于敌人所做的一切都受到战争权利的支持。"李维还记载了阿尔肯(Alcon)对萨恭蒂尼斯(Saguntines)说的话："你必须忍受这些苦难，否则你的身体就会受到伤害，并且眼睁睁地看着你的妻儿被抓走。"西塞罗在为马赛洛斯辩护时，对于恺撒的仁慈给予了很高的赞誉，因为恺撒"根据战争法和胜利者的权利，本可以将所有俘虏处死，但他没有杀他们，而且还对他们加以保护"。而且恺撒也对艾杜安(Eduans)说过，这是他的善意的表现，按照战争法，他本来有权将这些人处死。

但这些作者援引的战争权利并不能完全证明杀死战俘行为的正当性，它只能给予那些利用这一野蛮习惯的人以豁免。在这种行为与以适当的敌对手段杀死敌人之间存在着很大的差别。正如塔西佗所说："在和平时期，可以对每种情况的优点和缺点加以考察和权衡，但在战争的喧嚣和混乱中，无辜必须与罪行一起堕落。"他又说："有很多行为，并不能完全获得人类的原则的准许，但战争政策需要它们。"

正是针对这一点——而不是其他——卢肯(Lucan)曾说:“权利的名义可能被加在不正当的行为身上。”

6. 这种赋予战争中行为合法性的权利所包含的范围很广泛。首先,就敌人而言,它不仅包括那些持有武装的敌人,或者那些即将成为交战另一方的臣民的人,甚至还包括所有出现在敌方领土上的人。就如李维所言:“战争是对该主权者以及所有在其管辖下的人们宣告的。”这样做有很好的理由,因为危险的含义甚至就是从他们中来加以把握的,而这一点通过连续的和经常的战争则确立了我们现在讨论的这些权利。

327 确切来说,反报并不遵循同一规则。例如税收,作为抵消公共债务的手段,暂时居住本地的人和外国人都不必支付税收。所以巴尔多斯(Baldus)说得很对,在战争实际开始后,提供了更大范围的,不仅仅是要求反报的权利。所以,对于在战争被宣告并开始后进入敌人领土并居住在那里的外国人来说,前面的说法无疑是正确的。

7. 但是,对于战前居住在那里的人,万国法似乎将其包括在敌人的范围里,除非他们在合理的期间内撤出敌方领土。所以当科西拉人(Corcyraeans)围困艾披达姆努斯(Epidamnus)时,允许所有外地人离开,并宣称,否则他们将被作为敌人对待。

8. 但是根据万国法,降生于敌方领土内的人对于其有永远效忠的义务,所以不论在哪里找到他们,都可以攻击或抓捕他们。因为正如此前所说,任何时候对一方宣告战争,也就同时向其所有臣民宣告了战争。万国法还授权我们在任何地方都可以攻击敌人。这一观点受到最权威的法学家的支持。因此马西安说:“敌方的背叛者也将以对敌人的方式被杀死,不管他们出现在什么地方。”在任何地方,包括他们自己的国家、敌人的国家、不属于任何一方的国家或者海上,杀死他们都是合法的。

但是关于在中立领土上杀人或残酷地折磨他人之非法性问题,应当认识到,这不是一项受到攻击的个人自己的特权,而是该国家的主权权利。因为所有市民社会都拥有无可置疑的权利确立这一公理,即所有在其领土上的人都有权利避免对自己的暴力或惩罚,除非是经过法律的正当程序。如果法庭的权威仍旧具有活力,并且在其对罪行的实体问题进行审判和经过公正的询问后，给无辜的人以无罪宣告，而谴责有罪的人，则此时必须限制武力以免造成混乱和死亡。

李维提到一个事例：在当时的情况下，七艘迦太基战船正停靠在西伐克斯(Syphax)的一个港口，而这个地方与迦太基人和罗马人都处于和平状态中。这时，328
西匹奥(Scipio)率领两艘战船行驶过来，如果不是一阵疾风将他们送进港口，而迦太基战船还来不及起锚，他们可能在抵达港口前就已经被迦太基人击沉了。然而，出于对该地国王的威严的尊敬，他们不敢在他的港口再对罗马人进行攻击。

9. 但是让我们回到主题，即确定合法地消灭敌人和其他战争中的权力实施的限度。在一些特殊的情况下，甚至妇女和儿童也经常处于战争所带来的苦难与灾祸之中，这使得我们对于权力限度的问题有了一些认识。我们不能将以下事件作为一个范例，比如希伯来人杀戮希施波尼特人(Heshbonites)的妇女和儿童，还有他们对于所有牵涉到同一种罪行中的卡纳尼特人(Canaanites)实行的报复行为。

在这些事例中，上帝都清楚(Manifestly)地作出了指示，但不能认为这形成一个先例，即授权在其他不同的场合下也可以采取同样的行动。因为上帝至高无上的处置的权力是绝不能同人们针对他人可以拥有的权力相提并论的。而诗人所叙说的将巴比伦孩子向石头上猛掷的行为，更加有力地证明了当时盛行于各国的有关胜利者权力的习惯。正如荷马在其诗篇中所说："在战争的暴怒中，甚至连婴儿的身体也被掷向地面。"修昔底德说，当马卡利苏斯(Mycalessus)被斯拉西人(Thracians)占领时，他们将所有人包括妇女与儿童都杀死了。阿里安指出，马其顿人在占领色比斯城(Thebes)后也做了同样的事情。

根据塔西佗的记载，日耳曼尼库斯·恺撒用火与剑将日耳曼民族中马西安人的所有地方变成了废墟，塔西佗还补充说："没有放过任何年龄或性别的人"。而提图斯(Titus)也曾当众把犹太妇女和儿童送到猛兽面前，结果他们被野兽们撕成碎片。然而，只要习惯使得人们的思维认可这种野蛮的做法，那么那些将军就不会被认为在人性方面有所欠缺。因此像皮鲁斯(Pyrrhus)杀死普里姆(Priam)那样屠杀上了年纪的人也就不会令人惊讶了。

10. 将战俘处死的权力已经被普遍地作为一项公理而接受，因而罗马的讽刺 329
诗作家也根据这一规则编写了一句谚语："当你可以把战俘作为奴隶出卖时，杀死他就是非常荒谬的。”这句话说明了只要捕获者这样想，他就有绝对的权力这样做。评论者将解救行为视为拉丁词语“servus”的来源，也即奴役。修昔底德记载了在艾披达姆努斯（Epidamnus）的战俘被科西拉人杀死的事实，而汉尼拔据说也曾一次屠杀了五千名战俘。虽然这一权力在某些地方比其他地方受到的限制更大，但是万国法并没有什么时候限制过这项权力的行使。

11. 此外，还有很多避难者被杀的事例。古代诗人和历史学家都将这当作是战争法许可的通常做法。奥古斯丁称赞哥特庇护逃到教堂的避难者的行为，并评论说：“虽然战争法通常允许这样的权力，但他们认为这样运用权力是非法的。”

那些投降的人也总是不能如他们所愿地获得仁慈和宽恕。塔西佗说，当乌斯比斯（Uspes）城被围困时，他们派遣一个代表团，表示会立即投降，并献上不少于一万人的奴隶，条件是那些生而自由的人不能受到伤害，但这个条件被拒绝了。这种拒绝被认为是符合战争法的事例。

12. 但是，即使在无条件投降之后，那些表示屈服的人有时也会被处死。罗马人就是这样处置波米提亚（Pometia）的君主的，西拉（Sylla）对萨米尼特（Samnites）以及恺撒对努米底安人（Numidians）和维尔辛格托里克斯（Vercigetorix）也都是这样做的。这几乎已经成为罗马人的一贯做法，即不论敌人的将军是在战场上被俘获的，还是他自己投降的，都要处死他以庆祝他们的胜利。

西塞罗在他对维瑞斯（Verres）的讲话中就提到了这个习惯。李维在其《历史》中也多次提到这点，特别是在第二十八卷书中。这也包括塔西佗《编年史》的第十二卷。后者还在其《历史》的第一卷里记述了这样的事情：加尔巴（Galba）命令将那些经过哀求而被准许投降的人们中每次数到的第十个人斩首。凯奇纳（Caecina）
330 在阿文提库姆（Aventicum）投降后，将战争的主要发动者和其领袖之一的朱利乌斯·阿尔皮努斯（Julius Alpinus）处死，而将其他人留给维特利乌斯处置。

13. 历史学家们有时将这种处死敌人、特别是战俘和避难者的权力归因为实行报复，或者是对顽固抵抗的惩罚。这些原因有时可能是真实的，但不能作为赋予这一过程以正当性的理由。因为严格地和适当地来说，关于报复的法律，必须直接在犯法者本人身上执行。然而，在战争中所使用的“报复”一词往往导致对于那些无辜人们的伤害。总而言之，迪奥多洛斯·西库鲁斯所说的话描述了战争的总体结果，他说：“根据经验，他们不可能不知道所有人都共同受到战争结局的影响；双方在战败时都要承担同样的灾难，如果是处于相反的情况下，战败者也会一样施加这些于征服者身上。”

但是根据普罗克皮乌斯（Procopius）的记载，那不勒斯人在对贝利撒留（Belisarius）的回答中说，没有人应该为其坚决地跟随其所在一方而受到惩罚，特别是当这些选择是根据自然或正义的动机所得来时就更是如此。与因为这样的决断而蒙受罪名相比，那么放弃自己的职责就应该是更加严重的罪行。所以古罗马的军法也是这样规定的。李维说，这是最高级别的罪行，而对于危险的恐惧是绝不能拿来作为辩护的借口的。因此，由于其重要性，在对这一权利的严格适用时，每个人都需要运用其自由裁断的能力，而且在有些时间和情况下，万国法会对其充分运用赋予正当性。

14. 同样的权利也在人质身上得以实现，这不仅包括那些受到协议拘束的人，甚至还包括那些被其他人送交过来的人们。瑟撒利安人（Thessalians）曾经一次屠杀了二百五十个人质，罗马人屠杀的沃尔西奥隆奇（Volsci Aurunci）人质则达到了三百个。应当注意的是，儿童有时也会被作为人质，安息人（Parthians）就是这样做的，马加比（Maccabees）兄弟中的西蒙（Simon）也这样做过。在波西娜的时代，通常将妇女送去做人质。据塔西佗说，日耳曼人承袭了这一做法。

15. 万国法——如上文所解释的——允许许多事物的存在，但它们却不被自然 331
法所准许；同样，许多它禁止的事物自然法却允许，例如，间谍如果被发现并捕获，通常就会受到最残酷的对待。尽管对上述事实不存在什么疑问，但万国法却允许任何人向外派出间谍，正如摩西对希望城所做的那样，而约书亚就是派去的间谍之一。

这一种人有时会被那些进行明显正义的战争的人合法地使用。其他人由于没有明显证据表明其战争起因的正义性，所以只可以利用战争权利来为其使用间谍的行为辩护。

虽然有些人会自愿放弃这一特权或机会，但这种行为并不表明其赞同还是反对使用间谍的合法性，因为这样做的动机只是出于高尚的思想或者是对于自身的力量有信心，而不是由于对这一问题有什么确定的看法。

332 # 第五章　论破坏敌国及剥夺其财产的权利

对于敌方财产可以加以破坏和劫掠——在何种范围内圣物能够豁免——在何种范围内允许使用谋略

1. 西塞罗在其《论义务》第三卷中说，损毁敌方财物并不违背自然法，对于敌人也同样有权杀死。因此万国法允许同样的行为并不会使人感到惊异。同样的，波里比阿在其《历史》第五编中认为，战争法容许破坏敌方之要塞、港口及舰队，俘虏其人员，剥夺其国之物产，以及诸如此类的一切行为。李维也提到，敌方既已容许战争发生也就必须作好承担灾祸的准备，于是便存在一些特定的战争权利，比如焚烧粮食、毁坏房屋、劫掠人畜等等。

历史的每一页几乎都充斥着整个城市被夷平、城墙被拆毁，甚至整个国家遭到武力彻底破坏的事例。即使在投降的情况下，有时城镇仍然遭到破坏，但其居民得到宽恕——例如，按塔西佗的记载，罗马人攻占阿尔塔沙特(Artaxata)①时，城中居民开门投降并得到宽恕，但城市被付之一炬。

2. 由于万国法本身被认为是同其他方面的义务相分离的(关于这些义务下文会谈到)，因此它并没有为被视为神圣之物创设任何的豁免。因为，当领土为敌方所占领时，所有的物，不管是否圣物，就一概成为一种牺牲品。其中的原因在于，被称为“神圣的物品”并不是能够排除一切人世所用的物，而是一种公共财产，之所以被称为“神圣”，实际上乃是出于一般的目的，它们也更直接地被用于此途。例证在
333 于，当一国向另一国或君主投降时，通常所有的圣物也都随同其他权利一同归属之，并且表现为前文引李维所说的形式。

故此，乌尔比安(Ulpian)说，公众对于圣物拥有一种财产权。塔西佗对此也有相同的论述：“意大利城市的所有神庙、圣像以及有关宗教的一切物品都属于罗马

---

① 阿尔塔沙特，在亚美尼亚。

人民。”因此，根据法学家们的观点——保罗(Paulus)和范努留(Venuleius)[①]公开持此说——国家在情势变化之时可以将以往视为神圣之物转变为世俗用品；紧急情况下的必要性可以使征用圣物作为战争资源和工具的行为成为合法手段。

伯里克利(Pericles)在作出将来恢复原状的保证之后就这样说过；马哥(Mago)[②]在西班牙，罗马人在米特拉达梯战争(Mithridatic war)[③]中也是如此；苏拉(Sylla)、庞培(Pompey)、恺撒(Caesar)以及其他人也采取过同样的行动。普鲁塔克在《提比留·格拉古传》(life of Tiberius Gracchus)中说，作为神的献祭没有什么是过于神圣和完全不可侵犯的，只要国家高兴，就可以把它们挪作他用。李维也提到马塞拉斯(Marcellus)[④]从叙拉古(Syracuse)[⑤]带回的神庙里的装饰物被当成战利品的事。

3. 前面提到的关于圣物和神庙的种种也适用于另一类庄严的场所，即墓葬；它被认为不仅仅是死者的安息地，而且还是生者——无论是家族还是国家——的纪念碑。因此彭波尼(Pomponius)说，像其他神事场所一样，墓葬一旦被敌方占领即失去其不可侵犯性；保罗对此持相同意见，认为使用敌人的墓葬不应受到任何宗教顾虑的限制，从中获取的石料可以用于任何其他用途。但此项权利并不包括恶意的侮辱行为，对于死者的骨灰须加以保护，否则将构成对神圣的墓葬权利的侵害，前文已经提到，这是一项由万国法引入并建立的原则。

4. 在此可以简单地说明，根据万国法，任何敌方的物品——只要是在没有背叛行为的情况下——不仅可以通过武力公开夺取，也可以通过一定的谋略获得。

---

① 范努留，也译为威努勒·萨杜尔宁，活跃于公元2世纪，安东尼时期(公元211—217年)的法学家。

② 马哥，迦太基大将汉尼拔的兄弟。

③ 米特拉达梯战争，罗马与本都(在黑海南岸，今土耳其东北部)之间的战争。

④ 马塞拉斯，古罗马执政官。

⑤ 叙拉古，古希腊殖民地，在西西里。柏拉图曾在那里试验他的政治思想。

334

第六章 论通过行使征服权而获得领土和财产

关于获得战争捕获物的自然法——关于同一主题的万国法——在何种情况下万国法承认对于动产的夺取——由征服而获得的地产——非敌方所有物不构成合法的捕获——在敌方船只上发现的物资——万国法认可对于敌方在战争中从他方处获取物的捕获——君主可以通过其受雇者获得财产和领土——敌对行动有公私之分——领土可由君主或人民获得——公私两种性质的捕获之释义——将军在此方面的自由裁量权——属于国库或捕获者的捕获物——某些时候放弃任由军队劫掠的地区——分配战利品的不同方法——侵占，某些时候一部分战利品分给支持战争的盟友——某些时候分配给国民——举例说明——以上做法的效用——在交战双方领土范围以外的获取物是否可由战争权利而获得——此种权利通过何种方式特别适用于正式战争

1. 除了前文提到过的由于特定行为而赋予的免除权外，还存在万国法上特殊的其他后果，反映于合法和正式的战争。自然法确实认可我们在正义战争中的捕获行为，这可以被视为等同于除此之外别无他法履行的债，或者是在合理范围内对于入侵者的一种惩罚。根据此项权利，我们在《创世记》第十四章看到，亚伯兰(Abraham)将其从五王处得来的战利品的十分之一奉献给神；《希伯来书》的那个神启作者在第七章中对此节也作了相同的解释。希腊人、迦太基人以及罗马人都以这一同样的方式将其战利品的十分之一奉献给神。雅各(Jacob)临终，给予约瑟(Joseph)多于其他兄弟的遗产，遗嘱说："我从前用弓用刀，从亚摩利人(Amorite)
335 手下夺的那块地，我都赐给你，使你比众弟兄多得一份。"[①]在此处我使用了同预言风格相应的表达方式——将来命定的事早已存在于久远的神启之中；假定祖先与苗裔同源同种，那么在此这种后人将要不断重复的行为就要归在雅各的名下了。

此种权利的建立并非单纯建立在臆测之上，神法的宣示者本身[②]也对拒绝和

① 见《创世记》，48:22。

② 指上帝。

平的城市宣布了惩罚，并且旋即以风暴克之，将所有的战利品赐予征服者。

2. 但是，根据万国法，不仅是使战争获得正义基础的人，而且还有一切参与有规则的、正式的战争的人，都能够成为一切从敌方取得物的完全所有人；故而各国也都承认其权利，以及所有源自其权利的其他人的权利主张。这一点涉及一切对外关系，从而建构了统治主权的本质理念，按色诺芬(Xenophon)所说，居鲁士(Cyrus)攻陷敌城之后，所获一切就都成为合法的战利品；柏拉图在《法律篇》中有相同的叙述。西塞罗在反对鲁拉斯(Rullus)①的演讲中说，米提林(Mithlene)②根据战争法则和征服权利属于罗马人民；在《论义务》第一卷中也说道，私人财产可以通过占有无主物或者战争征服来获得。狄奥斐拉斯(Theophilus)③在其希腊文注释本《法学阶梯》(Greek institutes)中则称此为取得物的自然模式。

此外，亚里士多德对这种由武力自然取得的途径解释为不必考虑其他理由，而仅仅此一事实就足以获得相关权利。据保罗说，小涅尔瓦(Nerva, the son)④认为财产可以经由自然占有而取得，比如从海陆获得的野生动物及天空中的飞鸟。战争中的取得物同样如此，一经捕获便立即成为最初捕获者的财产。如今，从敌方国民处取得的物则被视同由敌人处取得。

所以，在色诺芬的书中，德希里底(Dercyllides)⑤争辩说，当法那巴祖斯
(Pharnabazus)与斯巴达人为敌时，作为其臣民的玛妮娅(Mania)⑥的一切财产都 336
可以由战争法剥夺。

3. 但是在这一关于战争权利的问题上，各国已经确定，如果有人以此类方式保有物，从而使原所有人丧失了一切收回的可能，或者如彭波尼对此问题所言，此物已然不可追及，那么就意味着他已经完成了捕获。当动产进入到敌方领土或属

---

① 鲁拉斯，古罗马护民官，提出土地改革方面的法案，遭到西塞罗的反对。

② 米提林，希腊港口城市，在莱斯伯斯岛，靠近小亚细亚。

③ 狄奥斐拉斯，也译西奥菲拉斯，君士坦丁堡的法学教授，曾于528—534年与人合作进行查士丁尼法典的编纂工作，著有希腊文注释本《法学阶梯》。

④ 小涅尔瓦，古罗马法学家。

⑤ 德希里底，古希腊哲学家，曾对柏拉图的著作作评注。

⑥ 玛妮娅，即巴西妮(Barsine)，曾嫁给波斯人在特洛伊的守将门托(Mentor)。公元前340年门托病死后，巴西妮又嫁给门托之弟蒙农(Memnon，特洛伊领地总督)，蒙农在与亚历山大大帝作战过程中于公元前333年8月病死。巴西妮在特洛伊发动运动，向其弟法那巴祖斯要求继承其亡夫的职位，被认为是最早的女权运动之一。

地时，就会发生这种情况。另外，当物经由复境权回复时，也同样不可追及。一旦物回到其所有者的主权范围内——在那里他说了算——就可得到回复。保罗曾明确表示，当某人离开或被带出权力控制的范围，国家就失去了这个国民；彭波尼也将“战俘”定义为被军队带至本方领土内的其他交战方人员，因为在来到本方领土之前，他仍然是敌方的国民。

在这些方面万国法以相同的方式对待人和物，其中含义不难理解。我们在别处提到过物一经夺取即成为合法的战利品，但只有对物经过一定合理时间的占有之后方才正式符合条件。于是很清楚的是，船只及其他海上获取物不能被直接认为是捕获者的财产，直至到达本方港口或整支舰队的锚地。因为在这种情况下，回复看起来已经是不可能的了。后来通过欧洲各国间的规制，这已经被接受为万国法的一条基本准则，即由敌方持续占有二十四小时以上的捕获物才被认为是正当合法的。

4. 对于土地，则不能认为从遭到入侵时起就是一种合法的占有或者已经完全征服。因为，尽管军队以暴力手段即时占有了被入侵国的土地，但是那只能认为是一种暂时的占有，并不就此发生本书中所提到的种种权利，直至通过一些较持久的方式（如割让或条约）加以认可和确定。所以，汉尼拔扎营的所在地尽管已经不再
337 有罗马人出入，但绝不能认为后者已经完全失去了这片土地，所以它仍旧以被占据前可以卖到的价格出售。

当土地由永久性的要塞圈起并加以保护，就可以认为完全征服了，其他国家或君主若不先攻下要塞就无法自由通过。关于这一点，贺拉斯对“领土”（territory）一词的词源作了不无道理的推测，因为敌人被阻断（deterred）而不得进入；而瓦罗（Varro）[1]对此的推测也至少具有相当的可能性，他认为此词来源于“走过土地”（*terendo*）；弗伦提努斯（Frontinus）[2]认为来源于“土地”（*terra*），彭波尼则认为来自各国行使司法权而引起的恐惧（terror）。但是看来色诺芬在其《论贡赋》（on tributes）中认同第一种意见，他说，在战时对国家的保有是通过城墙、壁垒以及强有力的控制来维持的。

5. 另外，显而易见的是，任何由战争权利捕获及成为战利品的物必须属于敌

① 瓦罗（公元前116—前27），古罗马博物学家，曾编纂百科全书六百多卷。

② 弗伦提努斯，古罗马将军、作家，曾任不列颠总督。

方。因为处于敌方领土范围内的物——比方说，在其市镇或设防地的物——如果其所有人既非敌国国民又不是其盟友，就不能通过战争法取得为财产。此点可见于伊斯奇尼斯(Aeschines)①的一篇演说——尽管菲利浦(Philp)②正处于同安菲波利③人(Amphipolitans)的战争之中，但他并不能通过征服合法地获得安菲波利(Amphipolis)，因为作为城邦它是属于雅典人的。故而，由于敌方可能无法从不属于自己或盟友的物上得到丝毫助益，也就不存在夺取这一类物的正当理由，而且一种允许武力改变物之所有人的权利在性质上过于恶劣，所以不能承认任何范围的扩张。

6. 一般认为，将敌舰上的所有物都视为敌方物资的观点不应被接受为万国法的一条确定和公认的规则；这仅仅是一种规则，表明若无明确的反证即可推断船货属于同一所有人。1338年荷兰执政官就作过这样一个裁决，那时荷兰同汉萨同盟诸城市(Hanse-towns)的战争正处于将暴力行为推至极致的当口，而此裁决后来也 338
被通过成为法律。

7. 根据万国法，毫无疑问的是，从敌方缴获物后，在敌方占有之前拥有物但在战争中已经失去占有的人，不得对此提出权利请求。因为万国法在初次捕获时将所有权赋予了敌方，然后再通过二次捕获赋予了现在的占有者。

根据这项原则，耶弗他(Jephthah)便以此抗辩亚扪人(Ammonites)，因为根据战争法他们早已失去了他们所主张的土地了；同样的，另一部分土地是从摩押人(Moabites)那里转到亚摩利人(Amorites)手中，再从亚摩利人那里转到希伯来人手中的。④大卫也同样地获得了从亚玛力人(Amalekites)那里得来、早先属于非利士人的土地，并且完全当成自己所有的加以分配。⑤

我们从海立卡纳苏斯的迪奥尼修(Dionysius of Halicarnassus)的记述中得知，当沃尔西人(Volscians)⑥对他们先前占有的土地提出权利请求时，拉吉乌斯(Titus Largius)⑦在元老院发表意见说："罗马人根据征服权利获得了土地，对于这些地产

① 伊斯奇尼斯，古希腊雄辩家，反对马其顿的统治，后遭流放。
② 此处指马其顿国王菲利普二世，亚历山大大帝的父亲。
③ 安菲波利，希腊城邦，属雅典，在色雷斯，处于军事要道。
④ 见《旧约·士师记》。
⑤ 见《旧约·撒母耳记下》。
⑥ 沃尔西人，古意大利民族。
⑦ 拉吉乌斯，古罗马执政官，后任独裁官。

他们乃是公平正当的所有者，他们更不会懦弱地把英勇作战的成果拱手相让。因为，不仅是现时的人们，而且还有他们的子孙，都有权在此分一杯羹，所以放弃这些土地实在是与自己为敌的行为。”

8. 和 9. 万国法试图建立的重要一点是，敌方的财产和占有应当被另一方视为无主物。

无主物成为其发现者或获得者的财产，包括雇用他人实施此类行为的人（比如君主），以及以自身行为获得者。

因此，不仅奴隶或私人内侍，而且所有为他人实施此类行为的人，都可以为其雇主获得所得物的产权，甚至是对于所有人而言一般性的物，比如珍珠、鱼或家禽。

摩狄斯底努斯（Modestinus）公正地说：“任何自然取得物，比如一种占有，我们
339 都可以通过选定雇员的途径获取。”关于同一原则，保罗也认为：“在一切获取物的过程中，必须同时具备心素和体素；前者完全依赖自己，后者可以由我们自己，也可以由他人完成。同样的，占有也可以由代理人（attorney）、监护人（guardian）或受托人（trustee）为我们实施，只要他们以我们的名义并为我们的利益行事。”其中的道理是，一个人在他人的同意之下，可以自然地成为其自愿的工具。

所以在财产取得方面，自由人和处于奴役下的人之间的区别仅仅是一种市民法上的区别，适用于财产移转、取得及确认的规则。后来塞维鲁皇帝（Emperor Severus）将这些规则适用于物的自然取得，并不仅仅是出于实用的目的，而是如他自己坦言，是出于公平正义的目的。故此，在市民法的权威之外，规则得以就此建立——凡是可以为自己实施的行为，都可以通过他人完成，他人实施和自己实施的效果是一样的。

10. 对于战争中的不同行为必须作出区分，一种是真正具有公共性质的行为，一种是由公战引起的个人行为：在后者，个人可以获得对捕获物的完全、直接的财产权，在前者，则由国家获得。西庇阿（Scipio）① 以此万国法原则对待马西尼萨（Masinissa）②，声明在罗马人民的支持之下，西法克斯（Syphax）③ 被征服并被俘

① 西庇阿，古罗马大将，攻克迦太基。

② 马西尼萨，努米底亚国王，努米底亚在迦太基内陆，参加迦太基一边与罗马作战。

③ 西法克斯，活跃于公元前 3 世纪末，努米底亚王公。

虏，他本人、他的妻子、王国、领土、市镇以及居住其中的臣民，简单地说，属于他的一切都成为罗马人民的合法战利品。同样的，安提阿大王（Antiochus the Great）①坚持西利—叙利亚（Coelo-Syria）属于塞琉古王朝（Seleucus），而不属托勒密王朝（Ptolemy），因为塞琉古朝是战争的主体，而托勒密朝只是进行了辅助行动而已——事见波里比阿书第五编。

11. 不动产通常由一些公共行为取得，比如将军队开进敌国，或者在那里设置要塞。因此，如彭波尼所言：“从敌方获得的土地属国家财产，不属于个人捕获者的战利品。”所以在希伯来人和斯巴达人中，征服来的土地是通过抽签进行分配的。
罗马人也保有征服的土地加以分派租佃，有时则留出一小部分给原先的所有者；或 340
者在罗马派出的殖民者中分派，或者收取贡赋；我们可以在他们的历史、他们的法律以及关于土地分配的协议中发现大量的实例。

12. 但是在动产上，不管有无生命、是否有关公共事务，都可以获取。无关公共事务时，就成为捕获者的个人财产了[1]。

此处可以参考塞尔苏斯（Celsus）②的评注：“在我们之中发现的敌方物资不属于国家，而是属于先前的占有者”。这里指的是战争爆发时在我方人员间发现的物。对于人也是一样，在相同情况下敌方人员也像物资那样遭到俘获。

关于这个问题在屈丰尼（Tryphoninus）处有精彩的论述：“那些在和平时期进入外国的人，在战争突然爆发时，就不幸地被周围的人发现而降为奴隶，并且被认为是敌人。”

13. 以上所述的基于万国法，允许个人从敌方捕获而取得个人财产的种种，必须理解为万国法在这一点上优先于市民法的规则。因为敌方物资的捕获乍看起来类似于一般的物，任何人都可以取得，就像野生鸟类和兽类；现在由各国法律加以限制，某些情况下属于君主，另一些情况下则属于捕获者。而在一些国家，则的确将此引入为法律规则：所发现的全部敌方物资均遭到没收。

---

① 安提阿大王，即安提阿三世，叙利亚塞琉古王朝的君主。

② 塞尔苏斯，古罗马法学家。

14. 在此很难说哪一个具体的人参与了实际的交战。因为每一个人都带有其母国的性质，为她的利益而动，拥护她的权利。通过这些个人的努力，国家才获得了财产和领土，以及一种根据文明国家的原则而享有的、将这些财富授予她所喜好
341 者的权力。

这并非现代习俗，而是在遥远的古代就流行于绝大多数自由独立国家之中了。那时的诗人、历史学家们描述了经历整天的艰难困苦、激烈战斗之后，英雄带着他的战利品来到公库(common stock)，保留自己的份额之后由将军在军中进行分配的事迹。

23. [2]经由司法机关的遵守而潜移默化地建立起了一种习惯，即无论国民或盟友，凡是亲冒矢石、自担军费出战而无所回馈的，就以其战利品抵当酬劳。

盟友享有此种特权的道理是显然的。因为盟友因合意支持一项共同的事业而遭受的损失理应由另一方加以补偿。除此之外，则极少有无需支付对价的服役。

昆提利安(Ouintilian)将同样的推理用于另一种情况，认为代理辩护人的情况也正是如此，律师为他人之事耗尽时间精力，理当为此获得回报——而由此也就不再以其他方式寻求报酬。

因而，基本上总是会对取自敌方的利益有所期待，以作为承担风险和损失的补偿，除非事先有相反的协议，明示其为无偿援助和服役。

24. 仅考察国民时，此类对于分享战利品的请求权则并非同样的明显。因为国家有权利要求他们服役，而且并不是所有人都武装参战，而只是其中的一部分人放弃他们个人的时间应征入伍，使自己的生命处于危险之中；只有这些人才有权获得国家的报酬和扶养，以作为他们损失的时间和承担的风险的补偿，他们应当享有一部分战利品是再合理不过的了。

342 关于盟友，在罗马人的条约中有实例可循：在由罗马人发动并主导的战争中，拉丁人有获得同等份额战利品的权利。

所以在罗马人辅助埃托利亚①人(Aetolians)进行的战争中，土地和城市留给埃托利亚人，战俘和动产则属罗马人。狄米多留(Demetrius)②击败托勒密王之后，

① 埃托利亚，在希腊中部，埃托利亚人后常作罗马人的辅助军。

② 狄米多留，马其顿王子。

也把部分战利品分给雅典人。安布罗斯(Ambrose)①谈到亚伯兰的征伐时也认为这种做法是公正的,他说,让那些共赴险境的伙伴分享他们应得的战利品是正当的。

至于在此方面国民的特权,我们可以在希伯来人的行为中找到证据:他们通常将一半的战利品授予参加战斗的人员。同样的,亚历山大的士兵在为国王留出合理的部分之后,就可以将从私人那里缴获的一切战利品收入囊中。所以曾经有针对在阿贝拉(Arbela)②作战士兵的控诉,据说他们阴谋窃据所有战利品而不向国库上缴应付的份额。

但是个人不得以同样的方式据有敌方的公共财产,这部分是归国家所有的。所以当马其顿人攻克了大流士(Darius)设在皮拉姆斯河(the river Piramus)的军营时,所有一切都遭到劫掠,但放过了御用营帐,以遵守古老的习惯,(按柯提斯[Curtius]③所说)"最适合获胜君主接受众人欢迎的地点总是要被保留的"。

这同希伯来人的习惯有些相似,他们总是将被征服国王的王冠加在征服者的头上,而所有属于敌方王室所有的战利品都归属于他。我们也了解到查理大帝(Charles the great)有同样的做法:征服匈牙利人之后,所有的私产都任由士兵们劫掠,而所有的公共财富都保留为王室所用。

有些东西实在太过细小而不足以收为公共财产的,根据通常的规则,此类物品 343
即属于缴获者本人。[3]

这是罗马共和国早年的做法。一种不太一样的特权有时会授予领薪的水手,也就是法国人所说的战利品(spoil)或者劫夺(pillage),包括所有的衣饰以及价值十克朗以下的金银。

在这一点上各国有不同的习惯。在西班牙有时是五分之一、有时是三分之一会授予士兵,在其他国家则是国王保有一半。有时候将军获得七分之一或十分之一,其余归捕获者所有,但专属于国王的战舰除外。在意大利人之间,有时按照承担的危险和开销进行分配;战利品的三分之一归获胜舰只的所有人,三分之一归船上货物的货主,另外三分之一归战斗人员所有。

在某些情况下私人探险家并不能获得他们全部的捕获物,相当一部分必须交

① 安布罗斯,古代基督教教父,米兰主教。

② 阿贝拉,古亚述城市,亚历山大在此击败大流士三世。

③ 柯提斯,也译为库尔提乌斯,古罗马历史学家,著有《亚历山大史略》。

给国家或者由国家许可获得此类战利品的人。所以在西班牙，如果战舰是由私人装备出战的，那么一部分战利品要交给国王，另一部分则要上交海军大臣。在法国和荷兰也差不多，十分之一的战利品属于海军大臣，另外五分之一则由国家先期扣除。但在陆上攻城略地、参与战斗的习惯，则是各人保有各自的战利品。而对漂流物，一切都属于所有参与者的共同储备，事后根据各人等级分配。

25. 根据以上论述可以得出，若一个没有参战的人被任命为裁断有关战争缴获物事宜的仲裁者，那么应当裁决有国家法律及习惯支持的个人获胜。但是，如果无法证明存在此类权利，战利品就应当判归国家所有。——昆提利安认为，可以经
344 由司法机关裁决的事项永远不能由战争法来执行，而另一方面，凡是由武力夺取的物仅凭借武力就得以保有——这样的说法是不能成立的。

26. 本章前面已经谈到，不属于敌人的物不得被捕获，即使是在他那里取得的。因为这既不符合自然正义，也没有为万国法所接受。但是，如果在此类物上存在属于敌方的有关占有的权利，比如抵押权（pledge）、留置权（retention）或役权（service），就不能阻却捕获者行使其权力。

还有一点存在争议，对人对物都是，即是否可以在不属于任何交战方的领土内发生合法的捕获。万国法只认可发现敌人即可杀之，地点与此问题无关。但考虑到拥有领土的君主的权利，无疑他拥有在其领土内禁止随意捕人及捕获物品，以及对违反的行为要求赔偿的权利。同样的，尽管动物天然野生，捕获者可以将其收为财产，但土地所有人仍然可以禁止他人非法侵入其土地以取得动物。

［英译者注］

1. 但是，在没有得到君主允许的情况下，是不得进行此类捕获的。

2. 此处译文从原文第 14 节跳到第 23 节，中间小节只是以古代历史的事例对前述观点进行论证。

3. 作者在此处谈到的是战斗中的获取物。在市镇投降时，几乎所有的投降协议都会规定：将军和其他高级军官以及军团军官可以保留他们的剑和私人行囊，无军官衔的军官和士兵可以保留自己的行军背包。

第七章 论对战俘的权利 345

根据万国法，在正式战争中被俘导致沦为奴隶——同样情况扩展至被俘者的子孙——及于他们的权力——即使无体物也可以由战争权利获得——关于此点的理由——在现今的基督教国家间此项权利并不适用同样的扩展——此项权利的替代品

1. 根据原初状态自然法，除了受人类的各种制度和习惯约束外，没有人会是奴隶：正是在这种意义上，法学家们认为奴隶制有悖于自然法。但在前文已经谈到过，从人类的活动中导出奴役状态——无论是基于契约还是犯罪——都并不违背自然正义。

但此处考察的万国法在其及于人身和财产两方面的范围都更加广泛。因为，在人，不只是放弃权利，将自己投身于奴役之中的人处于奴隶状态，而且一切在公共性质和正式的战争中被俘的人员，自从被带到敌方控制区域的那一刻起，就处于同样的境况之中。

并不是因为存在犯罪行为而将他们降格到这种状态，而是所有这些人相似的命运，在战争爆发的时候将他们不幸地陷于敌方领土之内。

2. 和 3. 在古代奴隶制被准许存在的时候，在被囚禁和处于奴隶状态期间出生的子女也继续处于与其父母相同的状态之中。——此类规则有很大范围的扩展；——主人尽可以残酷的刑罚惩罚他们的奴隶；——尽可强迫他们进行种种劳务；——甚至握有生杀大权。但罗马法毕竟对这种不道德的权力作了范围上的限 346
制，至少只能在罗马领土范围内行使。

从战俘那里缴获的所有物品也就都成为合法的战利品。因为按查士丁尼所说，完全处于他人权力之下的人就没有自己的财产。

4. 和 5. 敌方随同被俘者所获得的无体权利，不能被认为是原始取得。其中一些权利具有纯然的人身性质，不能因囚禁，也不能因相关责任的消灭而消灭。比如

罗马人的父权，因为此类权利只能属于其原始所有者，此外概不能成立。

所有这些由万国法引入的对于战利品的权利，都意在促使捕获者不要将战俘残酷地处死，而饶恕拯救他们倒可以期待从中获利。因此，彭波尼由此推演“奴隶”(*servus*)一词的来源，是指可能被处死但出于获利或仁爱的目的而得到拯救的人。

6. [原文 9]长久以来基督教国家已经普遍接受了如下的规则，即战俘不得被贬为奴隶，于是也就不得买卖，不得强迫其进行和奴隶制相关联的苦役。基督教国家有充分的理由乐于接受其中的后一项原则。除非有某种尽管不太严格、但不那么严酷的替代品，否则，拒绝放弃一种残酷权利的行为实在不符合任何仁慈的法律规则。

这一点，正如格里哥拉斯(Gregoras)所告诉我们的，乃是所有立誓信奉共同宗教之人的传统原则；也并不只限于生活在罗马帝国权力范围内的人，而是盛行于帖萨里亚人(Thessalians)、伊利里亚人(Illyrians)、特里巴利人(Triballians)以及保加利亚人(Bulgarians)之中。尽管这样一种对奴隶制的废除以及缓解奴役程度的结果可能被认为是微不足道的，但这仍然是引入基督教所带来的财富，尤其当我们回想起苏格拉底曾努力但徒劳地试图劝诫希腊人不要自相将同胞变卖为奴之时。

347 在这方面伊斯兰教徒相待自家人也正如基督教徒；而基督教国家间仍旧扣押战俘直至收到相应的赎金——金额则由征服者的好恶决定，除非早已有明示的条约确定。扣押战俘的权利有时也准许由俘获者行使，属于特殊级别的要员战俘则除外——他们永远被认为是国家的战俘。

第八章　论对被征服者的统治权 348

由征服取得的市民和君主的司法权——相关后果——由征服获得的绝对权力或混合权力——以同样方式得到的无体权利——关于帖萨里亚人的债务

1. 如果个人可以互相将对方降至附属的地位，那么毫不奇怪，国家也就能够同样如此行事，并且通过这种手段获得一种国家的、绝对的或者混合的统治权。因此，按德尔图良(Tertullian)[1]的话说，统治权通常建立在胜利的基础之上；对此昆提利安也评论说，通常国家及王国、民族及城邦的边界只能通过战争法则来确定。

按柯提斯记载，亚历山大曾经说，征服者授予法律，被征服者就只能接受。这一直是一个普遍的观念和规则。按恺撒的记载，阿利奥维斯塔(Ariovistus)[2]认为，征服者将其喜好的任何条款加诸被征服者乃是不容置疑的战争权利，他也不会想到，罗马人在这种权利的自由裁量行使过程中会允许他人干预。

君主通过征服获得了被征服的君主和国家的所有权利，若是共和国，则获得了一切属于人民的权利和特权。他也获得了国家以往所拥有的让渡权利，以及传给他所选定的子孙的权利，由此这便成为世袭领土了。

2. 征服的权利还可以更甚。一个国家可能由此丧失其政治存在而附属于另一国家，比如罗马诸行省的情况；或者，如果一个君主自担军费与别国征战，就可以将其完全征服，获得一种绝对的而不是有限的主权。被征服者不能再被称为独立 349
国家，而是成为此君主领土的一个内在组成部分。色诺芬在描述阿基西劳斯(Agesilaus)[3]的品行时，称赞他对于被其征服的城邦除了臣民通常付与合法君主的劳役和服从之外别无他求。

3. 由此便容易理解混合政府(a mixed government)的含义：由部分公民权利、

---

① 德尔图良，基督教早期教父，罗马帝国著名神学家，曾经研习过法学。

② 阿利奥维斯塔，活跃于公元前58年前后，日耳曼人首领，最后为恺撒所败。

③ 阿基西劳斯，斯巴达国王。

部分绝对权力构成；——这是一种由某种程度的个人自由联结臣民的政府制度。

有时我们可以看到，一些国家受到强烈的压服，被解除武装，除农具外不得拥有铁器；另一些则被迫改变了民族习俗和语言。

4. 国家和个人可能由战争法失去他们的财产，甚至主动投降实际上也无异于放弃可能被武力剥夺的东西。按李维所说，当一切都处于武力之下时，征服者可以强加以他所喜好的任何条款及任何罚金。因而罗马人通过庞培的胜利获取了所有米特达拉梯人征服来的领土。

同样的，属于一国的无体权利也可以通过征服的权利转入另一国手中。罗马人攻克阿尔巴(Alba)①时获取了属于该城的一切权利。同样的，亚历山大攻占底比斯(Thebans)时，作为征服者免除了帖萨里亚人对底比斯人负有的债务。昆提利安为底比斯人鸣不平的争辩也完全不能成立，他认为，只有实体的有形物才能通过征服移转，无体权利则不可能具有这种性质；因此继承和军事胜利之间存在实质性的区别，前者可以移转无体权利，但后者只能获得实体的有形物。

但另一方面，也可以公平地说，人的主人也就是这些人权利和物的主人，在这种情况下这些人被认为没有任何自己的财产。如果确实应当将被征服人民的权利
350 留由他们自己行使，那么对于国家征服者仍然拥有一些保留由自己处分的权利。因为这是他自主决定其宽大的范围及行使权利方式的权力。恺撒效法亚历山大免除了第雷基人(Dyrrachians)对敌对方所负的债务。但恺撒参与的这种战争并不属于万国法规则适用的范围。②

---

① 阿尔巴，古意大利部族。

② 此处当指恺撒与庞培之间的内战。

第九章　复　境　权[1] 351

复境权的词源——在何种情况下发生效力——相关的可回复的物——在何种情况下复境权和战时一样适用于平时——哪些权利可以恢复，哪些不可以——何时不得享有复境权——在这些情况下市民法的扩展——叛逃者——赎回的战俘——国民——由复境权回复土地——先前所述关于动产的区别——现代的做法

1. 相比从敌方获取的物，前辈法学家们关于复境权并没有作出令人满意的研究。古罗马人对国民进行了精确的管理，但是仍然经常出现某种相当程度的混乱，因此读者难以轻易地在属于万国法的部分和属于罗马市民法的部分之间作出区分。

在关于“复境权”(*postliminium*)一词的诸多意见中，斯卡沃拉(Scaevola)的观点看起来最为自然。他认为，该词来源于“后来”(*post*)一词，表示在被囚禁之后归来，“门廊”(*limen*)则意为房屋的入口或边沿；抑或是来源于“边陲”(*limes*)，意思是一种公共的边界。所以古代人称“流放”或“驱逐”为“背井离乡”(*eliminium*)，意为“将某人送出本国边界”。

2. 因而根据其原始含义，复境权的意思是，某人因为从囚禁中返回家园而享有的权利。彭波尼认为复境权发生于其人返回到君主掌控的市镇或要塞之时，但据保罗所说，他必须进入到自己国家的领土以内才可享有此项权利。

在此原则基础上，一般来说，国家有权允许当某人(甚至是附随于复境权的物)到达友邦或同盟国境内时，即可发生复境权。

此处所说的友邦或同盟国，并不是简单地指与本国和平相处的国家，而是指那
些具有共同的目标、参与同一场战争的国家。因此进入到此类国家的人，即受到公 352
信力保证的保护。因为处于此类国家还是自己国家境内，对人对物都并无区别。

如果战俘处在不与任何交战方存在同盟关系的友好国家境内，则其战俘状态

① 复境权最初是罗马法的特殊制度，指战俘回归后即恢复原先的一切权利，后来此项制度被引入国际法。

并无改变,除非有明示条约作相反的规定;罗马人与迦太基人的第二条约中规定,迦太基从罗马友邦处俘获的俘虏应当送交属于罗马人的港口,并确认其自由权利——迦太基的友邦也享有同样的特权。因此,当第二次布匿战争中被俘的罗马战俘被送到希腊时,就不享有复境权,因为希腊是完全中立的,他们只能等到支付赎金后才能获释。

3. 根据古罗马人的说法,甚至自由人也可能因为复境权而恢复原状。

加拉·伊留斯(Gallus Aelius)在其《法律术语解释》(Explanation of Law-Terms)第一卷中将因复境权而回复到原始状态的人定义为:因此项权利的结果回到其母国,而先前以自由身份从其母国来到另一国家的人。根据复境权,落入敌手的奴隶由此释放后,将回到其故主的役使之下。

根据有关复境权的法则,骡、马以及船只都被认为同奴隶处于同样的状态。另外,凡是法律赋予了从敌方回复人、物的利益,则敌方也可因同样的法律获得同样的利益。

但现代的法学家对两种不同的复境权作了区分,根据其一种使人回复到原先的状态,根据另一种则使物恢复原状。

353 4. 复境权可以扩展至那些战争爆发时在敌国境内被扣留拘押的人。因为,尽管在战争持续期间有理由继续羁押这些人以削弱敌国,但是,既然达成了和约,就再无拒绝或迟延释放的借口和理由。因而这已经成为普遍公认的确定规则,上述俘虏在停战之后总是能够恢复他们的自由。

至于其他类型的俘虏,除了条约已作出明确规定的部分之外,每个人都可以行使他认为应享有的权利。同样道理,战争中捕获的奴隶和物都不会因为和约的达成而自行回复,除非有明示的规定。征服者通常也希望他对于捕获物的权利能够得到认可,而实际上,如果背离这一规则可能会导致战争连绵不断。

5. 和 6. 战俘获释回国后,就享有他在那里的所有基本权利,还包括被俘期间由中立国所占有的一切有形和无形资产。因为,如果中立国意图保持其中立地位而将其被俘视为敌方的一种权利,那么出于显示公平的目的,它也就不能对其因获释而重获的权利作任何合法的减损。因而,根据战争法而拥有战俘的人对于战俘财产的控制并非是绝对不受限制的——一旦战俘重又处于其母国的保护之下或领土之内,他就可能失去这种控制,尽管并不乐意。他将会失去被视为其人附属物的附随战俘的一切。

如果在战争中获得的财产已经被转让,问题随即产生:如果转让发生当时物主正将战俘置于其监管之下,因而根据战争法是财产的所有人,那么万国法是否确认从物主那里购得财产的现所有人的权利并保障其占有,抑或推定物是处在中立领土之内而可以回复?

应该对此类物进行正确的区分:一种是由复境权可以恢复原状的物,一种是排除此项权利的物——于是对于前者的所有移转都是有条件、有限制的,而对于后者 354
则是绝对的。从转让物就不难理解作为礼物赠与以及所有人宣布抛弃一切权利的情况。

7. 任何人由复境权规则回复到先前状态,则其一切权利都完全恢复原状,就好像他从未陷于敌手。

8. 但是,被敌方以武力降服且自己投降的情况,则属于此项规则的例外;因为此类约定一定是有效的,并且根据有关复境权的法则也应当体面地执行。因此在休战期间,不得主张复境权。

但是,若投降者并未作过任何明示或积极表示的约定,则复境权的一切约束力都依然存在。

9. 前述关于个人的一切法则都适用于国家,故此,被征服的自由民族如由盟国从敌方手中解救出来,也可回复到其先前的状态。

但是,如果构成国家的整体居民已经被驱散,这个民族也就不能再被认为同原来一样。在这种情况下,万国法也不能以复境权将以前属于此民族的财产恢复原状,就像船舶或任何其他有形客体,只能由其各原始部分的永久性组合来加以确定。所以,当一个国家的所有特别属性都已不复存在,国家也就不再是原来的国家了。

因而当萨干坦在被毁八年后重又回复到其原先的所有者手中时,已经不再是原先的国家了;而底比斯人被亚历山大卖为奴隶后,底比斯也不能再被视为是原先的那个城邦了。可以加以佐证的是，底比斯人不能根据复境权收回帖萨里亚人所欠的债务。原因有二：其一，他们已经构成一个新的民族；其二，亚历山大在作为城邦绝对主人期间有权——只要他认为可以——免除这一债务，实际上他也是这样
355 做了；此外，债本身也不在可由复境权回复的物之列。

关于国家的规则同古代罗马法并无二致，但罗马法认婚姻为一种可以解除的关系，所以就不能由复境权恢复原状，而需要一个新的同意和新的契约。

10. 根据罗马市民法，叛逃者不得享有复境权。

11. 和 12. 有一点对于国民来说更为重要，即在正式宣布之前，处于外国支配之下的国家就可以回复到原先的状态，即便不是由原先的君主而是由盟军来完成对它的解放。这是一条得到确定的规则，除非有相反的明示协定。同时，完全合理的是，盟军拥有就解放过程中所发生的费用要求补偿的权利。

13. 在与复境权相关的各种物中，土地能够引起我们特别的兴趣。因为按彭波尼的观点，当敌人被驱逐时地产自然复归原主所有。在此意义上，“驱逐”被理解为在其对于土地自由公开的占领被完全终结时发生。

故此，马其顿人从雅典人手中夺取了埃伊纳岛（Aegina）之后，就将它交还给其原初的所有者。查士丁尼及其他皇帝从哥特人和汪达尔人那里收复土地之后，也交还给最初所有者的继承人，并且能够对抗罗马法所认可的一切通过时效取得的所有人。

属于地产的特权也附随于所有相关土壤的权利。而在被敌方占领的宗教或神圣的场所，回复时——按彭波尼所说——将会被完全恢复到原先的状况。

根据同样的原理，在西班牙有法律规定，行省以及其他所有世袭司法辖区，尤其是拥有最终管辖权的司法辖区，应当根据复境权交还原来的所有者；对于下级司
356 法区，如在四年之内提出请求，也应交还。除非因战争而丧失的中心要塞一直属于国王所有，否则一概恢复原状。

14. 相反，流行的一般观点表明，构成合法战利品之一部分的动产不得由复境权而回复。同样，通过购买而获得的物，无论处在哪里，都仍然属于买受人；即使处

在中立国家，甚或已经进入到母国领土之内，原所有人对此仍然不享有请求权。

如我们所见，对于战争有所助益的物以往是此项规则的一个例外——这种例外看来得到了万国法的支持，意在鼓励人们更乐意提供此类物资，如果失落了也还存在恢复的希望。这种放任在当时更容易为绝大多数国家所认可，它们所有的习惯看起来都对一种战争国家青睐有加。——在此类项下，这些物包括战舰和商船，但平底船和游艇不在其列；骡子只有用于运送辎重的计算在内；马匹也是如此，但只包括惯于套上笼头的。所有这些物的范围都是罗马法确认的产物，同时也就属于可分割遗产的范围。

武器和军装在战争中是具有实际用途的，但仍然不能由复境权回复；因为法律决不会倾向于支持那些在战争中失去两者中任何一样的人；我们从历史的许多阶段中都可以发现这种丧失会被视为一种耻辱。在这一点上，士兵的武器和马匹之间有所区分；后者很容易挣脱缰绳而陷于敌方之手，对此骑师并无过错。这种对于动产的区分看来流行于哥特人之下的帝国西部，甚至一直持续到波埃提俄斯(Boetius)[①]的时代——在解释西塞罗的《命题》(the Topics)时，他提到了这种权利是当时的一种普遍习惯。

15. 但此后(如果不是在之前的话)，这种区分看来被废止了，因为所有的知名学者都谈到动产不得由复境权回复，另外有证据证明在很多地方船只也适用此条。

16. 在捕获物被带至敌方控制的区域之前，复境权一点都没有必要；因为，尽管敌方可能对物进行占有，但根据万国法此时所有权尚未易手。此外，根据乌尔比 357
安和雅沃伦(Javolenus)[②]的意见，当货物为劫匪海盗所掠时，复境权的法则也是多余的，因为万国法本不承认他们对于货物的占有能够赋予他们的财产以任何改变或权利。

基于此，雅典人倾向认为菲利普是归还而不是赐予他们海隆尼苏岛(Halonesus)，此岛先前被海盗夺走，现在菲利普又将其重新夺回。因为被海盗掠去的物无论在何地发现即可收回；不包括自然正义所要求的，自己花费从海盗手中夺回物品

① 波埃提俄斯，也译为波伊提乌(约480—约524年)，罗马哲学家、政治家，曾任提奥多立克的执政官。曾将亚里士多德和柏拉图的著作译成拉丁文，约在520年后因通敌罪被捕入狱，在狱中写下了著名的《哲学的慰藉》。

② 哈德良时期(公元117—138年)的法学家。

的人应当获得的，与物主愿意为此付出的花费相当的补偿。

17. 但是，市民法可能建立了一种不同的规则。根据西班牙法律，从海盗处缴获的船只属于缴获者的合法战利品；这对于原主来说可能过于苛刻，但在某些情况下，私人利益必须为了公共利益而作出牺牲，尤其是在收回这些船只特别艰难危险的情况下[1]。但这项法律不能阻却外国人提出他们的权利请求。

18. 罗马法中另有令人惊异的规则，使得复境权不但存在于敌对国家之间，而且适用于一切外国，甚至那些本身就是罗马帝国成员的国家。但这只是社会完全建立之前野蛮和游牧时代的一种遗迹。于是，即使是在并未公开交战的国家之间，也仍然存在一种类似于战争状态下的行动自由。

为了防止这种放任转变为一切战争的不幸和杀戮，就有了关于囚禁的法律；于是才发展出复境权。这可以被认为是从禁绝劫匪海盗的规则走向平等条约形式的重要一步，而前者甚至连盗匪自己也不屑一顾。

358 19. 在我们的时代，在非战时期拘禁他人的权利不仅在基督教国家，而且在大多数伊斯兰教国家也已经遭到废止，那些天然建立于人与人之间的社会纽带通过某种方式得到了恢复。

但是，古老的万国法看起来仍然在很大程度上反对那些无需任何理由和宣告而将所有人均视为敌人的野蛮民族。最近巴黎高等法院主审法庭作出判决，一切被阿尔及利亚人——一个向来热衷于同所有其他国家进行掠夺战争和海战的民族——掠去的法国国民的财产，一旦复归，即属于缴获者所有。——同时判决，现在船只不属于可由复境权回复的物之列。

[英译者注]

1. “这样一种法律的结果是，鼓励了士兵和武装民船打击劫匪和海盗，以期获得相关财产，甚至是那些原来从本国国民手中掠走的物品。”——巴贝拉克

第十一章[1] 论在正义战争中杀死敌人的权利应当有节制和人道地行使 359

在何种情况下严格的正义允许毁灭敌方——灾难与罪行的区别——战争中的主体和附属者——发动战争的正当理由与不正当理由的区别——有时不对仇敌施以惩罚是正当和值得赞扬的——为避免伤及无辜，必须实施一切可能的预先警告——尤其是对儿童、妇女和老人，除非他们已犯有暴行——神职人员、学者、农夫、商人、囚犯——不得拒绝的有条件投降——无条件投降——以上规则的例外情况，支持和反驳意见——违法者人数众多时的赦免——赦免人质——避免不必要的流血

1. 和 2. 西塞罗在其《论义务》第一卷中有很好的论述："甚至对于那些曾经伤害过你的人仍然负有一定的义务，尽管他们理应得到惩罚和报复。"同时他盛赞罗马政府的古风时期，在那时战争行为是适度的，并且没有不必要的残酷行径。

同卷第一章所作的解释指明了，何种情况下根据严格和内在的正义原则，毁灭敌方是合法战争的一种权利；而在何种情况下则不是。因为敌人可以因为意外的灾难而死亡，也可能是有意置其于死地。

故意杀人不可能是正当的，除非是法律的惩罚，或者非此不能保卫我们自己的生命财产。尽管是牺牲人的无价的生命以换取易逝的财产，但这并不违背严格正义，无疑同仁爱的律法也是一致的。

但是，要证明这种惩罚的正当性，被处以极刑者必须犯有罪行，而且这种罪行经由公正的裁判应当被处死刑。此处，需要进一步加以讨论种种已经在"论惩罚" 360
一章中有过的完整解释了。

3. 谈到战争的不幸，作为一种惩罚，应当区分灾难与侵害。因为一个人有时可能在违背自己意愿的情况下参战，在这种情况下指控其怀有敌意是有失公正的。

关于这个问题，帕特库鲁斯(Velleius Paterculus)①说："指责雅典人在被苏拉

① 帕特库鲁斯，罗马历史学家，著有自特洛伊战争至其当代的通史两卷。

包围时反叛完全有悖于历史事实。雅典人始终追随着罗马人，他们的忠诚众所周知。他们当时的处境可以为其行为开脱，一边受到米特达拉梯人的武力压制，一边又遭到友军的围困，于是才不得不被迫听命于敌人了。”

4. 和 5. 在完全的侵害和纯然的灾难之间，有时可能存在一种中间类型的行为，同时带有两方面的性质，既不能说是明确地故意为之，也不能以不知情和缺乏判断来开脱。纯粹的灾难既不存在惩罚的问题，也无需对相关方的相关损失作出补偿。所以，历史中的许多实例使我们能够区分战争的始作俑者及主体，以及被迫追随他人的附属者。

6. 但是谈到战争的发动者，也必须根据战争的动机和理由作一区分：有一些看似正当、但实际上非正义的，可能会利用良好的意愿。赫伦尼乌斯(Harennius)将此作为侵犯行为最公平的抗辩：实施侵犯行为者不是意图报复或者带有残酷的动机，而是听命于责任感和一种正直的热忱。

西塞罗在《论义务》第一卷中建议赦免那些在战争中并无残暴行为的人，而意图维护国家荣誉的战争则应当在节制的原则下进行。在他的一封书信中谈到庞培
361 和恺撒之间的战争，他说，这场两位杰出人物之间的争斗掺杂了太多不可告人的动机和原因，以至于许多人茫然不知应该支持哪一方。在他为马塞拉斯所作的演说中也谈到，这种犹疑也许可能是一种错误，但决不至于被指控为犯罪。

7. 这种在战争中的容忍不仅是对正义的献礼，也是对人道的献礼，对节制的献礼，对灵魂之伟大的献礼。萨拉斯特(Sallust)说，罗马的伟大正是建立在节制的基础上的。塔西佗描述他的同胞时也说，他们对于被征服者和哀求者的人道决不亚于他们在战场上的英勇。

关于这一点，赫伦尼乌斯在其著作第四卷中有精彩的论述，他说：“那是我们先祖令人钦佩的决定，不使任何被俘的君主被剥夺生命。因为那将违背共同的正义，以肆意的残酷和严苛对那些命运掌握于我们手中的人滥施权力，将他们从当初正义所确定的高位贬低；而他们当初的敌意早已经忘却了。因为在争胜时将敌人当成令人尊敬的对手乃是勇气的特征；在征服对手后则人道地对待他们，以减轻战争造成的不幸，并且改善和平的条件和关系。但是有人可能会问，如果敌人现在得此

厚待，难道当初他自己不会也行同样的宽大之举吗？对此可以答复道：现在对于他所做的一切，并不是效法他以前未行之事，甚至也不是效法当初应为之事的结果。”

8. 尽管在某些情况下，绝对的正义并不谴责在战争中牺牲生命的行为，但人道要求尽量作出最大限度的预先警告，以防止陷无辜者于危险之中，除非是在非常紧急和必要的情况下。

9. 确立了这些一般原则之后，就不难处理特殊情况。塞涅卡说：“在战争的灾难面前，儿童因其年龄、妇女因其性别而得到免除和宽恕。”在希伯来人的战争中，甚至当和平提议遭到拒绝后，上帝仍然命令妇女儿童将会得到赦免。

所以，当尼尼微人（Ninevites）因为犯下了极其严重的罪行而遭到灭顶之灾的
威胁时，一种对于惩罚的缓解措施仍然被允许——处于不能分辨是非的年纪的人 362
获得了赦免。

如果将生命作为最高奖赏赐予人类，并且对此拥有最高处置权的上帝都为自己规定了类似的规则，那么对于只负有增进福利、维护生命这惟一使命的人类而言，就当然有义务按照同样的规则行事。因此年迈者和妇女都公平地被赦免，除非后者放弃其性别特权而作为男子拿起武器参战。

10. 对于生活方式完全远离使用武力的男性，也可以设置同样的规则。第一类就是神职人员，在所有的国家，自最久远的古代起他们就被排除在武装人员之外。故此，在《圣经》记载的历史上有例可循：在迦巴（Gaba），犹太人的敌人非利士人（Philistines）避免伤及先知团（the company of prophets）；大卫则跟随撒母耳逃到另一个保护先知免受干扰侵害的地方。

普卢塔克谈到克里特人（Cretans）时说，即使在秩序已经被内部矛盾完全破坏之后，他们仍然禁止对任何僧侣成员，以及其他受雇于为死者举行神圣仪式的人采取暴力行动。因此希腊人将“大屠杀”的概念谚语式地表达为“不剩一个为祭坛点火的人”。

与神圣的僧侣同样享有特权的，还有那些献身于追求知识以及从事其他有益于人类的研究的人。

11. 狄奥多拉斯(Diodorus)称赞印度人说，他们在相互之间的一切战争中都避免伤及从事耕种的人，因为他们是所有人的共同施惠者。普卢塔克记述了科林斯人(Corinthians)和麦加拉人(Megarensians)中的同样做法。另外，居鲁士也曾去信告知亚述国王，说他希望避免一切针对耕种土地者的侵扰。

12. 在上述免受战争不幸的人之列，还可以加上商人，不仅是那些在敌国定居
363 者，也包括土生的正式国民；工匠以及其他一切以和平的手艺谋生的人也都包括
在内。

13. 和 14. 更为文明的方式已经废止了野蛮的处死战俘的做法，同样道理，在战斗或包围中投降者保留性命的约定也不得被拒绝。

罗马人围攻市镇时，只要在攻城棰击中城墙之前总是会接受有条件的投降。恺撒告诉阿杜亚都契人(Atuatici)，只要他们在攻城棰调来之前投降，他就放过他们的城市。在现代，这也是通常的做法，在炮弹发射或地雷引发之前会送交最后通牒要求敌方投降——在拥有较强防御的地方，则通常在总攻发动之前送交最后通牒。

15. 和 16. 对于这些自然法和衡平规则有时会有一种阻却事由，这来自在遭到顽强抵抗的情况下报复或制造恐怖的必要性。但这种理由绝对不是正当的。因为在投降之后，当地并不存在来自战俘的威胁，没有任何证据能够证明进一步流血的正当性。——有时确实会实施这样的严酷行为，但只能是在出现巨大的不义或背信行为的地方；另外，如果捕获叛逃者也可对其加以实施。

有时，制造恐怖可以产生非常重大的利益，在防止将来出现同样的犯罪行为的条件下，可以将实施苛刻行为的权利扩展到顶点。但顽强抵抗的行为，只能被视为一种对于信赖的忠诚执行，而不能被认为是一种过错行为，从而使极端的严酷行为获得合法性。

17. 如果确实犯有罪当处死的过错，但犯法者人数过众，那么，通常出于仁慈的原因，会在某种程度上不完全按照法定限制加以严格执行；如此行事的权力建立于上帝自身的事例，他命令提供给迦南人(Canaanites)和他们的邻人——世上最最

邪恶的人——此类和平的机会，以成为附属国的条件饶过他们的性命。 364

18. 根据上文提出和主张的观点，不难得出自然法关于人质的原则。

最初，根据普遍接受的观点，每个人都对其人身财产拥有相同的权利，然后，通过明示或默示的同意将这种权利让渡给国家。所以，毫不奇怪，我们能够发现，尽管人质作为个人完全是无害和无辜的，但仍然为其国家的罪行而受到惩罚；在这种情况下，国家对于此类规则的同意也就暗含了个人的同意，因为个人在最初已将其个人意志放弃给公意，在此之后也就确实归属于公意了。

但随着黎明照耀世界，对于其权力范围获得了清晰认识的人们认识到，上帝在赋予人类整个地球的土地之后，将处置人类生命的最高权力保留在了自己的手中，故此，没有人能够将关系到自己或他人生命的权利让渡给任何人。

19. 作为本论题的结论是：所有并非旨在获得一种有争议的权利或结束战争，而仅仅是意图展示一方强力的行为，完全有悖于基督教徒的职责和人道的原理。所以基督教君主们理应禁止一切不必要的流血，因为他们必须向国家委任他们完成的事项负责——也正是由国家的权力，并为了国家的利益，他们才得以拥有手中的剑。

[英译者注]

1. 第十章主要包括散见于本书其他各处的论述，略。

365
第十二章 论劫掠敌国时的节制

劫掠敌国的合法性——当此类物对本方有所用益且脱离敌方控制时，行使此项权利的克制——有望尽快完成征服时的克制，或当此类物并不直接助益敌方以使其维持战争——为宗教目的之建筑不得无端破坏——此种节制的益处

1. 必须存在以下三种情况之一，才能使损毁他人所有物的行为获得合法性：一种是原始财产制度所设计的必要时的例外，比如任何人都可以将他人的剑扔进河中以防止一个疯子用来破坏——但根据本书前文所主张的原则，他仍然负有弥补损失的责任[1]；或者，存在由于不履行约定而发生的债，损毁行为就被视为对债的清偿；或者，存在某种侵略行为，损毁是对此的适当惩罚。

当然，驱散一些我方的牲畜，或者焚烧一些我方的房屋，决不能构成足够正当的理由而破坏敌方的整个国家。波里比阿正确地认为，在战争中的报复不应走极端，也不应超过侵略者为其罪行所应承受的必要惩罚的限度。只有在基于这些正当目的，并且受到这些限制的情况下，才可以进行惩罚。但是，出于实用的目的有意造成这种条件的不在此列——那实在是愚蠢地（并且比愚蠢更糟）、无端地伤害他人。

基于对此问题适时公正的衡量，此类行为更多地被认为是一种令人反感的举
366 动，而不是经过了必要的审慎讨论的结果。因为最紧迫和正当的动机极少持续很长时间，并且常常为更重要的人道目的所超越。

2. 在某些情况下，可以扣押属于敌方的物，以阻止其由此获益，而损毁则是一种没有必要的、荒唐的行为。关于这种情况，神法也有自己的观点，要求在包围作战中野生林木可以被用来建筑工事，而生产果实的树木以及一切必需的供养人类之物，如果可能就应当放过。

3. 在有望快速赢得胜利和征服时，审慎要求将军和指挥官尽可能克制一切破坏行为，因为敌方的这些财产不久就将归属我方的国家或君主，授权并实施破坏只

会给自己带来损失。所以，我们由普卢塔克的记述得知，当菲利普①蹂躏了色萨利(Thessaly)，摧毁并劫掠了整个国家的时候，弗拉米尼(Flaminius)②正通过已经成为本方领土的、敌方放弃的国家，命令部队以平常方式行军。

4. 其次，当敌方拥有可进行供给的其他来源，比如从海上或其他相邻地区时，则摧毁敌国也是不必要的。按修昔底德所说，阿奇达慕斯(Archidamus)③在试图劝阻斯巴达人不要与雅典人开战时问道，他们通过这样一场战争想要得到的是什么？就算拥有在数量、质量上占优势的军队，可以轻易摧毁阿提卡(Attica)，对方仍然可以从其他领土以及海上进口获得供给。所以在这种情况下，最好放过农业区域，即使是位于双方的边境上；最近在低地国家的战争中也遵循了这种做法，各方都获得了捐赋以提供此类保证。

5. 有一些物并不会对战争的供给和延长有任何助益，具有这种性质的物——
即使是处于激战之中——本身就要求获得免除。波里比阿称，既不削弱敌方、也不 367
增强己方的破坏行为，乃是残酷的暴行和疯子行径；这些东西包括诸如廊柱、神庙、雕像以及所有其他高雅优美的作品和艺术的纪念物。西塞罗评论马塞拉斯之保护叙拉古的公私建筑说，就好像他是带着他的军队来保护它们，而不是以排山倒海之势来攻占此地的。

6. 除以上所说的关于其他艺术装饰品的节制规则之外，在关于为宗教目的之物时，必须遵守此项规则还有更重要的理由。尽管此类物及建筑根据万国法作为国家财产可以加以毁坏，但是，因为它们既没有增添战争的不幸，又没有迟滞胜利的实现，所以对于圣物及相关的一切应当给予恭敬的免除；尤其是，在根据同样的基本律法信奉同一个上帝的国家之间理应遵从这一规则，尽管各国的法律及观念都稍许有些不同。修昔底德说，他那个时代的希腊人在互相侵入到他方领土时，都避免触及宗教殿堂；李维也有类似的说法，阿尔巴(Alba)为罗马人摧毁之时，万神殿却得到了保留。

---

① 此处当指马其顿国王菲利普五世(Philipu V，公元前231—前179)。

② 弗拉米尼，古罗马政治家、将领，第二次布匿战争中在希腊击败菲利普五世。

③ 阿奇达慕斯，斯巴达国王。

7. 关于宗教圣殿所述同样适用于为纪念死者所立的纪念物：不必要地打扰死者沉睡中的尸骨，完全漠视了我们共同人性的法则和纽带。

8. 尽管此处讨论的并非战争所有各方面的效果，而仅仅是通过在正当和合法范畴内定义战争行为，以对其进行规制；但是也并不排斥考察由战争产生的效果所导出的规则和实践。因此，防止敌方被逼入绝境的做法，也是前面所推介的节制的一个重要品质。一些神学家对此有公正的论述：所有希望上帝和人类都能看到这
368 些的基督教君主和统治者，都会以运用其权威来防止在攻城略地过程中的一切不必要暴力为己任；因为将严苛的行为推至极端就不可能避免大量无辜者的死亡。而此类行为，除了无助于结束战争之外，也完全有悖于一切基督教和正义的原则。

［英译者注］

1. 见本书第二编第二章第 9 节。

第十三章　论战争中行使捕获权的节制 369

敌方国民所拥有的财产，作为抵押或债进行扣留——不是作为对他人罪行的惩罚而捕获——由交战国发生的债或义务，举例说明——基于人道的原则，在行使此类权利时的克制

1. 即使是在正义战争中，捕获敌方物资也并不是在所有情况下都完全符合正义的，捕获者也并非总是不负返还义务的。因为严格说来，根据纯粹正义的规则，没收或扣押敌方所负债务额以外的物资是不合法的。但实际上可能有超额的物资被扣押，以作为一种必要的抵押担保，但仍附以条件：只要危险一旦消除就立刻返还——完全恢复原状，或者付以相当的补偿。

于是，捕获的权利在此并不直接赋予财产或取得的权利，但是，一旦任何物都可以成为应给付的标的时——无论是来自罚金还是某项协议的不履行，在这两种情况下，只要能够捕获敌方物资，即取得对其的权利。在后一种债，不只债务人自己的财产，还有那些属于其国民的财产，都可根据万国法确定的原则加以扣留以作为担保。

万国法上的此项权利与单纯建立在免责基础上的或依赖外部法律效力的权利是大相径庭的。因为，由个人允诺与我们达成契约者不仅获得了一种对于财产的外部及法律上的权利，还要求一种基于良心的内在的权利；于是他也就可以获得由共同允诺而来的同样权利，这种权利实际上是由许多个人允诺所组成的，法律则称之为“国家契约”。

对于此类交易，最好各国能够批准这样一种规则，建立相应的法律，不仅可以防止巨大的不公，也可以使每个人都能够获得其自己的权利。 370

2. 但是，对另一种由罚金或惩罚发生的债，看来各国并没有同意建立任何针对国民财产的权利。由于他人的过错而对某人的财产进行限制是一种恶劣的行为，因此不应超越法律所实际规定的范围。通过满足前一种债的方法由后一种债得到利益也是不对的，因为，虽然因损害或契约不履行而发生的债权可以被视为财

产的一部分，但在惩罚却并非如此，那是纯粹私人性质的，故此放弃这种权利也并没有任何损失发生。

此处的观点并没有因为前文[1]所述的雅典法而遭到削弱。在那里认为，国民不能因将罪犯付诸惩罚的过程而遭受损失，因为国家有义务进行惩罚，而在迫使国家为其应为之事的过程中就会由责任发生一种债，并且更多地关系前一种而非后一种。因为被迫惩罚他人同有义务进行惩罚之间是有区别的：尽管后者经常由怠于为前者之行为而发生，但二者仍然存在类似因果之间的区别。

敌方国民的财产只有作为对敌方捕获行为的报复才可以加以捕获；但不能作为疏于将违法者绳之以法的惩罚。违法者本人，包括在此方面疏于履行职责的人，必须为其罪行负责。

3. 国民的物资可以由捕获而成为财产，不仅是用来清偿因引起战争而负的原始债务，还用来清偿那些由战争而引起的其他债务。在此意义上，有人主张，战争中的捕获并不是主债的最佳补偿方式，而只是进一步满足对于侵略的损害赔偿的
371 一种手段。这是有道理的。所以，根据李维所说，罗马人在同安提柯(Antiochus)的纷争中认为，要求安提柯大王为在他所引起的战争中发生的一切费用进行补偿，是完全合理的。实际上，任何公平地加于被征服者的条款，都可以通过战争得到公平的执行。

4. 扣押敌国无辜国民的财产，以迫使最初的侵略者——或债务人——为其所为作出补救的权利，看来已经获得创设，尽管加诸无辜者的行为决不是合法的权利，在某种程度上也不符合人道的原则。而另一方面，在历史、尤其是罗马史中，符合人道的事例俯拾皆是：只要降服进贡，土地就归还给被征服者。

[英译者注]

1. 见本书第三编第二章。

第十五章[1] 论对于获取统治权的节制 372

内在正义如何允许我们获得统治权——在行使对于被征服者权利时的节制是值得赞扬的——同征服者的融合——允许他们保有领土——在其中设置要塞——课以贡赋或其他负担——此类节制的效果——被征服政府形式的改变——允许被征服者享有部分以往的自由——尤其是在宗教事务——仁慈之彰显

1. 备受赞许的这种针对个人的公正和节制在运用于国家时更值得赞美；在此不正义会附随更多超常的不幸，节制也会产生更多有益的财富。

在正义战争中，对于一个民族的统治权利，以及此民族所拥有的主权，也可以像其他权利那样获得。但是在提供针对侵略和将来可能罪行的担保之前，绝对不得主张此类权利。

但是，在此很有必要考察动机，尤其是在所有的和平条约以及对于胜利之后的获益中，这种动机往往同其他因素掺杂在一起。或许一个主权王国(a sovereign prince)或国家可以基于节制原则放弃这样一种主张，但是其国民将来的安全又何在呢？——使被征服的敌方过于松懈的做法，更多的是一种残酷而不是怀柔。

2. 亚里士多德不止一次说过，进行战争是为和平之缘故，历尽艰辛是为闲暇的享有。同样的，西塞罗也认为，人们进行战争才可以生活在没有侵扰的和平之中。根据真正的宗教导师的教诲，战争也可以用来清除和平道路上的一切障碍。 373

我们可以从历史中发现，在原始时代，战争通常是用来守土而非拓疆。任何背离此项规则的行为都被视为非法：所以先知阿摩司(Amos)谴责亚扪人好为征服之事。

3. 古罗马人审慎的节制同这种远古的单纯模式基本一致。尽管四出征服，但他们通过将被征服者融合进来而减轻其不幸。

4. 另一个在胜利后获益过程中节制的标志是，将原本合法地属于被征服的国王或民族的领土仍交由他们掌控。

波里比阿高度赞扬了安提戈努斯(Antigonus)的睿智和美德,他掌握着斯巴达,但允许居民保持他们本民族的政体和自由。

5. 实际上,有时候尽管征服者允许降服的人民保有他们的领土和主权,但也必须为自己的安全考虑而在他们的国家设置一些要塞。

6. 通常也会征收税赋,并不完全作为战争费用的补偿,而且也是作为征服与被征服双方之间的未来安全的保证。基于前面[2]解释不平等条约性质时论述过的同样原理,被征服国家可能还会被要求交出一定数量的船只和堡垒,以及将其军队限制在一定数量之内。

7. 将部分或全部的领土交还被征服国家,有时并不仅仅是一种符合正义和人道的行为,而且也是一种正确运用政策的行为。在努马(Numa)①设置的制度中,庆祝界碑的仪式和边界的神性,都备受评论;禁止在这些仪式中使用血祭,暗示了没有
374 什么比每个国家将自己限定于正确的边界之内更有助于世界的和平与融洽了。

根据弗洛鲁斯(Florus)②的观点,完成征服比保全征服容易得多。柏拉图在《法律篇》中借用赫西奥德(Hesiod)的箴言说,一半胜于全部。

8. 古代的斯巴达人和雅典人对于被征服的城邦并不要求更多的统治权,而只是单纯地希望他们采用和自己一样的政府形式,斯巴达人生活于贵族政体之下,雅典则是民主政体。至于此类改变是否有助于征服者的安全,则并不是在此加以考察的目的了。

9. 如果对被征服者行使任何统治权都不是完全安全的,那么也许就应该将部分其以往所拥有的主权和权力留由其自己行使。所以,甚至在阿基拉斯(Archelaus)③被剥夺了其国家之后,犹太人的权杖仍然由宗教会议(the Sanhedrim)掌

① 努马,(传说中)罗马王政时期的王,在罗慕洛斯之后。

② 弗洛鲁斯(约 74—约 150 年),罗马历史学家,活跃于图拉真和哈德良时期,著有《罗马史纲要》。

③ 阿基拉斯,希律的儿子,希律死后和兄弟三分其国。

控；亚历山大在很多情况下，只要求大流士臣服于自己，就允许他保持对于其他国家的统治权。

10. 甚至在被征服国被剥夺了所有主权之后，仍然被允许保留自己的一些法律、特权以及较不重要的地方行政长官。普林尼(Pliny)在其信中告诉我们，在比提尼亚(Bithynia)①总督行省，阿帕米亚城(Apamaea)被允许按自己的意愿组织政府形式，而且在其他地方比提尼亚人也被允许保持自己的行政长官和自己的元老院。

11. 这种容忍应当向所有人彰显，尤其是涉及其祖先传下的宗教，只有在他们自己同意并确认的情况下才可以被剥夺。斐洛(Philo)在其大使述职中引用阿格里巴(Agrippa)②对盖尤斯(Caius)③的致词来赞成这种容忍：对被征服人民表示谢意而且对于征服者也并无偏见。同时，征服者也要注意对于真正宗教的偏见和排斥的错误意见，不可使之流行；君士坦丁击溃李锡尼(Licinius)一党时就是这样做的，后来又有法兰克人和其他国王继承之。

[英译者注]

1. 英译文从原文第十三章跳到第十五章。
2. 见本书第二编第十五章第7节。

---

① 比提尼亚，在黑海南岸，与拜占庭隔海峡相对。
② 阿格里巴，屋大维的部将、密友，盖尤斯的岳父。
③ 盖尤斯，即卡利古拉，罗马皇帝，37～41年在位。

第十六章　论对被万国法排除在
375
复境权之外的物获取的节制

内在正义要求返还在非正义战争中从敌方捕获的物——例外情况——被敌方不正当夺取的国民和国土应当回复于原初的君主之下——关于返还期限届满时间的说明——如何处理存疑的情况

1. 在正义战争中获得的战利品如何成为捕获者的财产，已经在前面解释过了。其中还必须排除由复境权可以回复的物，这部分本来就不能作为战利品。

但是，在非正义战争中捕获的物，不仅要求捕获者返还，还要求通过任何方式获得它们的其他人返还。因为，如罗马法学家所言，没有人可以向他人转让一种超出他所拥有的权利。在此，最初的捕获者对于财产没有任何正当权利，从他那里获得财产的人也不能获得任何优于第二或第三手占有人的权利的资格，这种权利只是法律在没有反证之前推定由他享有的，并且可能由此发生诉讼。所以这种权利不能善意地对抗物的真正所有人，物是从他那里通过不正当的方法获得的。

2. 和 3. 因而这类物将被返还给受到剥夺的人，我们可以发现，在古代历史中这是司空见惯的。李维在记述沃尔西人（Volscians）和埃魁人（Aequi）被一个罗马执政官打败时说，战利品在公共场所公开展示三天，只要有人前来认领属于他的物
376 就可以带走。[1]

但是，如果有人通过购买占有此类物品，那么就要问，他能否向最初的捕获者主张其为此支付的价款？根据前面确定的原理[2]，他当然可以主张与其丧失的物相当的价款，但此物已然不可追回了。

亚伯兰①的史迹看来正好适用此论题。他征伐五王得胜归来，位高权重，但并没有自己独占战利品，而是将这些夺回的物视为自己的权利，以补偿他所承担的艰

---

① 亚伯兰在与上帝订立割礼之约时，被上帝赐名“亚伯拉罕”。征伐五王时，亚伯兰尚未改名。

辛和危险；在扣除了必要开销费用后，他将十分之一献给上帝，并将另一部分分给他的同伴。

4. 同物返还原所有人一样，国民也遣返于先前合法的君主之下。

5. 这种返还义务经过多长期间消灭，通常是一个有待查证的问题。但是，如果争议发生在同一国家的国民之间，那么就必须由这个国家的国内法解决；如果争议双方是外国国民，那么这个问题只能通过推定构成物之抛弃的必要时间来加以推测了。

6. 在这种战争权利存疑时，遵循西西温的阿拉图斯（Aratus of Sicyon）①的做法是最稳妥的：建议现占有人多少接受些金钱以代替对物的占有，而向物的原始所有者也推荐同样的方法：在可能的情况下接受与回复其权利相当的金钱。

［英译者注］

1. “认领此种性质物的困难，以及在权利主张诉讼过程中发生的无休止的争议，被认为有足够的理由建立一种相反的做法。于是因此动产及战利品就被排斥在复境权所及权利之外，除非在敌方捕获之后当即夺回；在这种情况下财产所有人既对认领毫无困难，也不被推定为丧失权利。”——瓦特尔前引书第3编，第14章，第209节。

2. 见本书第二编第五章第9节。

① 西西温的阿拉图斯（公元前271—前213），希腊同盟的将领，同马其顿作战。

377
第十七章　关于战争中立者

属于中立者的物不得捕获，除非在特别必要的情况下，并且准备支付完全的价款——中立国对于交战方的行为

1. 由于不存在任何针对中立国的战争权利，所以谈论中立国看起来好像是多余的。但是在必要的时候，战争会引起许多针对中立国的进攻行为，特别是军事行动在邻近区域展开时；在此也许还需要简单地重复一个前面提出的论点，即只有在极端紧迫的情况下一国才可以拥有一种针对另一不涉战国家的权利。

同样清楚的是，如果处在同样的需求下，即使有紧急情况，将他人之物夺来为己所用的行为也不能获得合法性。甚至紧急状况迫在眉睫时，也不能超越另一种紧急状况的直接要求而将他人的财产夺来为我们自己所用。如果通过对物的保管，扣留已经足够满足目的，那么用益和消费行为就是绝对非法的。如果用益是出于必要，那就必定是一种滥用；如果这种完全的滥用是必需的，那么就应当给付完全的价款。

2. 此外，根据前文所述，战争中立方有义务不做任何有助非正义方增强实力的行为，也不得做任何阻碍正义方的行为。但在存疑的情况下，中立方应当向双方表示出公平的态度——不向被围困地区派出救援人员，但应允许各方部队通过其
378 国土，购买粮草及其他军需品。根据修昔底德的记载，科西拉人(Corcyraeans)①说，如果雅典人真想保持中立，就应该禁止科林斯人在阿提卡地区招募士兵，或者授予他们同样的特权。罗马人抗议马其顿国王菲利普的行为，指责他双重违反条约：一方面损害了罗马人民的盟友，一方面又以人力财力支持敌人。

① 科西拉，科林斯的殖民地。

第十九章[1] 论敌对双方间的诚信 379

各敌对方之间的诚信——甚至是在与海盗及类似的其他人之间，在与其订立的协议中——不处在恐吓之下而作出的承诺具有约束力——誓言必须遵守——万国法不允许将受到恐吓作为例外而对上述规则进行抗辩——甚至对背信的敌方也要保持善意——一方违背诺言时，义务解除——或者拒绝一种公正的赔偿时——甚至是在义务由另一不同的契约发生时——由引起的损失发生——或由处罚发生——这些原则对于战争的适用

1. 前面已经说过，战争中合法行为的数量和范围可以基于其本身的内在价值以及由此发生的一些先在约定来加以考量。前一点前文已经完整地解释过了，此处应当对后一点加以讨论，这就涉及了敌对方相互之间的诚信。

西塞罗在其《论善与恶的界限》(On the Bounds of Good and Evil)第五卷中有很好的论述说，每个人都应当对信守诺言的品性表示赞赏，不仅出于公正的动机，而且在对己不利的情况下也应如此。奥古斯丁(Augustine)也说，信守对敌人所作的诺言是正确的，因为一个人在敌人的性质之下并没有失去要求履行诺言的权利，这是一种每一个有理性的人都能够保有的权利。这是发生承诺之义务的理性和言辞的力量。不可以推想，因为在某些情况下欺骗敌人是合法的，同样的规则就允许背弃诺言。因为说真话的义务是基于先于交战国存在的原因而发生的，而且这些原因是战争国家赖以改变和精简的必要条件。但是，一个承诺也授予其自身一种
新的权利。有一种区别没有逃过亚里士多德的注意，他在谈到说真话时说，他不认 380
为诺言中的真实和真诚涉及正义或非正义，它们属于另一类的美德。

2. 至于同海盗达成的协议，我们可以看到，庞培在很大程度上通过协议结束了同他们之间的争端，饶他们不死，允许他们定居下来，条件是放弃过去的生活方式。万国法倒并没有在正义合法战争所涉及的普通敌人中建立起同样的与其沟通的模式；但作为人这一特定境况仍然赋予他们这些特权，这是由自然法所规定的——在自然法中遵守诺言是一致的规则。

3. 让我们来考察对于这个问题是否会有一种比西塞罗的观点更可疑的说法。——首先可能会说，残暴的罪犯并不构成国家的一部分，根据自然法，可以由任何人对其加以惩罚。所以，根据同样的道理，可能被处以死刑者可以被剥夺财产和所有的权利。在这些权利中包括了要求实践承诺和约定的权利：因而通过惩罚的方式罪犯被剥夺了这项权利。作为答复则可以说，当然可能存在这种情况，但是遭到这种待遇的人并非作为一名罪犯：因为所有这些针对他的待遇表明他已经不再被当作罪犯，而是拥有一切协议权利的人，他的罪犯性质实际上未加考虑，所有因罪犯身份而导致的惩罚好像都被免除了。所以，协议的每一项都必须加以解释，以避免自相矛盾。

4. 反对遵循善意原则对待海盗的意见，源自他们以恐吓手段强订条款的行当。故此，若承诺出于强迫，则承诺人解除其约定义务，因为他已经不正当地由一种有悖人的自由天性、并且有悖人的行为性质的条款而蒙受了损失，协议应当解除。

应当承认这种情况有时确会发生，但并不适用于一切对海盗所作的承诺。因
381 为要使一个业已接受一种承诺的人能够解除其约定义务，承诺人本身必须是在不正当的恐吓之下作出承诺的。所以，如果某人已经承诺以赎金赎回其遭到囚禁的朋友，他就要受到承诺的约束。在这种情况下并没有恐吓的影响，因为他是完全自愿达成契约的。

5. 在恐吓的强制之下作出的承诺在某种情况下也具有约束力，那就是已经由庄严的宣誓加以确认：在这种情况下，一个人不只是对同类作出了承诺，而且通过最神圣的诉求将自己约束于上帝；不管是恐吓还是其他原因，都不能与之对抗而成为例外。但承诺者的继承人并不受此类义务的约束，因为遗产继承是根据建立于财产原始制度的人类交往规则进行的，而这一类实践誓言的神圣权利并不包括在内。由以上讨论可以得出结论，如果某人违背了对此类敌人所作的承诺，则无论是否在誓言之下，在此方面他不必为其他国家的惩罚负责，因为由于海盗行为所引起的普遍恐慌，国家已经认为对于这些人未经告知就默许违背诚信原则的行为是正当的了。

11. [2]在正式战争——亦即通过宣战，由君主或国家授权进行，同时在双方间展开的战争——的许多其他法律权利中，还包括了赋予每一项承诺有效性，这有助于战争的结束；所以，如果任何一方处于不正常的对未来灾祸的恐惧之中——甚至违背其意愿——而作出了对其不利的承诺，或者同意了对其不利的条款，那么这样一种协议应当具有约束力。因为万国法允许交战方在可能的情况下互相威吓，以使对方屈从于最不公平的条款，同样也就准许许多自然法和国内法上不那么公平的东西了。因为，如果这样一种做法得不到确立，那么普遍发生的战争就永无宁日，而结束战争对于人类的利益而言实在是太重要了。

这些就是西塞罗所说的应当为敌方不可侵犯地保持的权利：因为敌人不仅拥有其在战争中的自然权利，还拥有一些其他源于国家间同意的权利。但这不能因 382
此导出说，任何在非正义战争中通过此类承诺实施强占的人，都可以在良善者的虔敬和责任感之下持续保有其所得，他也不能强迫他人坚守此种协议，无论是否处在誓言之下。因为这种承诺的自然和内在的非正义性质是永远不变的，也不能被去除或转化，直到获得承诺方新的且自由的合意。

12. 只有在万国法允许的情况下，才可以在常规战争中合法实施恐怖影响。故而没有人可以有效获得大使在扣押其随员的威胁之下而作出的承诺。

13. 和 14. 在两种情况下，承诺人不会因不履行其承诺和协议而担上“背信”的罪名：包括条件尚未成立，以及已经作出了相应的补偿。因为，当协议中只有明示一方作某种行为，另一方才相应履行其义务时，这整个协议的所有条款看起来是联结在一起的。因而图鲁斯(Tullus)①在答复阿尔巴人时祈求神灵降祸于他们，因为是他们首先希望外交官们遭到刀兵之灾并拒绝了其请求返回的正当要求。对此乌尔比安说，由于协议赖以成立的某些条件没有成立而拒绝协议，就不应再视其为同盟者了。为此，除非有意为之，否则通常要以明示条款规定，对于某一特定条款的违反并不导致整个协议的无效。

15. 赔偿的起源已经在第二编[3]中解释过了，那是我们接受处于他人手中或我

① 图鲁斯，罗马王政时期的王，在努马之后。

们应得之物的等价物的权力和权利，并且除此以外别无他法；如此，根据同样的道理，对于已经处于我方控制之下的物就更有理由享有权利，无论是有体物还是无体
383 物。因此，如果某项承诺只是他方占有我方之物的等价物，我们就不负有履行的义务。塞涅卡在其《论利益》(On Benefits)第五卷中说，如果债权人获取了超出其债额度的等价物，通常就对债务人负有一种义务；因为，尽管他确实借出了钱款，但若他因此而获得对并未购买的土地的占有，则就同债务人互换了地位，这次轮到他成为债务人了。

16. 如果缔约方之一在另一协议中负有同样或更多的债务，并且除了以当前契约之利加以清偿外别无他法——尽管同前一个债并无关联，那么也是一样可以进行抵消的。但从法律的观点出发，所有的行为都是截然不同的，不管是其形式、基础还是混同的内容；但在某些情况下受到某些法律的限制，这总是必要的：一种法律不能同其他的法律混淆，但每个人在主张权利的过程中都必须基于不变和久经考验的基础。然而，万国法并不承认这类区别，在没有其他方法保障我们的权利时，可以允许超越这些法律。

17. 和 18. 同样需要说明的是，当一方强行获得了一项承诺，但并未以契约的方式协议确定任何债的关系，而只是对承诺人作了某种侵害，那么就可以采取一切能够平衡此项承诺的惩罚措施。

19. 当案件悬而不决，各方当事人进入和解协议时，无论达成何种协议——支付价款还是另外的赔偿金，他们就不能在达成此种协议的同时根据最初发生争议的事件要求进一步的补偿。同样道理，如果在战争期间交战方谈判解决最初的争议，那么就推定他们是解决一切产生敌对行为的原因，他们就不能继续有效享有战争权利，从而同时享有由此和由谈判产生的利益。因为，如果是这样，就不可能有任何条约得到确定的执行。

也许有人会问：何种性质的事物会导致应当对承诺作出赔偿呢？可以回答说，
384 这样一种承诺或协议可以在战争过程中发生的另一些责任的境况中发生，比如，撕毁停战协议、侵犯外交官权利，或者其他任何有悖万国法建立于交战方之间原则的行为。

在此还必须说明，当事方在进行赔偿时，应当抱有最大程度的谨慎，以禁绝侵犯到第三人的权利，尤其是在不违反万国法原则就可能发生这种状况的时候，在这种情况下，国民的财产可以为国家所负的债务负责。此外，这也是高贵的心灵甚至在已经受到损害的情况下仍然信守诺言的标志。这样的例子有，印度的圣人雅查斯(Jarchas)曾称赞那个受到邻国兼友邦损害的国王，说他不认为自己可以解除誓言下的协议，因为这乃是神圣的行为，并不因为他人的不义而撤销。

几乎一切有关某一交战方向另一方作出约定誓言的问题，都可以通过上文建立的原则来加以解决——包括对于允诺的性质和效力所作的一般性解释、誓言、协定以及对于君主义务相关权利的解释，还有对于疑点进行解释的方法等。但是，为了清除一切疑问和难点，一个对于最常见的、应用最广的谈判的简要讨论看来并不是令人厌烦的。

[英译者注]

1. 译文从原文第十七章跳到第十九章。
2. 原文第 6—10 节略。
3. 见本书第二编第十七章第 2 节。

第二十章　论结束战争的公开约定，包括
385 缔结和约、仲裁、人质以及保证

在君主国，缔结和约的权力属于皇家特权——在贵族和民主政体下，此项权利属于一个较大数量的群体——以何种方式，公共权力或其任何一部可以被让渡——由君主缔结的和约在何种程度上对国家或后继者有约束力——在缔结和约时为国家利益而放弃的个人财产——对于这些个人的补偿——在战争中承受的损失——通过万国法与通过市民法获得的物没有区别——君主同外国由公共效用的目的而达成的交易视为有效——解释和约条款的一般规则——在存疑情况下根据和约推定物的先前状态得以延续——物返还于战前所在国——自愿参加交战一方的独立国家不得要求另一方的赔偿——一般特赦——战前存在的私人债务不包括在内——捕获物的返还——关于此类返还的规则——对疑问作不利于制定条款方的解释——新的战争根据与撕毁和约的区别——由任何违背一般和平条款之行为而引起的决裂——盟友或国民达成的协议所造成的损害——对于特别协议的违反——条约的标题——附加处罚——条约履行中不可避免的妨碍——由受害方选择继续维持和约——友好关系——如何接收国民和流亡者可以被认为是一种违约——胜利——由仲裁结束战争——仲裁者受到严格正义规则的约束——绝对的和有条件的投降——只有存在明确的出质理由才可以扣留人质——由于作为出质理由的人的死亡而获释——保证的责任——补偿损失的权利

1. 约定，无论是明示还是默示的，必须是敌对方之间一切条约的基础。此外，明示约定——无论是公共还是私人性质，以及由主权者或下级权力机关作出的保证，构成了公开约定。也就是说，由主权者单独作出的保证能够缔结和约或实现战
386 争权利。在每一场战争结束的时候，都需要考察主要和次要的原因。条约通常是结束战争的主要手段，仲裁以及第三方的裁定被视为次要或补充的方法。

2. 根据一般规则：本人是处理自己事务的最佳裁断者，因而拥有发动战争之权力的人，乃是惟一拥有缔结和约之权力的人。由此推导，公战能够由各方主权者

单独发动，在王权政制下这种权力理所当然属于君主。

3. 和 4. 在民主或贵族政制下，发动战争及缔结和约的权力通常交与一些议会组织或团体，由多数意见达成条约、协议或决议，并且对议会中持反对意见者也具有约束力；而所有受和约约束者，无论是否赞成，均可享有和约带来的利益。

5. 在考察那些构成条约绝大多数实质部分的对象时，我们可以认为，王国并不完全是一种可以随意移转的世袭财产，而是一种为人民利益而交于君主手中的信托。实际上，甚至在王冠传袭到头上之前，君主们自己也已很清楚这一点，他们在坚守这种神圣义务的条件下才接受王位。

永远不得发生此种转让，从而导致类似于私人契约的结果，或者将臣民的财货用来履行此类协议。因为，如果发生这种情况，王国禁止这种转让的基本法律就失效了。

要使整个公共权力的转让有效，必须征得构成国家的各权力机关的同意。如果确认这种转让的任一特定部分，则必须同时征得全体和这一特定成员的同意，否则这种转让就好像是将一部分肢体从天然的身体上生生砍下。

在极其必需的情况下，全体人民可以将自身转交于另一主权之下，这无疑是一 387
种保存在社会原始结构中的权利。

也没有任何事物能够阻止国王转让他的世袭和私人的产业。但也有部分君主不能从王权中分离转移的皇家权力，尤其是当他在接受时附有不对相关任何部分进行私人用益的条件。

有两种途径可以使王室产业成为国王的世袭财产，不论是王国可分割还是不可分割的部分。在后者只能通过转让整个王国本身来完成，但在前者则可以由自身进行转让。而且，在王位不得世袭的地方，在这方面对于君主的限制更为有力。

6. 国家和王位继承人按照其由宪制规定的、在达成此类协议过程中享有的权利的比例而受到协议的约束。因为，尽管这种权力可能不是完全不受限制的，但也不应受到不必要的限制的阻碍。应当使君主能够在适当的场合运用其裁量和判断来为人民谋福利。

有两种情况是不同的：国王对于其臣民的权力更类似于主人对仆人的权力，而不像君主对于国家的权力那样，可以完全使人屈从于己，对财产有绝对的控制。故此，法老获得了埃及所有的土地，其他人则允许来到其领土内的陌生人在此条件下保有土地。因为在此存在另一种君主享有之外的权利，而且不经征服永远无法获得这种权利。

7. 君主们为缔结和约而处置个人财产的权利是经常发生争议的所在，除了作为君主，否则他们不得以其他任何方式对臣民财产行使此项权利。[1]

388 于是，国民的财产处于国家的最高控制之下，国家或代表它的君主可以使用、损毁或转让，不仅有时在极端必要的情况下允许个人可自由侵犯他人的财产，而且在所有时候，只要事关公共利益，原始的社会构建者所倾向的私人利益就要为之让路。但在这种情况下，需要说明的是，国家有责任以公共费用对个人的损失进行赔偿，以补偿受损者作出贡献的部分。即使国家无力当即赔偿损失，也不能就此解除此债务，一旦拥有了赔偿损失的途径，休眠中的权利要求和债务就复活了。

8. 要承认费迪南·瓦斯奎兹(Ferdinand Vasquez)的观点一定会使人犹豫再三，他认为，国家并不负有赔偿此类损失的义务，这些损失是在战争过程中偶然发生于个人的，属于战争法所容许的意外事件。

因为这类权利关注了外国与敌方之间的相互关系，但没有涉及国民自己之间的争议，而国民团结在同一个目标之下，理应分享因其拥护社会之权利而担负的共同损失。这似乎是一条由市民法建立的规则：不得以战争中的损失对国家提起诉
389 讼，在此每个人都会以更多的诚挚和热情来捍卫其财产。[2]

9. 有些人对于国民由万国法授权所拥有的财产与由市民法而来的财产作了区分，允许国王对于后者拥有更广泛的控制权，甚至有无需理由及补偿就加以剥夺的权力，而这种情况对前者是不存在的。但这是一种错误的区分。因为无论财产来源如何，总有一些特定部分是根据自然法得来的，因此，如果不是出于自身性质或所有人的某些行为，就不得被剥夺。

10. 除非因为某些公共利益，否则禁止抛弃私人财产的行为，这完全是君主与其臣民之间的事，而对于损失的补偿则是国家与个人之间的事。但是在一切君主

与外国人之间的事务，君主的行为就被赋予了一种国家有效性，不仅是因为他的个人尊严，也是根据万国法——万国法使臣民的财产为君主的行为负责。

11. 在和约的解释中，有利的内容总是被提到最高的高度，而不利的内容则尽可能地被加以限制。[3]

就纯粹的自然法而论，最可取的解释方式是能够由此使每个人都得以收回自己的财产。因此当条约条文存在歧义时，解释就应当偏向明显在理的一方，确认其参战所获得的结果，同样地也保证其承担的损失获得赔偿。

但是并不允许任何一方获得超出额度的赔偿，或者以惩罚的方式对任何物提出要求，那是十分无理的。

在缔结和约的过程中，几乎从不会有任何一方承认它的动机或要求是不正义的，于是就需要一种解释来平衡各方的主张——可以通过将争议财产恢复原状或者保持战争所导致的状态的方式来加以完成。 390

12. 在存疑的情况下，这两种方式中后者更好些，更容易加以调整，并且不会引起进一步的变化。由此战俘就享有复境权，这一点也在条约中载明。对叛逃者则并未宽恕，除非达成了如此的协议。因为根据战争法，任何国家都可以接受叛逃者，甚至将其收编入自己的军队。

根据此类协议，其余的物仍然由占有者保留，这并不意味着是一种市民法上的占有，而是一种自然占有：因为在战争中，只要存在占有就足够了，无需再寻求其他形式。当土地被防御工事圈入及加以保卫时，也认为在土地上形成了此类占有，但由宿营实施的临时性占领则不在此列。所以德摩斯梯尼(Demosthenes)在为忒西丰(Ctesiphon)所作的演说中称，菲利普急切地想要成为他所占领的所有地方的主人，因为他知道如此缔结和约他就将保有它们。

无体权利不能通过占有与之相关联的物而获得，例如，地役权，或通过享有它们的人；但当敌人成为整个国家的主人时，权利人就失去了此类权利。

13. 在其他形式的条约中，在战争中被中断的占有之恢复原状，就要考察在战争开始那一刻最后的占有；此占有是决定性的，所以被不正当驱逐的个人可以诉诸法律，要求通过临时裁决保持占有，或者确认其权利。

14. 如果一个独立的民族自愿并自动地将自己置于交战一方的控制和保护之下，就不能被包括在有权获得返还的人之列，这种返还只属于那些在战争中遭受了暴力、恐惧及合法战略所导致的损失的人。所以希腊城邦之间订立和约时，底比斯人保留了普拉提埃(Plataea)，因为他们既不是通过暴力，也不是由背叛获得了占有，而是通过自由的投降行为获得的。

15. 除非有明示的相反规定，否则按一般惯例，在所有的和约中都包含一种默
391 示同意，即对于因意外的战争灾难而引起的损失不得提起诉讼，对国家和个人都是如此。这是敌对国家的自然推论，在存疑的情况下，也应假定没有交战方会同意遭到不公正的有罪裁决。

16. 在战争开始时对个人所负有的债务并不认为就此解除。因为它们并不是通过战争法取得的：战争只是使对于他们的主张免予起诉，绝没有解除债务。所以当战争的阻碍消除后，此类债就重又获得了当初的效力。尽管不应推定任何人在战前存在的权利可以被简单地剥夺，但一般认为那些通过物品的共有和平均、在财产的基础上发生的权利则遭到了废止。因为，按西塞罗所说，国家和政府原本及主要是被设计用来保护每个人对自己财产的占有的。

17. 以惩罚的方式对任何种类的土地或物品提出主张的权利，并不同样具有上述原则所发生的效力。在君主和主权国家之间的此类交易和条约，看来也确实应当禁止，否则，如果旧的和原初的战争原因被允许维持并复活，那么和约就不会导致和平了。最为潜在和远期的目标被推定包括在最一般的条款之中，亦即隐没在有关赦免的规定中了。

18. 个人要求惩罚的权利并不推定为放弃，而是建立于完全不同的基础之上，因为这可以通过法律的裁判而不是诉诸武力来解决。但是，因为此类权利与完全的财产权不同，也因为惩罚在性质上总是令人不快的事物，所以只要有些许言辞上的臆测就足以导致其被推定为免除。

19. 战前存在的失权之阻却事由主要适用于个人权利。由于条约语词支持一

切可能的推测，所以最自然的推定是，各君主和各国作了充分的准备放弃那些尚未明确及完全确定的权利，尤其是在物质方面。故此，在对于他们的行为所作的最佳解释之下，推定他们已然满怀高尚的愿望以根除和摧毁一切战争的萌芽。 392

20. 一切在条约签订以后获得的捕获物，显然必须返还，因为条约终结了所有的战争权利。

21. 但在有关战争捕获物返还的条约中，相较于存在偏向一方的利益，存在双方利益之处必须有更进一步的解释。[4]

下一步，相比相关物的部分，对所有相关人的部分要进行更仔细的解释；在相关的物中，地产对动产拥有优先地位，由国家控制的物也比个人占有的得到更多的关照。此外，在个人占有物中，有收益的权利优于存在阻碍的权利，比如通过支付价款才获得的物以及嫁资。

22. 由和约获得物的人，从获得的那一刻起——但不得回溯——即享有物的孳息。奥古斯都就是以此观点反对小庞培，他获得伯罗奔尼撒后，声称同样有权收取前些年的贡赋。

23. 各国的名称按当时的实际使用情况而不是根据通俗意义加以确定，就像确定研究课题的科学家那样。

24. 只要存在先例或旧条约的参考，这些规则也是频繁使用的。在这种情况下，后订条约的性质和条件被认为是对于先订者所表达的一种重复。——立约方也被认为已经确实履行了可以履行的己方义务，而并未受到另一方争议的阻碍。 393

25. 要求在条约执行过程中短暂迟延的请求是不被允许的，除非某些不可预见的必要性引起了阻碍。尽管某些教会法可能同意这种请求——这并不奇怪——认为这只是在基督教徒之间发扬仁爱的一种做法。但这个问题关系到条约的解释，决定做什么对每个人最有好处，或者国家需要何种宗教和虔敬，并不是我们的任务，我们需要考虑的是每个人可以根据法定权限而被强迫作何种行为。

26. 在存疑事项，通常作偏向制定此条款一方的解释，因为通常这一方更强大；同样，在对交易条款进行解释时，通常不利于卖方，他可能会自责没有公开把话讲清楚。反之，另一方对条款有更清楚的理解，就可以公平地选择对自己最有利的解释。

27. 怎样才构成对和约的违反，是一个经常引起争议的问题。撕毁和约与存在新的战争基础和原因是不同的。这两者之间存在巨大的差异，关于侵略者引起的惩罚后果，以及被侵略方在其他方面解除自己的义务，都是不同的。

由三种途径可能导致和约的撕毁，——违背一切和约本质的行为，——违背特定和约明示条款的行为，——以及，与和约意图产生之效果相悖的行为。

28. 没有任何新的战争基础而进行敌对的侵略行动，是与一切和约的本质相违背的行为。而以任何貌似合理的借口动用武力，最好应该被推定为完全的非正义行为，而不是背信的不义行为。在此几乎没有必要再引用修昔底德的话："是首先发动进攻的国家，而不是以武力进行抵抗的那一方，违反了和约。"

394 确定了这些规则之后，还要考察在撕毁和约的过程中，谁是侵略者，谁是被侵略者。

29. 有些人认为，当盟国有此类行为时，和约也被撕毁。不可否认，可以签署协议使某盟国为另一国的行为，以及一种被视为部分任意、部分偶然的附条件才永久成立的和约而受到处罚。

但是很难令人相信，除非有确凿的证据，曾经订立过包含此类条款的和约。这不符合所有的规则，也有悖于签订和约国家的共同愿望。因此，没有他人协助实施敌对进攻行为的国家将被视为撕毁和约者，受害方只对此国家拥有施以武力的权利。

30. 如果国民在没有国家授权和任命的情况下实施了任何敌对行为，那么就需要进行调查，国家是否应当被判定须为个人的行为负责：如果证明国家了解个中事实，但疏于惩戒，则应当承担何种必要的责任。

实施了侵犯行为的国民之国家会收到正式通知，推定其知道事实，并且假定每个国家都能够控制和惩罚自己的国民，除非其权力存在某种瑕疵；而超过每个国家通常惩罚民事侵权人的时效，则可以被认为有意不加实施，这种行为等同于支持侵犯。

31. 同样，通常会进行一种调查，以查明国家是否应为其国民未经允许就拿起武器参加其他处于战争中的国家的军队而负责。按李维的记载，克里特人在此原则上澄清自己，他们并没有授权人民拿起武器。此类准许不能被视为已经授予，这也已经是成立的原则，除非有可能的理由表明应当授予：有时确实也这样做，根据古代埃托利亚人（Aetolians）的例子，他们认为自己有权剥夺所有劫掠者的战利品。波里比阿对于这种习惯的效力说道："当其他国家——埃托利亚人的朋友和盟友——互相征伐的时候，埃托利亚人仍然在双方的军队中服役，摧毁并劫掠他们各 395
自的国家。"

32. 此外，在没有新的战争基础的情况下，和约不仅可以由于针对国家的暴力行为，也可以由于针对任何国民的暴力行为而被视为撕毁。因为，国家是为了整体以及所有组成部分才签订和约，以保障每一个国民的安全的。

甚至在已经发生新的战争基础的时候，每个人仍然可以在和约存续期间保卫其人身和财产。以武力对抗武力乃是一种自然权利：一种不能因为对等基础而被轻易推定放弃的权利。

但实施报复或使用暴力追回失物是不合法的，除非是在正义荡然无存的地方。正义可能会认可某种迟延，但另一些方式要求即时执行，所以除非在特别紧急的情况下，否则不得迟延。但是，如果任何国家的国民坚持参与整个犯罪和侵略过程，不顾一切自然法和市民法，蔑视本国政府的权威，那么正义之手就不会再关照他们，任何人都可以合法地剥夺其捕获物，以同样严苛的方式对待他们，以作为对他们的惩罚。但是，以此为名攻击其他无辜者，则是对和约的一种直接违反。

33. 针对盟国的任何暴力行为也构成对和约的违反，但那必须是和约中载明的盟国。

甚至如果盟国并未亲自签订条约，而是他人为其利益而为，也适用同样的规则：因为可以证明这些盟国认为和约是经过批准和有效的。因为在确认它们同意批准之前，它们被认为是敌国。

其他非和约签订者或列名于其中的盟国及相关国家构成了一个独立的种类，任何针对他们的暴力行为不能被认为是违反和约。但并不是说不能以此引发战争，那是一种基于全新基础的战争。

396 34. 任何有悖和约明示条款的行为即导致和约的撕毁；这同样也意味着承诺的不履行。

35. 我们不能承认和约条款存在一种重要和不重要的区别。

因为，条约的所有条款都同样充分地需要考察，尽管基督教徒的仁爱可能会宽恕基于正常承认的违反。但是为了给持久和平提供充分的保障，对于次要条款可以加上适当的附加条款，声明违反此类条款不构成对整个条约的违反；或者规定应当首先进行仲裁而不是诉诸武力。

36. 这一点看起来已经在条约中明白无误地实施了，并为之设置了特别罚则。实际上，条约可能会在这些条款中规定，受害方拥有选择权，可以选择执行罚则或者撤销承诺；但此类事务的性质更倾向要求使用仲裁的方式。从历史事实可以获证，由于对方疏于履行而没有完全履行自己承诺的一方，绝没有撕毁和约的罪名，因为他的义务只是附条件的义务。

37. 如果存在不可避免的必要性使一方不能完全履行其承诺，比如，如果某物已经损毁或被剥夺，从而使返还变得不可能，那么不能视之为撕毁条约，条约的存续与否并不依赖于偶然的状况。但另一方可以拥有选择权，如果存在在将来的一段时间内完全履行承诺的可能，从而选择等待；或者接受等价物，或者解除己方在条约中的相应义务。

38. 维持和平，甚至是在另一方已经背约的时候，是可敬的和可赞的：正如西庇阿在迦太基人的诸多背信行为后所做的那样。没有人可以通过作出与其承诺相反的行为使自己得到开脱，尽管需要进一步说明的是和约已然由此种行为而遭到背弃，但这种背弃应当维护无辜的一方，只要他认为如此有益于他。

39. 最后，对于条约任何特别和明示条款的违背都构成对和约的撕毁。 397

40. 同样的，实施敌对行为的国家负有撕毁和约的罪名，和约只能建立于保持友好关系的基础上。所以在其他情况下只要求维持友好关系的责任，在此要通过条约法来履行。

关于此类条约会涉及许多要点，法学家们也都加以讨论，关于非武力造成的损害，以及侮辱的侵犯。根据此项原理，西塞罗说，一切发生于和解之后的侵犯行为都不能归因于过失，而是有意违背；不是鲁莽的行为，而是背信的行为。

但是，如果可能，在此有必要排除对于一种恶劣行为的指控。因此，对于已经订立和约的人的亲属或臣仆的损害，不能与对他自己所作的损害视为等同，除非有证据表明这样做意在攻击他本人。此外，对于他人权利的侵犯经常更多地归因于新的掠夺动机，而不是背信行为。

没有任何新的侵犯理由的暴力威胁有悖于友好关系的所有条件。任何人都可以由以下行为推定此种威胁态势：在领土内构筑新的工事——更多的是作为一种滋扰而非侵犯的手段；集结非常规数量的军队——当有证据证明这种准备是针对与之签订和约的国家的时候。

41. 接受希望从一国转移到另一国的国民并不违反友好关系。这不仅是一种自然自由，而且有利于人类的一般交往。同样接受背井离乡的难民也是合乎正义的。但接受构成国家内在部分的整个市镇，或者很大的团体则是非法的。也不得接受那些立有誓言或其他承诺而对自己的国家负有服务义务的人。

46. [5]存在两种仲裁，一种是无论裁决是否正义都要遵守的，对此普罗库鲁斯(Proculus)说，在作出妥协之后，必须求诸仲裁。 398

另一种仲裁是将事项提交某个大家公认正直的人裁决，对此塞尔苏斯(Celsus)在他的答辩中给我们举出了实例。他说："即使一个自由人已经发誓说他将为保护人所指示的一切而劳役，但保护人的意愿仍然需要确认，除非其决定是正当的。"

对于誓言的解释，尽管同罗马法一致，但绝不可能同其本身语言的简单性相一致。无论仲裁者采取何种方式：是在争议双方之间进行调解，像雅典人在罗得岛人和狄米多留(Demetrius)之间做的那样,还是作出一种绝对的自主裁断,所达到的正义都是一样的。

尽管市民法可能基于仲裁者向当事人提供妥协的行为而允许对他们的裁决进行上诉,或者控诉其不公,但这永远不可能发生在君主们和国家之间。在此不存在上位的权力能够确定或解除承诺的约束,因而此类由仲裁者作出的裁决是不可上诉的终局裁定。

47. 关于仲裁者和调停人的职责,有必要进行考察:此人被任命是带有法官性质的,还是拥有比司法权力更广泛、更自由的权力。亚里士多德说:“一个公正和稳重的人会更多地诉诸仲裁而非严格的法律,理由在于,因为仲裁者会考虑案件的正义性,相反,法官则受到法律条文的制约。所以仲裁是被用来给予正义应得的分量。”

在此处,公平不像它在其他地方那样重要,即根据立法者意图对法律的一般表达作严格解释的所在。这是留给法官的工作。但这包括了一切积极作为胜于逃避的事,甚至超越了明示的正义规则的要求。——此类仲裁在帝国臣民及私人之间变得普遍起来,圣保罗将其作为一种特别适合的做法向基督教徒推荐。但在疑难
399 案件中不能推定认可这种如此广泛的权利,因为凡是存在疑问的地方就缩小了裁决的适用范围:尤其是独立君主之间的争议事项,很难推选出能够以最严格的法律规则约束他们选择的调停人和仲裁者的君主。

48. 需要说明的是,由国家或君主选择的仲裁者可以裁决争议事项,但不能授予占有,这个问题只能根据市民法业已建立的规则来裁定,因为根据万国法,占有权直接相关财产权。所以,当原因悬而未决,就不能进行任何创设,一方面是为了防止不公和偏见,另一方面是因为一旦授权占有,回复就会变得非常困难。李维在谈到迦太基人和马西尼萨(Masinissa)之间发生的一些争议时说:“外交人员不能改变占有的权利。”

49. 还有另一种仲裁,发生在任何人将自身及其所有权利投降于敌人或外国的时候。但是,即使在此处,仍然应当存在一种是非之间的区别,要将被征服者的降服,与要将征服者的权力都限制在适当的限度之内。

在行使每一项权力时，都应该考察特定的义务。获得征服者的权利在其字面意义和最广的范围上，确实意味着他有权对被征服者加以任何条款，这些人现在由外在的战争法被置于一种被剥夺一切的境地，包括所有的财产，甚至是个人的自由和生命，无论是公共的还是私人的性质。

50. 征服者的首要目标应当是避免一切不正义行为及严苛的做法，除非敌方的恶德和暴行要求如此；除了合法的惩罚外应当无所攫取。遵守这些约束，只要安全所容许，总是一件倾向于容忍和仁慈的受赞美之事。有时甚至环境也要求这样一系列行为；战争的最佳结局是：通过公平的调整使所有发生争议的主张得到和
解，以及一个普遍的赦免。被征服者所要求的宽容和仁慈并不是对征服者绝对权 400
利的废止，而只是一种缓解。

51. 在有条件投降中，个人得以保有某些人身权利以及他们的财产，国家则保留部分的政制。

52. 人质和保证可以被认为是条约的附属品。有些人质是主动投降的，另一些则是由国家权力派出作为保证的。君主对于其臣民及其行为拥有和对其财产一样的权力，但国家及其统治者有义务对个人或其亲属遭受的不便作出补偿。

53. 尽管万国法在严格的字面意义上允许将人质处死，但在良心上永远不能如此执行，除非他们犯有应当处以死刑的罪行。也不能将他们降为奴隶。万国法也允许他们将财产交由继承人继承，尽管根据罗马法的规定要没收上缴国家。

54. 如果要问人质是否可以合法地脱逃，恐怕要作否定的回答，尤其是如果在先前或之后他们立有誓言保证在作为监外囚犯的条件下不脱逃时。但本国并不会试图严令禁止国民脱逃以向敌国保证履行他们的承诺。

55. 人质的义务是令人厌恶的，对人身自由不利，而且是从他人的行为而发生的。因而必须对这样一种承诺作一种严格解释，所以为某种原因而设的人质不得因另一种原因而遭到拘押，也不得为没有人质要求的协议设定。但是，如果在另一

种情况下，已经发生了违背诚信或任何契约债务的时候，可以拘押人质，但实质上并不是作为人质，而是作为由万国法规定为其国家行为负责的国民而遭到逮捕和拘押。为保障故，可以通过附加条款对放还人质加以规定，一旦其为之出质的承诺
401 完全履行后即当放还。

56. 凡是被送交作为其他犯人的人质，或者是用来换回其他人质的人，当这些先前的受拘押者死亡时自然获释。由于死亡，保证的权利就同犯人赎回一样消灭了。所以，按乌尔比安所说，个人债务仅限于签订契约者，故代替他人的人之拘押期限不得超出其人债务的存续期间。

57. 关于在送交人质的君主死亡时，人质是否能继续拘押的裁决，必须基于其所作承诺的性质。如果是个人性质的，那么只能在自然生命存续期间有效，但是，如果是所谓实在的或永久性的条约，那么一切后果由其继承人传承。因为，附加条款不能授权任何对于解释条约基本和主要内容的一般规则的背离，而且附加条款本身也应该根据这些一般规则加以解释。

58. 在此可以作一粗略考察。有时人质被认为并非附属品，而是构成了承诺的主要部分，在这种情况下此人并非为自己的缘故、而是为他人而受到约束。还有，在不履行的情况下产生了赔偿损失的责任，人质或抵押就作为其替代品而负责。这不仅是一种苛刻的做法，甚至也是不正义的，因为人质在没有得到自己同意的情况下就可能要为他人的行为负责。

59. 抵押与人质有些共同的性质，还有一些自己的特性。共同的性质是都是为某些应给予的东西而被扣押，除非公信力已经作出保证或存在相反的规定。抵押的范围可以比人质更广；这是其特性之一，前者招致的厌恶比后者要少得多：物的性质比人更适合扣押。

60. 时间不能阻碍抵押物的赎回，只要作为抵押原因的承诺完全履行即可。
402 当旧有的、为人所知的原因转移后，不能推定承诺由新的原因加以继续。如果债务人在此并没有赎回抵押物，我们仍然可以推定他并没有放弃最初的承诺，除非有明

确的反证：比如，尽管他非常想赎回抵押物，但因为受到阻碍或者没有获知消息导致时限届满而被认为默示同意了。

［英译者注］

1. “缔结和约的必要性授权君主可以处置个人的财产；最高统治权使其享有此项权利。政治社会中的一切都应为共同体的利益服务；甚至公民的权利也次于此项规则，故此他们的财产也不能例外。如果不享有偶尔处置所有种类财产的权利，国家就无法以最有利的方式维持或长久地运作公共事务。”——瓦特尔前引书，第 4 编，第 2 章，第 12 节，前引书，第 1 编，第 20 章第 244 节。

2. “有些损失是先行告知后有意为之，比如属于私人的土地、房屋或花园被用于构筑塔楼、碉堡或其他防御工事，或者为防止为敌方所用而摧毁尚未收割的谷物、仓库等。这些损失是为个人的好处而实施的，他只应当承担自己份额的损失。但另一些损失是不可避免的必要性造成的，比如炮兵部队为收复处于敌军手中的市镇而造成的损毁。这些只是意外事件，是碰巧降临到财产所有人头上的厄运。如果条件允许，国家确应对受害者表示出公平的关心，但由于这种厄运的性质，就不存在任何针对国家提起的诉讼——因为这些损失是国家在行使其权利的过程中发生的，并非出于故意，而是由于必要和意外才造成的。”——瓦特尔前引书，第 3 编，第 15 章，第 232 节。

3. 见本书第二编第十五章第 12 节。

4. “因为在此契约双方条件并不均等，有充分的理由认为，对于不利一方而言存在的不公是，要装作尽量少地参与其中；而获利的另一方就需要以尽可能清楚的方式对此作出解释。”——巴贝拉克

5. 原文第 42—45 节系关于由抽签和单人决斗作出裁定，此处译文略。

第二十一章　论战争期间的约定，论休战、安全通行证及战俘的遣返

403

介于和平与战争状态之间的休战——词源——休战之后无须新的宣战——休战及其一切相关权利义务发生的时间——在休战期间可以撤退或进行工事的修缮——关于占领地区的区别——关于在休战期满时撤退受阻而落入敌方领土之人的情况——休战协定的明示条款和后果——一方证明另一方重开战端而违反休战协定——相关处罚——由个人行为导致打破休战状态——非休战状态下由安全通行证所享有的权利——在何种程度上允许军事人员获得安全通行证的利益——由此发生的对物资的权利——由安全通行证保护人员的随行人员——安全通行证不因授予者的死亡而终止——在授予者同意期间安全通行证继续有效——相关保护扩大到其自己的领土范围之外——鼓励遣返战俘，法律不得禁止

1. 和 2. 在战争期间有几点通常是敌对双方互相承认的，塔西佗和维吉尔称之为“战争的中断”，包括休战、安全通行证(safe-conducts)和战俘的遣返。休战协定是在战争存续期间双方据以暂时停止相互间敌对行动的协议。在战争存续期间，是因为据西塞罗在反对安东尼的第八篇演说中说，和平和战争之间没有中间阶段。战争意味着一种甚至在军事行动结束之后仍然持续的状态。因此，按格留斯(Gellius)的说法，和约和休战协定是不同的，因为，尽管战斗停止，但战争仍然存续。所以战争期间视为有效的一切协议在休战期间仍然有效，除非有证据表明相关情况并非如此，而是存在特别的敌对行为。

另一方面，任何签订和约时同意执行的事务不能作为休战协定的结果而实施。
404 休战协定的存续期并没有统一固定的时限，可以是任何时间跨度，甚至是二三十年，这在古代历史中可以找到很多实例。休战，尽管是战争的一种停止，但并不导致和约，所以历史学家们说，休战协定签署之日就是和平条约被拒绝之时，这是正确的。

3. 休战结束之后不需要再做一个新的宣战。

因为，暂时的阻碍清除之后，战争国家就又复活了所有的效力，此前只是处于休眠状态，而不是已经消灭了。但在李维的书中，使节学院(heralds' college)的观点是在休战期届满之后应该要重新宣战。但古罗马人只是意在通过这类多此一举的预先警告来显示他们是多么热爱和平，而他们参与战争又是基于何等正义的基础。

4. 通常为休战所设定的期限也是某一不间断的时间，比如一百天，或者人为设定一个时日作为期限，比如到三月朔日。[1]在前一种情况，是根据时间的自然流逝来计算的，而所有民间的计算方法则是根据各国自己的法律和习惯。在另一种情况则通常产生疑问，无论是为休战协定的届满确定特定的年、月还是日，这个年、月或日都要在休战协定的条款中加以确定或者排除。

自然的事物有两种界限，一种构成了物自身不可分割的一部分，比如皮肤之于身体；另一种则仅仅是与其邻接，比如河流同土地之邻接，并以水流形成界限。无论哪一种情况都可以自动形成一种边界。但是作为物本身一部分的边界看起来更自然些。亚里士多德将物的末端定义为它的边界：一种同一般习惯相符合的含义——因此，如果有人说某事要在他死亡之日之前完成，那么他真正死亡的那一天就被认为构成了条款的一部分。斯普林纳(Spurinna)[2]已经将恺撒面临的危险通知了他，称危险不会拖延到三月望日[3]之后。那一天关于这件事他说，三月望日到来了，但还没有过去。这样一种解释更适合于需要延长时间之处，比如在休战协定中，这样计算可以延缓人类的流血。 405

自从某一天开始计算时间，这一天在此不能计算在内；因为“自从”一词用在此处暗示了一种分离而不是衔接。

5. 应当说明，休战协定以及类似协议自订立之时起立即对协议各方发生约束力。但各方国民要等到协议被正式接受为法律形式才受到其约束，因为公示和常规的颁布是必要的。这些手续一旦完成，即刻对国民产生约束力。但是，如果公示仅仅在某一个地方实施，那么就无法同时在各方的整个主权范围内一体执行，而必

---

① 原文为 Calends of March，古罗马历三月的第一天。

② 斯普林纳，古罗马的占星家，恺撒遇刺那天在去元老院的路上碰见了他。

③ 原文为 Ides of March，古罗马历三月的第十五天。

须许可充足的时间在所有地方实施正常的颁布。因而在此期间任何一方的国民违反休战协定的，应当免除惩罚，但协议方有义务赔偿损失。

6. 休战的定义恰恰暗示了在其存续期间何种行为合法，何种行为非法。所有的敌对行为，无论是针对敌方的人还是物，都属非法。在休战期间的任何暴力行为都有悖于万国法。甚至偶然落入我方手中的敌方物品，即使以前属于我方，也必须返还，因为根据外部权利判断此物已经属于敌方了。法学家保罗也是这么说的，在休战期间关于复境权的法律不能存在，因为要构建关于复境权的法律就必须先有在战争中进行捕获的权利，而在休战期间这种权利中断了。

任何一方都可以来去于特定的地点，但不能携带战争装备或有军队，这将会表明一种滋扰或者带有危险。这一点在塞维乌斯(Servius)有关维吉尔的论述中有考
406 察，诗人说："拉丁人通过免除而同其敌人混合"，同时也谈到了波森尼人(Porsenna)①同罗马人在一次围城战中签订的休战协定，竞技场举行竞赛的时候，敌军的将领都进入城中，在竞技场中尽情欢娱、心满意足，很多人甚至像征服者那样聚在一起。

7. 带领军队进一步撤退回国内——根据李维的记载菲利普就这样做过——并不与休战的意图和原理相悖；修复某地的城墙或招募新的军队也并不违反协定，除非有特别协议加以禁止。

8. 腐化瓦解敌方的卫戍部队，以期利用其占领地点，无疑是对一切休战协定的精神上和表面上的违反。这样一种利益不能通过战争法正当地获得。关于敌方国民反叛的情况也确立了同样的规则。在修昔底德书第四卷中记载，布拉西德(Brasidas)②接收了休战期间从雅典一方反叛投向斯巴达的曼达城(City of Menda)，并且在雅典人提出抗议后为自己的行为开脱说对方早先也做过同样的事。

交战国任何一方都可以占有被抛弃的地方，如果它们已经真正被原先的所有人抛弃，并且再无重新占领的意图，而不仅仅是因为在休战之前及之后不加设防。

---

① 波森尼人，古意大利民族，埃特鲁斯人的一支。

② 布拉西德，也译为伯拉西达，斯巴达将领。

因为，如果原先所有人的领土权利仍然存在，就会使另一方的占有不合法。这对于贝利撒留(Belisarius)[1]对抗哥特人的说法是一个彻底的反驳——他在休战期间以未设防为借口占领了一些地点。

9. 有必要考察，如果有人因为不可预见的意外事件而未能撤退，从而在休战期满时处于敌方领土之内，是否有权回归。根据形式的万国法，无疑他同战争突发时已经进入敌国的人处于同样的地位，必定被作为敌人扣押至和平恢复。这同严格正义也并无冲突；因为敌方的物资和人员都要为其国家的债务负责，可以被没收逮捕作为清偿。此人也并无比其他无数遭受战争无妄之灾的无辜者更多的理由来怨天尤人。此处同西塞罗在其《论创造》(On Invention)第二卷中说的情况也并不 407
相同：一艘战舰被狂风刮到某港口，在那里根据法律遭到了充公。因为，首先，不能预见的意外必定排斥一切惩罚的观点，其次，充分的权利必须被中止一段时间。当然，释放此类人员比坚持扣押的权利无疑更加宽厚仁慈。

10. 协议的明示性质防止了休战期间的某些非法事件，比方说，如果只同意掩埋死者，任何一方就都无权违背这些条件。如果休战协议暂时禁止围城，那么就只能准许延缓的行为；被围方不能合法地获得新的军队和物资的补给，因为这样的协议不应偏向于一方，使一方获益。有时会规定不允许任何人自由往来。有时禁令只及于人而不及于物。在这种情况下，如果某人为保卫其物资而杀伤敌军，并不构成对休战协定的违反。因为各方保卫其财产的行为是合法的，偶然发生的情况不能被认为是对人身安全的侵害，而这正是休战协定规定的主要目的。

11. 一旦一方违背了休战协定的约定，另一方即受到了侵害，无疑有权恢复敌对行动而不加任何正式宣布。因为条约的每一条款都暗含了双方遵守的条件。我们可以在历史中发现此类实例，尽管一方已经有违反的行为，但另一方还是坚守休战协定直到期满。但另一方面，也有大量对违反协定者实施敌对行动的例子。这种差异表明，休战协定遭到违反时，受害方有权选择是否行使其重开战事的权利。

---

① 贝利撒留(约505—565)，古代罗马军事家，查士丁尼的大将，收复很多失地。

12. 显然，如果规定可以要求侵略方支付惩罚金，那么另一方就不再拥有重启战事的权利，因为惩罚金已经将一切恢复到原始状态了。另一方面，重新展开敌对
408 行为则暗示了受害方放弃惩罚金，这是他的选择权。

13. 休战协定并不因为个人行为而遭到违背，除非是在君主授意之下所为，这通常由罪犯既未惩罚又不转交，也不返还掠夺物的行为来加以推定。

14. 属于安全通行证的权利是一种与休战协定性质不同的特权，对它的解释必须由相关特权的规则加以指导。

这样一种特权，在最佳状况下，必须既不对第三人，也不对授予人造成损害。因此，在对条文表达的意思作解释时，可以允许一种更大范围的解释，尤其是在申请方对此并无收益、但仍然获得了通行证，或者对个人有利，同时又有助于国家公共利益的时候。

因此，应当摈弃对于字句的字面解释，除非会导致某种自相矛盾的后果，或者有理由推定这样一种字面解释更适合相关当事人的意图。同样，另一方面，为了避免理解上同样的矛盾，或者更完全地符合协议方最紧急、最有说服力的意图，也要允许作更大范围的解释。

15. 由此可以推断，颁发给士兵的安全通行证，不仅包括中级军官，也包括最高的指挥官。这是字句本身直接恰当的许可，尽管也可以作一种更限制性的理解。所以“教士”一词既包括主教，也包括下级神职人员；“舰上服务人员”的意思不仅是指水手，还包括所有在船上服兵役的人。

16. 自由通行证签发时，自然暗含了返回的自由，这并不是得自于字句本身的
409 字面效力，而是为了避免认可的特权永远不得用益的矛盾结果。来去自由意味着在到达绝对安全地区之前的通行安全。由此，亚历山大的诚信遭到了强烈的怀疑，他命令在途中杀害那些经他允许离开的人。

任何人都可以被允许离开但不得返回。但没有哪个国家可以合法地拒绝被准许离开的人返回，另一方面，这种准许也暗示了当初对于离开的许可。离开和返回确实很不同，无论如何组织语句，都不能使它们具有相同的含义。如果存在误解，

尽管那并不能授予任何权利，但将会免除一切处罚。——被允许前来的人只能来一次，而不能来两次，除非提及某种时间段可以作其他考虑。

17. 儿子分享其父的命运，妻子则只享有不多于居住的权利，因为人们通常与家人居住在一起，但一般须保证不负有公共任务。而一两名仆人，尽管没有明确提到，通常也被认为包括在安全通行证范围内，尤其是应该配备此类服务人员的人。而所有必要的后果则被认为与一切给予的特权联结在一起。

18. 同样，安全通行证不包括通常旅行所携带物品以外的财产。

19. 列名于颁发给任何人的安全通行证上的服务人员，不得将保护扩展至暴徒和罪犯，比如海盗、强盗及逃兵；并且，标明的服务人员所属国家表明了些种保护不得扩展至另一国家的人。

20. 根据前文所述由君主喜好而颁发的性质，在存疑情况下，安全通行证的特权并不因为授予通行证的君主的死亡而消灭。

21. 安全通行证中所说的“在颁发者高兴期间存续”是什么意思，通常存在争
论。看来最合理真实的意见认为，享有特权者将保有其权利直至颁发者作出相反 410
意思的宣布。因为，在存疑情况下，一种同意将持续到其授予的权利行使完结为止。但是，当颁发者死亡而导致其意愿的可能性消失时，则并非如此。在此人死亡时，一切关于其意愿持续的推定必须停止：好比当物的本体被消灭时，其偶然属性也随之消失。

22. 安全通行证的特权保护被授予者，甚至及于颁发者领土之外，因为这是一种针对战争权利所赋予的保护，并不限于其领土之内。

23. 遣返战俘很受推崇，特别是在基督教国家间，神法将其作为一种仁慈行为而特别加以推荐。拉克坦西(Lactantius)称，遣返战俘乃是一种正义的、崇高壮丽的义务。

411 第二十二章　论在战争中被授予下位权力者的约定

指挥官——其承诺约束君主的范围——越权——受约束的相对方——指挥官在战争中的权力，或地方官对于处在其管辖之下的人的权力——将军不能签订和约，但可签署休战协定——他们对于给予人身财产以保护的权力之范围——此类协议应当作严格解释——对于将军接受的投降条件的解释——必要的预先警告直至获得君主的同意——承诺放弃市镇

1. 乌尔比安将在战争过程中与敌军将领签订的协议算在公共协约之内。因此在解释了主权国家相互所保证的约定的性质之后，应该对下位权力机关所作的承诺之性质作一简单考察：这种权力机关一定是接近于最高权力的，比如总司令，还是可以是一种距离其较远的机关？恺撒对此作了如下的区分：司令官与其副官的职责是很不相同的，后者只对根据指令规则所作的行为负责，前者则对最重要的事务享有不受限制的自由裁量权。

2. 这类被授予下位权力者所签订的协议需要由怀疑的观点进行考察：它们是否对君主有约束力，还是只约束自己？这些问题的理论前言在本书前面的部分已经得到了解决，表明了一个人受到他所指派的、以他的名义行事的代理人之行为的约束，无论他的意图是明确表示的，还是通过雇佣的性质推断而出的。无论是谁，授予另一人委任书，授予他处理相关一切事务的权力，也就有必要授予执行的权力。因此，有两种途径拥有下位权力者可以通过其行为约束他们的被代理人，亦即
412 通过可以被认为属于委任书项下的行为，或者在此之外，通过谈判对方通常所知道的特别指示而实施的行为。

3. 还存在其他方式，比如君主可以通过其大臣的行为而受到约束；但偶然的履行则不能通过这种方式推定债务存在。有两种方式可能产生上述结果：或者是由君主同意，或者是通过事物本身的特殊性质。君主的同意可以由他对这种行为的认可表现出来，无论是明示还是默示，也就是说，当君主知道并且容忍了这种行

为，那么除了认为其赞同之外别无他意。

一切契约的性质和责任都暗含了一方不得由他方损失而获利的要求。如果契约本身就存在预期利益，那么要么完全履行契约，要么放弃其中利益。有一条格言也仅是在这种意义上说的：凡是有效之收益必须是可以理解的。

另一方面，对于背弃诺言但仍保有非由此协议而不能获得之利益的人，可以公平地指控其违背正义。

4. 在此有必要重复前文的一个论点：授予他人委任书的君主受到其人行为结果的拘束，甚至尽管他已经有相反的秘密指示，但倘若这种指示并未超出其私人领域而成为公开委任，就仍受到拘束。

这是罗马裁判官（Roman Praetor）在针对雇主的代理人之行为的诉讼中所发展出的一种公平规则。除了与雇佣处理的业务直接相关的领域，雇主不必为其代理人的行为负责。此人也并不被认为是接受委任的代理人，因为公众并非受到了正式通告而与其达成了任何协议——如果确有此类通告，但并未传达协议方知晓，那么雇主亦须为代理人之行为负责。如果任何人选择在特定条件下，或者通过第三人的中介订立契约，那么此人遵守这种必备的特定条件就是正当和必要的行为。 413

由此推出，君主们和诸国或多或少受到其指挥官的协定之约束，这也或多或少成为法律、社会环境以及习惯的一部分。如果其意图并未说明，那么就以推断补充证据的地位，自然推定任何受雇者都被授予充分的权力以执行其委任事项。

以下位权能行事者如果超越权限，就要负责作出补偿；如果不能完全履行承诺，除非有某种为人熟知的法律妨碍他这样做，否则也要赔偿。

但是，如果他因伪称拥有比实际拥有的更大权力而犯下了叛国罪，他就要为此作出补偿——如果出于故意，更要接受因其罪行而带来的惩罚。在前者以财产抵罪，不足则以人身自由作赔；在后者则以人身或财产，或二者同时为此种重大罪行承担责任。

5. 君主及其大臣总是要为一切协定负责，另一方当然也要受到协议的拘束：不能视其为履行不能。因为在这方面君主和下位权力机关之间存在一种相当的同等性。

6. 也有必要考察下位权力对处于其下者拥有何种权力。毫无疑问，将军能够以通常由指挥官或地方官所作的行为来管辖军队、地方长官以及辖区内的居民，否则就需要征得他们的同意。

另一方面，在纯获利益的协议中，利益应当归属下级这一边：这是包含在权力本身属性中的一种条件。凡有附加负担条件的，则应当超越权力行使的一般界限；如果确实如此实施，则下级者将拥有接受或拒绝这种条件的选择权。

7. 至于战争的因果，那就不是一个将军裁断范围内的事了。因为，停战和开
414 战是很不同的事情，需要依靠不同种类的权力机关来决定。

8. 和 9. 至于签订休战协定，那不仅是总指挥官的权力，也是下级指挥官的权力。并且，他们可以在遭到包围和阻断的所在，为自己、为其直属部队签署休战协定；但并不对部队的其他部分发生拘束力。将军则没有离弃国家、领土以及任何种类的战利品的权利。他们可以放弃任何没有完成绝对征服的物，因为市镇投降时通常要求饶恕居民以及保有其自由和财产的条件，在这种情况下来不及询问君主的意愿和喜好。同样，基于同一条原则，在委任性质之内这种权利也允许下级指挥官行使。

10. 如果在所有此类协议中，指挥官均以他人名义行事，则其协议结果不能作严格解释而使君主受到超出其意图而发生的责任的约束，同时也不能由此证明指挥官自身在履行职责时存在损害。

11. 无条件投降意味着这一方完全降服于征服者的喜好和裁断。

12. 在古代的协定中通常会附加一个预先警告，即如果罗马人民赞成，它们将得到批准。所以，如果后来并未获得批准，将军只为发生于自己的利益负责。

13. 如果指挥官已经答应整个市镇投降，则可以解散守军。

第二十四章[1] 论默示约定 415

默示约定——举例：希望处于某一君主或国家的保护之下的情况——暗含于磋商的要求或许可中——允许一方由此获得私利以避免造成叛国——习惯认可的默示形式的含义

1. 公共的、私人的或混合的协定都承认默示同意，这是习惯所认可的。不管以何种方式表达及接受，都有权创设一种权利。在前文论述的过程中也已经多次提到过了，在口头和书面之外还有其他表示同意的方式：有些确是由行为本身自然发生的。

2. 此类默示同意的一个实例可见于某敌方或外国人员将自己降服于另一君主或民族的善意之下的情况。毫无疑问，此人负有默示的责任，不对其寻求保护的国家有任何损害或背叛的行为。

3. 同样的，许可或要求磋商的人也作了一种默示承诺，他不会对出席各方存在任何偏见。李维宣称，在举行磋商的借口之下损害敌方的行为违背了国际法。

4. 但是，这样一种不从磋商或会谈中获利的承诺，并未超越已经作出的承诺。如果避免了一切损害和不义，那么任何借会谈转移敌方对己方军事行动的注意并从中获益的行为，都被认为是合法的谋略。阿斯德鲁拔（Asdrubal）就以这种方式从奥斯塔尼森林（the Ausetanian forests）中救出了他的部队，老西庇阿（Scipio Africanus）也通过同样的方法刺探到大量关于西法克斯营地的情报。以上事迹均见之于李维的记载。416

5. 有某些特定的默示形式，其效力和含义完全来源于习惯，比如丝带，以前则使用橄榄枝；马其顿人竖起长矛，罗马人则将盾牌置于头上，是要求投降者放下武器的意思。如今白旗则是要求谈判的标志。所以，所有这些方式都具有与明示宣告一样的效力。

[英译者注]

1. 原文第二十三章论私人间的约定,此处略。

第二十五章　结　　论 417

对于恪守诚信的告诫——和平的保持永远处于战争的视野之下——和平有利于被征服者——对于征服者——问题存在疑问的情况——虔敬地遵守——祈祷——本书的结论

1. 该说的都已经论述妥当，看来在此可以为本书作一总结了。此外，也已经充分构成了一个基础，别人——如果他愿意——可以在此基础上作出更加深入广泛的研究，一种增添和提高，只会带来谢意而不会导致嫉妒。

在完全结束论述之前，可能有必要再作一考察：在确定能使战争充分合法化的真正动机和原因时，要以一切可能的预警表明这战争乃是应当避免的；所以有必要进行一些警告，以指出在战争中保有诚信、停战后维持和平，以及保有——甚至是在战争进行中——坚持和平希望之诚信的途径。这并不是最不重要的。因为，诚信，按西塞罗的话说，不仅是将所有政府联结在一起的主要力量，也是统一构建更大的国际社会(society of nations)的基石。如果摧毁了这一点，亚里士多德说，就摧毁了人类的交往。

在正义的其他所有分支都存在某种含混性，但诚信的约束却是自明的，并且确被用来消解所有事务的含混性。保持诚信是一件属于良心的事，涉及所有合法君主和独立王公(sovereign princes)，并且是其赖以在各国间维持王位荣誉及尊严声名的基础。

2. 在战争进行到白热化的时候，毋庸置疑，一定会渴望神意支持的最大保证
和期待，以及永恒的和平前景——那是敌对行动得以合法展开的唯一终点。因此 418
在战争进行中，我们决不能推动其残暴的一面而忘却了人类的本性和天然倾向。

3. 具有而且仅有这些，就足以为终止战争、培育和平找到充分的理由。此外，除一切有关人道的考虑之外，人类的利益也不可避免地将我们导向同样的所在。首先，拖延同一个更强有力的敌人的争斗是危险的。在这种情况下应当为和平的

利益牺牲某些东西，好像在风暴中有时会将货物投入海中以避免更大的灾难、拯救船只和船上人员的性命一样。

4. 甚至在强大的一方，在为胜利而喜不自胜时，和平也是一种更保险的权宜，胜过最大限度的成功。因为将被击败的敌军逼入绝望之地是冒失的行为，就好像要为濒死的猛兽所伤一样。

5. 如果双方确实处在平等的基础上，那么按恺撒的意见，各方都对和平充满信心时乃是最佳的订立和约的时刻。

6. 无论和约订立了何种条款，务当绝对遵守。根据协议中誓约保证的信义之神圣性，必须谨慎地避免一切——不仅是背约的诱惑，还有唤起仇恨火焰的倾向——的事物。如西塞罗所言，私人的友谊关系同样适用于此类公共协约，都需要虔敬诚信地加以遵守，尤其是在战争和敌意已经通过和平及和解终结了的时候。

7. 但愿全能的上帝安置好君主和王公们的仁爱和欲望，将这些原则铭刻在他们的心智之间，使他们可以永远记得：一个人能够投身的最高尚的职责乃是对众人的管理，而众人则是神所关爱的主要对象。

图书在版编目（CIP）数据

战争与和平法/(荷)胡果·格劳秀斯(Hugo Grotius)著;(美)A. C. 坎贝尔英译;何勤华等译. —2版. —上海: 上海人民出版社,2017
(世界法学名著译丛)
书名原文: The Rights of War and Peace
ISBN 978-7-208-14877-2

Ⅰ. ①战… Ⅱ. ①胡… ②A… ③何… Ⅲ. ①战争法—研究 Ⅳ. ①D995

中国版本图书馆 CIP 数据核字(2017)第267293号

责任编辑 屠玮涓
封面装帧 张志全工作室

世界法学名著译丛
战争与和平法
[荷]胡果·格劳秀斯 著
[美]A. C. 坎贝尔 英译 何勤华 等译

出　版	上海人民出版社 (200001 上海福建中路193号)
发　行	上海人民出版社发行中心
印　刷	常熟市新骅印刷有限公司
开　本	720×1000 1/16
印　张	24.25
插　页	4
字　数	383,000
版　次	2017年12月第2版
印　次	2020年9月第2次印刷

ISBN 978-7-208-14877-2/D·3132
定　价 98.00元